唐肃宗传

任士英 著

人民出版社

目　　录

引　言

唐肃宗李亨,是唐玄宗李隆基的第三个儿子。

他尚在母腹之时,即险遭不测。幼年时代,耳闻目睹过皇宫内院的纷争与倾轧。成年之后,步入了大唐帝国最为繁荣昌盛的开元天宝时期,并经历了帝国从辉煌走上顿挫的全过程。他是唐朝第一个在京师以外登基再进入长安的皇帝。他登基之日,正是安禄山叛军攻陷两京之后。当他的生命走上终点、病死长安之时,安史之乱仍未荡平。他迎还了避乱出逃的父亲唐玄宗,又和父皇在13天内先后永诀人寰,为大唐帝国的盛衰荣辱留下了难以磨灭的影响和耐人寻味的一幕。唐肃宗李亨在位7年①,一直在致力于平定安史叛乱。在他7年的帝王生涯中,有两个鲜明的主题:一是"北集戎事",也就是组织平叛,收复两京、消灭叛军。二是"南奉圣皇"②,也就是处理先在成都后来迎归的太上皇唐玄宗的关系。他最后壮志难酬,没有亲见平叛取得最终胜利。朝廷的安全、社稷的光复与平叛靖乱的重任相交织,国计民生检验着这位大唐帝国皇帝的中兴功业,家国再造的责任与目标也考验着这位大唐帝国皇帝的雄心与气魄。

---

① 此据《册府元龟》。唐人或称"肃宗在位凡六年"(见张读《宣室志》)(按,此六年为实数),或谓"肃宗登位五年"(见《刘宾客嘉话录》)。按,唐肃宗于756—763年在位,"五年""六年""七年"的表述,均系计数的口径不同。

② 《唐大诏令集》卷11《肃宗遗诏》。

如果用今天的语言作评的话,唐肃宗无论如何都称得上一位具有传奇色彩的皇帝。

在唐肃宗李亨个人的政治历程中,相对平静安逸的皇子生活与动荡不宁的太子生涯,形成了鲜明的对比。太平时代的皇子与纷乱之世皇帝的身份,更形成了强烈反差。他由皇三子得立为皇太子,亦喜亦忧。他位居储君又常怀危惧,屡履险地,在国家中枢政治的斗争漩涡中常遭冲击又不停抗争。他在父皇、宰相与东宫集团之间谨慎行事,不仅没有像他的长兄太子李瑛等人一样惨遭诛戮,相反却在权力夹缝中羽翼渐丰,在政治格局变幻中地位渐趋稳固。终于,在唐玄宗天宝政治悲喜剧最高潮一幕的大事变——安史之乱中,乘机取得了皇位。他在唐玄宗避乱入蜀之际,担当起平叛靖乱的重任。他在位期间,由于天宝年间政治斗争的影响,不得不巧加粉饰地处理与已做了太上皇的唐玄宗之间的关系,在致力于平叛期间形成了中央政治的二元格局。在这一政治格局下,唐肃宗的皇帝权力与身份虽然受到影响,但仍致力平叛、收复两京,在政治上、军事上取得了极大的成果,大唐帝国因之中兴、国祚得以绵延。

这位乱世天子,还发展了天宝盛世的成果。他在致力平叛的同时,已在尝试解决天宝以来国家政治、经济体制运作中的各种问题,并在不少方面为身后的帝国打下了一定基础。他在唐朝历史上的地位应予重视,仅仅以"昏君"①二字来评价是不全面的。当然,由于他在位期间的中心任务在于平叛,上述的工作不能顺利地按照他的思路展开。在此过程中,又无法对后宫与宦官势力的膨胀进行限制,反倒给唐朝平叛结束后的重建工作留下难消的隐患。

---

① 范文澜:《中国通史简编》第三编,第一册,人民出版社1965年版,第143页。

这是唐肃宗个人的不幸，也是大唐帝国的悲哀。换句话说，唐肃宗的帝王生涯，也给他身后唐王朝的历史进程留下了印记、埋下了隐忧。安史之乱尚未平定，他壮志未酬，对大唐帝国的盛衰荣辱均留下了难以磨灭的影响。

总之，唐肃宗李亨是一位在太平盛世成长起来的壮年天子，又适逢少见的历史大变乱，这一巨大的反差本身就给他生前身后留下了许多充满魅力的话题。他一生行止充满智慧，不乏进取，乍然看来谨小慎微，实则大智若愚，颇有主见。既能偶然流露寻常人的喜怒哀乐，又坚定地信奉政治斗争的一般法则，那就是铁血无情、果于杀戮、敢于冒险、朕即国家。

第一篇　太平之世的皇子

一　母腹里的惊魂

唐肃宗李亨降临人间之前的遭遇如此波折与惊险，似乎预示着这位生于太平之世的皇子，将一生都难以安谧与平和。

唐肃宗李亨出生于景云二年（711年）九月三日。这一年，在位的唐朝皇帝是唐睿宗。从唐高祖李渊建国（618年）到现在，唐朝已立国93年，历经了唐太宗、唐高宗、唐中宗、武则天（武周）、唐中宗复位。

景云二年（711年）的京师长安（今陕西西安），一派祥和。

这年初，北方强蕃突厥族首领默啜可汗遣使请和。三月，唐朝以公主出嫁与之和亲，边境相对获得了安宁。在北方与唐相邻的奚、契丹等少数民族虽然也不时地滋扰，但尚未引起大的动荡。京师长安城内根本感觉不到边境的喧乱，河北道通往京畿、关内的烽火台根本没有发出任何警报。因此，长安市井中的百姓仍旧按照各自的习惯安排着每天的生活起居。东、西两市的行商坐贾在日中之时很投入地经营着自己的生意，吆喝声与热烈的讨价还价声交织在一起，显得热闹非凡。似乎上一年出现的"景云之瑞"①，仍

---

① 《旧唐书》卷8《玄宗纪上》。

然带给人们一种自信与满足,好像百姓都相信,一个太平盛世就在眼前。不管怎样,这时的长安城内,与上一年没有什么异样。

伴着盛夏的来临,在太子东宫之中,情况却有些不同往常。宫中细心的人会发现,太子李隆基眉宇之间隐隐透出几分焦虑,但是大多数人无法猜出这位东宫主人的心事。不明真相的宫人只能加倍小心翼翼,唯恐招致什么不测。的确,外人实在无从猜出此时太子李隆基心中的隐情。或许,在不少人眼里,此时的李隆基理应春风得意。因为,他这一年以来,政治上获得了巨大成功。

李隆基,是唐睿宗李旦的第三子。他少年英俊,自幼就令祖母武则天刮目相看。史书上说他"性英断多艺,尤知音律,善八分书,仪范伟丽,有非常之表"①。自神龙元年(705 年)中宗复辟、武则天退位还政之后,唐中宗皇后韦氏居中专权干政,意欲仿效女皇武则天再居乾极。她在朝廷上下锋芒毕露,大树亲信,培植私党,最终将唐中宗毒死。韦后立了傀儡皇帝李重茂(历史上称为殇帝),临朝摄知国政,攫取了最高权力。她大权在握后,就想通过政治手段清除威胁最大的对手,其中一位是唐中宗的弟弟、时为相王的李旦(唐睿宗),另一位是唐中宗的妹妹太平公主。太平公主是武则天的幼女,长得体态丰腴、方额广颐,又足智多谋,自幼就深得武则天的宠爱,多年的朝局动荡及政治风云变幻,使她成为一位很成熟的政治人物。在此刻的朝廷政局中,太平公主的确不是一位可等闲视之的角色。

当韦后密谋新的政变的消息被探知后,最先做出反应的就是时为临淄郡王的李隆基。李隆基与当时寻常郡王封爵不同的是,他手下有一批勇士。闻讯后的李隆基立即来同姑母太平公主商

---

① 《旧唐书》卷 8《玄宗纪上》。

议,决计先下手为强。太平公主果断地同意了他的意见,为了表示自己的坚定态度,还派了自己的儿子薛崇简与李隆基一起行动。唐隆元年(即景云元年,710年),李隆基经过布置,与钟绍京、刘幽求等拉拢禁军万骑营长葛福顺、陈玄礼等秘密潜入宫内,控制羽林军,将韦氏家族及党羽一网打尽。李隆基诛杀韦后以后,李重茂(殇帝)随即退位,相王李旦被拥立登基。六月二十一日,李隆基由临淄郡王进封平王,是为九等封爵的第一等。

这年七月二十六日,李隆基被册为皇太子①。在册立李隆基为太子的制书中,大大表彰了他的"孝而克忠,义而能勇"和诛灭韦氏之功,指出"一人元良,万邦以定,为副君者,非此而谁?"②李隆基拥立父亲唐睿宗之功,确实使他成为无可争议的皇位继承人。他的长兄宋王李成器等都无法与他角逐,主动地提出谦让。李成器这样表态说:"国家安则先嫡长,国家危则先有功。苟违其宜,四海失望,臣死不敢居平王之上。"③李隆基皇位继承人的地位确定以来,太平公主的权势与日俱增。在唐睿宗登基以后,太子李隆基与太平公主成为此时朝廷上最有政治势力与影响的人物。据国家典制,李隆基位居储君,自然有参与国政的权力。太平公主也凭其政治功绩与资历威望呼风唤雨。唐睿宗与她是同胞兄妹,经常与她讨论国家大政。据史书记载,太平公主入宫奏事,坐语移时,唐睿宗都不厌其烦。若是太平公主不入朝,每遇大事则宰相就前往公主府中请示。唐睿宗每逢宰相奏事需要做出决定时,总是要问一下大臣:"是否与太平公主议论过呢?跟三郎(即太子)商议过吗?"当得到肯定答复后,他才发表意见。对于太平公主提出的

① 《唐会要》卷1《帝王》。
② 《旧唐书》卷8《玄宗纪上》。
③ 《通鉴》卷209,睿宗景云元年七月条。

6

任何要求,他几乎都照例应允。所谓"自宰相以下,进退系其一言,其余荐士骤历清显者不可胜数,权倾人主,趋附其门者如市。……居处奉养,拟于宫掖"①,太平公主这番气势与做派,很难不与同样雄才精干的皇太子李隆基发生掣肘。果然,太平公主很快就与太子之间产生了冲突。

本来,太平公主与李隆基联手诛灭韦氏之后,因为看他年轻,并没有把太子放在眼里。然而,太平公主很快就发现自己低估了这位侄子,不免对其过人的英武有了几丝忌惮。从此,太平公主就把太子李隆基看成了自己政治上的对手,很想利用自己的权势另选一位暗弱易制的人做皇太子取代李隆基。为此,她有意让人制造舆论,说:"太子非长,不当立。"一时间引起朝野上下议论纷纷,唐睿宗为避免事态扩大,还专门下旨辟谣,"戒谕中外,以息浮议"②。对于姑母的用意,太子李隆基心若明镜,但碍于她权势太大,只得静观,佯装不知,以免发生正面冲突,使问题表面化,对自己不利。太平公主则恃势不饶人,"时宰相七人,五出主门下"③,兼之她丰富的政治经验,深知皇帝的心理,所以多方搜集有关太子活动的情报,然后吹毛求疵,再添油加醋地向皇帝汇报,以争取政治上的主动。特别使太子李隆基感到不安的,还是自己身边的某些人。他们出于某种投机心理,充当了太平公主的耳目,把自己的一举一动都通报于她,有时按太平公主的意思直接向皇上奏报。太子感到危机重重。正是这样一种状况,太子的心情有几分的焦虑,正如史书中所说:"时太平公主用事,尤忌东宫。宫中左右持两端,而潜附太平者,必阴伺察,事虽纤芥,皆闻于上,太子

① 《通鉴》卷209,睿宗景云元年六月条。
② 《通鉴》卷210,睿宗景云元年十月条。
③ 《新唐书》卷83《太平公主传》。

心不自安。"①

李隆基在这一关头，多方小心，即使在生活细节上也都谨小慎微，以免给太平公主抓住小辫子。事有凑巧，他的夫人杨氏身怀六甲，更加重了李隆基内心的焦虑。他曾对任东宫侍读的属下张说这样讲："用事者不欲吾多息胤，恐祸及此妇人，其如之何？"为免于因小失大，他让张说秘密地弄来一些堕胎药带进宫中，打算将这一小生命扼杀于母腹之中②。此时此刻的李隆基，避祸之心毕现。

李隆基的这位杨氏夫人，说起来大有来头。她出身于弘农华阴（今属陕西）杨家，为关陇地区名门望族。她的曾祖父杨士达在隋代任门下省纳言（宰相），其父杨知庆以祖荫为官。更值得一提者，武则天的生母杨氏就是杨士达的女儿，只不过是在武则天的父亲武士彟的原配相里氏去世后才由唐高祖李渊做主出嫁的。若从武则天的母亲杨氏这里算起来，李隆基要比他自己的夫人杨氏低了一辈，这种不同班辈之间的婚姻关系在李唐皇室中并不稀奇，倒是被宋代以后的道学家常加讥笑，像朱熹就说："唐源流出于夷狄，故闺门失礼之事不以为异。"③杨氏被选入东宫，是在景云元年（710年）八月，李隆基在几天前刚册立为太子。杨氏与李唐皇室之间的这种亲戚关系，恐怕是她得以充选太子东宫的主要原因。不久，杨氏就怀孕了，景云二年（711年）春夏时节，杨氏的孕身已很明显。本来生儿育女是人之常情，天之大伦。可是，由于李隆基与太平公主关系紧张，担心她会借题发挥，大做文章，李隆基还是

①　《旧唐书》卷52《后妃·元献皇后杨氏传》。

②　《旧唐书》卷52《后妃·元献皇后杨氏传》。

③　陈寅恪：《唐代政治史述论稿》引《朱子语类》，上海古籍出版社1982年版，第1页。

很谨慎。因为,历史上借口太子耽于女色难当大任而行废立的例子实在太多了。像隋文帝时太子杨勇因宠爱貌美的昭训云氏,被母亲独孤皇后认为难以隆兴基业,结果被废;晋王杨广善于伪装、欺世盗名,表面上只和萧妃一人居住,其他侍女姬妾即使生了孩子也让人弄死,结果博得了不好声色的美名,终得入主东宫。唐太宗时太子李承乾喜好声色,漫游无度,因对一位美姿容、善歌舞的太常乐人特别宠爱,招致太宗皇帝大怒,后来他仍不知收敛,也终被废黜①。这一桩桩、一件件,往事如昨,李隆基怎能不加倍警觉!

当张说把堕胎药送来后,李隆基就亲往密室之中煎煮。此举搞得很是秘密,历史文献的记录也扑朔迷离。据记载,煎药之时,李隆基思前想后,他望着眼前药罐,不由得心潮起伏。独处密室之中,神情古怪,又有几分恍惚。有一阵子,他就像喝过酒一般,处于半醒半醉状态,朦朦胧胧好像梦见一金甲神人飘然而至,用手遮住了药罐,好像要把药倒掉。李隆基一阵惊觉,清醒之后见煮着的药汁仍在冒着热气,不由得轻叹一声。他往炉内添了点火,继续煮药。不一会儿,他还是一阵恍惚,刚才如梦幻般的情形又一次出现在眼前,如此反复了几次,李隆基心中纳闷,觉得很惊异,索性从密室出来找到张说,将事情给他叙述了一遍,想让张说替他分析一下。张说听罢,断然答道:“天命也,无宜他虑。”②于是就劝太子留下这个孩子。李隆基也就不再坚持,遂听任这个孩子降临人间。据说,后来杨氏夫人想吃酸东西,李隆基也暗中告知张说,张说也经常借入宫讲经的便利,把木瓜一类的果子带来献与杨氏③。

① 《旧唐书》卷76《太宗诸子传》。
② 《旧唐书》卷52《后妃传下》,并参《次柳氏旧闻》。
③ (唐)李德裕:《次柳氏旧闻》,开元天宝遗事十种本,上海古籍出版社。

这个小生命差点被堕胎的波折起伏,似乎预示着他未来的人生之路有着非同寻常的某种际遇。

景云二年(711年)九月三日乙亥,杨氏在东宫之别殿①,顺利产下一位男婴,取名嗣升。小字(乳名)阿奴。按照排行,他是李隆基的三子。嗣升出生前一年,即景云元年(710年)九月,他的两位兄长李嗣直(后改名为李琮)和李嗣谦(后改名为李瑛)就已经被晋爵为许昌郡王和真定郡王。郡王在唐朝九等封爵之中是仅次于亲王一级的二等爵位,秩从一品,食邑五千户②。李嗣升刚刚出生,暂时还没有得此荣封。

李嗣升,就是后来的唐肃宗李亨。

李嗣升的名字与他的其他兄弟一样多次更改,李亨则是在李隆基在位时的天宝三载(744年)新取的,以后就再也没有改动,因此习惯上把他称为李亨。为了叙事方便,我们也统统称为李亨。

李亨出生时,大唐帝国可称为太平之世。只是这位皇子出生之际的波折与惊险,总让人联想到他一生的坎坷。这似乎也预示着他一生的际遇将不会多么安谧与平和。据说他出生那天,"祥光焰室"③。这种说法显然含有事后附会的成分,但祥光普照,却正迎合了一般百姓企盼祥和、太平的心愿。

历经波折降临人间的李亨,并不知道母胎中经历的惊险,更加幸运的是,随着他的成长,将会看到大唐帝国繁荣兴盛的到来。然而,这一路,并非一帆风顺。

---

① 《册府元龟》卷2《帝王部·诞圣》,《旧唐书》卷10《肃宗纪》亦作"景云二年",《唐会要》卷1《帝号》为"景云三年九月三日",按,景云三年,误。
② 《唐六典》卷2《尚书吏部》。
③ 《册府元龟》卷2《帝王部·诞圣》。

二　帝王家的纠葛

李亨的童年,既乏生母鞠养,又经历父亲与太平公主的权力较量,这种成长环境让他懂得了怎样在刀光剑影之中装出那种虚伪的血脉亲情。

一个成就大事者,似乎注定要经受更多的磨练。李亨出生后,他的父亲李隆基没有让他与自己的生母杨氏生活在一起。因为杨氏此时是太子姬妾,而太子妃则是王氏。在等级森严的宫廷中,太子妃(正妻)的地位要比其他姬妾优越得多。不过,此时的太子妃王氏一直没有生养,杨氏自觉班次在太子妃王氏之下,也不敢独享为人母的喜悦,就将儿子交由王氏亲自鞠养①。若据《新唐书》卷76《后妃上·元献皇后杨氏传》载:"初,肃宗生。卜云:'不宜养。'乃命王皇后举之。"则是由于听信了占卜者的话,才让他的父亲李隆基耗费心思做出这一决定。至于李亨被父亲安排给王氏抚养,是因王氏无子还是生母杨氏"不宜养",现在已不易弄清楚。不过,李亨出生后就送给了当时为太子妃的王氏抚养乃是实情。《新唐书》这里所表述的"命王皇后举之"一语,很有内涵。据周一良先生考证,"举"除了抚育长养之意外,"举字又有承认其身份地位之意"②。周先生还指出:"魏晋以来重门阀世系,严嫡庶之别,庶出子女极受歧视,以至不予承认。北朝承中原旧习……。东晋南朝之士族,初亦沿袭中原习惯。"依照这一看法,李隆基把李亨

---

①　《旧唐书》卷 52《后妃传下》。
②　周一良:《魏晋南北朝史札记》,举、收举条,中华书局 1985 年版,第 153 页。按,周一良先生只是指出这一情况见于"魏晋南北朝文献中"。

交由王氏举养，就是为了确立李亨的名分，表明李亨如同王氏所出，李隆基也觉得让王氏亲自领养李亨可以瞒天过海，毕竟从名分上李亨就算坐实了王氏所生，这样就免授人以柄，别有用心者也无从逞其计能。但是，李亨与王氏的关系也似乎没有史书中记录的那么亲密。实际上，王皇后在开元时期也从来没有因为举养李亨被认为有己出之子。比如，唐玄宗在开元十年（722年）与亲信大臣姜皎密谋废后时的理由就是"以后无子"①，"后兄（王）守一以后无子，常惧有废立"②。所以，李亨被交由太子妃王氏抚养，也并不是为了让他享受到寻常人的母爱。不过，史书中记载：太子妃王氏自从把李亨接到自己身边，心中涌起母性的慈祥，对李亨是百倍呵护，极为疼爱，"慈甚所生"③。至于王氏对李亨是否"慈甚所生"则为另一问题。从《新唐书》卷76《后妃上·元献皇后杨氏传》载其"抚下素有恩"，说明她还不是生性恶毒的女人。不过，即使如此，由于开元十二年王皇后被废，李亨与她之间的关系也并非是多么密切。王皇后死后，亦未见李亨以何种方式对其表示过悼念，王氏之皇后名分的恢复，是在宝应元年（762年）。此时，李亨早已君临天下数年。无论如何，生于皇宫内院的李亨暂时躲过了一场厄运，但他父亲李隆基与太平公主之间的矛盾冲突却在逐渐升级。

景云二年（711年）二月，唐睿宗制令太子监国，把除授六品以下官及处理徒刑④以下罪行的权力交付于太子。看着太子羽翼渐丰，太平公主加紧了活动，她纠集私党以对付太子。有一次，她甚

① 《通鉴》卷212，玄宗开元十年八月条。
② 《旧唐书》卷51《玄宗废后王氏传》。
③ 《旧唐书》卷52《后妃传下》。
④ 唐制刑名有五：曰死、流、徒、杖、笞。《唐律疏议》卷1《名例》。

至坐着辇车到禁中召集宰相,"讽以易置东宫",公开了自己的政治态度。众人闻言,大惊失色。宋璟提出不同意见:"东宫有大功于天下,真宗庙社稷之主,公主奈何忽有此议!"①事后,宋璟与姚崇等一些维护皇室正统地位的大臣感到事态严重,不能坐视不顾,就密奏睿宗皇帝,请以诸王、驸马不再典掌禁军,请将太平公主派往东都安置。唐睿宗在压制太平公主一事上不敢有任何过硬的手段,即使此议有暂时调和太平公主与皇太子直接冲突的意味,他也根本不答应宋璟、姚崇等人的建议。相反,倒是对太平公主的一些建议、奏请言听计从。如,唐睿宗复位后,就在废除唐中宗时期朝廷弊政等问题上作了一些努力,像废黜斜封、别敕授任的官职等,但经太平公主等人奏请,唐睿宗又收回成命,令停职的斜封官一律留任叙用。这一态势说明,太子与太平公主之间的纠纷已经开始超出了家庭内部的范围,已不再是寻常意义上的家庭纠葛了。

太平公主得知宋璟、姚崇的奏议后,大为恼怒,认为必系太子背后指使,遂对太子横加指责。李隆基为了顾全大局,只得以弃卒保车之策,忍痛割爱,主动以宋、姚二人离间其家庭关系为由要求对二人严肃处理。结果,姚崇、宋璟被贬为外州刺史,暂时离开了朝廷。

唐睿宗面对太子与太平公主的纷争,表面上依然采取不偏不倚、摆平两方的平衡政策。他先以传位太子的想法试探群臣,在遭到抵制后又下制书:"凡政事皆取太子处分。"对太平公主一方,唐睿宗则按她的意愿调整了宰相班子,把私侍太平公主的崔湜任命为宰相②。史称,崔湜虽依附公主,有冯子都、董偃之宠,但他貌美

---

① 《通鉴》卷210,睿宗景云二年正月条。
② 《通鉴》卷210,睿宗景云二年十月条。

的妻子和两个女儿又都进幸于太子,与太子也不相违,当时有人榜之,取笑他说:"托庸才于主第,进艳妇于春宫。"①唐睿宗在面对皇太子和太平公主时的这一态度极耐人寻味。总之,唐睿宗既不开罪于太平公主,又同太子保持政治上的联系。双方较劲互为敌手,却均对睿宗皇帝有共同的政治需要。唐睿宗也正是在太平公主与太子之间的政治较量中保持着他的皇统地位。

景云三年(712年)正月,唐睿宗行祀南郊,改元太极。五月祭北郊,行大赦,改元延和。祭祀天地、大赦天下,都是显示皇帝至高无上权威的国家礼典,改以"太极""延和"的年号,似乎更能透射出唐睿宗此刻的内心企求。但是,想要以左右平衡的太极之术希求太子与太平公主之间相安无事,也许只能够苟延于一时,保持长久似乎是不可能了。恰巧,这年七月四日的天象,彗星出西方,经轩辕入太微,至于大角②。太平公主借机指使术士向唐睿宗进言:"据玄象,彗星出现预示除旧布新。帝座及心前星有变,皇太子合作天子,不合更居东宫矣。"③太平公主本意在于使睿宗皇帝感到太子的威胁以便除掉李隆基,哪知道唐睿宗老调重弹,竟表示"传德避灾",态度坚决地要传位太子。太平公主及同党见弄巧成拙,均出面力谏,认为不可行此下策。唐睿宗辩解道:"往日中宗在位之时,群奸用事,天变屡臻。朕时请中宗择贤子立之以应灾异,中宗不悦,朕忧恐数日不食。岂可在彼则能劝之,在己则不能邪!"根本不听劝谏,遂颁制命,令太子即皇帝位。李隆基面对这一态势,一方面上表辞让,表明自己的谦让态度。另一方面,为了进一

---

① (唐)张鷟《朝野金载》卷5。
② 《通鉴》卷210,玄宗先天元年及《旧唐书》卷36《天文志下》;《新唐书》卷32《天文志二》作"延和元年六月",《唐会要》卷43《彗孛》亦同。
③ 《旧唐书》卷8《玄宗纪上》。

步弄清真相,立即入宫叩见父皇。他跪叩在地上,问道:"臣以微功,不次为嗣,惧不克堪,未审陛下遽以大位传之,何也?"唐睿宗答道:"社稷所以再安,吾之所以得天下,皆汝力也。今帝座有灾,故以授汝,转祸为福,汝何疑邪!"又说:"汝为孝子,何必待枢前然后即位邪!"①李隆基听罢,见皇帝态度坚决,心中踏实,仍装出勉强的样子,流涕而出。

太平公主眼见太子即位已成定局,便以退为攻:"劝上虽传位,犹宜自总大政"。唐睿宗这次居然接受了太平公主的这一建议,遂表示"朕虽传位,犹宜自总大政"。"朕虽传位,岂忘家国!其军国大事,当兼省之。"②这样一来,即使唐睿宗传位后,太平公主不致于完全失去政治依靠,暂时避免了她与李隆基之间做最后的较量。

延和元年(712年)八月庚子,李隆基即皇帝之位,他就是历史上的唐玄宗,唐玄宗死后谥号为"至道大圣大明孝皇帝",故又称唐明皇。唐睿宗被尊为太上皇。唐睿宗以太上皇之尊"自总大政"的仪制是:每五日一度受朝于太极殿,自称曰朕,三品以上高官的任命及重大刑狱的裁决仍由他决定。他处理国政的文书格式称诰、令;唐玄宗李隆基则以新君身份每日受朝于武德殿,自称曰予。太上皇不再过问的军国政务则由他裁定,他用以处理国政的文书格式则称为制、敕。唐玄宗登基后奉事太上皇的这一人生经历,是不是对他日后的皇帝生涯带来了影响、或者带来怎样的影响,我们不敢确定,但是,唐肃宗即位后,唐玄宗成为又一位唐朝的太上皇,也算得是一种人生的巧合。唐朝皇帝制度的运行密码,也

① 《通鉴》卷210,玄宗先天元年七月条。
② 《通鉴》卷210,玄宗先天元年七月条。

在不同的时空中进行着编织和转换。这是唐朝皇帝制度运作中一个值得重视的现象。

唐玄宗即位后，改元先天，大赦天下。妃子王氏也被册立为皇后。尚在襁褓之中的李亨对宫掖之中发生的一切当然浑然不觉。然而，由于李亨已是皇帝的儿子，他的前程自然也不同常人。先天元年（712年）九月，刚满周岁的李亨就因皇子的身份被册为陕王，他的两个兄长也在上个月被晋爵为郯王、郢王。

在这皇宫内院想要寻一份舒适安逸的日子，似乎是不可能的。幼小的李亨注定要经受这政治风云激荡。唐玄宗即位以来，与太平公主的冲突并没有因为太上皇的庇护有所缓冲，相反地，是越发激烈起来。

太平公主依然挟太上皇的权威，擅权用事，对已经即位的唐玄宗无法相容。她利用其在朝中经营多年的班底，进行新的政治反扑。史称，太平公主在朝中，"文武之臣，太半附之"，宰相窦怀贞、岑羲、萧至忠、崔湜以及太子少保薛稷、雍州（治今陕西西安）长史新兴王李晋、左羽林大将军常元楷、知右羽林将军事李慈、左金吾将军李钦、中书舍人李猷、昭文馆学士贾膺福、鸿胪卿唐晙、胡僧慧范等人，频繁出入公主府第，密谋另行废立。他们一度还设想利用宫中的内线，在唐玄宗服用的赤箭粉（天麻）中投毒，但因需要时间才能见效，他们迫不及待，决计发动兵变①。他们计划以常元楷、李慈率左右羽林军突袭武德殿杀死唐玄宗，窦怀贞、萧至忠、岑羲等举兵在南牙呼应。形势已是一触即发。

先天二年（713年）七月初，侍中魏知古向唐玄宗告发了太平公主打算在七月四日举兵的消息。对于太平公主的动向，唐玄宗

---

① 《通鉴》卷210，玄宗开元元年条。

16

其实早有觉察,也有所防备,只是开始碍于太平公主的势力和唐睿宗的支持,不能轻易拿她怎样。早在李隆基居东宫时,就对后任太子詹事府司直的亲信王琚有一番表白:"皇上仁孝,同胞唯有太平,若于皇上面前讲什么,恐有伤大雅,不说则忧患转深,身为臣子,计无所出。"就反映出他左右为难的处境。王琚事后劝他说:"天子之孝,异于匹夫,当以安宗庙社稷为事,岂能顾忌小节!"并用汉昭帝之姊"自幼供养,有罪犹诛之"的实例说明,唐玄宗也表示接受①。此时他身临至尊之位,已有更充足的理由对付太平公主。亲信大臣也纷纷奉劝他早下决心。他唯一担心的是唐睿宗,因为太上皇依然掌握很大权力,若是太上皇态度暧昧,万一被太平公主利用,难免会节外生枝,影响大局,所以他希望在着手解决太平公主之时不让太上皇插手。大臣崔日用见他有此顾虑,就献计道:"请先定北军,后收逆党,则不惊动太上皇矣。"②显然,崔日用意在首先控制左右羽林军和左右万骑营,以控制宫中局势,既稳住太上皇,又使太平公主无力反扑。唐玄宗闻奏,深表赞同,于是立即召见岐王范、薛王业、兵部尚书郭元振、龙武将军王毛仲、殿中少监姜皎、太仆少卿李令问、尚乘奉御王守一、内给事高力士、果毅李守德等定计,并做了应对防变的布置。

七月三日这天,唐玄宗命王毛仲等人率兵先将羽林军常元楷、李慈擒杀,又将贾膺福、李猷及萧至忠、岑羲等抓获后立斩于朝堂,窦怀贞奔逃无路,自缢而死。很快,禁中局势就被唐玄宗控制。闻知有变的太上皇只能登上承天门楼,号令南衙禁军以备非常。但是,此时宫内已无法插手,他派去朝堂召募兵士的人无法入内。郭

———————————
① 参《旧唐书》卷106《王琚传》及《通鉴》卷210,玄宗先天元年八月条。
② 《通鉴》卷210,玄宗开元元年。

元振一直在太上皇身边,名为"帅兵侍卫",实为监控。太上皇见状,只得下诏历数窦怀贞等人之罪。实际上是顺应了唐玄宗的意志。事变发生后,太平公主自知已山穷水尽,逃入山寺,三日乃出,被赐死于家。[①]

太平公主被除,太上皇其实既失去了政治羽翼,也失去了牵制唐玄宗的力量,继续掌握大权已不合时宜,遂很知趣地于次日颁布诏令:"朕将高居无为,自今军国政刑一事已上,并取皇帝处分。"[②]同时离开正殿,迁居百福殿,彻底交出政柄,直到开元四年(716年)六月甲子,寿终正寝,享年55岁。

唐玄宗亲政之后,面对的是朝廷多年动荡不安的政局,人心浮动。武周时期颇有起色的社会经济状况已是元气大伤,加上连续出现了蝗、旱、地震等天灾,都使唐玄宗亲政后面临严峻的考验。唐玄宗在先天二年(713年)十二月,改元"开元",标志他要以勃勃英姿开创历史的新纪元。他的信心极大感染了举国上下,姚崇、宋璟等一批贤良、救时之士尽心维国,革除弊政、刷新吏治,开元时期社会政治和经济发展呈现出令人振奋的新气象。皇子李亨就是在这样的时代氛围中慢慢成长起来的。父皇与太平公主的争斗在他的幼小心灵中最多留下过一个隐隐约约的模糊印象,其中的是非曲直他根本无从去想去知。皇宫内院的生活环境,使他很早就明白一个道理:即使在脉脉的亲情之间,为了权欲也无法避免刀兵相见,这是生存的需要,也是政治斗争的一般法则。同样,在剑拔弩张之下、刀光剑影之中,仍然要维持表面上的血脉亲情。从日后唐肃宗李亨的行为举止来看,人们可以清楚地感觉到这一点。

---

① 《通鉴》卷210,玄宗开元元年,及《考异》引《玄宗实录》。
② 《旧唐书》卷7《睿宗纪》。

或者可以这样说,童年时期宫廷生活的见闻对于李亨的成长产生了巨大影响。尽管他一时还弄不明白其中的真谛,但在他的生活旅程中会成为一笔享用无尽的财富。

三 宫闱中的惊变

唐玄宗宫闱之中,李亨的养母王皇后被废,给目睹此事全过程的少年李亨内心以巨大震撼。他,从此开始成熟起来。

开元三年(715年)正月丁亥,李亨的次兄李嗣谦(即李瑛)被册立为皇太子①。由于尚未成年,据礼制,仅行内册之礼。直到开元八年(720年)正月初一,才加元服②。李嗣谦是赵丽妃所生,既非嫡出,又非长子,他所以得立为太子,是因为他的母亲得宠。赵丽妃是唐玄宗在景龙年间任潞州(治今山西长治)别驾时得幸,因其出身歌伎,"有才貌,善歌舞",深得宠爱,唐玄宗即位后,赵氏父、兄都被升为高官③。开元年间,唐玄宗于皇后之下设三妃六仪,以惠妃、丽妃、华妃充三妃之位,佐助皇后,坐而论妇礼,为内官之中地位最高贵者,于宫中事务无所不统④。因赵丽妃受宠而立其所生之子为太子,唐玄宗的这一立储思路为其日后的政局埋下隐患。

---

① 《旧唐书》卷8《玄宗纪上》。《旧唐书》卷107《废太子瑛传》《新唐书》卷5《玄宗纪》、卷82《太子瑛传》《唐会要》卷4《储君》等均同,唯《通鉴》卷211系时于开元二年十二月辛巳,知先立为太子,三年始加册,可参《唐大诏令集》载《立郢王嗣谦为皇太子制》及《册郢王为皇太子文》《册皇太子赦》。
② 《旧唐书》卷8《玄宗纪》;同书《废太子瑛传》作"七年正月",恐误,可参《唐会要》卷26《皇太子加元服》《唐大诏令集》卷29等所载内容。
③ 《旧唐书》卷107《废太子瑛传》。
④ 《唐六典》卷12《内官》。

李亨的母亲杨氏出身豪门,但没有赵丽妃的才貌,李亨又养于王皇后宫中,当然还不具备次兄的优势。他只是在第二年(开元四年,716年)正月时被拜为安西大都护和安抚河东、关内、陇右诸蕃大使。同时各设副使,二王所任职事只系遥领,并不实际出阁就职。从此,此举始开唐朝诸王遥领节度使之例①。这一年,李亨不过才6岁。

李亨初明世事,就已显得与众不同,随年龄的增长,更是英姿卓然。史书上说他:"聪明强记,属辞典丽,耳目之所听览,不复遗忘。"②超人的记忆力,大大有助于他日后的成长。更难能可贵者,李亨"仁爱英悟,得之天然"③,过人的天赋并没有使他放纵恣意,也没有锋芒毕露。李亨做皇子的二十多年里,他一直保持着这一禀赋,从不让人感到他有什么威胁。

开元初年,唐玄宗对李亨似乎并没有表达出特别的钟爱。或者,唐肃宗并没有因为得到钟爱而自我骄纵,更没有无谓消费来自唐玄宗的钟爱。唐人曾有一记闻,把儿时的唐肃宗李亨描绘成在父亲唐玄宗眼中的另一番形象:"肃宗为儿时,常为玄宗所器,每坐于前,熟视其貌,谓武惠妃曰:'此儿甚有异相,他日亦吾家一有福天子。'因命取上清玉珠,以绛纱裹之,系于颈。"据说,这玉珠是在开元中外国所贡宝物。其"光明洁白,可照一室。视之则仙人、玉女、云鹤、绛节之形,摇动于其中"唐肃宗即位后还曾见到此宝,因流泣遍示近臣曰:"此我为儿时,明皇所赐也。"④李亨在宫中从来没有显示出与其他皇子的不同。事实上,皇五子鄂王嗣初(即

---

① 《通鉴》卷211,玄宗开元四年正月条及胡注。
② 《旧唐书》卷10《肃宗纪》。
③ 《旧唐书》卷10《肃宗纪》。
④ (唐)段成式:《酉阳杂俎》前集卷10。

李瑶）、皇八子光王琚,因为他们的母亲皇甫德仪（后宫六德之一）、刘才人都以"容色见顾"而颇为唐玄宗喜爱①。皇九子夏悼王一因生而秀美,又系武惠妃所生,也深得唐玄宗钟爱,只是不幸于开元五年（717年）早夭②。《新唐书·肃宗纪》中说李亨"性仁孝、好学"当是实情,若说此时"玄宗尤爱之",恐怕未必能超出他另外几个弟兄。李亨只是很安静地在宫中读书,按照规定,唐玄宗特意为诸王子选派了师傅,来教导其学业,李亨有幸得贺知章、潘肃、吕向、皇甫彬、邢璹等名士侍读左右③,他的文化知识与素养提高很快。

这样,一晃几年过去了。

几年来,大唐帝国渐渐显示出蓬勃发展的生机。唐玄宗的宫掖之中却又涌出一股不和谐的暗流。唐玄宗虽一向宠爱赵丽妃、皇甫德仪、刘才人等,却都对王皇后的中宫地位没有产生威胁,但是随着武惠妃的得宠,往日的相安无事再难维持下去了。

武惠妃,是武则天从父兄之子、恒安王武攸止的女儿。其父武攸止死后,因为年幼,"随例入宫"④,唐玄宗即位以后,日渐得宠的妃子顿失荣光,就连王皇后也颇有危机感。以色事君,色衰爱弛,是自然规律。唐玄宗英俊倜傥、风流成性,更难免见异思迁,移情别恋。自从喜欢上武惠妃,对她则是百般的爱宠。皇帝后宫的宠爱非同寻常的男欢女爱,武惠妃恃宠"阴怀倾夺之志",想要取王皇后而代之⑤。说起来,王皇后也非泛泛之辈。她是唐玄宗任临淄王时聘定的原配夫人,十几年来,与丈夫同呼吸、共患难,唐玄宗发动的几次宫廷

---

① 《旧唐书》卷107《废太子瑛传》。
② 《旧唐书》卷107《夏悼王一传》。
③ 《新唐书》卷6《肃宗纪》。
④ 《旧唐书》卷51《后妃上》。
⑤ 《通鉴》卷212,玄宗开元十年八月条。

政变,虽然都取得了成功,也都是履危冒险。她每一次都坚定地与丈夫站在一起,"颇预密谋,赞成大业"①。其父王仁皎与同胞兄长王守一也都是李隆基几次政治冒险的积极参与者和坚定支持者。王氏自立为皇后,婉淑贤顺,颇使宫中上下衷心拥戴。她见武惠妃野心勃勃,很看不顺眼,史称"后不平,显诋之"②,对着唐玄宗诋毁武惠妃,大发牢骚。言谈之间,不免言多有失,有时话不投机,引起玄宗皇帝不快。偶有出言不逊,导致唐玄宗越来越不耐烦。王皇后日常"抚下素有恩,终无肯潜短者"③,宫中没有人愿意打她的小报告,唐玄宗也一时无计可施,所以,任凭武惠妃软语硬磨,他也没有强行废立。据说,唐玄宗在开元十年(722 年)间曾与亲信大臣、秘书监姜皎探讨过废黜王皇后的可能性,当时他们唯一能找到的理由就是王皇后无子。这说明,当年奉命鞠养杨氏所生李亨,完全没有被当作王皇后之子。这提示我们,此时宫廷生活中的李亨,既乏后宫之助力,又没能为皇后增力。然而机事不密,此事被姜皎泄露出去,被王皇后的妹夫、嗣濮王李峤奏闻,弄得唐玄宗十分被动,只得降敕,令中书门下追查此事,以给众人一个说法。中书令张嘉贞见皇上动了真怒,就穷追猛打,王守一也出于个人目的,前往劝说张嘉贞从严查处。旧史中一种说法是谓张嘉贞"希(王)守一意",另一说法是谓张嘉贞"希旨"。④ 无论是对于唐玄宗圣意的遵奉,还是对于朝廷贵戚的顺希,张嘉贞乐得做此人情,遂构成姜皎之罪,奏请先决杖,再流配岭外。处置姜皎的制书中谓:"既忘满

---

① 《旧唐书》卷 51《后妃上》。

② 《新唐书》卷 76《后妃上》。

③ 《新唐书》卷 76《后妃上》。

④ 《旧唐书》卷 59《姜謩传附皎传》谓嘉贞"希(王)守一意";另,《通鉴》卷 212,玄宗开元十年,谓张嘉贞"希旨构成其罪。"

盈之诫,又亏静慎之道,假说休咎,妄谈宫掖。据其作孽,合处极刑,念兹旧勋,免此殊死。宜决一顿,配流钦州。"①完全把责任推诿到姜皎身上。结果,姜皎被杖之后死于流放途中,受牵连者还有亲属若干人。

姜皎事件,使王皇后感到处境艰难,心中不安。有一天,她见到唐玄宗时,以泪洗面,哭诉道:"陛下纵然不顾念夫妻之情,独不念阿忠当年脱其紫半臂(按,半臂即短袖上衣,隋唐时为常服)换来一斗面为陛下做生日汤饼的事吗?"阿忠是王皇后对其父王仁皎的称呼。唐玄宗听她讲起往日所历磨难,不禁为之悯然动容②。姜皎死后,唐玄宗密谋废后一事暂时搁置起来③。他因念及姜皎的功勋,令以礼葬之,并派中使存问其家,也算是对姜皎冤死的一点补偿,同时也是对"朝廷颇以皎为冤"④舆论的一种回应。

姜皎事件虽然了结,但令王皇后及其兄王守一都感到后怕。王守一觉得,就是由于皇后无子才弄成这般模样,若是她能生个儿子,母以子贵,必能塞众人之口,免授宣扬废立者以口实。为了改变现状,王守一竟然劝皇后行厌胜之术,寄希望从旁门左道谋求生路。一位名叫明悟的僧人被请来施其法术,先祭南天北斗之星,又刻霹雳木,上书"天地"及皇上的名讳(即"隆基"),合为木印,让王皇后佩戴,并祝曰:"佩此有子,当与则天皇后为比。"⑤厌胜、巫蛊之术,汉魏以来较为流行,但宫中均明令禁止。因为行此法术而兴起大狱者屡见不鲜。唐律中所定十恶之罪,其五曰"不道",其

① 《旧唐书》卷 59《姜謩传附皎传》。
② 《新唐书》卷 76《后妃上》。
③ 《通鉴》卷 212,玄宗开元十二年七月条:"上犹豫不决者累岁。"
④ 《旧唐书》卷 59《姜謩传附皎传》。
⑤ 《旧唐书》卷 51《后妃上》。

中就包括"造畜蛊毒、厌魅"。《唐律疏议》中对"厌魅"没有明确的界定，只说"其事多端，不可具述，皆谓邪俗阴行不轨，欲令前人疾苦及死者。"①行左道之术，实犯宫中大忌且违国法。开元十年（722 年）处理姜皎泄密案后，唐玄宗为防不逞之徒再惹是生非，特地下令诫谕宗亲戚属："自今已后，诸王、公主、驸马、外戚家，除非至亲以外，不得出入门庭，妄说言语。"同时颁布制令，"约百官不得与卜祝之人交游来往。"②王守一身为外戚，交结后宫，对皇帝制令置若罔闻，本身就是件冒险的事。

天下没有不透风的墙。王皇后与王守一的举动，不久就被人觉察。武惠妃一直想找机会扳倒皇后，此事正好授之以柄。唐玄宗闻知后，大为震怒。如果说当初唐玄宗在与姜皎密议之时对废后一事尚有些犹豫的话，事到如今，他再也无法容忍，这次他铁了心地要废掉皇后。事情败露后，王皇后百口难辩。唐玄宗亲自审问，见事实清楚，遂于开元十二年（724 年）七月己卯颁制："皇后王氏，天命不祐，华而不实。造起狱讼，朋扇朝廷，见无将之心，有可违之恶。焉得敬承宗庙，母仪天下，可废为庶人，别院安置。"王守一被赐死③。说来凑巧，这年七月的天象对于后宫地位很是不利，废王皇后制书颁发前几天，刚刚发生了月食④，同时，河东、河北大旱，唐玄宗"亲祷雨宫中，设坛席，暴立三日。"⑤在当时人们的观念中，这显然是阴阳失调所致。敏感的人自然会联系到皇后被迁出中宫。十月，废后王氏郁郁而终。后宫之中对她思慕不已，看来王皇后的人缘

---

① 《唐律疏议》卷 1《名例》。
② 《旧唐书》卷 8《玄宗纪上》。
③ 《旧唐书》卷 51《后妃上》。
④ 《旧唐书》卷 8《玄宗纪上》。
⑤ 《新唐书》卷 35《五行志二》。

的确不错。事到如今,玄宗皇帝也有一丝恻隐,略略感到几分懊悔①。

对于此番宫中废后之事变,李亨亲眼目睹。李亨这时已是14岁的翩翩少年,宫廷风云的吹打使他已经懂得了其中的利害。幼年时虽曾受到王皇后慈母般的呵护,此刻却不能格外地对命丧黄泉的废后表达哀思,他只能遵守国家礼制的规定,很有节制地致以哀悼。废后的葬礼是按一品的规格操办的,恢复她皇后的名分是在李亨做皇帝后的宝应元年(762年)才完成的②。

李亨确实开始成熟起来。

武惠妃扳倒了王皇后,似乎并未就此善罢甘休。开元十四年(726年),皇太子瑛的生母赵丽妃突然死去③,总让人感到有些蹊跷。武惠妃得宠以后,赵丽妃"恩乃渐弛"④,按说对她已没有什么威胁,何以要怀疑赵丽妃的死呢?因为有一件事极耐人寻味。此事是在开元十四年(726年)四月,太原府(治今山西太原)府尹张孝嵩奏呈一份报告,说"有李子峤者,自称皇子,云生于潞州,母曰赵妃",这位称李子峤的人,被唐玄宗下令杖杀⑤。但是,赵丽妃低贱的出身已使皇室感到难堪,冒认皇子的闹剧不知道还会不会出现。武惠妃乘机借刀杀人,倒也算替唐玄宗除去一块心病。至少,唐玄宗没有为赵丽妃的死对武惠妃产生过任何不满。赵丽妃死后,加谥曰"和"。

赵丽妃死后,使太子李瑛缺少了应有的奥援。这时的武惠妃

---

① 《通鉴》卷212,玄宗开元十二年。
② 《旧唐书》卷51《后妃上》。
③ 《新唐书》卷76《后妃上》。
④ 《旧唐书》卷107《废太子瑛传》。
⑤ 《通鉴》卷213,玄宗开元十四年四月条。

不仅谋求入主中宫,也萌动了改立自己的儿子为太子的念头。一场更大的宫廷倾轧还在后头呢!李亨兄弟之间未卜的前程,对于他们现今的生活似乎一时之间还没有产生太大的影响。历风经雨,慢慢地都习以为常了。

四 十王宅的成长

根据父亲唐玄宗的安排,已是忠王的李亨与他的其他兄弟之辈安居在京城十王宅中。在这里,他有了自己的婚姻和家室,个人的成长和生活也翻开了新的一页。

开元十三年(725年)三月,李亨由陕王改封为忠王,而且他的名字嗣升也改为李浚①。皇太子嗣谦更名鸿。徙郯王为庆王,更名潭;鄫王改封为棣王,更名洽;鄂王改封郎王,更名涓;鄄王更封为荣王,改名为滉;又以皇八子涺为光王,十二子潍为仪王,十三子沄为颖王,十六子泽为永王,十八子清为寿王,二十子泂为

---

① 《旧唐书》卷8《玄宗纪上》,并参《通鉴》卷212,玄宗开元十三年三月条。按,《旧唐书·肃宗纪》作"开元十五年正月,封忠王,改名浚"。《新唐书·肃宗纪》亦作开元十五年,改名、徙爵事同。《唐会要》卷1《帝号上》又作"开元十五年三月",《册府元龟》卷11陕王徙封忠王,改名浚事亦作开元十五年正月。然考之《新唐书·玄宗纪》《旧唐书·玄宗诸子传》《新唐书·十一宗诸子传》等,均以唐玄宗诸王子徙爵改名事为开元十三年(三月甲午)。与《旧唐书·玄宗纪》《通鉴》所载相同。而《唐会要》卷46《封建》载徙封皇八子涺为光王等以下诸子事在开元十三年二月。《册府元龟》卷257载皇太子嗣谦改名鸿制书、卷265载封皇八子涺为光王事也系于开元十三年三月甲午。根据以上记载,颇怀疑两《唐书·肃宗纪》所载此事的时间有误。且李亨在此时与诸兄弟辈并无任何特殊,其他诸人开元十三年改名徙爵,唯独他迟至开元十五年方改名徙爵很难理解。故此,今从开元十三年三月的说法。

延王,二十一子沐为盛王,二十二子溢为济王①。唐玄宗共有 30 个儿子,除了 7 位儿子早夭,大部分都获得了封号。当然,其中 23 子此时也并非都在人世,像武惠妃所生夏悼王李一(皇九子),开元五年(717 年)时就已在东都死去,其同母弟怀哀王李敏(皇十五子)也是开元八年(720 年)二月,仅仅年满周岁就死去了②。

令人感兴趣的是,唐玄宗在开元十三年(725 年)三月将所有儿子的名字改掉,且都换成了带水字旁的字,说不定与开元时期的旱情有关。据《新唐书·五行志二》载:"(开元)十二年七月,河东、河北旱,帝亲祷雨宫中,设坛席,暴立三日。九月,蒲(治今山西永济)、同(治今陕西大荔)等州旱。十四年秋,诸道州十五,旱。十五年,诸道州十七,旱。十六年,东都(今河南洛阳)、河南宋(治今河南商丘)、亳(治今安徽亳县)等州旱。二十四年夏,旱。"天旱到皇帝亲自在宫中祷雨的程度,至少说明玄宗对旱情的重视。另外有记载说:"唐开元中,关辅大旱,京师阙雨尤甚,(玄宗)亟命大臣遍祷于山泽间,而无感应。"③也能证明唐玄宗对旱情的重视。儿子名字带水,或许存有企盼天降甘霖的意愿。看来,逐渐成长的儿子们在唐玄宗心目中的分量越来越重了。对改名徙爵后的诸皇子,唐玄宗也自有安排。

按照唐朝制度,"皇兄弟、皇子皆封国,谓之亲王。"④李亨与诸兄弟均以亲王身份居于宫中,"开元后,皇子幼,多居禁内。"⑤随着

---

① 《旧唐书》卷 8《玄宗纪上》,并参《通鉴》卷 212,玄宗开元十三年三月条。
② 《旧唐书》卷 107《玄宗诸子传》。
③ (唐)郑处海:《明皇杂录》卷下。
④ 《唐六典》卷 2《尚书吏部》。
⑤ 《新唐书》卷 82《十一宗诸子传》。

年龄的增长,他们幼年的生活发生了改变。史称"东封年,以渐成长,乃于安国寺东附苑同为大宅,分院居,为十王宅。"①"东封年"是指唐玄宗东封泰山之年,即开元十三年(725年)十一月于泰山行封禅大典。唐玄宗把业已长大成人的皇子安置在十王宅中,分院而居。十王宅并非实指,乃举其全数。起初十王为庆、忠、棣、鄂、荣、光、仪、颖、永、延(或济)诸王,后来盛王及寿、陈、丰、恒、凉、信等王就封,也居于十王宅。

十王宅内,诸王分院而居,由宦官担任监院使押之,监督诸王的日常活动。像皇四子棣王琰在天宝年间因其所宠二孺人以巫术求媚,被监院中官告发,被唐玄宗囚于鹰狗坊中,忧惧而死。诸王的日常生活开支及月俸物,特于宫中设"维城库"供给,每日膳食,由家令负责。诸王朝请及参天子起居,则从夹城中往返,不复出阁。平日只派词学及工书之人入宅院讲授课业,谓之"侍读"。诸王侍读无定员。诸王虽开府置官属及遥领地方藩镇,但除了可与诸侍读有来往外,均不能与其他人有交道,"自余王府官属,但岁时通名起居,其藩镇官属,亦不通名。"②基本上阻绝了诸皇子交接地方或勾结朝廷官员的渠道,防止出现异己政治势力。诸王育子多多,唐玄宗又于十王宅外置"百孙院",就连每年冬都要去住上一阵子的华清宫,也照例设置了十王宅、百孙院,以便带领诸皇子皇孙活动。当时诸王宅中每院宫人有400人,诸孙院中也有三四十人。其子孙之婚嫁都在十王宅中,太子之子也分院而居,其与亲王、公主也同样在礼院中行婚嫁之礼。尤为可注意者,唐玄宗也加强了对太子的生活管理,"太子不居于东宫,但居于乘舆所幸之别

---

① 《旧唐书》卷107《玄宗诸子传》。
② 《通鉴》卷213,玄宗开元十五年五月条。

院"①。从此皇太子不再独立分居于东宫。这在唐太宗贞观二十年(646年)时曾一度实行过,所谓"太宗于寝殿侧置一院,令太子居之,绝不遣往东宫。"此举在当时引起兼太子宾客的门下侍郎褚遂良的反对。他上疏谏诤,征引周室问安、汉储视膳等旧事,按照古礼之规定,提出"朋友不可以深交,深交必有怨;父子不可以滞爱,滞爱或生愆。伏愿远览殷周,近遵汉魏,常许旬日半月遣还宫,专学艺以润身,布芳声于天下",结果,唐太宗从其奏请,仍与太子异宫而居②。自唐玄宗重令皇太子不居东宫,太子之权力地位发生若干变化,这一变化对于大唐国家之中枢政治体制将产生重大影响,并关系到由此以降唐玄宗之盛唐中枢政局与政治斗争,与太子之处境与废立及其在唐朝中枢政局中的关系也越来越密切。这在此后唐朝的世事变迁、人事更迭中将会得到证明。

应该说,唐玄宗设立十王宅,虽有其政治上的考虑,并且也确实起到了对诸皇子严加防范的作用。不过,诸王合居一处,分院而居的安排,并不能说是他本人的发明,实际上这是唐玄宗个人生活经验的一次再现。只是在他这里,使这一安排方式更加完善,对皇子们的管理也更为严格。唐玄宗李隆基兄弟六人,因李隆悌早死,兄弟五人于武周圣历初年在当时的神都洛阳列宅第于积善坊,五人分院同居,号"五王宅"(一说"五王子宅")。大足元年(701年),随从祖母武则天返回西京长安后,又与诸兄弟一起蒙恩得赐宅于兴庆坊,仍称为五王宅。③ 唐玄宗即位后,将此地扩充为宫掖,号称南内。旧日同院而居的兄弟,唐玄宗也颇费心思,在兴庆

① 《旧唐书》卷107《玄宗诸子传》。
② 《唐会要》卷4《储君·杂录》。
③ 《旧唐书》卷95《睿宗诸子传》。

宫西邻的胜业、安兴两坊中为他们安置了府第。长兄宁王宪赐宅于胜业坊东南角居住,次兄申王撝、四弟岐王范分别于安兴坊东南赐宅,五弟薛王业则居于胜业坊西北角,诸兄弟邸第相望,环绕于兴庆宫之侧。唐玄宗又在兴庆宫西南分置楼阙,西南一座称为"花萼相辉之楼",南面一座则称为"勤政务本之楼"。站在楼上,可以俯瞰兄弟之所居,闻听其宅内之乐声。唐玄宗理政之暇,也时常登楼远眺,听到诸王府内音乐之声,就把他们招来楼上饮酒宴谑。有时,他也会突然到诸王府中,说是"赋诗燕嬉、赐金帛侑欢",其实也是一种政治监护。诸王也还识趣,每日朝参归后,"即具乐纵饮,击毬斗鸡,驰鹰犬为乐,如是岁月不绝。"①即使这样,也不免有人进谗言,打他们的小报告。由于监护有力,唐玄宗对此心中有数,所以"虽有谗言交构其间,而友爱如初。"②来自各方面的"谗言",不过是唐玄宗借以威慑兄弟诸王的一种手段。事实上,对于邻宫掖而居的诸王,唐玄宗是禁止他们与外人交结的,一经发现,都会严加惩戒。驸马都尉裴虚己就因挟谶纬之书与岐王范交游,被发配岭外。万年县尉刘庭琦、太祝张谔等一些文人也因与岐王范饮酒赋诗,被贬为外官。开元十三年(725 年),唐玄宗身体不适之际,薛王业的妻弟、内直郎韦宾与殿中监皇甫恂私议休咎,冒犯忌讳,结果韦宾因此被杖杀,皇甫恂被外贬。事情发生后,唐玄宗虽然手段严厉,他却对兄弟亲王加以抚慰。

显然,唐玄宗现在为诸皇子设立十王宅的用意,与他的这种生活经历有关,那就是为防止皇子之间形成政治势力导致出现纷争与倾轧,加强控制,稳定政局。

---

① 《新唐书》卷81《三宗诸子·让皇帝传》。
② 《旧唐书》卷95《睿宗诸子传》。

李亨在以忠王身份居于十王宅中时,已是英姿勃勃的翩翩少年。开元十三年,太子李瑛(时名为鸿)纳妃薛氏,"礼毕,曲赦京城之内,侍讲潘肃等并加级改职,中书令萧嵩亲迎,特封徐国公"①,婚礼十分隆重。身为皇子的忠王李亨,不久也在十王宅中的住处举行了婚礼,不过比起太子的大婚,李亨的婚礼要简单一些。然而,这次李亨的婚姻有些机缘天成。

开元十三年(725年)的一天,唐玄宗来到忠王李亨在十王宅中的府邸。此时,李亨应该已娶了韦氏为孺人。唐制规定,"凡亲王,孺人二人,视正五品;媵十人,视正六品"。孺人、媵都属于亲王的正妻,均有正式名分与品位,其余则属于妾②。当风流倜傥的唐玄宗来到忠王府邸后,被眼前的情景深深地触动了,他见忠王"服御萧然,傍无媵侍"③,房内庭外也不曾有人洒扫,很多地方显然久无人涉足,就连应备的乐器也被搁置起来,上面落满了灰尘,玄宗看罢,心中愀然。他转身对随从的亲信宦官高力士说:"儿居处乃尔,将军④讵使我知乎?"高力士进前答道:"臣也曾有意奏闻圣上,只是殿下不允许,担心会让圣上牵挂。"唐玄宗即命高力士下诏给京兆府(治今陕西西安)尹,立即从京兆府境内选"良家子"细长洁白者五人入内,以奉侍李亨。高力士领旨,趋出庭下,不一会儿又回来奏称:"臣他日尝宣旨京兆阅致女子,人间嚣嚣然,而

---

① 《旧唐书》卷107《废太子瑛传》。《新唐书》卷82《太子瑛传》,则作"十六年,诏九品官息女可配太子者,有司采阅待进止,以太常少卿薛绍女为妃"。按,皇太子开元十六年再次纳娶,可以无疑,据《唐会要》卷4《储君·杂录》载"开元十六年五月敕所选皇太子及诸王等妃……宜令所司具名录奏"之内容可推知,但若以十六年为太子初婚,似嫌太迟。今从《旧唐书》。

② 《旧唐书》卷43《职官志二》。

③ 《旧唐书》卷52《后妃下》。

④ 据《次柳氏旧闻》:"上在禁中,不名力士,呼为将军。"

朝廷好事者，得以为口实。臣以为掖庭中故衣冠以事没其家者，宜可备选。"唐玄宗听罢，龙颜大悦，使高力士诏掖庭令，要其"按籍阅视"①。掖庭令立即照办，从所掌宫人名籍中选出"衣冠子"三人，其中一人就是后来被追谥为章敬皇后的吴氏。吴氏"濮州濮阳人。父令珪，以郫丞坐事死，故后幼入掖廷"。② 因受父亲的牵连，自幼被没入掖庭。稍稍年长，生得"容止端丽"③，此刻被选为李亨之妻，也就是成为亲王的夫人，较之在掖庭之中做功役劳作要幸运得多。高力士成全此事，可能是个顺水人情。但是，这对于吴氏的一生影响至巨。

不过，李亨纳吴氏为妻一事，史书上所记载的时间都很有疑问。唐后期曾任宰相的李德裕据当时其父所述而记载的《次柳氏旧闻》（又名《明皇十七事》），就是说在李亨为太子后，唐玄宗才以吴氏赐之，并说此事的前后因果还有一个叫吴操的人与他父亲李吉甫讲过，与高力士所说的情况相符。看起来似乎应该没有问题，所以宋朝欧阳修等编修《新唐书》时，章敬皇后吴氏传一节中的主要内容明显地转录自《次柳氏旧闻》，也把李亨得与吴氏成亲系于"肃宗在东宫"也就是任太子之时。但这里有一个问题，因为吴氏就是后来即位的唐代宗的生母，唐代宗系李亨的长子，出生于开元十四年（726 年）十二月（一作十月）十三日。李亨为太子，则是在开元二十六年（738 年），时间上显然不相符。《新唐书》本传又载"后（吴氏）性谦柔，太子礼之甚渥，年十八薨。"根据吴氏"年十八薨"，即使吴氏在李亨初为太子之时就死去，她也决不能在开元十四年生下儿子唐代宗，因为这样推算，她还不过是个五六岁的黄毛

---

① 《旧唐书》卷 52《后妃下》。

② 《新唐书》卷 77《后妃下》。

③ 参《次柳氏旧闻》与《新唐书·后妃下》。

丫头。所以,《新唐书》记载吴氏被选中时李亨为太子不如《旧唐书·后妃传》记载李亨为忠王可信。这一记载,大约是为了渲染唐玄宗对高力士所谓"一日见三天子"[①]的神话。不过,《旧唐书》中又把时间记为"开元二十三年",估计这"二十三年"是十三年的衍误[②],《通鉴考异》就说《旧唐书》"盖误以十三年为二十三年也"。同时,若是她享年果真如《新唐书》所说是十八岁,那么《旧唐书》本传载其开元"二十八年薨",也应是十八年[③]。不然的话,她生下儿子唐代宗时也不过五岁左右,于情理不符。毕竟,李亨与吴氏生下后来的唐代宗,且又系其长子,是确凿无疑的事。再说,开元十四年(726年)十二月(即使是十月)生下长子,说她开元十三年选入忠王府,于情理也讲得通。更何况,吴氏一被选中,就被召去侍寝呢[④]! 看来,选吴氏入十王宅内婚配是作为忠王李亨的妻子,而不是被选为太子妃,是可以肯定的。

在选赐吴氏一事上,唐玄宗对李亨扮演了慈父的角色。对于在十王宅中安分守己、毫无出格举止的诸皇子,唐玄宗的确没有让他们感受到皇帝权威的重压,对于政治上没有什么威胁的亲人也总能表现他温情的一面,像人们所艳称的他对待自己的皇兄李成器的宽仁优裕,就是很好的例子。李成器死后,唐玄宗还给他送了个"让皇帝"的美谥,并按照帝王的礼制规格安葬于惠陵(位于今陕西蒲城)。不过,要说唐玄宗对自己安置于十王宅中的儿子们

---

① 《新唐书》卷77《后妃下》。

② 参《旧唐书》卷52《后妃传下》校勘记[五],并参《通鉴》卷213,玄宗开元十四年十月条《考异》。

③ 《通鉴》卷213,玄宗开元十四年《考异》引《旧·后妃传》即作"十八年薨",今《旧唐书》中华书局点校本此处失校。所以,《通鉴考异》曰:"《旧闻》所记,事皆虚诞,年月不合。《新书·后妃传》全取之,今皆不取。"可参。

④ 《次柳氏旧闻》。

十分地放心,恐怕也不是事实。除了他对诸王活动所做的种种限制外,他另有一套羁绊的手段,施以无上的亲情与格外的关心,似乎更加有效。这种做法,迫使李亨等人在十王宅中不敢有丝毫的松怠与放纵。因为,即使丝微的有失检点也会招致罪责,李亨的太子兄日后的被废不能说与此无关。有关的详情我们将会在后面叙说。

朝中大臣有的也很明白玄宗皇帝的心思,遂费些心思投其所好。开元十七年(729年)①,任侍中(宰相)兼吏部尚书的裴光庭在加弘文馆学士后,就逞其所学,撰写了《瑶山往则》及《维城前轨》各1卷,目的在于为皇太子及诸皇子(即十王宅中仰赖维城库生活的诸王)提出行动的准则和规范。裴光庭将所著表文进献后,很得唐玄宗的嘉奖,不仅"手制褒美,赐绢五百匹",同时,还"令皇太子已下于光顺门与光庭相见,以重其讽诫之意。"②史言"皇太子已下",应当包括忠王李亨在内的诸王在内。据《旧唐书·玄宗纪上》记载:裴光庭撰《瑶山往则》《维城前轨》进献后,唐玄宗曾令赐太子、诸王每人各一本。

由此而言,唐玄宗从未放松过对诸子成长的关心。李亨在十王宅中的生活此时此刻仍可谓波澜不惊。大唐帝国经开元以来十几年的政策调整、励精图治,进入了蓬勃兴盛、到处欣欣向荣的时期。开元十三年(725年)泰山封禅大典的成功举行,使朝野上下都切身体会出这种成果。开元九年(721年)与十二年(724年)宇文融主持下的检括逃户,使国家控制的在籍人口大量增加,同时由于对附籍民户的宽松政策与安抚措施,使得广大民众得以安居乐

---

① 《旧唐书》卷8《玄宗纪上》作开元十九年十二月。

② 《旧唐书》卷84《裴行俭附光庭传》。

业。社会秩序的安定,使举国上下都受到鼓舞。然而,国家体制在调整过程中,也引发了一些负面效应。朝廷上人事的纷争显然给这一盛世的凯歌加上了不太合拍的音符:开元十四年(726年),宇文融与朝中大臣崔隐甫等人联名弹劾中书令张说,结果,张说被罢相。不过,宇文融也于次年被贬出朝廷。作为李亨大恩人的张说被罢相,使朝廷上人事格局出现了一些变化。这其中的隐情与内幕虽然不能一下子揭开,但随之出现的宫闱之争,很快使朝廷之中的官员纷纷现出真容。

李亨在十王宅中,日常并未见异常,婚姻大事也听任唐玄宗的安排。所有朝廷上发生的一切,在他看来,虽然近在身边,又似乎十分遥远。此刻,他能够做的,依旧是默默地冷眼旁观。

五 三天子的传奇

在朝廷纷争之中,尚得清闲的李亨似乎是熟视无睹。不过,当他享受到初为人父的喜悦时,唐玄宗喜得长孙,更是十分兴奋,似乎对李亨寻常皇子的境遇带来了丰富的内容。这会给宫内的生活带来些什么新内容呢?

开元十四年(726年),朝廷上宇文融与张说的纷争还没有完全结束时,李亨已品味到初为人父的喜悦。这一年的十二月十三日,他的长子李俶在东都上阳宫之别殿降生了[①]。

说起李亨在他的儿子出生前后的经历,还有些传奇色彩!

---

① 《唐会要》卷1《帝号上》、《旧唐书》卷11《代宗纪》。《通鉴》卷213,玄宗开元十四年十月条《考异》引《代宗实录》及《册府元龟》卷2《帝王部·诞圣》均作“以开元十四年十月十三日生”。

上一年,吴氏由掖庭选入忠王府后,李亨就与她同床共枕了。据说,在他们的洞房花烛夜,吴氏突然像中了邪一般,像看见了什么可怕的东西,惊叫一声就昏了过去,嘴里不停地呻吟,呼吸也很不平稳,李亨见此情景,很有些担心,连忙用手抚着她呼唤,连叫几声都不见好转,李亨心中暗自思忖:"皇上才把她赐我,突然无缘无故地昏睡不醒,若有个意外,怎能说清是不是我护视不谨!皇上怪罪下来,如何是好?"为明其究竟,他急忙取来灯烛观看。过了许久,吴氏慢慢苏醒过来,李亨这才松了一口气,问她到底是怎么回事,吴氏用手抚着自己的左胁道:"妾刚才做了一个梦,见有一身长丈余的神人,介金操剑,对妾说:'帝命与汝作子'。自左胁以剑决而入腹中,妾痛得难以忍受,到现在还没有好!"李亨听她说完,就举着烛光到她左腹验看,果然隐隐约约见有一道赤色的纹线。李亨觉得奇怪,就向父皇做了汇报①。后来,吴氏果然产下一子,即后来的皇帝唐代宗。李亨此子初取名李俶,后又封为广平郡王。吴氏新婚时的这段经历,究竟有多少是事实,因涉及宫闱秘事及男女隐情,确实不太容易查考清楚。不过,吴氏抚其左胁自言有神人以剑决入腹而生子事,却很值得索解。此事恐怕与老子出生的传说有一定关系。老子,自秦汉以后就被人视为道的化身,是长生不老的神仙,后来关于他出生的传说大致都有"剖母左腋而生"的内容。据《神仙传》:"老子姓李名耳,字伯阳,楚国苦县濑乡人也。……其母怀之八十一岁乃生。生时剖其母左腋出,出而白首,故谓之老子。"②《史记·老子列传正义》引《玄妙内篇》也有类似说法:"李母怀胎八十一载,逍遥李树下,乃割左腋而生。"同样的

---

① 《次柳氏旧闻》。又,《新唐书》卷77《后妃下》载:(吴氏)辞曰:"梦神降我,介而剑,决我胁以入,殆不能堪。"

② 《艺文类聚》卷78《灵异部上·仙道》。

传说还见于《初学记》卷23《道释部》引《老子内传》:"太上老君姓李氏名耳,字伯阳。其母曾见日精下落,如流星飞入口中,因有娠。七十二岁而生。……于陈国涡水李树下,剖左腋而生"。有人说,这种传说是受到佛教关于佛陀太子降生故事的影响,只是佛陀太子是从母左胁出还是右胁出,现存汉译佛本起经尚有歧异①。这一点我们暂不予深究。老子由其母剖左胁而生的传说对于神化李亨与吴氏所生的儿子(后来的唐代宗)是很有帮助的。老子因为姓李氏,在唐代被李唐皇室视为同宗,很受皇家尊礼,自唐高宗乾封元年(666年)追尊为太上玄元皇帝,建造祠堂,道君老祖李耳的地位就非比寻常。后来虽然佛、道争宠,在宫中各设道场进行大辩论,但道教的地位一直比较稳固,至少没有发生佛教所经历的几场劫难,像唐玄宗即位之初的禁毁佛寺、唐武宗会昌时期的灭佛等等人所尽知。吴氏的这一番言语,说明她的聪慧。史载吴氏"性多谦抑,宠遇益隆"②,就是说李亨对她另眼相待不是没有根据的。她为李亨生下第一个儿子就很能说明问题。李亨的长子,也是唐玄宗的第一个皇孙,不过,要按《旧唐书·代宗纪》和《新唐书·后妃下》的记载,说李亨所生的儿子是"嫡皇孙"③还有些勉强。因为,此时的李亨仍然只是十王宅中的一位亲王,还不是皇太子。尽管如此,唐玄宗仍为长孙的降生感到十分的兴奋。

在李俶出生时,唐玄宗并不在东都。自去年东封泰山之后,玄宗君臣去了曲阜的孔宅,到了年底才到达东都。近些年中,唐玄宗因迫于京师粮食供给的压力,经常东幸洛阳。李俶出生时,东封的

---

① 刘屹:《老子母碑考论》,载《首都师范大学学报》,1998年第4期。
② 《旧唐书》卷52《后妃下》。
③ (清)赵翼:《廿二史札记》"玄宗五代一堂",也称"嫡皇孙",是未注意及此也。中华书局2008年版,第400页。

大队人马也没有回到长安(今陕西西安)。据说,当时唐玄宗去了东都南约百里的汝州(今河南临汝)的温泉,有望气者见东都上空气象有变,遂奏称:"宫中有天子气"①,唐玄宗即日返还东都。当天夜里,李亨的儿子李俶就出生了②。这一事情的真实性如何,从今天的角度来看已不必推究了。但唐玄宗即刻还宫,说明他意识里对此十分重视。

李俶出生后三天,唐玄宗来到李亨的住处,前来探视自己的皇孙。他命赐之金盆,为孙儿洗浴。所谓"生之三日,帝临澡之"③。这是为孙儿行三日洗儿的礼仪。唐朝的三日洗儿礼,在宫中十分盛行④。特别是在开元时期,由于四海升平、国内安定,追求享乐之风甚盛,对于庆祝生日之类的礼俗尤为重视。唐玄宗就首先把自己的生日八月五日定为千秋节,成为全国性的节日。至于三日洗儿礼从何时开始举行,现在已难以确知。宋代学者洪迈在谈到此事时也很迷惑地说过:"莫知其事例之所起。"⑤但开元时期对三日洗儿礼已有很讲究的礼俗记录,像浴洗、赠赏钱物等礼品,大行宴乐等。唐玄宗为李亨的长子行洗儿礼,赐金盆,就是按这种礼俗行事。贞观年间唐太宗的儿子唐高宗李治出生三日后,太宗皇帝与文德皇后长孙氏就将一件玉龙子赐之作礼物⑥。后来,唐玄宗天宝年间,安禄山为杨贵妃养子,杨贵妃也在安禄山生日后三日,

① 《册府元龟》卷2《帝王部·诞圣》。
② 《通鉴》卷213,玄宗开元十四年十月条《考异》引《代宗实录》也如此记载:"时玄宗幸汝州之温汤,有望气者云,宫中有天子气,玄宗即日还宫,是夜代宗降诞。"按,《考异》按语云:"《玄宗实录》,此月十六日庚申始幸温汤,已已乃还宫,与《代宗实录》不同。"
③ 《新唐书》卷77《后妃下》。
④ 参拙撰:《唐代的三日洗儿礼》,载《文史知识》,1996年第1期。
⑤ (宋)洪迈:《容斋四笔》卷6《洗儿金钱》。
⑥ 《明皇杂录》卷上。

为他作三日洗儿礼以取乐,唐玄宗也照例给予大量赏赐。这一礼俗在宫掖中因袭相承,成为他们在深宫禁中的一种乐趣。每逢这一时刻,宫中一贯的森严等级就被忽略了,人们往往会因为小生命的降生而喜形于色,并用乞讨洗儿钱的方式来助兴。唐代诗人王建《宫词》中对此曾有描述:

> 日高殿里有香烟,万岁声长动九天。

> 妃子院中初降诞,内人争乞洗儿钱。

唐玄宗也为这一喜庆氛围所感染,兴致勃勃地为长孙作三日洗儿礼。但美中不足的是,由于吴氏年幼体弱,皇孙出生后先天不足,体有未舒,宫中负媪(保姆一类的宫人)惶惑不安,怕出问题,就想用宫中诸子同日生而体貌丰硕者替代,谁知抱来一看,就被唐玄宗发现了破绽,他很不高兴地说:"此非吾儿。"负媪见瞒不过,只好以实相告,唐玄宗也不怪罪,对她道:"非尔所知,取吾儿来。"当李亨的亲生儿子被抱来后,唐玄宗顿时眉开眼笑,他抱在手上,左右端详,情不自禁地说:"此儿福禄,一过其父。"当洗儿礼结束后,唐玄宗把内乐及宴具尽数留下来,并嘱咐高力士要让大家尽兴狂欢①。据唐代文学家、政治家李德裕记载,唐玄宗曾经在现场这样给高力士说:"此一殿有三天子,乐乎哉!"②此事高力士在多年后还曾向别人提及,李德裕也说李俶的舅父吴溆曾经向他父亲讲述过。

"一殿三天子",显然是说唐玄宗、李亨及李俶。而此时李亨不过是普通的皇子,太子仍是李瑛,李俶不过是三日新生儿,若称

---

① (唐)李德裕:《次柳氏旧闻》。
② (唐)李德裕:《次柳氏旧闻》。《新唐书》卷77《后妃下》载:"帝还,尽留内乐宴具。顾力士曰:'可与太子饮,一日见三天子,乐哉!'"与李德裕所记载的表述略同。

三代同堂尚可以，称为"三天子"，总让人觉得有些不太可能。这种口气，或许是后来高力士、吴溱等人传述唐玄宗所言时所篡改。唐朝时关于他们祖孙三代的传说很多，故老相传，难免出现偏差。再说李亨、李俶父子后来果然做了皇帝，这种传说的可信度就更增加了。唐后期宰相牛僧儒的外孙、进士张读在其所撰《宣室志》中，就留下了一则关于李亨祖孙三代的传奇："国初有神像，用金而制。传云，周、隋间有术士镕范而成之。天后朝（武则天时），因命置于宫中，扃其殿宇甚严。玄宗尝幸其殿，启而视焉。时肃宗在中宫，代宗尚稚，俱侍上。上问内臣力士曰：'此神像何所异？亦有说乎？'力士曰：'此前代所制，可以占王者在位之几何年耳。其法当历声而叱之，苟年甚永，则其像摇震亦久，不然，一撼而止。'上即严声叱之，其像若有惧，摇震移时，仆于地。上喜笑曰：'诚如说，我为天子几何时？'力士因而拜贺。上即命太子（即李亨）叱之，其像微震。又命皇孙叱之，亦动摇久之。上曰：'吾孙似我。'其后玄宗在位五十载（按，此为虚数），肃宗在位凡六年（按，此六年为实数），代宗在位凡十九年（按，此亦为虚数）。尽契其占也。"①这种传奇故事的真实性如何，不必要费力去探寻，但从列举三位皇帝在位时间的年头，对于传述者的倾向性还是隐约可见的。而且，从中我们还可获得一个印象，那就是，唐人对于李亨父子的传说多少都带有些神秘色彩，这或许与李亨父子的经历有些关系。当然，李亨的经历还得容我们慢慢道来。

---

① （唐）张读《宣室志·补遗》，中华书局 1983 年版。类似的故事还有很多，如唐后期宰相韦执谊之子、京兆韦绚撰《刘宾客嘉话录》中华书局 2019 年版："德宗降诞三日，玄宗立于高阶上，肃宗次之，代宗又次之，保母襁褓德宗来呈，色不白皙，耳仆前，肃宗代宗皆不悦。二帝以手自下递传呈上，玄宗一顾之，曰：'真我儿也。'谓肃宗曰：'汝不及他'。又谓代宗曰：'汝亦不及他，仿佛似我。'"

无论怎样,唐玄宗对于长孙的出生是欢喜不已的,他的喜悦心情,跃然纸上。李亨作为皇三子,率先给皇族接代传宗,倒不见得有何自得,倒是儿子李俶成长以后,颇有出息,所谓"宇量弘深,宽而能断,喜惧不形于色",这一点很有其父之风,尤其是自幼好学,"仁孝温恭,动必由礼",在宫中起居很守规矩,深得唐玄宗的钟爱①。李亨儿子的出生,为他日后的政治经营也做出了很大贡献。

---

① 《旧唐书》卷11《代宗纪》。

第二篇　迈向东宫

一　唐玄宗的成算

唐玄宗十分宠爱武惠妃，但在册立新皇后一事上，他没有像当年的唐高宗皇帝册立武则天一样与元老大臣撕破脸皮。唐玄宗审时度势，采取了变通的方法，这给了后来的唐朝君主以极大启发。

在唐玄宗王皇后被废之后，宫闱之中不断泛起的阵阵涟漪，都与中宫皇后之位有关。

武惠妃在王皇后废黜之后，在宫中已是炙手可热。姣丽可人的容貌与流光溢彩的风情成了她固媚邀宠的法宝，对于此时的武惠妃来说，入主中宫，位俪宸极，已是志在必得。唐玄宗对此也没有表现出任何的不情愿，似乎王皇后被废之后，中宫之位已非武惠妃莫属。唐玄宗对于武惠妃的内心也了若指掌。要说武惠妃"少而婉顺、长而贤明、行合礼经、言应图史"，未免有些夸饰，但她名门出身，知晓宫中礼仪、大家闺秀的风范还不至于辱没皇后的尊贵。不过，惠妃虽为唐玄宗时期特设的三妃之一，宫中已是宠贵至极，但与皇后的母仪天下还有相当的距离。简单地说，惠妃的尊贵，不过是内职，仍然属于内官系统，它仍是佐助皇后坐论妇礼者。而皇后则是与皇帝并驾齐驱、合称"二圣"者。与皇帝君临天下相对而言，皇后则母仪天下，天下国母，号为小君。自古以来，人们看待皇后,就是"君也,天下尊之,故谓之后。"①在君主专制的古代帝制时代,皇后往往以其阴柔、坤顺体现其存在,并成为君主专制的必要补充。在人们的观念中,皇后与皇帝,犹若月之于日,阴之于阳,二者相得益彰,密不可分。因此,内官虽贵,较之皇后也是地远天隔,不可同日而语。武惠妃于宫中虽位极尊贵,仍煞费苦心地要入主中宫,恐怕原因就在于此。

择后与废后都同样是军国大事,表面上看后妃只是皇帝的妻妾,但因古代帝制时代家国不分、家国一体的观念,朝廷大臣对于皇后人选的选择总是要发表意见的。此刻,唐玄宗朝廷中的官员们的理由也很充分,而且冠冕堂皇。唐朝建国以来,朝臣论列天子后宫人选的事例很多。像贞观年间,尚书八座就达成共识,指出,"王者正位,作为人极,朝有公卿之列,室有嫔御之序。内政修而家理,外教而而国安。……近代以降,情溺私宠,掖庭之选,有乖故实。或微贱之族,礼训蔑闻;故刑戮之家,怨愤充积,而滥吹名级,入侍宫闱。即事而言,窃未为得。"所以,他们提出以后后宫及东宫内职的选择要有"才行"者方可,而且要以礼聘纳②。唐高宗永徽六年(655年)废皇后改立武则天时,以长孙无忌、褚遂良为首的贞观顾命大臣就坚决反对,引得朝廷沸沸扬扬。历史真的有惊人相似之处。唐高宗永徽六年废王皇后改立武则天的情形在唐玄宗开元年间再一次重现了。借用有位哲人曾经指出的那样,历史上出现两次的情况,第一次以悲剧出现,第二次则以喜剧出现。唐玄宗要立武惠妃为皇后的消息一传出,立刻就引起了朝臣的强烈反应。他的立武意愿没有像唐高宗立武那样得以顺利实现。

---

① (汉)班固:《白虎通·嫁娶》。
② 《唐会要》卷3《皇后·杂录》。

在反对者当中，以御史台御史潘好礼的奏表最具代表性。①
潘好礼的进谏，引经据典、引古喻今、慷慨激昂，他向唐玄宗逐一辨
析立武惠妃为后之事不可行。他首先说："臣尝闻《礼记》曰：父母
之仇不共戴天。《公羊传》曰：子不复父仇，不子也。昔齐襄公复
九世之仇，丁兰报木母之恩，春秋美其义，汉史称其孝。陛下既不
以齐襄为法、丁兰为戒，岂得欲以武氏为国母！当何以见天下之人
乎？不亦取笑天下乎？非止亏损礼经，实恐污辱名教！又，惠妃再
从叔［武］三思、从父［武］延秀等，并干乱朝纲，递窥神器，豺
狼同穴，枭獍同林，至如恶木垂阴，志士不息；盗泉飞液，正夫莫饮。良
有旨哉。"这里他除了拿礼法谏诤外，主要是拿武惠妃的家庭出身
做文章，使人自然联想到武则天由皇太后以周代唐、联想到其后的
诸武之乱，尤其是唐中宗复辟以后，武三思之流死而不僵，武氏在
朝廷中枢政局中仍旧占据重要位置。唐玄宗除平武、韦之乱，稳定
政局，但总使人担心会因武惠妃的崛起而使武氏势力死灰复燃，他
提醒皇帝要注意朝廷局势的稳定。接着，他又说："且匹夫匹妇欲
结夫妻者，尚相拣择，况陛下是累圣之贵，天子之尊乎！伏愿陛下
详察古今、鉴戒成败，慎择华族之女，必在礼义之家，称神祇之心，
允亿兆之望，为国大计，其在于兹。且惠妃本是左右执巾栉者也，
不当参立之。"在极力维护唐玄宗至尊地位的名义下郑重指出武
惠妃不应立为皇后，并用经书大义及历史上的具体事例说明不应

---

① 关于潘好礼的奏疏，唐人苏冕以为并非潘好礼所作，因为他认为潘好礼所述史
实与其行迹不相吻合，但此表究竟是何人所献，苏冕也很迷惑（《唐会要》卷3
《皇后》引"苏冕驳曰"）。司马光在《资治通鉴》中略取其表疏内容，并作了
《考异》，因为苏冕驳论奏表非潘好礼所为，就除去了他的名字。我们所以仍
用潘好礼之名，主要是为了文中叙事的便利，而不笼统地用某人来称呼，请读
者明鉴。

立妾为妻,此则系明嫡庶之别,免开窥竞之端。接着,他又进一步以朝廷中的人事更迭与计谋来分析,说:"又见人间盛言,尚书左丞相张说自被停知政事之后,每谄附惠妃,诱荡上心,欲取立后之功,更图入相之计。伏愿杜之于将渐,不可悔之于已成。且太子本非惠妃所生,惠妃复自有子,若惠妃一登宸极,则储位实恐不安。皇太子既守器承祧,为万国之主本,何可轻易、辄有摇动!古人所以见其渐者,良以是也。"①这番言辞,或有风闻访知的成分。说张说有借助拥立武惠妃为皇后而谋求再知国政的打算,未必属实。不过,张说因为与宇文融等人的争斗而罢相,倒使朝中有些人敢于发泄对他执政之时的不满。再说,张说罢相后,唐玄宗对这位亲信旧臣仍怀眷顾,不时以军国大事征求他的意见,现在潘好礼把张说指将出来,恐怕可以争取到朝中反对张说的一些官僚对自己动议的支持。其实,张说未必真正与武惠妃之间有什么政治默契,他曾为唐玄宗做太子时的侍读,又对皇上忠心耿耿,高力士就曾说张说"曾为侍读,又于国有功",唐玄宗对他一直很是亲重②。从当时的情况看,张说似乎完全没有必要在政治上依附于武惠妃。倒是张说以旧恩之故,与此时的忠王李亨十分亲近。李亨母亲杨氏后来所生的宁亲公主,就嫁给了张说的次子张垍。潘好礼把谋立惠妃一事与太子之位的稳固联系起来,倒是颇有见地。尽管武惠妃尚没有着手为自己的儿子经营太子之位,但武惠妃一旦入主中宫,她必不会甘心,母以子贵的道理是任何一位宫中后妃都明白的道理。再说,唐玄宗选立太子,从一开始就注意对其生母的态度,这也势必会给武惠妃以可乘之机。废立太子,势必导致朝廷不安,潘好

---

① 《唐会要》卷3《皇后》。
② 《旧唐书》卷97《张说传》。

礼提及此事来反对立武惠妃为后,倒是可以给唐玄宗提个醒。潘好礼还用汉高祖刘邦因宠爱戚夫人,而欲以所生之子赵王如意代替太子刘盈一事表证自己的观点,他说:"昔汉高祖以戚夫人之故将易太子之位,时有商山四皓,虽不食汉庭之禄,尚能辅翼太子,况臣愚昧,职参宪府,慷慨关心,感激怀愤。陛下留神省察。"①乃是以情动之,使唐玄宗不至于对他这位御史台官员的进谏产生反感。

这道奏疏对唐玄宗的决策产生的最大影响,就是使他明白了朝廷之中确实存在着一股反对立武氏为皇后的力量。唐玄宗不愿去冒险激起朝中对武周政治的痛苦回忆,作为一位成熟的政治家,他知道根本没有必要在立武氏为后一事上与朝中臣僚闹翻脸,因为他现在的局面完全不同于当年唐高宗立武则天之时。自己君临天下,大权在握,不必要靠打击朝臣去争取政治空间,而唐高宗当年决意立武氏为后而同长孙无忌、褚遂良等人僵持并最终撕破脸皮,很大程度上是为了摆脱那些贞观顾命大臣的掣肘与包围,自己要做一个真正君临天下的皇帝。现在的唐玄宗则根本没有这种政治需要。因此,唐玄宗对立武惠妃为后一事,当遇到阻力后很快就消失了热情。在以后的十几年中,武惠妃在宫中虽然颇受尊宠,所谓"宫中礼秩,一同皇后",但这只是唐玄宗给予她的政治上的待遇与生活礼遇,一直到她死前,都没有获得皇后的真正名分,她"贞顺皇后"的美谥,是在死后才追赠加册的,所谓"遂使玉衣之庆,不及于生前,象服之荣,徒增于身后。"②

唐玄宗废王皇后以后改立武氏一事的搁浅,对于以后唐朝宫

---

① 《唐会要》卷3《皇后》。
② 《旧唐书》卷51《后妃上》。

廷政治带来了巨大影响。稍稍细心的人都会发现一个事实，那就是，从此以后，唐朝后宫之中，皇后之位几乎成为虚设。其中，只有唐肃宗李亨曾立张氏为皇后（详后）、唐昭宗曾立何氏为皇后，前者是在安史之乱中，后者是在唐末混乱之世，可作别论。其他像唐玄宗宠爱的太真妃杨玉环，仍只是加以贵妃之号，宫中礼秩一同皇后，却没有给她皇后的实际名分。后来像唐德宗皇后王氏是在死的当天册为皇后，唐宪宗懿安皇后郭氏也是在死后加册的。皇后基本上都是死后加册尊谥之号，这一近乎制度性安排的状况是从唐玄宗时期确立的。所以，唐玄宗对于控制内宫势力是有很大功劳的，历史上说他溺于内宠、嬖幸杨贵妃而对他大加诋毁，恐怕有失公允。武惠妃入主中宫的美梦幻灭，其实显示出唐玄宗政治上的成熟与非凡气度。应该看到，唐玄宗对于后妃政治上的控制还是较为成功的，特别是在后来的天宝年间，越发明显。

武惠妃在王皇后被废以后，仍然没有成为新皇后，使后宫的局势变得扑朔迷离。虽然武惠妃仍是后宫地位最为贵宠的妃子，但这位实际上的后宫主人并无法顺利地像皇后那样在政治上施加其影响。尽管朝中有些投机心理的大臣和一些内侍宦官仍愿意攀附于她，但是，从实际情况看，并没有对唐玄宗的决策产生决定性的影响。不过，也不能太小看了武惠妃此刻在宫内宫外的能量。皇太子李瑛以及几位皇子在此后被废黜，显然都与她有关，而其中的深意也不言自明，武惠妃是打算让自己的亲生儿子获得皇位继承人的资格。

于是，一场更为猛烈的宫廷风暴来临了。

二　皇太子的前途

唐玄宗对于儿子们的成长，付出过相当的心力。然而他个人的喜好又给皇子们带来了不安。宫中泛起了谋行废立太子的呼声，面对宰相的反对，他又陷入了左右两难的境地。

　　武惠妃谋求立后的努力落空后，宫中仍旧无法平静。十王宅中的忠王李亨与他的兄弟们都慢慢地长大了，也越来越成熟起来。忠王李亨于开元十五年（727年）已任单于大都护、朔方节度大使，虽不出阁，却加了藩方大员的头衔。到开元十八年（730年）时，他又被委任为河北道行军元帅。宗室信安王祎为副帅，率御史大夫李朝隐、京兆尹裴仙先等十八总管兵马出讨契丹、奚二蕃，虽然身为忠王的李亨没有亲征，但给他提供了很好的锻炼机会。契丹、奚为北方少数民族，开元以来唐朝中央政府对其颇存怀柔之心，不断选宗室郡主远嫁，与之和亲，并将其首领册为王，但其内部屡起纷争，叛乱不断，其部内将领屡屡犯塞，东北地区之幽州（治今北京）及平卢军即以契丹、奚为重点防御对象。到开元二十年（732年）三月，信安王祎所率兵马在幽州之北山大破契丹、奚，五月，信安王祎将俘虏与战利品押解到东都洛阳，唐玄宗就在东都朝堂之北的应天门受降。李亨也因为这次大捷得益，以遥统之功进位司徒。司徒，汉魏之际备位三公，唐朝时虽然品秩崇重，但系荣誉称号，一般为亲王或重臣才能摄任。不过，像唐玄宗之弟薛王业加位司徒是在开元二十一年（733年）四月。与此同时，忠王李亨又被加上了开府仪同三司的文散阶。这一晋升之路，我们从中多少可以领略到忠王李亨的政治成长过程。

　　唐玄宗对于皇太子以及诸皇子的成长是十分关注的。开元二十二年（734年）夏，他在宫苑之中亲自播种的麦子成熟时，就带领皇子们亲自收获，他借机对皇太子等人讲："这些麦子要荐献于宗庙，所以要亲自动手，同时也可以让你们大家明白稼穑之难呀！近年让人去巡检庄稼的收成,他们都不如实汇报,朕自己种些来观其收获,也可以了解一些实际情况。《春秋》中也记录麦禾的事,说明自古以来就明白这类稼穑之事的重要呀!"①唐玄宗意在现身说法,使儿子们能从中明白一些道理。无论怎样,这一切,让人觉得宫中的生活井然有序。

开元二十三年(735年)七月②,皇太子改名为李瑛,庆王以下诸王均改名,忠王李亨由浚改为玙。不过陈王珪(皇二十五子)、丰王珙(二十六子)、恒王瑱(二十七子)、凉王璿(二十九子)、汴王璥(三十子)的名字都是这一时间改的③。诸皇子的名字由从"水"旁改为从"玉"旁,多少表明诸皇子在唐玄宗心中的分量。尤其是那些成年的亲王,他们在改名的当月都被加授了开府仪同三司,陈王珪以下诸王因年幼未曾授官阶,但仍以亲王身份得置府官僚属。在这一天,唐玄宗还特意让诸皇子于东宫、尚书省列上,诏令宰臣及文武百官列队相送,仪注甚是盛大。显然,唐玄宗是想借封王加官的吉日要诸王各展风采。无论如何,渐渐成年的诸王已成为玄宗皇帝在宫中不可无视的力量。

正是由于唐玄宗对诸皇子亲王态度的变化,使貌似平静的宫中生活很快被打破了。仔细观察这一时期唐玄宗对诸王态度的变化,会发觉他的态度是很微妙的。其中一个很重要的因素是寿王瑁越来越得到唐玄宗的器重。

---

① 《旧唐书》卷8《玄宗纪上》。
② 《旧唐书》卷8《玄宗纪上》。今本《唐大诏令集》卷29《皇太子诸王改名敕》作"开元二十三年二月",《通鉴》卷214,作开元二十四年二月。《旧唐书·废太子瑛传》以改名在二十五年,恐误,待考。
③ 《唐大诏令集》卷29《皇太子诸王改名敕》。按《旧唐书》卷107《玄宗诸子传》及《通鉴》则作"开元二十四年二月",乃是依据了唐《实录》;作开元二十三年七月则是《旧·纪》与《唐历》。参本条《通鉴考异》。

寿王瑁，是唐玄宗的第十八个儿子。他的母亲就是颇得唐玄宗宠爱的武惠妃。武惠妃得宠以来，共为唐玄宗生有四子（夏悼王一、怀哀王敏、寿王瑁、盛王琦）、三女（上仙公主、咸宜公主、太华公主）。不幸的是，所生的夏王、怀王与上仙公主都未成人，襁褓之中夭折。当寿王瑁出生后，为防再出意外，唐玄宗的长兄宁王让自己的妃子元氏把他抱来府中收养，元妃亲自哺乳，对外称作自己的亲生孩子。寿王在宁王府中生活了十余年，因此，宫中诸王中，寿王受封较晚。一直到开元十三年（725年）三月封为寿王，才回到宫中。寿王也与其他兄弟一样遥领益州大都督、剑南节度大使。由于生母武惠妃得宠，他也很受父皇的钟爱。据说这种钟爱"非诸子所比"[1]。从历史上的记载看，寿王瑁因为在宁王府长大，颇懂得宫中规矩，举止言行，颇为得体。在早些年，由于寿王、永王等一些皇子年龄还很小，唐玄宗就诏许其不必入内拜谒。寿王7岁那年，他提出要与那些年长的皇兄一起向父皇请安，唐玄宗也不勉强，任他入宫来见。谁知寿王瑁小小年纪，却很懂得宫中礼仪，"拜舞有仪矩，帝异之"[2]，可能唐玄宗对此印象很深，对寿王另眼相看也不是毫无原因的。

从当时的情况看，唐玄宗对寿王的态度也许根本就没有政治上的含义。但是，在那个皇权至高无上的社会里，皇帝的喜好确实很大程度上对诸皇子的政治前途产生着影响。尤其是寿王瑁的母亲武惠妃，在宫中气势凌人，皇太子李瑛不免心中难安。与这位十八弟相比，太子瑛的母亲赵丽妃已是色衰爱弛，往昔可人的容颜已逝，皇恩渐已弛衰，相形之下，真有几许凄凉。与太子瑛际遇相同

---

① 《旧唐书》卷107《废太子瑛传》。
② 《新唐书》卷82《寿王瑁传》。

的还有鄂王瑶、光王琚，他们的母亲也都是往日对唐玄宗温柔体贴而备受恩宠的后宫佳丽，现今也均因武惠妃的光彩照人而难得宠幸。相同的际遇自然产生了更多的亲近感，三人之间共同的语言也自然多了起来。

鄂王瑶与光王琚在诸王之中也确非泛泛之辈。自幼生得明目朗秀，给当时的李隆基带来了许多的天伦之乐。起初，他们也很受父皇的喜爱。光王琚不仅与鄂王瑶虚心向学，而且他还颇有才力，善于骑射，文武兼备。在十王宅的诸兄弟中，二人关系最为亲密，史言"（光王）琚与鄂王瑶，皇子中有学尚才识，同居内宅，最相爱狎。"①他们在母亲失宠之后，总是对武惠妃的媚上看不顺眼，在内宅当中，时常与太子瑛在一起发泄怨忿。这样一来，他们就与武惠妃的关系变得紧张起来。武惠妃本来就对太子瑛作为皇位继承人不如意，眼下更把他看成了眼中钉。她决心扳倒太子，给自己的儿子寿王瑁谋得更多的政治权益，自己也可以从中得益。

利益的驱动使一些人甘愿做了武惠妃的忠实走卒。驸马都尉杨洄就是其中之一。杨洄在开元二十三年（725年）七月娶武惠妃之女咸宜公主。咸宜公主因系武惠妃所生，在出嫁之前得到实封千户，不仅突破了唐初以来公主实封300户的限制，而且使开元以来皇女实封500户的限制成为空文。不过，驸马都尉只是除三品员外官，并不委任实际职事。杨洄成为武惠妃的乘龙快婿，极想投其所好，在政治上有所作为。他探知武惠妃的真实用心以后，就放开手脚，为之卖命。武惠妃见杨洄可用，也不断面授机宜。史称杨洄"希惠妃之旨，规利于己，日求其（指太子瑛等）短，潜于惠妃"，

---

① 《旧唐书》卷107《光王琚传》。

把搜集来的有关太子瑛及鄂王、光王的行踪言语向武惠妃报告①。

太子瑛与鄂王瑶、光王琚常居于宫内,每逢聚会,就因其母亲失宠而发牢骚,语言之间,不免会涉及玄宗皇帝,对武惠妃充满仇恨。真是祸从口出,他们的怨望之语被杨洄探知,他又添油加醋地渲染一番,向武惠妃做了汇报。武惠妃闻知,大怒之下不禁心中窃喜,她终于找到了对付太子瑛的法子。于是,她定下神来,跑到唐玄宗身边,一边失声痛哭,一边把杨洄告知她的话向皇帝描述。到末了,她又提醒似的对唐玄宗道:“太子暗中结党,拉拢亲信,将加害妾之母子,这还不算,他们还指斥至尊,真是无法无天。”这一番挑拨,声情并茂,果然见效。唐玄宗听罢,龙颜大怒。对于胆敢冒犯其权威者,无论何人,他都难以容忍。唐玄宗立即召集宰相,想通过中书门下合议把几个儿子废掉。此时的中书门下是宰相办公之所,废太子关乎皇统及皇权继承,是军国重事。按照此时唐朝国家体制,宰相仍系上佐天子、总理百官、治领万事的最高行政长官。因此,想废黜皇太子要征求宰相的意见。在唐朝三省体制下,虽然三省长官自唐初以来均为宰相,但到开元时期,尚书省长官的宰辅之任渐已消失,特别是从政事堂过渡到中书门下以后,中书令在宰相群体中的地位显得十分突出。后来在唐玄宗天宝时期的中书令,基本上是首席宰相的地位。所以,当唐玄宗召集宰相谋议废黜太子之时,尽管大家各怀心事而闭口不言,中书令张九龄仍挺身而出,他奏称:“陛下践祚垂三十年,太子诸王不离深宫,日受圣训,天下之人皆庆陛下享国久长、子孙蕃昌。今三子皆已成人,不闻大过,陛下奈何一旦以无根之语,喜怒之际,尽废之乎!且太子天下本,不可轻摇。昔晋献公听骊姬之谗杀申生,三世大乱。汉武帝信

---

① 《旧唐书》卷107《废太子瑛传》。

江充之诬罪戾太子,京城流血。晋惠帝用贾后之谮废愍怀太子,中原涂炭。隋文帝纳独孤后之言黜太子勇,立炀帝,遂失天下。由此观之,不可不慎。陛下必欲为此,臣不敢奉诏。"①这番话乃是从维护李唐皇统的现实出发,从历史的经验教训来力陈事不可为。张九龄所奏,基本上是出于宰相对国家的责任感。他据实而言,没有绕圈子,没有隐瞒自己的政治观点。他"不敢奉诏"的表达,更是两汉以来宰相在朝堂议政据理力争时惯用的言辞。张九龄这一番义正辞严,唐玄宗听罢,心情十分不痛快,但也不便发火。确实,对于宰相张九龄的力争,他找不出应该发火的理由。平心而论,张九龄所说"太子天下本"的观点,是自汉代叔孙通以后任何反对改易太子的大臣都经常会引用的道理。无论对于当今皇帝还是朝廷大臣,皇位继承人的选择确实都是至关重要、关乎社稷皇统的大事。张九龄的强硬态度,使唐玄宗陷入了左右为难的境地。他实在无法不认真对待宰相的意见,若一意孤行,如何向朝廷解释"太子既长无过、二王又贤"的事实呢?

然而,朝廷大臣的意见并非均如张九龄一样,有些人还态度暧昧,同时参加谋议的另一位宰相李林甫当场一言未发。朝堂会议之后,他却对宦官之中的贵幸者私传心声,说"此主上家事,何必问外人!"②此话传到唐玄宗耳中,应该对他带来一番刺激。不过,一时半会儿,他仍是犹豫不决。

武惠妃见没有达到预期效果,自然不肯善罢甘休,她仍在不停地到处活动。朝议结束后,武惠妃暗中派自己的心腹官奴牛贵儿跑到张九龄府中游说。牛贵儿转述武惠妃的话说:"圣上有意废

---

① 《通鉴》,开元二十四年十一月条。
② 《通鉴》卷214,开元二十四年十一月条。

立,公是看到的。有废必有兴,公为之援手,宰相的位子可以坐得长久呀!"企图对张九龄以利诱之。张九龄不为所动,对牛贵儿严加申斥,丝毫不假以辞色。为了表明自己对皇上的忠诚无私,张九龄还把牛贵儿的一番话向唐玄宗做了汇报。唐玄宗闻知,不禁为之动色。他能够理解张九龄在太子废立一事上确实出于对国家利益的考虑,对中书令的意见自然也十分重视。为此,他不得不慎重地对待。宰相的意见应当在国家决策中起到相应的作用。所以,在张九龄担任中书令期间,尽管武惠妃上下活动,大搞动作,太子瑛虽处累卵之上岌岌可危,但尚可勉强居于东宫之位。

然而,世事与人事均难预料。对于太子瑛的这种危难局面,宰相张九龄究竟能够支撑多久,确实不易说清。因为,在开元末年的朝廷政局之中,张九龄个人的政治前途如何都难以明断,仅仅倚靠张九龄的鼎助,太子瑛的前途就很难卜知了。武惠妃派牛贵儿传递的信息,说明不愿支持废太子而立寿王的宰相张九龄的仕途已充满了变数与危机。

所有这一切危机的浮现与爆发,都不是简单的个人恩怨。不过,危机的浮现与爆发却很快,张九龄有些措手不及。太子瑛的前途更加吉凶难知。这一切,貌似与李亨并无瓜葛。但是,此刻宫中太子的前途也慢慢与他扯上了关系。

三　李林甫的算盘

李林甫取代张九龄出任中书令,看似是他耍弄心计手段,其实大有文章。李林甫当政后,使唐玄宗的政治品格有了变化。李林甫的所作所为,给后来的唐肃宗李亨造成莫大的威胁。从个人品格角度来评价,李林甫是一位性格鲜明的人。

李林甫出身李唐宗室旁支,其曾祖父李叔良是唐高祖李渊的从父弟。这种出身,使他在入仕以来得以方便地交结后宫。李林甫在开元年间就很注意与后宫之中贵人搞好关系,而且借这些人与武惠妃拉上了关系。他的法宝就是对武惠妃投其所好。当武惠妃特宠为其子寿王瑁进行政治经营时,李林甫就通过关系密切的宦官向武惠妃表达了要保护、拥戴寿王的忠心,一下子就赢得了武惠妃的好感。李林甫的政治发展,就与武惠妃的"阴助"大有关联,唐玄宗对他也颇示眷遇,似乎与此也不无关系。说起来,这好像都是李林甫工于心计、善耍手段。特别是史书上说他"面柔而有狡计,能伺候人主意,故骤历清列,为时委任。而中官妃家,皆厚结诇,伺上动静,皆预知之,故出言进奏,动必称旨"①,使人更加深了这一印象,《新唐书》干脆把他列于《奸臣传》中,从而给后世留下了一个更加可憎的人物形象。问题是,假如李林甫仅仅是依靠个人耍手段和小聪明,真的就能做到事事"称旨"并得到唐玄宗的信任?开元时期的宰相任期一般都比较短,没有点儿本领李林甫何以能够在唐玄宗时期"秉钧二十年"②?

　　其实,对于人物的评价,每个历史时期都会有当时不同的特点。对于李林甫的个人评价,尽管可以因为《资治通鉴》载其"口有蜜,腹有剑"而尽可以大加贬詈,但有一点是不容忽视的,那就是李林甫在唐玄宗时期的中央政治当中起到了巨大作用,他留给皇帝的印象一直是一个肯干、能干、忠心的人。唐玄宗委重任于他,其实正是看中了他的才干与忠诚。在这方面,李林甫是颇显精明强干的。至于他在当政期间投唐玄宗之所好,排斥政治异己,并

①　《旧唐书》卷106《李林甫传》。
②　《旧唐书》卷106《李林甫传》。丁俊《李林甫研究》"代前言"计算李林甫做宰相十八年六个月,称其"执政长达十九年",凤凰出版社2014年版。

独揽枢衡大权等也不能简单称之是什么政治污点。若是能从开元政治大局的变动中去考察,甚至可以得出令李林甫颇为荣耀的结论。简单地说,唐玄宗当国以来,唐帝国的社会政治、经济、军事各方面都发生了巨大的变化。国家政治核心的中央政治体制尤其如此。唐初以来的三省六部制的行政格局对日趋繁杂的国家政务应付不暇,大量的、临时性的使职差遣被用以进行补葺,因此,旧时的原有的体制出现了问题,而新的有效的国家行政体制还没有建立,大量的、繁杂的行政事务给中央朝廷造成巨大压力。这种形势下,富有事务才能的"吏干"之人成为政府运行中的迫切需要。国家在选举人才过程中,已经在尽量考虑选用实际才干的内容。开元十七年(729 年)国子祭酒杨玚就已在感慨,国家在选拔人才时那些"服勤道业之士不如胥吏之得仕也",即靠明经、进士及第者远远比不上胥吏。胥吏中的主流是那些精于事务、精于书、计、时务而被选入仕途的流外官。到开元二十五年(737 年)二月,唐朝为科举考试内容还颁布敕令:"进士以声韵为学,多昧今古;明经以帖诵为功,罕穷旨趣。自今明经问大义十条,对时务策三首;进士试大经十帖"[1],对科举考试内容增加时务策三首,这样的内容调整显然是加重了应试科举者对时务处置的成分。

李林甫正是在这样的政治大气候下逐步取代张九龄。换句话说,李林甫能够登台当政,一定是适应了当时国家政治的需要。至于对李林甫个人品格像"口蜜腹剑"之类则是属于另一个层次的内容。何况,在李林甫的生前身后,对他的评价口径,也未必一致。[2]

---

① 《通鉴》卷 214,玄宗开元二十五年二月条。

② 吴宗国:《天宝之乱是由于置相非其人吗?》,《内蒙古社会科学》1981 年第 1 期。并可参见丁俊《李林甫研究》的"序"和"代前言",凤凰出版社 2014 年版。

李林甫确实也善于为自己的政治发展创造机会。当然，他也善于把握时机。如果从朝廷人事上的纷争来说，当年宇文融与张说一较高下时，李林甫就已渐露锋芒了，他当时很受宇文融的赏识。有趣的是，李林甫所面对的对手张九龄又是当年颇为张说奖掖的属下。当年宇文融与张说的纷争弄得两败俱伤。后来，张九龄出任中书令时，李林甫则以礼部尚书加同中书门下三品列于宰相之位。任黄门侍郎同平章事的裴耀卿，则被擢升为门下省侍中。张九龄作为张说的后继者，以文学立身。唐玄宗对其才识、文辞也非常欣赏，他曾对侍臣们讲："张九龄文章，自有唐名公皆弗如也。朕终身师之，不得其一二。此人真文场之元帅也。"①对张九龄的风度秀整，唐玄宗也不止一次地加以赞许。应当说，张九龄对国家政事颇为用心，且忠直无私，具备相当的政治才能。对此，当时有许多传闻。据五代时王仁裕《开元天宝遗事》载："明皇于勤政楼，以七宝装成山座，高七尺，召诸学士讲议经旨及时务，胜者得升焉。惟张九龄论辩风生，升此座，余人不可阶也。时论美之。"又说："张九龄累历刑狱之司，无所不察。每有公事，赴本司行勘，胥吏辈未敢讯劾，先取则于九龄。因于前面，分曲直，口撰案卷，囚无轻重，咸乐其罪。时人谓之张公口案。"至于裴耀卿，自幼聪敏，得举童子科。虽富于文学，也精于治事，颇有才干。史谓"裴耀卿勤于王事，夜看案牍，昼决狱讼"②。尤其是他主持漕运，使江南粮食得以大量运往关中长安，且节省大量运费，成绩斐然。唐玄宗重用张九龄、裴耀卿等人，看来从内心确实希望这些饱学的文学之士能够担当重任，能够切实解决国家的一些现实问题。

---

① （五代）王仁裕：《开元天宝遗事》卷下。
② （五代）王仁裕《开元天宝遗事》卷上。

李林甫精于吏干之能，但在文学方面的才能甚为不堪。历史上留下了他许多的笑料。在他典掌铨选时，有位选人在判文中用了"杕杜"二字，此二字典出《诗经》，李林甫恐怕不读《诗经》，故不识"杕"字为何，就问吏部侍郎韦陟："此处说'杖杜'，是什么意思呢？"把"杕"读作"杖"吓得韦陟俯首诺诺，半天没有讲出一句话。李林甫遇到不识之字，却能够不耻于问，这一务实风格就当刮目相看。还有一事，他舅父姜皎之子姜度，喜得贵子，他当然要表示庆贺，谁知在手书中他竟说"闻有弄獐之庆"云云，把"弄璋"之喜的璋字误写成獐子的"獐"，让庆宴上的宾客见了，无不掩口失笑。所以，当时也有人评价他"自无学术，仅能秉笔，有才名于时者尤忌之"①。

但是，由于国家政治、经济及边疆军事等事务的繁多，文学之士已难以裕如地应付与解决实际问题，尤其是张九龄对唐玄宗的用人、理政思路越来越难以配合，使唐玄宗逐渐丧失了对张九龄的幻想。相形之下，李林甫却能较准确地把握皇帝的思路，又能较完整地加以贯彻落实其政策，从而在唐玄宗心目中的分量逐渐加重。对于唐玄宗时期中书令人选的更替，汪篯先生曾经以文学与吏治之争作解，指出张九龄以进士词科进用，以制诰诗词知名；李林甫则以门荫入仕，以吏干知名，二人"既是臭味不投，冲突在所难免"，并对张九龄与李林甫的争执当作历史上的一段公案加以考察②。汪篯先生以他们的出身与进用的不同将其区分为吏治与文学两派，并进一步注意到唐高宗与武则天前后"在用人方面风气的变化"，汪篯先生对于这一问题的论述极为精辟。关于这一问

① 《旧唐书》卷106《李林甫传》。
② 《唐玄宗时期吏治与文学之争——玄宗朝政治史发微之二》，见唐长孺等编：《汪篯隋唐史论稿》，中国社会科学出版社1981年版，第196—208页。

题的解说,吴宗国先生在汪篯先生的论证基础上又对其中的一些细节与相关问题做了更深入的论述①。正是这一视角的研究,才启发我们对张九龄与李林甫之间的人事更替不再仅仅停留在唐玄宗的用人与党争的层面上思考,并能够继续进行探讨。

当我们重新审视唐玄宗调整中书令人选这一"公案"的前后过程还发现,唐玄宗对于中书令除了要求他们要在中书门下很好地担负起辅政的责任之外,更关注中书令能否忠实地执行他的旨意、准确地理解他的意图。随着开元盛世的到来,四海升平时日长久,唐玄宗在这方面的敏感度就越来越高。唐玄宗是在比较确切地把握了张九龄与李林甫等人的政治态度以后,才最后决定更换中书令人选的。至少有这么几件事促使唐玄宗在二者之间做出取舍。

一是对幽州节度使张守珪的封赏。开元二十三年(735 年),唐玄宗因为任幽州节度使的张守珪屡败契丹,非常喜欢,想给张守珪赐加宰相的名号以示褒奖。在唐玄宗心中,近些年来所关注的事情除了内部经济上的一些问题外,最使他耗神的仍是东北、西北等边疆形势。对于一位大唐天子,他不希望在自己的领地上出现骚动与反叛,而桀骜不驯的边地少数胡人使他难得安宁,为此甚是头痛。对于能够竭力为国消除边患、稳定边防的御

---

① 吴宗国在与阎守诚合著的《唐玄宗》中说"张九龄提出文学,李林甫提出材识,其实是正在发展的才学标准的两个方面,本来是不矛盾的,而张、李却各执一端,恰恰反映了当时官史队伍中的一些内在矛盾。"见三秦出版社 1989 年版,第 124 页;他在《隋唐五代简史》又列"文学吏治之争"一题,不仅对吏治派官吏的构成情况做了分析,而且指出了双方斗争结局的出现"还有更深刻的原因,那就是西北形势的紧张",同时指出文学、吏治两派官吏之争反映出"文学、政事的分途"。见福建人民出版社 1998 年版,第 168—171 页;另请参见:《唐玄宗治国之策与唐朝的盛衰》,载《北京日报》1993 年 6 月 23 日,第七版。

戎将领,唐玄宗从内心流露出了几分欢欣。但是,对于张守珪的封赏,张九龄大不以为然,他进谏到:"宰相者,代天理物,非赏功之官也。"反对此议。唐玄宗只好退一步说:"假以其名而不使任其职,可乎?"张九龄仍不同意,他说:"不可。惟名与器不可以假人,君之所司也。且守珪才破契丹,陛下即以为宰相,若尽灭奚、(突)厥,又将以何官赏之?"唐玄宗见状,只得作罢①。当张守珪来东都洛阳献捷时,唐玄宗仍拜其羽林大将军,兼御史大夫衔,赐二子官,赏赉甚厚。其实,唐玄宗所欲加赏于张守珪者,不过是后来常说的"使相",即以节度使的身份加带宰相名分之荣誉,不押班、知印,不升政事堂。为张守珪封加"宰相"之事虽没有成功,但后来委任使相者并非少数个例,这至少说明唐玄宗内心仍是按其思路来行事的。

二是从洛阳返西京长安。唐玄宗自即位以来,由于种种原因,特别是关中地区粮食等物资供应的困难,迫使他不得不经常往返于长安、洛阳两地。开元二十四年(736年)十月戊申,唐玄宗又一次从洛阳出发返回长安。对于这次西行,本来是打算在来年二月二日动身的,并专门颁行了敕令。其间,洛阳宫中突然出现了一些怪异之事,唐玄宗就想早些西还。当召集宰相讨论此事时,张九龄同裴耀卿都认为时令不宜,因为当时农收未毕,请皇上等到仲冬时分。李林甫洞悉唐玄宗有意早些西还的意思,又不便当众跳出来,所以,在朝议结束时,他佯装脚跛,落在众人之后。唐玄宗见状,问讯他的身体情况。李林甫回答道:"臣并非有疾,而是有话要奏明圣上。长安与洛阳,本是陛下东西二宫,往来行幸,何须要择选时令?假如妨于农收,只蠲免所过地区的租税就行了。臣请宣示百

---

① 《通鉴》卷214,玄宗开元二十四年正月条。

司,即日西行。"唐玄宗闻言,大为欢欣①。这番话,其中核心的内容是李林甫很巧妙地维护了唐玄宗至高无上的尊严,给唐玄宗以极大的心理满足。结果,唐玄宗遂心如意地西还长安。有意思的是,从东都出发这天,京师长安发生了地震。途经华州(治今陕西华县)时,唐玄宗下令免去了百姓当年供顿州县的租税,并给沿途之地的刺史、县令加中上考的赏赐。两京之地死、流以下罪犯也给予了不同程度的宽宥②。唐玄宗在吏民百姓感戴他的浩荡皇恩时,不由得对李林甫的深知权变与精于吏事而加以赞赏。在返回长安不久,东都也发生了地震,这些都不会不使唐玄宗感到早日启程是明智之举。

三是委任牛仙客为尚书。牛仙客,泾州鹑觚(今甘肃灵台)人。初为县中小吏,职掌杂事,颇有才干。后因军功吏能步步升迁,任河西节度使。开元二十四年(736年)秋,牛仙客代信安王祎任朔方行军大总管(或作朔方军节度使)。牛仙客在河西时,节省开支、勤于职事,仓库充盈、器械精劲,很有成绩。唐玄宗得知此事大加赞赏,就想给牛仙客加尚书衔以示嘉奖。张九龄提出反对,他说:"尚书,古之纳言。唐兴以来,惟旧相及扬历中外有德望者乃为之。仙客本河湟使典,今骤居清要,恐羞朝廷。"其本意在维护朝廷体分尊严,唐玄宗无奈,只得改为加牛仙客食实封,结果又遭到张九龄的谏阻。他说:"不可。封爵所以劝有功也。边将实仓库、修器械,乃常务耳,不足为功。陛下赏其勤,赐之金帛可也。裂土封之,恐非其宜。"唐玄宗闻言,默不作声。面对此事,李林甫另有一番高论,他对皇帝说:"牛仙客,有宰相的才干,何止一个尚书

---

① 《通鉴》卷214,玄宗开元二十四年十月条;并参《新唐书》卷223上《李林甫传》。
② 《新唐书》卷5《玄宗纪》。

呢?张九龄书生见识,不达大体!"竟然表示对皇帝的全力支持。这让唐玄宗大为欢喜。第二天,他又就牛仙客封赏一事与宰相谋议,结果张九龄仍不让步。唐玄宗勃然变色,斥责张九龄说:"事情都要依着卿家吗?"张九龄见状,以退为进,辩解道:"陛下不知臣愚,使待罪宰相。事有未允,臣不敢不尽言。"这番话,使人联想到汉初名相陈平在朝廷上对孝文帝所讲:"陛下不知其驽下,使待罪宰相。宰相者,上佐天子理阴阳、顺四时,下育万物之宜,外镇抚四夷诸侯,内亲附百姓,使卿大夫各得任其职焉。"①张九龄之所以敢于执言力谏,很大程度上就是因其文学出身,极力维护现行国家体制,发挥两汉以来宰相之职权功能,某种程度上也表现了他不谙于权变与中通。他坚持认为,自己"出入台阁、典司诰命"多年,又位居宰辅,对于牛仙客本无私怨,而是他乃边隅小吏出身,目不知书,若加重任,恐有失众望,因此不能不出面阻止。但李林甫在退朝后表态说:"苟有才识,何必辞学!天子用人,何有不可!"②相形之下,李林甫更注意维护皇帝的权威,这当然使唐玄宗觉得舒服,因此,更加重了对张九龄的不满。

本来,在李林甫入相之初,唐玄宗还征求过张九龄的意见,张九龄据实而言,说道:"宰相之职,四海具瞻。若任人不当,则国受其殃,只如林甫为相。然宠擢出宸衷,臣恐他日之后祸延宗社。"③虽然对皇帝用人表示服从,却对唐玄宗任用李林甫表达了担忧。唐玄宗对于李林甫与张九龄之间的差异也看得越来越明白,《开

---

① 《史记》卷56《陈丞相世家》。

② 《通鉴》卷214,玄宗开元二十四年十月条。《大唐新语》卷7《识量》载略同,又有"九龄文吏,拘于古义,失于大体"。并可参见《旧唐书》卷103《牛仙客传》与《旧唐书》卷106《李林甫传》。

③ 《开元天宝遗事》卷上《天宝上》。

元天宝遗事》中留下了一则关于二人就盆池鱼的趣闻，很能说明他们的心思。据说，有一天，唐玄宗在禁苑之中与近臣宴饮，指着门外对张九龄、李林甫说："槛前盆池中所养鱼数头，鲜活可爱。"李林甫马上说："赖陛下恩波所养。"张九龄却借题发挥，说："盆池之鱼犹陛下任人，他但能装景致、助儿女之戏尔。"张九龄的一番话很让皇帝扫兴。他也深知张九龄遇事力争是出于国家利益的考虑，而且与其宰相职权毫不相违，所以，心中不悦也不便强行。只是与李林甫的乖巧相比较，唐玄宗越发觉得张九龄的不合时宜。特别是随着国家事务的千端万绪，李林甫的灵活、变通及其对政策性的掌握，让唐玄宗感到此人可用。

开元二十四年（736年）底的王元琰贪赃案，成为唐玄宗调整朝廷宰相人选的导火线。

王元琰时任蔚州（治今河北蔚县西南）刺史，因坐贪赃罪被三司推鞫。这本来是一桩极平常的官吏贪赃案件。但由于王元琰的夫人是中书侍郎严挺之的前妻，严挺之在参与审讯中为之开脱，赦免其罪，使案件变得复杂化。原因在于严挺之作为中书侍郎乃是中书令张九龄在省内的副官，而严挺之又与李林甫结有仇怨，先前李林甫荐举的户部侍郎萧炅不学无术，当着严挺之的面读"伏腊"为"伏猎"，被改任为岐州（今陕西宝鸡）刺史，李林甫对严挺之怀恨在心，俩人结下了梁子。因此，严挺之为王元琰开脱罪责被李林甫抓住把柄借题发挥，遂借左右在禁中向皇帝做了详细汇报。唐玄宗向张九龄讲："严挺之为罪人请托所由，走门路"，表示出对严挺之的不满。张九龄却认为王元琰妻乃严挺之已离婚的妻子，不当有徇私之情。唐玄宗却认为事实并非如此，他对张九龄说："卿不知，虽离之，亦却有私。"唐玄宗由此断定张九龄庇护手下，有结党之嫌，并联系到以往若干事情加以比较，对张九龄难以宽容，遂以他结党营私为名改任为尚书右丞相,受牵连者还有裴耀卿,被委以尚书左丞相。①尚书左、右丞相,即唐初以来尚书省左右仆射,唐初因尚书令职权崇重,一直无人实任,唐太宗李世民为秦王时曾任陕东道行台尚书令,贞观以后更为阙置。尚书省左右仆射遂为省内实际长官,并直接参与军国事务,出席政事堂的宰相会议。但到唐玄宗开元年间,尚书仆射已变为较纯粹的尚书省行政长官,其宰辅之职已遭侵损。这种变化反映出唐朝国家行政体制与中央政治体制的变化与演进。张九龄、裴耀卿由中书省、门下省的三品长官改作为尚书省二品的长官,却是被排斥于政治核心决策层之外了。就是说,张九龄从此被罢相。严挺之被贬为洺州(治今河北永年东)刺史,王元琰被流于岭南。从直觉上来说,唐玄宗把一件贪污案作为调整中书令人选的导火线,其实对张说、张九龄这些所谓的"文吏""书生"的政治形象是一种摧残,是对其社会公共认同价值的毁灭。从当时国家政治体制的运作来说,唐玄宗是经过一番比较,最终选择了富有卓越政治才能与事务才干的史治派官僚李林甫,而抛弃了文学派人物张九龄。事实也确实证明李林甫在担任中书令以后,能够在国家内外事务中全面协助唐玄宗应对自如,以至于唐玄宗曾认为天下无复可忧,有意委政于李林甫②。

---

① 《通鉴》卷214,开元二十四年十一月条。《旧唐书》卷106《李林甫传》。

② 对于这一问题,司马光在《通鉴》卷216,玄宗天宝十一载十一月条载:"上晚年自恃承平,以为天下无复可忧,遂深居禁中,专以声色自娱,悉委政事于林甫";乃是肯定的叙述口吻。而在[唐]郭湜《高力士外传》中则是这样记载唐玄宗的一番话:"朕自住关内向欲十年,俗阜人安,中外无事……军国之谋,委以林甫,卿谓如何?"在天宝十载,唐玄宗又对高力士说:"朕年事渐高,心力有限,朝廷细务,委以宰臣……卿谓如何?"高力士则有"开元二十年以前,宰臣授职,不敢失坠;边将承恩,更相戮力。自陛下假威权于宰相法令不行"云云,又是另外一种口吻。其中唐玄宗所谓"朝廷细务,委以宰臣"一语尤可注意,此点前文已有涉及。

据说,当张九龄、裴耀卿被罢相的诏书下达后,同为宰相的李林甫面带莫测的微笑,说道:"尊贵的尚书左、右丞相,是不是要恭送二位上任呢!"言语之间,眼里露出忿恚的目光,一直目送张九龄就位朝班。在场的公卿大臣见此情景,无不感到战栗①。应该说,在朝堂之上公开表达个人的爱憎,若事情发生在别人身上,兴许是美德,而《新唐书》记载此事显然是为李林甫何以列于《奸臣传》添加一条例证。其实任命尚书省长官之后,到任时的上事仪注十分隆重,李林甫所言并无不妥。从当时很多事情来看,李林甫在朝廷同僚中的威仪是很明显的。《旧唐书》中说"林甫性沉密,城府深阻,未尝以爱憎见于容色"②的个人品格,若是通过这一记载,倒有些与事实不符。当然,这里并非是为李林甫鸣冤,也无意对他的个人品格作价值上的评判,这里只是想表达一种很平常的观点,那就是,一个历史人物的性格并不是单线条的,尤其是那些身处历史大变革时期,在历史舞台上大显身手的风云人物,绝不可能用一字之褒贬就盖棺定论。后人痛斥李林甫"口有蜜,腹有剑"③,却少有注意他日常生活中的形象,比如他对子女生活的关心。据《开元天宝遗事·选婿窗》载:"李林甫有女六人,各有姿色,雨露之家,求之不允。林甫厅事壁间,开一横窗,饰以杂宝,缦以绛纱。常日使六女戏于窗下,每有贵族子弟入谒,林甫即使女于窗中自选可意者事之。"如果这事放在别的什么人身上,俨然又成了一条很好的例证,可以把他说成是和蔼可亲的人。显然,要在有限的文献记载中全面评价一个历史人物是困难的。

---

① 《新唐书》卷 223 上《李林甫传》。(唐)郑处诲:《明皇杂录》卷下,载此事略有不同。

② 《旧唐书》卷 106《李林甫传》。

③ 《通鉴》卷 215,天宝元年三月条。

张九龄被罢知政事之后，李林甫顺利地接替他担任了中书令，牛仙客也以工部尚书加同中书门下平章事、知门下省事成为宰相。事情由王元琰一案引发，似乎可以告一段落，但牛仙客出任宰相，又有监察御史周子谅节外生枝，上书力陈牛仙客才非其任，根本不是做宰相的材料。如果周子谅仅仅如此，唐玄宗也许会原谅这位御史台官员的唐突。再说，牛仙客入相以来，遇事唯唯诺诺，确实没有太大的作为，朝野上下看得明白。不过，此时的体制运转中还确实需要牛仙客这样的人，也自然能够容纳这样的人。然而，周子谅的弹劾本章中引用了谶语来证明牛仙客任相之不宜，据说谶语源于武则天在位时，其中讲到"首尾三鳞六十年，两角犊子自狂颠，龙蛇相斗血成川"，当时有好事者把"两角犊子"释为"牛"，认为必有牛姓者不利于唐室。① 这一下触动了龙威，唐玄宗大怒，命人在朝堂之上把周子谅一顿痛杖。周子谅被打得死去活来，后流于瀼州（治今广西南部），途经蓝田（今属陕西）时死去。周子谅死后，李林甫再次借题发挥，上奏唐玄宗说周子谅系张九龄举荐。结果，张九龄需担负连带责任，被贬为荆州（今属湖北）长史。

　　周子谅的流死与张九龄的被贬，又一次显示出李林甫在朝廷之中的势力已渐渐占据了上风。他当政以来，唐玄宗朝中的内政、外交、边疆政策与经营策略等都出现了若干变化，其政治风格也与开元初年发生改变。李林甫当政后，庞大国家机器的日常运转的中枢集中于最高决策者，宰相尤其是整个官僚系统渐趋于事务化。李林甫极力地维护皇帝的最高权威，又下大气力修订律令等制度规范，在工作程序中，他又能较好地维护法令的权威性，史书称他：

---

　　① 《通鉴》卷214，开元二十五年四月条，并参胡三省注。

"自处台衡,动循格令,衣冠士子,非常调无仕进之门,所以秉钧二十年,朝野侧目,惮其威权。"[①]唐玄宗开元以后,国家事务虽千端万绪,但在此调整之后的政治格局下,国家体制仍能不停运行且维持庞大帝国的军事与政治上的统一,态势相对稳定。

然而,在中央政治之中,日益积聚的矛盾慢慢表面化与尖锐化。太子李瑛由于失去了张九龄等一批朝臣的支持,很快在这场矛盾冲突中陷于灭顶之灾。而这一格局,与李林甫的政治谋算也密切相关。

四 太子瑛的末路

曾经对诸皇子颇显宽仁慈爱的唐玄宗,忽然一天之中杀死包括太子李瑛在内的三子,朝野为之震惊。李亨目睹惊变,三缄其口。然而,正是三庶人之祸将李亨推到了前台。政治,真让人说不清……

在武惠妃积极谋求易立太子过程中,朝廷中以张九龄为首的一批官员态度鲜明地要维护当今太子李瑛的既得地位,而以李林甫为代表的朝廷官员则表示愿意支持寿王瑁取代太子之位。随着事情的公开与表面化,朝廷之上官员冲突也见分晓。张九龄在李林甫的算盘之中未能幸免,太子之位的纷争看来也要终局了,只是在这一番事情进展中,唐玄宗的态度颇为耐人寻味。

张九龄被罢相之后,武惠妃与其党羽抓住有利时机,开始了紧张的布置与策划。身处皇宫内院的武惠妃很明白,虽然太子瑛失

---

① 《旧唐书》卷106《李林甫传》。

去了张九龄的羽翼庇护，但要扳倒他的太子之位还必须有充分的理由，不然的话，唐玄宗那一关就不易过，更不用说面对朝廷文武百官了。应当说，自从武惠妃决意在宫中为儿子寿王瑁进行政治经营后，她就没有一时一刻停止过活动，她的心腹爪牙更是卖力。到开元二十五年（737年）四月，周子谅事件刚刚过后，武惠妃就策划了一场夺宫之变。这场戏的前台主演仍然是驸马都尉杨洄。杨洄再一次奏报了太子瑛的政治动向，并说太子瑛与鄂王瑶、光王琚三人聚首有政治阴谋，而且太子妃的兄长、驸马薛锈与三人往来密切，行动诡秘，暗中在进行密谋策划。武惠妃得报，自然心花怒放。但她冷静下来，细细思忖，单凭杨洄所奏，只是一面之词，只怕难以服众，再说，皇太子与诸兄弟往来本非犯忌之事，薛锈与他们又是亲上加亲，如何可知在"潜构异谋"①？必须有真凭实据，才能让唐玄宗深信不疑。因此，还需要再做谋划。想到这一层，深谙政治斗争奥秘的武惠妃导演了一场骗局。既欺骗了太子，又蒙骗了皇帝。事情是这样的：

武惠妃为了坐实太子瑛的政治污点，派人去欺骗太子，说："宫中有贼，请介以入"，同时得到这一消息的还有鄂王瑶与光王琚。对此要求，太子瑛只能答应下来。武惠妃得知太子应承之后，就直接找到唐玄宗报告说："太子与二王谋反，已全副武装准备入宫了。"唐玄宗闻知，十分警觉，立即派宦官亲往侦察，回来的人报告说，惠妃所言属实②。这样一来，唐玄宗遂无法坐视。要知道，谋反在唐律中罪入十恶之首条，为臣为子，本当以忠孝为先，乃敢包藏凶慝，将起逆心，唐玄宗如何能不有所反应？其实，武惠妃的

①《通鉴》卷214，开元二十五年四月条。
②《新唐书》卷82《太子瑛传》。

这套把戏,并不难察知其真伪,只是不知道为什么唐玄宗会深信不疑?难道真的是像旧史中所说的乃因武惠妃"专宠"那样简单吗?若如此,为什么以往武惠妃倾动东宫却不能得逞?如果认为唐玄宗会拿国之储君废立的大事来博得一位妃子的欢心,恐怕太小看了这位成熟的政治家。毕竟,唐玄宗并不是历史上的周幽王。他尚没有因为武惠妃状告太子瑛谋反就失去控制,仍然是找来宰相商议,而且,唐玄宗没有因为武惠妃的政治意图而轻易地进行政治上的或人事上的调整,前文提及李林甫走武惠妃的门路,她也不过是对李林甫有所"阴助",李林甫最终政治上的发迹,仍然是依靠博取了唐玄宗的信任。

对于武惠妃暗中派人召太子与二王武装入宫一事,北宋史学家司马光表示怀疑。他认为,太子瑛等与武惠妃之间矛盾激化,相互之间猜忌已久,"虽承妃言,岂肯被甲入宫!"不相信太子瑛会听从召唤立即全副武装入宫①。若从唐律令制度看,既然有后宫妃子传唤,太子与诸王入宫就不属于"阑入",无须承担法律上的责任,或者说没有违法犯禁。其实,太子瑛与二王被甲入宫完全可能,只是他们是否真的已经入宫,或者入宫之后是否按照武惠妃指挥,事在两可。但唐玄宗派宦官侦伺能得其实,说明太子瑛至少已有入宫的打算。如果仅仅用太子瑛与武惠妃有矛盾而否认其入宫之事的可能性,显得有些勉强。像唐肃宗晚年时,张皇后也一直与太子豫矛盾重重,但她借口唐肃宗病重召太子豫入宫侍疾,实则是想发动政变除掉太子,虽然太子豫也明知危险,仍硬着头皮入宫。说明太子瑛应召入宫是可能的。而唐玄宗决计召宰相谋划解决此事的方案,恐怕主要是因为见太子瑛等皇子的行动有些使他担忧。

---

① 《通鉴》卷214,开元二十五年四月条,《考异》。

像当年唐高宗、武则天时，太子李贤就因宠近男色，私藏铠甲被贬为庶人。皇帝虽然关心自己社稷江山的稳固与延续，但继承人若直接威胁到自己现实的皇权，仍是不能容忍的，大义灭亲是极其寻常的事情。

当宰相李林甫被召来对太子瑛与二王心怀异谋发表意见时，他仍然老调重弹，对唐玄宗奏称："此陛下家事，非臣等所宜豫。"[1]李林甫此番讲话，不再是退朝后找人转达给皇上，而是以首席宰相身份直接向皇帝奏禀。把太子废立说成是皇帝的"家事"，实则是耍滑头的一种惯用手法。远的不说，唐高宗永徽六年（655年）废王皇后改立武则天时，贞观顾命大臣长孙无忌、褚遂良等人都坚决反对，而李勣却在高宗面临困境时也是以"皇后废立乃陛下家事，何必再问外人"的话回答，使唐高宗决意按自己的思路来行动[2]。此事就是很有名的例子。李勣是针对皇后废立一事，而李林甫却是面对太子的前途。"家事"一语，即从实际上全面地将最终裁决权归之于皇帝，给皇帝决断以无条件地支持。在宰相的这一态度下，唐玄宗终于下定决心，将太子瑛与鄂王瑶、光王琚废为庶人。驸马薛锈被流放瀼州（今属广西）。

废太子瑛等三人为庶人的制书，是在宫中由宦官奉命宣布的，唐玄宗似乎要表示此事确实是他的家事[3]，所以不必在朝廷上来宣布。制书中历数了太子瑛和二王的罪状，但也表达出择元良乃是"为国之本"的思想。制书表达了对太子瑛的失望，说他年长成

---

① 《通鉴》卷214，玄宗开元二十五年四月条。结果是"上意乃决。"按，据《通鉴》卷214，开元二十四年十一月条载："林甫初无所言，退而私谓宦官之贵幸者曰：'此主上家事，何必问外人！'上犹豫未决。"

② 《通鉴》卷199，高宗永徽六年九月条。

③ 《通鉴》卷214，玄宗开元二十五年四月条及胡注。

婚之后,其"妃之昆弟,潜构异端,顷在东都(今河南洛阳),颇闻疑议,所以妃兄薛愿,流谪海隅。导之诲之,谓其迁善。驸马都尉薛锈,亦妃之兄也。今又煽惑,谋陷弟兄。朕之形言,愧于天下,教之不改,其如之何!盖不获已,归诸大义。"对于鄂王瑶与光王琚,制书也表达了同样的思路,说二王"不率训典、潜起异端,乃与太子瑛构彼凶人、同恶相济,亦既彰露",降为庶人乃是大义灭亲,咎由自取。薛锈的罪行则是"离间骨肉、惑乱君亲,潜通宫禁,引进朋党;陷元良(按指太子瑛)于不友,误二子(即鄂王、光王)于不义。"并说其"险薄之行,遂成门风,皆恶迹自彰,凶慝昭露。"制书中所说诸位所犯皆有不可宽宥之罪,特别是所谓"凶慝昭露"之语,显然是比附《唐律疏议》中"十恶"之条中对"谋反"罪的解释。据律条,薛锈合当严诛,但念其皇室嫡亲,特予宽大处理,长流瀼州(今属广西),就算是法外施恩了①。

从制书内容来看,太子瑛等人的罪行就是相互勾通、图谋异端,虽然未说他们"被甲入宫"之事,仍不能简单地由此否定武惠妃召太子入宫一事。制书中所说"朕之形言,愧于天下"云云,说明有些具体细节在制书中不宜公开,因此,太子瑛被甲入宫之事或有所隐讳。司马光在《通鉴考异》中说:"按废太子制书云:'陷元良于不友,误二子于不义',不言被甲入宫也。盖(杨)洄谮瑛等云欲害寿王瑁耳。"由前引制书看,所谓"陷元良于不友",即指驸马薛锈之罪,而不是像司马光所说。

由制书所断之罪,废太子瑛及二王为庶人,均系罪有应得。然而,事情并未至此结束。李瑛及两位兄弟在被废后不久,就被赐死于京师之城东驿,本来长流的薛锈也于蓝田(今属陕西)被赐死。

---

① 《唐大诏令集》卷31《废皇太子瑛为庶人制》。

一日之中三位皇子被送上茫茫黄泉路,使朝野上下为之震惊,多数人感到痛惜。史书中记载:"玄宗终用(李)林甫之言,废太子瑛、鄂王瑶、光王琚为庶人,太子妃兄驸马都尉薛锈长流瀼州,死于故驿,人谓之'三庶',闻者冤之。"①《新唐书·李林甫传》中也说:"帝卒用其言,杀三子,天下冤之。"几乎都说李瑛等三人被杀是唐玄宗听信了李林甫的建议,倒是在《新唐书·后妃传上》中说李林甫"希妃(武惠妃)意陷太子、鄂光二王,皆废死",没有把责任完全推到李林甫一人身上。从事件的处理来看,唐玄宗虽然征求了李林甫的意见,但最后的裁定终究还是由他来完成。因为,如果说唐玄宗是"终用林甫之言"废了太子李瑛,那么为何接下来不听从李林甫的建议新立寿王为太子呢?因此,按照这一逻辑,决定权还是在于皇帝而不是宰相。那么,唐玄宗的内心究竟如何打算,真的是一个谜了。曾经对儿子们寄予无限期望的唐玄宗,为防止出现可能的逼宫、夺位之事,对诸皇子也做过许多防范,甚至别出心裁地把他们聚居在"十王宅"中。而今忽然一日废弃三子,是否有他内心政治上的考虑与不可名状的苦衷呢?三庶人之祸后的很长一个时期,唐玄宗陷于极端苦闷之中,以至于无法向任何人诉说心曲,岂不是自吞手酿的苦酒吗?正像他在废太子瑛的制书中所说,为了皇位的稳固,为了不使祖宗的先业在自己手中失坠,"义在灭亲"也是情非得已。李瑛等人被赐死后,也牵连到其母赵丽妃的娘家与其妃薛氏家族,再加上鄂王瑶之母皇甫氏家,坐流贬者数十人。只有光王琚之妃韦氏,因有贤名而使家族幸免。

在这场事变之中,虽说天下冤之,但并未见有人公开替他们鸣

① 《旧唐书》卷107《李林甫传》。

冤。所谓"道路悯默,朝野疑惧"①。同为兄弟之辈的李亨在目睹之下,也没有见他有任何言行。当此之时,一切都在唐玄宗的掌握之中,身为一个皇子,李亨也根本无法、更不可能公开有什么表示。再说,太子瑛废死之后,武惠妃还要进一步为其爱子寿王瑁做政治上的经营,夺储之志显而易见。李亨三缄其口,不做任何表态,不失为明智之举。不表态不等于李亨没有自己的态度与判断。比如说,唐玄宗在武惠妃死后,曾在长安城内的昊天观南为她立庙奉祀,但到李亨在位的乾元年间以后,对武惠妃的祠享就停止了②。而到了唐肃宗宝应元年(762年),还为太子瑛及鄂、光二王平反昭雪,恢复名誉③。

无论怎样,三庶人之祸使在宫中生活的李亨变得更加谨慎,更加小心。

天有不测风云。对于武惠妃来说,太子瑛与颇有才学的鄂、光二王的废死,给她为儿子寿王瑁谋取储君之位提供了便利,正当她踌躇满志、抓紧筹谋的时候,突然患了一种奇怪的病。她经常好端端地忽然神情失常,显得惊恐万状,嘴里叫着"三庶人"的名字,知情者均认为是太子瑛兄弟三人冤魂不散,前来向武惠妃讨回公道④。这为崇作怪的事情现在看来是一种迷信,但在当时条件下,人们还是深信不疑的。武惠妃因恐怖而成疾,使宫中的形势一下子出现了转机。武惠妃的病情成了宫内关注的焦点。精通驱邪的巫医被召来,为武惠妃祈求平安。如此折腾了几个月,武惠妃的病情不见有任何好转,人一天天消瘦下去。到开元二十五年(737

---

① 《通鉴》卷214,开元二十五年四月条《考异》引《裴积行状》。
② 《旧唐书》卷51《后妃上》。
③ 《旧唐书》卷107《废太子瑛传》。
④ 《旧唐书》卷107《废太子瑛传》。

年)十二月,武惠妃在病中痛苦地死去,终年刚刚四十出头。武惠妃死后,被追赠以贞顺皇后的美谥,但唐玄宗对其丧仪还甚有节制。当时庆王琮以唐玄宗长子的身份请为武惠妃制齐衰之服,以示对这位皇宫中最为尊贵的皇妃的敬悼。齐衰乃古礼中五服之一,仅次于斩衰。为继母服齐衰三年、庶母一年。对庆王琮的提请,唐玄宗没有同意。庆王琮在太子瑛被废之后,因为自己没有子嗣,奉父命抚养了李瑛的几个儿子。有关部门又“请以忌日废务”[1],即于武惠妃治丧之日,不办公事以示哀悼,唐玄宗也没有答应。由此可以推知,唐玄宗对于后宫势力与地位的监控还是很自觉的,这一点似乎与后世对他宠溺后宫的种种描绘有些不相吻合。

开元二十五年(737年)四月废太子瑛,武惠妃于这年十二月病死,唐玄宗在大半年的时间中,并没有对太子人选做出轻率的决定。

武惠妃死后,关于选立新太子的问题,似乎少了后宫的羁绊,但唐玄宗仍然没有轻易地下定决心。他在诸位皇子之间反复权衡,一直在心里考虑着。慢慢地,忠王李亨的分量在他心中加重起来,只是唐玄宗面对朝廷内外的纷扰,没有表露心迹。李亨就是在这样的形势下被逐渐地推上了前台。应当说,李亨最终成为新的皇位继承人,还是有些偶然与无奈。这一宫廷局势之下的李亨,却慢慢地越来越接近了朝廷中枢了。

---

① 《旧唐书》卷51《后妃上》。

第三篇　不平静的东宫

一　立储前后

李亨在入住东宫前后的谦逊表现,展示出他的身手不俗。他面对突如其来的惊喜,倒显得从容不迫。

废黜了李瑛的皇太子,东宫之位虚悬。唐玄宗不免会考虑下一步要选立哪一位皇子。东宫,在开元二十五年(737年)四月后,就成为朝廷关注的一个焦点。预立太子制度,自汉代确立以后,历代都因袭不改,一直到清朝雍正皇帝的秘密建储制,才在选立皇位继承人问题上有了一些变化。然而,无论是预立太子还是密建皇储,皇位的延续与法定继承人的选择是无法分开的。正是基于这样一个最基本的法则,唐玄宗在废黜太子瑛后,储君位置的虚悬使他不得不郑重考虑将由谁来填充。然而对于这一人选的确定使他陷入了极其困惑的境地。因为,在太子瑛被废之初,他要在朝廷大臣、后宫与诸皇子之间寻求共识,而大家在太子废立中,各怀心事。唐玄宗本人对此虽有谋算,却又不便轻易表态,因此,东宫太子的虚位,使唐玄宗这位大唐天子着实费了不少心思。

有一次,唐玄宗先召来宰相李林甫商议,而"林甫希旨,以(寿王)瑁对。"①据《旧唐书·肃宗纪》的说法,李林甫之所以推荐寿

---

① 《旧唐书》卷10《肃宗纪》。

王瑁，是因为寿王之母武惠妃"方承恩宠"。看来，深悉唐朝宫中内幕的李林甫是要借机向武惠妃献忠心，目的是投唐玄宗之所好。身处最高权力中枢，李林甫这种旗帜鲜明的态度是很不容易的。政治投机者最常见的把戏就是首鼠两端、见风使舵。李林甫在支持寿王瑁的态度上却鲜明而坚定，他几次发表意见时都力劝皇上立寿王为太子。李林甫的理由也很简单，就是寿王瑁已经长大成人，他说："寿王瑁年已成长，储位攸宜。"①不过，他的这一理由显然很难经得起推敲。寿王瑁在唐玄宗诸子之中排行十八，人呼为十八郎。除去三庶人及早夭的数子之外，寿王之上尚有长子庆王琮、忠王玙（即李亨）、棣王琰、荣王琬、仪王璲、颍王璬、永王璘等人，他们不仅均年长于寿王，而且也都各有风格，或敏于好学，或素有雅称，或读书以文辞著称，或聪明强记，都不是泛泛之辈。若仅仅以年齿之长而与诸皇兄弟争胜，寿王显然不具备优势。从政治条件上来看，寿王封爵时间较之诸皇兄更迟，他当年因故外养于宁王府中，但并没有从名分上过继给宁王，而且诸皇子居于十王宅中，虽分授边地都督或节度大使，但均为遥领，并非实任，相互之间的政治资本都无出人头地者。这当然是唐玄宗的刻意安排，这使得诸皇子当中任何一位都无法单独凭政治上的优势为自己谋求政治发展。从这一点上说，唐玄宗设置十王宅的方法是成功的。尽管为了选立储君而使宫廷上下风波不息，但诸皇子之间的个人行为在此过程中的影响却微乎其微，其中虽导致各种政治势力的相互较量，但诸皇子的任何风吹草动都会被严格地控制，此前不久的三庶人之祸已使宫内宫外的人士对此看得清清楚楚。

眼下，唐玄宗也很明白，寿王瑁的优越之处就是宰相李林甫的

① 《旧唐书》卷106《李林甫传》。

76

公开支持。再者,寿王又是武惠妃亲生,后宫的支持自然是不言而喻的。拥有宰相与后宫的支持,寿王瑁的底牌似乎是很强的了,唐玄宗虽然再三权衡,他也没有断然否定宰相的建议。自李林甫取代张九龄位居宰辅之首,他在中枢政治中的分量与地位是越来越重要。从唐玄宗开元末年乃至天宝时期的政治格局看,唐玄宗对李林甫十分倚重——旧史中常常用"专任""用之久"等评述证明唐玄宗任用李林甫是"误国"。但是,在确定太子人选一事上,唐玄宗并没有听从李林甫的建议,推测他心中是另有打算。由此来看,无论宰相多么地得到皇帝的倚重,说到底仍然是皇权的辅弼,想要左右皇帝的意志是非常困难的。更何况,唐玄宗"英特之姿"①,在政治上又何其成熟呢!

唐玄宗之所以再三权衡,恐怕不是因为寿王瑁在年龄与政治资历上不适合于太子身份,恰恰相反,他倒不在乎新任太子的年龄与政治资历。历史上年在冲龄而居东宫者所在多多,国家自有一套教育与培养太子的完整体制,这方面唐玄宗自不用过虑。他是不希望看到新选定的皇位继承人与朝廷宰相之间存在如此深厚的政治渊源。从这一考虑出发,寿王瑁被选中的可能性就极小了。

不过,唐玄宗听到李林甫推荐寿王瑁的理由在于年长,倒也给他提了个醒。何以不从年长的皇子中间去物色呢?如此,既可用宰相的思路阻塞反对者的声音,又可使宰相与寿王瑁摆脱关联。关键是,唐玄宗需要朝廷确立皇位继承人的节奏和行动要与自己的意愿合拍。唐玄宗的长子是庆王琮,其母刘华妃,也是开元时期后宫三妃之一,地位崇重。但庆王琮当年打猎,不幸被豽伤了面相②,不愿

---

① (唐)李濬:《松窗杂录》。

② 《新唐书》卷 223《李林甫传》。按,豽即貀,一种野兽。据说是皮毛柔软,有角、无前足,两脚。或说是似虎而黑者。

抛头露面，也就不宜于选立。这样，除去已废的太子瑛外，第三子忠王玙即李亨就进入了唐玄宗的视野。

说来也很是奇怪，历史的真实也是这样，李亨一旦被唐玄宗考虑在内，就在玄宗皇帝围绕太子人选搜寻的脑海中定了格。唐玄宗想，李亨在诸子之中可称年长，这些年在宫中和十王宅中未闻有何过失。而他又已生下唐玄宗的长孙，家庭关系比较融洽。李亨在遥领边地都督及元帅之时，所部还有立功表现。所有这些，都使唐玄宗坚定了选立李亨的想法。

在开元二十六年（738 年）正月间举行的亲祀东郊典礼中，唐玄宗让时为忠王的儿子李亨担任亚献，恐怕是一个不乏意味的信号①。

要说李亨在宫中安于现状，似乎是过于美化了唐玄宗宫廷生活的安谧与平宁。有一件事情总会提醒人们产生一些自然的历史联想。此据《旧唐书·肃宗纪》记载：

> （开元）十八年，奚、契丹犯塞，以上（即李亨）为河北道元帅，信安王祎为副，帅御史大夫李朝隐、京兆尹裴仙先等八总管兵以讨之。仍命百僚设次于光顺门，与上相见。左丞相张说退谓学士孙逖、韦述曰："尝见太宗写真图，忠王英姿颖发，仪表非常，雅类圣祖，此社稷之福也。"

如果这一记载不是李亨即位之后出于美化所作修饰之辞，那么，可以认为李亨在十王宅中并不是多么的安分，他恐怕与父皇的亲信张说之间有某些来往。至少，开元十八年（730 年）前后，已经有左丞相张说这样的朝廷大臣在一些学士群体中替李亨做政治宣传了。尤其值得玩味的是，张说把忠王与唐太宗相比附，并说他

---

① 参《唐大诏令集》卷 73《敕亲祀东郊德音》。

"仪表非常"乃"社稷之福",很容易让人联想到武德九年(626年)六月四日的玄武门之变。因为唐太宗李世民也不是以长子即位,而是发动政变杀死了长兄太子李建成后才得逞的。张说出面在同僚当中替忠王作鼓吹,岂不是有某种政治深意吗?若真是这样的话,张说还得要冒一定的政治风险。难怪有人怀疑这一记载的真实性,认为"张说此说必为肃宗即位后所伪撰,其乃同《旧唐书》元献皇后杨氏传所记,……欲借张说之口宣示天命,并标出于诸皇子间,肃宗有特殊的形象。"①这种看法是否可信,我们暂不予考查,从李亨的角度看,他即位之后是否还需要借张说之口来做这类政治宣传,我们觉得很怀疑。因为,这毕竟是开元十八年(730年)时的事情,他虽然需要为他的即位来寻找政治依据与宣传(后详),但似乎不必费力地远推到开元十八年。因此,李亨在唐玄宗时期的宫中皇子生活中,也许不能排除在为自己寻求政治发展的可能性。只是表面上看,身为皇三子的李亨确实守法自律,不曾让人觉察出有何出格的举动。

留给皇帝和朝廷上这种印象,从此时纷杂的立储情形看,反倒使李亨处于相对有利的位置。只是唐玄宗不得不更加慎重地对待这一形势,除了要考虑朝廷之上的力量均衡与应对复杂的政治关系外,使他感到焦虑的还有自己的年龄。一代名君太宗皇帝才享年52岁②,如今,唐玄宗已年过半百,他已超过了这一年龄。虽然贵为天子,但对于生命的修短无常,仍然感到无法预知。近年来,唐玄宗对于鬼神之事越发有了热情,"时上(玄宗)颇好祀神鬼"③。史书

① 林伟洲:《灵武自立前肃宗史料辨伪》,载《第四届唐代文化学术研讨会论文集》(台南,成功大学教务处出版组1999年1月,第745—767页)。
② 据《旧唐书》卷3《太宗纪下》。《新唐书》卷2《太宗纪》作"五十三"。
③ 《通鉴》卷214,玄宗开元二十五年十月条。

中甚至有"开元末,玄宗方尊道术,靡神不宗"①的记载,像专门修习祠祭仪注及典礼的王玙,就因精于祠事,可"祷祈福祐",虽所为迹近巫觋,仍"过承恩遇"②,这多少反映出唐玄宗内心世界有某种波动。随着时间的推移,唐玄宗心中的焦虑更甚。据《资治通鉴》卷214开元二十六年五月条:唐玄宗"自念春秋浸高,三子同日诛死,继嗣未定,常忽忽不乐,寝膳为之减"。由于继承人不能最终确定,或者说不能由自己断然决定,确实使唐玄宗大伤脑筋,寝食不安,茶饭无味。这也从另外一个侧面说明,选立太子成为唐玄宗政治生活的一件大事。

唐玄宗的这种沉闷忧郁,被心腹宦官高力士看在眼里,急在心头。高力士早历政治风云,也同样极富政治经验,个人生活的浮沉使他颇知自律,因此,高力士虽多年追随唐玄宗,忠心耿耿,但言行举止十分谨慎,尤其牵涉宫闱及军国大事,他的言语更是小心翼翼。不少皇亲国戚、朝廷权贵都想方设法巴结他。高力士总是很有节制,平日主要在宫内活动,与文武百官打交道多是奉旨或因公而行,稀出外宅。与他来往的至亲同好,遇有违犯国法之事,他也从不干请有司,替他们说情。平日待人和善巧密,大家对他都有很好的印象。唐玄宗对他更是宠任有加,常常挂在口头上的一句话就是"力士当上,我寝则安"③。就是说,有高力士伴驾,唐玄宗就会睡得踏实。

也许,唐玄宗无意在自己的亲信内侍面前掩饰内心的焦虑,他也需要从身边的人身上得到一些消息。深谙玄宗皇帝心思的高力

<hr>

① 《旧唐书》卷130《王玙传》。
② 《旧唐书》卷130《王玙传》。
③ 《旧唐书》卷184《高力士传》。

士借伴驾之机,瞅准机会对皇上近来寝食不安表示了自己的关心。唐玄宗听他来问,也就敞开心扉,与他交谈起来。唐玄宗反问高力士道:"汝,我家老奴,岂不能揣我意!"高力士也不回避,直入正题,说道:"得非以郎君未定邪?"唐玄宗也直截了当地承认了。高力士接着说道:"大家何必如此虚劳圣心,但推长而立,谁敢复争!"一副十分关心的神情,且称唐玄宗为"大家",乃是家奴对皇帝的称呼。这番话可以说不显山不露水,却很清楚地表达了高力士对事态的冷静分析与自己的态度。"推长而立",正是唐玄宗多日来想得最多的一个事情,现在从高力士口中讲出,自然大大地符合唐玄宗的心思,唐玄宗听高力士说完,就不由得连连点头,嘴里不住地说:"汝言是也!汝言是也!"①唐玄宗自然对"推长而立"有自己的理解。因为皇三子忠王玙(李亨)虽年幼于庆王琮,但较之寿王瑁自然毫无疑义地可称年长。仅此一条,就足以割裂寿王瑁与宰相李林甫之间的政治联系。据说,唐玄宗正是在听了高力士的这番话后,才下定了立李亨的决心。

唐玄宗主意既定,政治形势也就趋于明朗化。因此,他就不必再向宰相隐瞒自己的想法了。当李林甫再一次以"寿王年已成长,储位攸宜"来劝他立太子时,唐玄宗就向李林甫摊了底牌。他说:"忠王仁孝,年又居长,当守器东宫。"②终于把李亨推了出来。李林甫仅从寿王业已长大成人来做文章,终究无法与玄宗皇帝推出的更年长的李亨相抗衡。就这样,忠王玙被选立为东宫皇太子。此刻,忠王李亨的头衔有:开府仪同三司、单于大都护、河北河东道行军元帅、朔方军节度大使兼关内度支、营田、盐池、押诸蕃部落等

①　《通鉴》卷214,玄宗开元二十六年五月条。
②　《旧唐书》卷106《李林甫传》。

大使、上柱国、忠王。

立李亨为皇太子的制书是在开元二十六年（738年）六月三日颁布的。制书由文思敏速的大手笔、中书舍人孙逖起草。制书很准确地将唐玄宗的意思表达出来，并对李亨的优势条件大肆渲染。说他"天假聪明，生知仁孝，君亲一致，友悌三成，温文之德，合于古训，敬爱之风，闻于天下。尝亦视其所以，察其所安，考言有章，询事皆中。知子者父，允叶于元良；以长则顺，且符于旧典"①。甚至把唐玄宗很长时间的犹豫以及对皇子的考察情况都在制书中体现出来。显而易见，制书的撰作很成功。顺便提及者，孙逖于草制后不久，即因父丧，丁忧守制，直到开元二十九年（741年）方起复为中书舍人②。因此，在制书中所说"取来月择日册命"，即于七月二日行册礼时册文，未必就是孙逖的手笔了。但《册忠王为皇太子文》的思路与表述显然与孙逖撰《立忠王为皇太子制》有许多相通之处。册文中对李亨的赞誉之辞是："幼而凤成，长有宏量，佩服仁义，周旋礼乐；忠孝极于君亲，友爱闻于兄弟，正以率下，谦以持盈；识动于微，知周于物，通刑政之大体，负文武之殊能。果于积德，乐于为善，凡此数德，尝试皆能。"而对选立他为皇太子的解释仍然是"推长而立"的思路。册文中又这样说："岂矜知子之明，谅日至公之义，况复仰稽天道，俯察人心，立长则顺，天所助也；议才则贤，人之望焉。是用命尔为皇太子。"当然，册文中仍照例要对皇太子加以诫示，提出鞭策与要求，所谓"尔其敬膺典策，无忘诚慎，思创业之艰难，知守器之为重。作贞万国，允协重明，以扬烈祖之耿光，永贻后嗣之成式。可不慎欤！"③

———————————

① 《唐大诏令集》卷27《立忠王为皇太子制》。

② 《旧唐书》卷190中《孙逖传》。

③ 《唐大诏令集》卷28《册忠王为皇太子文》。

册文是在册礼大典上宣读的正式文件。立李亨为皇太子的册礼是在开元二十六年（738年）七月二日举行的。在举行册命之前，李亨就册礼大典的一些程序及规格发表了自己的意见。

原来，天子立嗣，国之大典，相关的礼仪是十分隆重的。特别是对已经成年的皇太子行册，更是仪注颇盛。行册之前，有关部门进行精心准备，且要卜定吉日告圆丘，告方丘、太庙，即告知天、地与列祖列宗。册命前一天，尚舍奉御要在正殿设立御幄，守宫设皇太子位次于朝堂，并百官位次，太乐令要备齐各种乐器、鼓吹。行册之日，天子临轩，百官就位，均着朝服盛装。皇太子出就位，宫官应从者也要盛具朝服，太子左庶子版奏请"中严"，诸卫之官各全副武装、服其器服诣阁奉迎，太子仆进金辂于阁外；左庶子版奏请"外办"，此时，皇太子在东宫官员的簇拥下隆重出场，头戴远游冠、身着绛纱袍，升舆以出。各侍卫如常仪。皇太子与东宫官员到达指定地点后，皇太子在有关官员的引导下降辂，先行就座。百官朝堂就位后，侍中版奏请"中严"，殿庭内外仪卫森严，太乐令率乐工就位；皇太子在舍人等引导下立于殿外，众人就位，各种准备就绪后，侍中则版奏请"外办"。此时钟鼓齐鸣，皇帝服衮冕、乘御舆出，升御座。皇太子由舍人引导入殿就位，与百官各行拜礼。中书令从中书侍郎手中取册命及太子玺绶转授皇太子，皇太子退授左庶子，行册命之际，各以礼行拜，尔后皇太子在乐声中退出朝堂。侍中跪奏"礼毕"，皇帝则在乐声中降座御舆而出，侍臣从至阁门，乐止，通事舍人引群官在位者以次序而出。临轩册命之礼即告结束。①

李亨认为，册礼仪注中有中严、外办及着绛纱袍，这与天子行

---

① 参见《通典》卷125《礼典·开元礼纂类二十》。

礼之规格与称呼相同,有些不妥当,于是上表请求改易,以示谦抑。这一举动自然使李亨在唐玄宗心目中留下良好印象。左丞相裴耀卿赞赏李亨的奏请,他也上表请在太子册命大典中停中严,改外办曰"外备",改绛纱袍为朱明服。七月二日已临轩册命之日,唐玄宗亲御宣政殿。按照礼仪规格,李亨要乘金辂至殿门,但李亨在册礼当中,并未就辂而入,而是"自其宫步入"①。自李亨以后的唐朝皇太子,都以减抑太子在礼仪场合的规格为能事,大概都是把握了这一思路。

册礼之后,按国家礼典规定,皇太子还要依一定的程式朝见皇后、拜谒太庙、群臣上礼祝贺、太子会群臣及东宫官员。此时因无中宫皇后,相关礼仪自然会有所变通。册礼之后,还要颁布大赦天下的德音,以示皇恩浩荡、大吉大利。罪犯可得赦免,官吏可得赐勋、爵与阶品,百姓可得存恤、租役可得减免,且率土之内,赐酺三日,以示普天同庆。大赦文中仍不忘宣扬李亨的"植性温恭,因心孝友,文武之道既著,君亲之友以弘",以及"有命之初,咸闻庆跃"的舆论。②

李亨正位东宫皇太子,他的妃子韦氏也在七月己卯(十二日)被册为太子妃。原忠王府官员及侍读、侍文、侍讲,除例行赏赐之外,都得到升迁。李亨被立为皇太子,前前后后使朝野上下足足欢庆了近一个月。唐玄宗此刻的心情也略有好转。不久以后,倾国倾城的杨玉环被他发现,从寿王府召入宫中,后册为贵妃,历史的真实夹杂着后世的猜测,演绎出一幕令后世艳称的爱情悲喜剧。

---

① 《通鉴》卷214,玄宗开元二十六年七月条。
② 《唐大诏令集》卷29《开元二十六年册皇太子赦》。

李亨被立为皇太子后,于开元二十七年(739 年)九月改名为李绍。① 后来有言事者云,"绍与宋太子名同"②,后来,在天宝三载(744 年)二月辛卯改从李亨的名字③。无论是"公用亨于天子"还是"王用亨于帝"或"王用亨于西山""王用亨于岐山",④亨,寓意很是吉利。其实,刘宋时期的刘绍并非太子,只是南朝刘宋时文帝刘义隆的第五子,刘义隆是宋武帝刘裕的三子。刘裕次子刘义真在他建国后拜庐陵王,与陈郡谢灵运、琅琊颜延之、慧琳道人来往密切。刘义真长兄刘义符在位期间,徐羡之密谋废立,唯恐刘义真以年长于刘义隆有碍手脚,先借口他与少帝(刘义符)不协将刘义真废为庶人,后又杀之于贬所,年仅 18 岁。因其无子,刘义隆特以其第五子刘绍为嗣,袭封庐陵王,元嘉二十九年(452 年)病死,时年仅 21 岁。因其无子,仍以宗子为嗣,凡继其嗣者均无子,或因事被杀,刘绍之封爵遂除⑤。以此而言,唐朝言事者建议李亨改名,或许是因为名字与这个"绍"字相同不太吉利,无论是享年不永或封国绝祀,都是很丧气的。这样说来,由"绍"字改名为"亨",在崇尚道术的唐玄宗这里无疑是讨个口彩,祈求大吉大利、亨运通达。李亨的名字便从此固定下来了。

那么,李亨做了东宫皇太子,是否就真的从此亨途永在呢?李亨的名字,真的能带来亨运吗?

---

① 《旧唐书》卷 10《肃宗纪》,《通鉴》卷 214,玄宗开元二十七年九月条。《册府元龟》卷 3《帝王部·名讳》作"二十八年",今存疑。
② 《旧唐书》卷 10《肃宗纪》,《通鉴》卷 214,玄宗开元二十七年九月条。
③ 《通鉴》卷 215,玄宗天宝三载二月条。
④ 参见夏含夷:《〈周易〉"元亨利贞"新解——兼论周代习贞习惯与〈周易〉卦爻辞的形成》,载《周易研究》,2010 年第 5 期。
⑤ 《宋书》卷 61《庐陵孝献王义真传》,并参《南史》卷 13《宋武帝诸子传》。

二 盛世太子

李亨是幸运的。这不仅是因为他终能成为东宫的新主人,更由于他成长于一个辉煌的太平盛世。尽管此刻周围危机四伏,但是这并没有直接影响到帝国的政治。在他做太子的最初七八年,仍可称得上他此生中最为安宁的时光。

李亨根据唐玄宗的安排,终于在 28 岁的盛年幸运地入住东宫,成了东宫的新主人。他也许能够体察得出,这样一种结果,实在得益于他在宫中生活的谨慎与节制。唐玄宗之所以下决心选择李亨,显然是不希望宰相李林甫的如意算盘成为现实,更不希望将来的皇位继承人与外朝宰相李林甫存在如此深厚的政治渊源,最终目的是避免引起皇位继承过程中的意外动荡。李亨得益于他在朝廷政治中的无有根基与缺少羽翼,但在他成为皇太子之后,这种状况又使他面临种种的困难与巨大的政治威胁。从李亨被推上政治前台的那一刻起,他几乎就被这种显而易见的政治威胁所包围。这种威胁首先来自宰相李林甫及其政治集团。

简单地说,宰相集团在开元末年之后成为对太子李亨威胁最大的政治势力。表面上看,事情的缘起是因为李林甫当初倾心于寿王瑁而没有支持李亨立位储君,所谓"林甫自以始谋不佐皇太子,虑为后患",因此心生惧意,"巧求阴事以倾太子"。[①] 但从后来的事实可以看出,在李林甫与太子两大政治势力的较量与斗争中,唐玄宗的内心世界是颇值得探秘的。他几乎不出面遏止或阻拦宰

---

① 《旧唐书》卷 106《李林甫传》。

相李林甫对太子李亨的轮番攻击,但是,他也再不愿如当年一日废弃三子一样剥夺李亨的皇位继承权。这其中的微妙是很值得人们去索解的,造成这一现象的原因既有皇权运行的一般法则,又与唐玄宗个人的心理与身体状况不无关系,更由此可以显示出唐玄宗时期朝廷中枢政局的运作情形。简单说来,自从李亨被确定为新的法定继承人后,唐玄宗就不再为皇位的正常延续问题而寝食不安,他内心的精神负担一下子就卸去了。在开元末年,他偶然得遇寿王妃杨玉环后,唐玄宗体内旺盛的生命力被极大地激发出来。史称杨玉环"姿质丰艳,善歌舞、通音律、智算过人,每倩盼承迎,动移上意"。在武惠妃死后,"后宫数千,无可意者"的情况下,杨玉环的出现自然给唐玄宗孤寂的内心世界带来几丝的安慰。因此,唐玄宗不顾一切,先使杨玉环入道观,道号"太真",转换身份,继而又册纳为贵妃,成为自己名正言顺的妃子,另外又给寿王纳娶了韦氏之女为妃。不久,杨贵妃在宫内的礼遇就与当年的武惠妃相等,但她仍然是皇贵妃的名号,"宫中呼为'娘子',礼数实同皇后"①。针对此事,可以有所提示的是,唐玄宗并不曾给如此宠爱的杨玉环荣册皇后的名号。因此,唐玄宗对于女色的宠幸并不曾到紊乱政治秩序的程度,他只是在生活上、情感上纵情地放纵,却不曾拿宫廷政治开玩笑。再说,唐玄宗对于杨贵妃的宠幸也并非放任娇宠,超出一定规范与限度,他也要示之儆戒甚至遣送出宫②。风流倜傥的唐玄宗对杨玉环投以极大的热情,但是他对于女色并非恣情无度、毫无节制。只是武惠妃死后,也只有杨玉环可以在宫中与他"行同辇、止同室、宴专席、寝专房。虽有三夫人、九

---

① 《旧唐书》卷 51《后妃上》。

② 《旧唐书》卷 51《后妃上》,并参乐史《杨太真外传》。

嫔、二十七世妇、八十一御妻,暨后宫才人、乐府伎女,使天子无顾盼意,自是六宫无复进幸者"。小说家在解释此事时这样评价杨贵妃,说她"非徒殊艳尤态致是,盖才智明慧,善巧便佞,先意希旨,有不可形容者"①。倒是把杨贵妃形容成一个聪慧貌美、不乏心计的女强人,从后来的历史看,显然未必完全符合史实。

不管怎样,在李亨被确立为皇位继承人之后,唐玄宗因为找到一位可人的、姿色冠代的妃子相伴,其内心的放松与舒适是不言而喻的。这也给李亨的生活赢得了一些宽松的空间。再者,朝廷在开元时期(713—741年)进行的政治、经济、军事等方面的改革与调整,似乎使唐玄宗也感到莫大的满足。国势的富强,海内升平的景象,令他开始陶醉于煌煌帝业的巨大成就感之中。强壮的身体、旺盛的精力,使唐玄宗对自己的生命同样充满了自信。因此,他一旦走出了一日废弃三子的阴暗低谷,就再一次显现出盛唐天子的自得与自信。在这一背景下,唐玄宗很难面对将会在不久即传位太子的现实。所以,他不情愿看到太子李亨羽翼丰满、势力扩张,尤其是对于李亨这样一位壮年位居储君的皇太子,很难说唐玄宗不存有几分戒心。因为,皇权运行的重要特征就是排斥任何可能制衡或与之相违的权力系统,皇权的至高无上具有强烈的排他性,而作为皇帝,唐玄宗所独占的皇权似乎也不愿意法定继承人威胁到它。这看起来是一个矛盾,似乎有悖于太子享有的皇位继承权。但现实却很真实,皇位的法定继承权不等于皇权,皇权的继承人自然也就不是皇权的拥有者,皇太子之于皇帝,虽情在于父子,而义无别于君臣,皇太子之政治身份乃是既君亦臣。也就是说,皇

① (唐)陈鸿:《长恨歌传》,《开元天宝遗事十种》本,上海古籍出版社1985年版,第123页。

太子于国乃是小君,于君主乃是臣子。这一亦君亦臣却非君非臣的身份,导致了唐朝经常出现皇太子的频繁易人以及皇位继承权的动摇不定。大概从这一方面可以证实唐玄宗内心的所思所想,并非无源之水,无本之木。

对于皇太子李亨的成长来说,成长在一个太平盛世、充当一位富有巨大成就感的皇权拥有者的继承人,很难说是什么幸事。也许,在李亨的心里,不时泛起几丝淡淡的悲哀。不过,在开元天宝之交的七八个年头,位居东宫的李亨尽管心情会有些抑郁,但应当说,这却是他此后一生政治生活道路上最为安定的一个时期。这期间,来自宰相李林甫方面的种种打击还没有能够严重到危及其继承人地位的程度,朝廷之上因为册立皇太子的政治惯性对此事也暂时减少了议论与猜测。唐玄宗对于在十王宅中成长起来的皇三子李亨的政治资本也颇为知悉,因此对李亨也没有明显表达出政治上的不信任和不放心。至少从李亨被册立为皇太子到天宝四载(745年)年底之前,李亨在大唐帝国的辉煌时代度过了一段颇为难得的好时光。

这一时期大唐帝国的社会经济形势是令人振奋的。四海升平、国泰民安,可谓有目共睹。唐代大诗人杜甫那首最为人们所称引的《忆昔》诗就生动形象地反映了当时的真实历史:

忆昔开元全盛日,小邑犹藏万家室。

稻米流脂粟米白,公私仓廪俱丰实。

九州道路无豺虎,远行不劳吉日出。

齐纨鲁缟车班班,男耕女桑不相失。

开元盛世之中,小邑万家、仓廪丰实、男耕女织的太平景象,在唐人的文献当中也有很多的记录。杜佑《通典》记开元东封之后的盛况说:"米斗至十三文,青(治今山东青州)、齐(治今山东历城)谷斗至五文。自后天下无贵物。两京米斗不至二十文,面三十二文,绢一疋二百一十二文。东至宋(治今河南商丘)、汴(治今河南开封),西至岐州(治今陕西凤翔),夹路列店肆待客,酒馔丰溢。每店皆有驴,赁客乘,倏忽数十里,谓之驿驴。南诣荆(治今湖北江陵)、襄(治今湖北襄樊),北至太原(今属山西)、范阳(今北京),西至蜀川(今四川)、凉府(今甘肃武威),皆有店肆,以供商旅,远适数千里,不持寸刃。"①天宝元年(742年),国家户数在834.8395万户,人口数在4531.1272万②。国家经济的发展与富庶程度的提高,使唐玄宗感到更加的充实与满足。这一时期,善于聚敛财赋的大臣颇受重用。先有宇文融,后有韦坚、杨慎矜、王鉷,又有杨国忠等,而这些人即使在封建史臣眼里也被视为奸佞之辈、聚敛之臣,"皆开元之倖人也,或以括户取媚,或以漕运承恩,或以聚货得权,或以剥下获宠,负势自用,人莫敢违"③,像王鉷任户口色役使,每岁进奉钱财宝物数以百亿万计,存于内库,任由唐玄宗用以赏赐左右或供后宫充衣服铅粉等私房之费,还对唐玄宗说这些钱都是常年额外物,非国家征税物,以便让皇帝用起来更安心、更踏实。唐玄宗也因此认为王鉷"有富国之术,利于王用,益厚待之"④。

　　天宝二年(743年)三月,唐玄宗在长安(今西安)城东禁苑的望春楼上,再一次亲身体会到国富民强的快乐。一年前,以陕郡(治今河南三门峡)太守、水陆转运使身份勾当缘河及江淮南租庸

①　《通典》卷7《食货典·历代盛衰户口》。

②　据《通鉴》卷215载天宝元年"天下县一千五百二十八,乡一万六千八百二十九,户八百五十二万五千七百辩证十三,口四千八百九十万九千八百",户口稍多,与《通典》略有出入。

③　《旧唐书》卷105,史臣曰。

④　《旧唐书》卷105《王鉷传》及史臣曰。

转运处置使的韦坚,奉命对江淮及长安沿线的漕运进行了疏浚,特别在长安城东引浐水以成广运潭,在望春楼下可通舟楫。在唐玄宗视察这天,韦坚预先在东京洛阳、汴(今河南开封)、宋(今河南商丘)等调来小斛底船三二百只置于潭侧,船上均标明郡名及其当地所出珍宝、物产,驾船之人皆大笠子、宽袖衫、芒履。第一船上是陕县尉崔成甫,他身穿缺胯绿衫,锦半臂,偏袒膊,红罗抹额,他站在船头,引吭高歌他改编的《得宝歌》:

得宝弘农耶,弘农得宝耶!

潭里船车闹,扬州铜器多。

三郎当殿坐,看唱得宝歌。

同时,又有一百位身着鲜艳靓妆的妇女齐声相应和。一时之间,广运潭上帆影闪动,歌声、乐鼓齐鸣,百余艘船依次从望春楼下驶过,前后相望有数百里之遥,观者人山人海,场面十分壮观,"京城百姓多不识驿马船樯竿,人人骇视。"韦坚又"跪上诸郡轻货,又上百牙盘食,府县进奏,教坊出乐迭奏,"唐玄宗心情极为欢悦。广运潭盛会整整举行了一天,"竟日而罢"①,韦坚及有关人员均获唐玄宗优诏褒奖。

正史上未见有皇太子李亨参加这一广运潭盛会的记载,估计这样的场面,唐玄宗不会拒绝皇太子及文武百官前来助兴。唐玄宗为这种盛景而陶醉,似乎冥冥之中有神祖保佑。唐玄宗在开元二十九年(741年)初,曾在梦中得到玄元皇帝(老子)的谕示,说他"当庆流万叶,享祚无穷"②。唐玄宗从此在兴庆宫中立玄元皇帝真容像,而且诸州开元观中也纷纷仿效。在那几年中,各地常常

---

① 《旧唐书》卷105《韦坚传》。

② 《册府元龟》卷54,《帝王部·尚黄老二》。

会向朝廷报告出现灵符之类的事，以迎合皇帝的心意。有些被发现是故意造假作伪的情况，唐玄宗也不予追究。

在唐玄宗心中，有一个强烈的愿望，就是希望自己能永葆长生，以便能够永远地拥有这辉煌强盛的天下。为此，他甚至迷恋上了礼拜、炼丹。这些方术显然早就证明是无法验证的，但对于长生不老的狂想，已经使他欲罢不能了。此时的唐玄宗不仅把老子李耳追尊为大圣祖玄元皇帝，而且对各路神仙都示以尊礼。天宝四载（745年）正月的一天，唐玄宗颇为郑重地向宰相讲述了现在看来颇为荒诞的一桩事情："朕比以甲子日，于宫中为坛，为百姓祈福，朕自草黄素置案上，俄飞升天，闻空中语云'圣寿延长'。又朕于嵩山炼药成，亦置坛上，及夜，左右欲收之，又闻空中语云：'药未须收，此自守护。'达曙乃收之。"他讲述完这番话后，朝中无一人提出异议，太子李亨与诸王及宰相甚至都很配合并乖巧地上了贺表。难怪后来有史家讥讽唐代"君诞妄而臣佞谀"了[1]。他们都没有给唐玄宗这番操作的热情以任何的刺激，无人发出丝毫的违和之声，反而是顺乎其志，推波助澜。这对于太子李亨与其他人来说，或许是发自内心、理所应当，这似乎也透出他的几丝谨慎。

唐玄宗在此前后的心理状态，还可以由发生在天宝三载（744年）的一事来例证。据《资治通鉴》卷215记载：

> 上从容谓高力士曰："朕不出长安近十年，天下无事，朕欲高居无为，悉以政事委林甫，何如？"对曰："天子巡狩，古之制也。且天下大柄，不可假人。彼威势既成，谁敢复议之者！"上不悦。力士顿首自陈："臣狂疾，发妄言，罪当死。"上乃为力士置酒，左右皆呼万岁。力士自是不敢深言天下事矣。

---

① 《通鉴》卷215，天宝四载正月，胡注。

高力士冷静的一番话是对唐玄宗提出委婉劝谏,意在防止大柄假人、皇权旁落,唐玄宗却很不高兴。其实,从史实而言,唐玄宗的本意并非将天下威权交付宰相李林甫,只是将政府的日常决策与政务的处理权限放大,更多地委付于宰相来负责。这在唐玄宗的认知看来,不仅丝毫无损于天子的权威,而且更能证明他贵为天子权威的存在。唐玄宗对自己君临天下,充满了无比的自信。深悉唐玄宗内心动态的高力士见自己出言不逊,引起皇帝不快,就急忙顿首认罪,显然也是出于自保,从此不再深言天下之事。当然,这也同样证明了高力士的谨慎。这种谨慎的态度在当时的朝廷是很普遍的。

正是此刻的成就感与自信心,使唐玄宗有些不知收敛。他纵情享乐,随意赏赐,视金钱如粪土,大量的民脂民膏、国库收入被浪费。为了适应他每年冬天前往临潼骊山温泉宫的需要,天宝三载(744年)十二月,特别从新丰、万年两县析置会昌县(位今陕西临潼),以利于安置伴驾而来的百司衙署及王公大臣的府邸。天宝六载(747年),温泉宫经过扩建被命名为华清宫。华清宫侧,修起了类似于长安城中的十王宅、百孙院,会昌县内更是府邸相连。"玄宗每年冬十月幸华清宫,常驻经冬还宫。"[①]每逢偕杨贵妃来此沐浴温汤,皇太子以下诸王及王公大臣都会随行。前往骊山的路上,仪仗整肃,旗帜鲜明。据说,杨贵妃的三个姐姐韩国夫人、虢国夫人、秦国夫人因有才貌,均承恩泽,每扈从到华清宫,更是各为一队,别著颜色之衣,花枝招展,"照映如百花之焕发,而遗钿坠舄,瑟瑟珠翠,灿烂芳馥于路"[②],阵势更不同于一般。唐玄宗时期出

---

① 《旧唐书》卷106《杨国忠传》。
② 《旧唐书》卷51《后妃上》。

游与驻跸华清宫,俨然成为皇帝威仪与生活的必需,同时也成为怀柔边将与朝廷大臣的一个特殊场域。甚至成为唐玄宗"自身践履道教之炼养与服食等长生不老术的重要场所"①。

由于唐玄宗的放纵与奢靡,上层社会普遍弥漫着一种享乐、豪侈的风尚。就拿杨贵妃三姊妹来说,唐玄宗每年给她们的脂粉之资就达千贯钱,其家"甲第洞开,僭拟宫掖,车马仆御,照耀京邑,递相夸尚。每构一堂,费逾千万计,见制度宏壮于己者,即撤而复造,土木之工,不舍昼夜"②。这一状况,无疑造成了社会财富的巨大浪费。由此而言,在开元天宝盛世之下,仅仅从社会消费的状况来考虑,就已能洞悉隐含着巨大的社会危机,但这一点,唐玄宗却根本没有觉察到。若联系到当时朝廷上下普遍的谨慎态势,唐玄宗想要得到真情实况的概率就越来越低了。

杨贵妃诸姊妹得势,对于唐玄宗的家庭关系也产生了一定影响。据史载:"十宅诸王百孙院婚嫁,皆因韩、虢为绍介,仍先纳赂千贯而奏请,罔不称旨。"③就是说,唐玄宗儿孙们的婚姻大事也要倚仗韩国夫人、虢国夫人从中牵线。这使太子李亨不得不郑重考虑与杨氏搞好关系。再说,唐玄宗的两个女儿"建平(即卫国公主)、信成二公主以与妃家忤,至追内封物,驸马都尉独孤明(信成公主婿)失官"④,已是前车之鉴。太子李亨遂利用儿女婚姻之事大做文章,与杨贵妃家族搞好关系。他为自己的长子、广平王俶选娶韩国夫人之女为王妃,又将自己的女儿(即后来封延光公主,又封郜国公主者)嫁给了虢国夫人的儿子裴徽,另一位女儿(即封为

---

① 沈睿文:《安禄山服散考》,上海古籍出版社 2015 年版,第 277 页。
② 《旧唐书》卷 51《后妃上》。
③ 《旧唐书》卷 51《后妃上》。
④ 《新唐书》卷 76《后妃上》,并参卷 83《诸帝公主传》。

和政公主者)则嫁给了秦国夫人早已去世的丈夫柳澄的弟弟柳潭,分别与杨氏三姐妹结上了儿女之亲①。这既反映出太子李亨的机智与谋略,同时也可以看出,太子李亨虽处处谨慎,但仍然没有停止自己的政治经营。只是这一经营看上去有些不经意,也没有引起人们尤其是皇帝的关注。但是,宰相李林甫却察觉到了。

在天宝五载(746年)以前,太子李亨对自己构织的姻亲关系网感到满意。即使不把太子妃的兄长韦坚考虑在内,因为韦坚以漕运江淮租庸之功得到唐玄宗的宠重,并不是太子李亨的经营,而像皇甫惟明、王忠嗣等几位李亨当年旧交在陇右、河西执掌兵权,就已经令宰相李林甫感到不安了。因此才会有后来李林甫的构织冤狱,此是后话。

说到太子李亨的旧交,天宝三载(744年)初因病告老还乡、又请度为道士的贺知章离开朝廷,或许令太子李亨有少许的怅惘。但他在奉父皇之命与朝臣们一起向贺知章话别时,并未流露出对这位东宫侍读的恋惜,倒是唐玄宗对贺知章这位自号"四明狂客"的风流之士的归隐,表达了依依惜别的深深惆怅。李亨是在他称帝后的乾元元年(758年)十一月,在追赠贺知章为礼部尚书的诏书中才表达了对这位旧交的缅怀与追悼,表达出对贺知章"侍讲龙楼,常静默以养闲,因诙谐而讽谏"②的无限留恋。在他作为东宫太子期间,即使是这样一丝一毫的情愫,李亨都不愿意在父皇面前流露。宫廷斗争的残酷与血腥让太子李亨练就了一套自我伪装、自我保护的本领,这套本领让李亨展示得淋漓尽致,真可谓尽精微、极高明。任何的风吹草动,都会引起太子李亨的警觉。

---

① 《旧唐书》卷51《后妃上》。
② 《旧唐书》卷190中《贺知章传》。

朝廷之中因另一位宰相李适之与李林甫争权而生嫌隙。结果,天宝四载(745年)五月,李林甫指使有关人员将兵部胥吏六十余人收捕于京兆府衙,借口审查兵部铨选当中的奸滥之事,矛头所向显而易见,意在清理兼领兵部尚书的宰相李适之。由于兵部侍郎张垍为李适之的副职,李林甫也对他下了手。负责案件审理的官员是京兆府法曹吉温,这是一位颇以刁钻、残酷闻名的法官,被抓捕的兵部胥吏皆自诬服,无人敢有违吉温之意者。案子审结后,只是对前后兵部知铨选的侍郎及判南曹郎官加以诮责,有关人员并未追究。这件事似乎是一个信号,说明李林甫当政之后,已经在朝廷之中清理异己,并为了权力打击与自己有嫌隙之人,这引起了一贯谨慎的太子李亨的警觉。但他是否做出什么反应,我们却无法测知。但第二年的正月初,太子李亨身边的亲信或旧日僚属在京师聚会,恐怕未必是巧合。再说,李林甫收捕兵部胥吏,牵扯兵部正副长官,而张垍是太子李亨同胞妹妹宁亲公主的驸马,是早年为太子李亨进行过政治宣传的大臣张说的儿子。前文已经说过,张说对太子李亨在任忠王之时就青眼有加,所谓"(张)说亦奇忠王仪表,心知运历所钟"[1],张垍与太子李亨之间有一定的渊源。李林甫先拿驸马都尉张垍开刀,不仅表明他任相之权重,而且已经可以对皇室成员动手了。所有这一切,已经让人感受到事态发展的严重。几年来,盛世皇太子李亨相对平安的日子似乎到头了。李林甫既然已经开始了行动,他就不会轻易收手、善罢甘休。

　　一场更为猛烈的政治斗争已经在酝酿之中,云涌风起,欲罢不能。

――――――

　　① 《旧唐书》卷52《后妃下》。

96

三 两次婚变

李亨绝对没有预料到,灾难一旦降临,竟然是接踵而至。李亨为此付出了巨大的代价。但他凭着高超的自我保护的本领,屡屡化险为夷,渡过了一个个难关。

天宝五载(746年),对于太子李亨来说,可谓是多灾多难的年头。这一年,他相对安宁的东宫生活被打破,从此,在太子李亨的政治生涯中,以往的平静与安谧已是不可复求了。

本来,在上一年,李亨就应该对形势的发展有所估计。李林甫借处置兵部铨选中的奸滥来对付同僚、兵部尚书李适之及侍郎张垍,已经显露出事态的变化。不过,天宝四载(745年)二月,李亨幼年的伙伴、现任朔方军节度使的王忠嗣又兼领河东节度采访使,或许会让太子李亨暗暗有些欢欣鼓舞。王忠嗣既兼领两道节钺,西自朔方(治灵州,今宁夏灵武),东达云中(今山西大同)缘边数千里防线均在其节制掌握之中。再者,尝在开元年间任忠王友的陇右节度使(治鄯州,今青海乐都)皇甫惟明又兼领了河西节度使(治凉州,今甘肃武威)。委任皇甫惟明的制书是在天宝五载(746年)正月乙丑颁下的。在此前后,皇甫惟明已经从驻地来到京师长安,向唐玄宗进献对吐蕃作战中的战利品。皇甫惟明来到长安之后,与太子李亨之间互有往来,他对朝廷之上李林甫的所作所为非常不满,并且向唐玄宗明确表达了自己的态度。据《资治通鉴》卷215,天宝五载正月条记载:

> 皇甫惟明尝为忠王友,时破吐蕃,入献捷,见林甫专权,意颇不平。时因见上,乘间微劝上去林甫,林甫知之,使杨慎矜

密伺其所为。

这样一来,由于皇甫惟明的介入,使开始在暗中进行的较量一下子成为公开的秘密。李林甫对于太子李亨,无时不想寻机倾覆之,皇甫惟明作为太子李亨往日的旧僚直接向唐玄宗提出斥去李林甫,显然也有主动出击的意味。唐玄宗对于太子与宰相之间的斗争较量未曾表态,但皇甫惟明的奏对被李林甫得知,恐怕与唐玄宗有意泄露此事有关。如果事情果真如此,那么此刻唐朝中枢政治当中的关系确实耐人寻味。事实上,由于李林甫得悉了皇甫惟明对唐玄宗表达要不利于自己的密奏,知道太子集团已有意对自己下手,便自然利用朝廷宰相的有利身份,开始布置反击并加快了行动的步骤。李林甫指使杨慎矜暗中侦伺皇甫惟明在内的一干人的所作所为,就是明显的招式。此刻的杨慎矜,成为李林甫对付太子集团的一员干将。

杨慎矜,乃旧隋皇族一脉,他是隋炀帝杨广的玄孙。因"沉毅有材干",被当道者推荐给唐玄宗,充任太府出纳。任职期间,凡见诸州进纳有水渍伤破或质量不高、品色不足,皆令各州征折估钱,转市轻货。任监察御史期间,又专知御史台内公廨杂事,颇以政能知名。后擢升为权判御史中丞、充京畿采访使,因为他的任命没有经由李林甫之手,故不敢居任。李林甫见他既有才干之能,又忠诚于他,觉得此人可用,遂再次将他擢升为御史中丞,依旧充太府出纳并兼诸使①。李林甫决定起用杨慎矜之初,就有意让他取代太子集团中的贵戚韦坚。

前文已经述及,韦坚以陕郡太守充江淮南租庸转运处置使期间,因漕运之功深得唐玄宗信任,于天宝三载(744年)正月加兼御

① 《旧唐书》卷105《杨慎矜传》。

史中丞,封韦城男爵。最初,李林甫因韦坚之妻姜氏是自己舅父姜皎之女,与他还很款狎,也很想拉拢他。但随着韦坚得势,李林甫感到对自己的威胁,加上韦坚自己也"以得天子意,锐于进",并与左相李适之关系亲密,李林甫就对他疏远并产生了厌恶感①。到当年九月,李林甫就将韦坚改授刑部尚书,将其所兼领的诸使职由杨慎矜取而代之。刑部尚书是正三品官,御史中丞只是正四品下阶,名义上韦坚是得到擢升,但褫夺其所兼诸使,才是李林甫的真正用意。李林甫着意压制韦坚,更深层次的考虑,是因为韦坚已经是太子集团中人。

京兆万年县(今陕西西安)韦氏,是关中地区的名门望族,人物衣冠,累世荣盛。当时唐朝人有句俗语:"城南韦杜,去天尺五",形象地描绘出万年县韦氏的门第之高。今天西安长安区内的韦曲就是当年韦坚一家宗族的聚居地。韦氏一门,与皇室相结婚姻,唐中宗皇后韦氏就出身于这一宗族。韦坚之父韦元珪在唐玄宗即位后曾为兖州(今属山东)刺史、银青光禄大夫(从三品阶文散官)。韦坚的姐姐嫁给了唐睿宗第五子、薛王李隆业(后赠惠宣太子)为妃,他的妹妹则是太子李亨的妃子。这种靠婚姻关系结成的政治集团在李唐王朝时期是十分典型的。

此刻,李林甫起用杨慎矜取代韦坚,韦坚因失去使职而心生怨望。来京师献捷的河西、陇右节度使皇甫惟明在皇帝面前提出斥出李林甫时,又对韦坚的才干大加赞誉,显然有以韦坚取代李林甫之意②。皇甫惟明所奏于唐玄宗者,虽说是对李林甫的专权不满,但他所作所为,显然已陷入集团斗争的旋涡。

① 《新唐书》卷134《韦坚传》。
② 《新唐书》卷134《韦坚传》。

对于皇甫惟明、韦坚等太子集团的活动,李林甫在长安城内进行了严密的监视。当时"右相李林甫怙权用事,志谋不利于东储,以除不附己者"①。太子集团中人对此也不会坐视,暗中的活动必定不断。在天宝五载(746 年)正月十五日夜,风清月朗,太子李亨借机出游,在市井之中与韦坚相见。二人之间有何言辞,现已无从知道。但是,韦坚在同太子李亨相见之后又匆匆与皇甫惟明相约夜游,确是事实。而且,二人又一同前往位于长安城内崇仁坊中的景龙道观。在观内道士之室,二人又有一段时间的盘桓。② 他们二人在观内的活动详情,史书没有留下详细记载,《新唐书·韦坚传》只说这天夜间,皇甫惟明与韦坚"宴集"。这一天,是元宵佳节,长安城内夜游赏灯本很寻常,但此时此刻二人是否有此闲情逸致举杯欢宴,且不去计较。只以韦坚与皇甫惟明二人的身份,私下往来,就已犯了大忌。韦坚以皇太子妃兄与边镇节帅夜间相约在一起,势必会授人以柄,给宰相李林甫以可乘之机。再者,二人相会的场所景龙观,也非寻常之处。景龙观所在崇仁坊,西隔南北大道与皇城相邻,东邻唐玄宗诸兄弟之宅第所在的胜业坊,并与兴庆宫相连。景龙观是唐中宗之女长宁公主旧宅所改,这里当年是高士廉府第与左金衔卫故营。长宁公主系唐中宗韦后所生,倚母亲宠重在此兴建府第,"右属都城,左颊大道,作三重楼以凭观,筑山浚池,……又并坊西隙地广鞠场。"③景龙末年,韦皇后宫中用事,图谋篡窃,被时任临淄王的唐玄宗李隆基诛杀,废为庶人,长宁公主的驸马都尉杨慎交被发往绛州(今山西新绛)任别驾,长宁公主

① 《旧唐书》卷 105《王鉷传》。
② 参见两《唐书·韦坚传》,并《旧唐书》卷 106《李林甫传》及《通鉴》卷 215,玄宗天宝五载正月条。
③ 《新唐书》卷 83《诸帝公主·长宁公主传》。按,"凭",原校本作"冯"。

随同前往,她在东都的府第改作景云祠,长安的府第出售后改作了景龙观。以唐中宗景龙年号命名①,景龙观似乎有皇家道观的意义。因此,此地十分的幽静隐蔽,从地理位置看,确实是闹中有静的一个所在。再说,崇仁坊南面的平康坊,又是宰相李林甫府第所在,韦坚与皇甫惟明选择景龙观会面,估计是很费了一些心思的。无论怎么说,二人的相会是一次极秘密的行动。

这一切,却都没有逃出李林甫暗中布置的监视。韦坚与皇甫惟明暗中相会于道士之室的情报,很快就由御史中丞杨慎矜向李林甫做了汇报。李林甫大喜过望,立即进行了布置。他命令杨慎矜将这一情况写成报告,以韦坚乃皇亲国戚,"不应与边将狎昵"为由对韦坚提出弹劾②。杨慎矜此时为御史中丞,职掌风宪衙门,本来就是典正刑宪,纠劾百官罪失,由他出面告发此事,合情合理。李林甫则据杨慎矜所告发之事向唐玄宗奏称"坚与惟明结谋,欲共立太子",将韦坚与边将的来往确认为策划政治阴谋。唐玄宗得到奏报,毫不犹豫地下诏对二人进行审讯推鞫。他实不愿意看到朝臣与边将勾结发生逼宫之事。李林甫得圣旨,遂下令让杨慎矜与御史中丞王鉷、京兆府法曹吉温等对此案进行审理。韦坚与皇甫惟明遂被立即逮捕入狱。李林甫有意借机将太子李亨牵扯进来,指使杨慎矜、王鉷、吉温等人大加罗织罪状,文致其狱。

在此关头,唐玄宗的思想出现波动。他虽然也怀疑韦坚与皇甫惟明有构谋之心,却不想轻易将太子李亨牵扯进来,一日废三子的教训实在太深刻了,因此,唐玄宗并不想把韦坚一案扩大化。唐玄宗不打算过分张扬韦坚、皇甫惟明的罪责,以免使朝廷产生不必

① 《通鉴》卷215,玄宗天宝五载正月条,胡注。
② 《通鉴》卷215,玄宗天宝五载正月条,胡注。

要的动荡。唐玄宗出于这一考虑,立即着手了结此案。正月癸酉,唐玄宗下制,给韦坚定了"干进不已"的罪名,将他由刑部尚书贬为缙云郡(今属浙江)太守,皇甫惟明则以"离间君臣"的罪名,被解除河西、陇右节度使的职务,贬为播川郡(治今贵州遵义)太守,并籍没其家①。对这一处理,只是限于对韦坚、皇甫惟明个人过失的惩治,并没有从政治上有任何针对太子李亨之处。我们没有看到宰相李林甫对此处理发表反对意见,但朝廷上的议论定然会有。因此,制书下达后,为了防止百官的猜议,唐玄宗又下制书对百官戒谕。值得注意者,将韦坚、皇甫惟明贬官后,皇甫惟明的兵权则移交给时任朔方、河东两道节度使的王忠嗣。由王忠嗣接任河西、陇右节度使,他的朔方、河东两道节度使之职仍旧兼任。王忠嗣与太子李亨的亲密关系,在朝廷上几乎人人皆知。这样的安排,似乎表明唐玄宗根本无意于在此案中要将太子李亨怎么样,皇甫惟明被贬,仅仅是由于他个人的问题。从这样的处理结果来说,太子李亨乃是有惊无险。宰相李林甫也无可奈何。

由于唐玄宗对案件处理的这种态度,使得具体负责此案的杨慎矜与王鉷、吉温等人受到很大影响。王鉷、吉温仍按照李林甫的长官意志来卖力工作,企图使案件有所突破。杨慎矜却采取了保守的姿态,有意依违,不再如一开始那样积极,甚至在王鉷推鞫过程中,有意"引身中立以候望"。结果,这引起了王鉷的不快,李林甫也对他心生不满,颇为失望②。渐渐地,李林甫也无法容忍这种行为,只是眼下他要倾全力对付太子李亨,尚无暇来清理杨慎矜。但是,杨慎矜的祸患由此酿成了。

---

① 《通鉴》卷215,玄宗天宝五载正月条。并参《旧唐书》卷105《韦坚传》。
② 《旧唐书》卷105《杨慎矜传》。

朝廷一纸制书将韦坚、皇甫惟明贬黜后，案件似乎可以完结了，太子李亨也应该太平无事了。然而，事态逆转，平地惊雷，一下子把太子李亨推到了危险的境地。

原来，韦坚被贬之后，他的弟弟将作少匠韦兰、兵部员外郎韦芝上疏替他鸣冤叫屈，二人为了达到目的，还引太子李亨作证。谁知这样一来，招致唐玄宗龙颜震怒，事情一下变得复杂起来。太子李亨见状，极感恐惧，为了逃脱自己与韦坚兄弟之间的干系，立即上表替自己辩解，并以与韦妃"情义不睦"为由，请求父皇准许他们离婚①。其实，太子李亨已与韦妃生有两子（后封为兖王僴、绛王佺）、两女（后封为永和公主、永穆公主）②。李亨的另一位姬妾吴氏（唐代宗生母）在生下一女（后封和政公主）后不久，因病而死，这位年幼的女儿也由韦妃鞠养。韦妃与太子李亨的关系显见是融洽的。再者，从韦氏当年由忠王妃被册立为皇太子妃的册文看，唐玄宗对于儿子李亨的这位夫人的评价还很不错。册文中称赞她"门承鼎盛，质禀贤和。动中环珮之节，言成图史之训。克明女宪，无假于师氏；能勤妇道，自合于国风。固可以齐体储位，正位妃壶。仁闻六行之美，以引三善之德"③。而现在太子李亨提出与她离婚，显然是出于政治上自我保护的目的，而且他在给唐玄宗的

---

① 《旧唐书》卷52《后妃传下》。
② 此据《旧唐书·后妃传下》。按《新唐书·诸帝公主传》及《唐会要》卷6,《册府元龟》卷300所载唐肃宗诸公主共七位：曰宿国（初曰长乐）、萧国（初曰宁国）、和政、郳国（初曰大宁）、纪国（初曰宜宁）、永和（初曰宝章）、郜国（初曰延光），并无永穆公主之号。而唐玄宗之女中有永穆公主之号，故疑所载唐肃宗韦妃所生之女中曰永穆者，有误。但唐肃宗之女于史传中所载名号有无缺漏，次序有无倒错，应存疑俟考。参岑仲勉《唐史馀沈》之"肃宗女"条，中华书局1960年版，第116页。
③ 《唐大诏令集》卷31《册皇太子韦妃文》。

上表中还请求"不以亲废法"①，更显得自己政治上的态度坚定。唐玄宗也明白他的用意，因此看到来表后着意对太子李亨加以慰抚，听任他与韦氏离婚，断绝了亲情关系。韦坚被贬往江夏郡（治今湖北武汉），委任他作了员外别驾的闲职，韦兰、韦芝也被贬往岭南。由于太子李亨反应及时，韦坚一案没有对他的储君之位产生更大的影响，有人评价说是因为唐玄宗"素知太子孝谨，故遣怒不及"②。这"孝谨"二字虽然未必能包含太子李亨行动的真实内容，但李亨的谨慎确实使他渡过了这场政治危机。只是早在自己为忠王时就纳为孺人并与之共同生活了多年的韦妃，不得不从此削发为尼，在禁中的皇家佛寺之中做了永成陌路的出家人。韦氏从此终日以青灯古佛为伴，她没有像当年唐太宗的武才人（武则天）那样幸运，可以找到一位痴情的皇子离开感业寺，韦氏一直在佛舍之中默念经书，对朝廷之上的这种政治纷争再也不闻不问了。安史之乱爆发后，她在长安城中沦陷于叛军之手，盼到至德二年（757年）京师光复，她也不幸逝世。

韦坚一案，太子李亨没有直接遭到冲击，但是处境却是险象环生。正在寻找时机罗织太子李亨罪名的宰相李林甫，当然更不会放过这一天赐良机，他虽然知道一时还不能扳倒太子，但他却趁机大做文章，欲将太子集团的有生力量加以清除。李林甫又借奏事之便捏造罪名，向唐玄宗奏举韦坚与李适之等互结朋党。本来，在韦坚被贬为缙云太守后，与韦坚关系密切的左相李适之就因担心招惹祸患，主动求罢政事，时正以太子少保的职衔赋闲自养。李林甫则另举柔佞易制的门下侍郎陈希烈顶替李适之为宰相，凡朝廷

① 《通鉴》卷215，玄宗天宝五载七月条。
② 《通鉴》卷215，玄宗天宝五载七月条。

庶政均由李林甫决断。陈希烈遇事"不敢参议,但唯诺而已"[①],以至于人们把陈希烈戏称为"伴食宰相",说他是只在政事堂陪同李林甫享用天子廊下赐食的尸位素餐者。

李林甫既称李适之与韦坚互结朋党,唐玄宗当然不会不有所反应。果然,几天以后,李适之被贬为宜春(今属江西)太守,韦坚又被长流岭南临封郡(今广西梧州东南)。太常少卿韦斌被贬为巴陵(治今湖南岳阳)太守,韦坚的外甥、嗣薛王李珍贬为夷陵(今湖北宜昌)员外别驾,睢阳(今河南商丘南)太守裴宽被贬为安陆(今属湖北)别驾,河南府(治今河南洛阳)尹李齐物被贬为竟陵(今湖北沔阳)太守,韦坚的弟弟除了韦兰、韦芝先已被贬谪之外,担任鄠县(今陕西鄠邑区)县令的弟弟韦冰,任河南府户曹的儿子韦谅也一起被远贬,就连韦坚的姐姐、赠惠宣太子(薛王)李隆业的妃子韦氏也一起随儿子李珍前往贬所,仓部员外郎郑章被贬为南丰(今属江西)县丞,殿中侍御史郑钦说贬为夜郎(今贵州正安西北)尉,监察御史豆卢友、杨惠分别被贬往富水(今湖北京山西北)、巴东(今属四川)为县尉,韦坚的女婿卢幼林也在被贬后再次长流于合浦郡(治今广西合浦东北)。这番株连,韦坚的亲属及同党被牵累流贬者有数十人,只有韦坚的妻子姜氏,恐怕因为是李林甫舅父的女儿,才以其"久遭轻贱"的名义,特将她放还本宗,送往娘家安置,免于流放外地。为了将韦坚及其党羽尽可能地清除殆尽,李林甫还特别授意有关部门,派使江淮、东都及长安沿途,调查韦坚担任江淮转运使期间的公私罪失。韦坚当年主持漕运期间,确实因疏浚河道、开凿渠漕给沿线百姓造成一些伤害,如掘坏民众冢墓等,引起公私骚然。李林甫在韦坚贬黜后,又落井下石,将与

① 《旧唐书》卷106《李林甫传》。

韦坚有关联的纲典船夫及左邻右舍由当地州县关押牢狱之中,强行取证,以至于牢狱为满,被逼死者甚多。一直到天宝十一载(752年)李林甫死后,此事方才停止。

韦坚一案,李林甫深加罗织,不依不饶,使太子李亨羽翼大伤。然而,事情远没有结束。太子李亨惊魂未定,又一场政治风暴骤然而至。事情的缘起又与他的东宫僚属和妻族有关。

天宝五载(746年)年底,太子李亨的妃嫔杜良娣的父亲杜有邻惹上了官司。良娣,是唐朝皇太子的姬妾,地位低于太子妃,属于内命妇系统,秩正三品。杜有邻时任赞善大夫,正五品上阶,掌讽诵规谏太子,是太子东宫官属。杜有邻的官司不是一般的案件,而是又一起政治案件。告发他的不是别人,而是杜有邻自己的另一位女婿、左骁卫兵曹(正八品下)柳勣。柳勣之妻是太子杜良娣的姐姐。柳勣生性狂疏,喜好功名,善交结豪杰。自淄川(今属山东)太守裴敦复荐之于北海(治今山东潍坊)太守李邕,柳勣就与李邕打成一片,成为至交。李邕幼承家学,自幼知名,武则天长安(701—704年)初年就被宰相李峤及大臣张廷珪举荐为官,拜左拾遗。唐玄宗东封泰山,车驾返回途中,李邕觐谒皇上,"累献词赋,甚称上旨",因此颇为自得,时加炫耀。他才艺出众,却性喜豪侈,不拘小节,任职期间纵求财货,驰猎自恣。多次因贪污被人告发,屡遭贬斥。但他才名在外,人人都望其风采,尤其他擅作碑颂,"虽贬职在外,中朝衣冠及天下寺观,多赍持金帛,往求其文。前后所制,凡数百首,受纳馈遗,亦至巨万。时议以为自古鬻文获财,未有如邕者。"[1]他所作《张韩公行状》《洪州放生池碑》《批韦巨源谥议》等,甚为士林推重。但李邕恃其才艺,很不谨慎,大臣卢藏

---

① 上见《旧唐书》卷190中《李邕传》。

用经常劝他："君如干将、莫邪,难与争锋,然终虞缺折耳!"李邕却听不进去,仍旧我行我素。柳勣入朝为官,与著作郎王曾等人关系密切,他们都可称为当时名士。柳勣上表告发岳父杜有邻,缘由是他与妻族不协,想陷害妻子的家人,谁知事情被李林甫揪住不放,将李邕、王曾等一批好友都牵扯进去。

柳勣状告杜有邻的罪名是"亡称图谶,交构东宫,指斥乘舆"。[①] 由于涉及最高权力,案情重大,直接由宰相李林甫负责委派人员审讯。在韦坚一案中,李林甫没有将太子扳倒,但却使太子集团的一批成员遭到贬窜,取得了明显的政治成果。柳勣的状子又把东宫太子牵连进来,当然又给他对付太子提供了口实。他命令京兆府官员吉温会同御史台官员进行审问。案情很快明朗,原来都是柳勣一人在搞鬼。吉温见事情如此,就根据李林甫的意思授意柳勣连引王曾,结果将案情扩大。因涉嫌杜有邻等人交构东宫太子,吉温穷追不舍,柳勣为坐实所告,又引李邕作证,使案情涉及人员一下子扩大到地方官员。御史中丞王鉷与杨国忠等人参与了审讯,大有将东宫太子李亨废黜于朝夕之势。但是,唐玄宗对此案仍旧态度谨慎,他对下级官员的告密未加宽贷。审讯结果呈报后,他特意颁下诏书,对王曾等人各令重杖一百,而对柳勣、杜有邻等人,"念以微亲,特宽殊死,决一顿,贬岭南新兴尉"[②]。诏书中显然对太子李亨的处境留有余地,但杖刑的判决在执行中存在很大出入。杜有邻、柳勣等均在重杖之下丧命,积尸大理寺,妻儿家小仍按诏书流徙远方,朝野震栗。对此结果,唐玄宗也未加过问。由于柳勣牵连出李邕,李林甫特命继续穷究,遂派了监察御史罗希奭前

---

① 《通鉴》卷215,玄宗天宝五载十一月条。
② 《通鉴》卷215,玄宗天宝五载十二月条引《考异》。

往审按。事有凑巧，李邕奸赃败露，他又曾给柳勣送马一匹，柳勣又坦白说他与李邕"议及休咎、厚相赂遗"，罗希奭与刑部员外郎祁顺之奉敕往北海郡（治今山东潍坊）落实。结果，李邕与裴敦复均遭决杀，李邕时年 70 余[①]。李邕致死，与他交好的名士颇有一些议论。李白在《答王十二寒夜独酌有怀》一诗中，就提到二人："君不见李北海，英风豪气今何在。君不见裴尚书，土坟三尺蒿棘居。"[②]到唐代宗即位后，李邕又被追赠秘书监，算是恢复名誉。

整死了杜有邻、柳勣与李邕等人，李林甫又派御史分别前往韦坚、皇甫惟明贬所，奉敕将其赐死。监察御史罗希奭又从青州（今属山东）直接前往岭南，持官府排马牒告谕沿途州县，所过地方之遭贬窜者均遭杀戮，使众人均感惶骇。罗希奭前往宜春（今属江西）的消息传来，被贬的大臣李适之素知其酷烈，忧惧之下仰药自杀。被李林甫贬为江华（今湖南江华西北）司马的老臣王琚，听说罗希奭前来的消息，也仰药自杀，谁知服药后未死，又自缢而死。罗希奭为了将裴宽吓死，特地绕道经过他所在的安陵，裴宽向罗希奭叩生路，才得免于一死。李适之的儿子迎父丧到达东京（今河南洛阳），李林甫又令人诬告，将李适之的儿子杖死于河南府官衙。与李适之关系密切的门下给事中房琯，虽未遭毒手，仍被牵连，被贬为宜春太守。后来李亨即位后，房琯颇受重用，看来与他的政治态度不无关系。此是后话。

韦坚一案没有结束，杜有邻一案又将太子李亨牵扯进来，李林

---

① 周绍良主编：《唐代墓志汇编》第 1766 页载其墓志曰"年七十三"。

② 李白：《答王十二寒夜独酌有怀》。元代萧士赟注《分类补注李太白诗》：认为此篇"绝非太白之作"。后世治白诗者，多有纠正。有研究者以白此诗写于唐玄宗天宝八载（749 年）。且指明这已是李白二入长安以后的事。参见裴斐：《李白诗歌赏析集》，巴蜀书社 1988 年版。如此，则说明李邕死后的几年中，仍不乏纷纷议论。

甫指使御史台及有关官员穷加追查,使他十分不安。太子李亨为了表明自己的清白无私,再次将杜良娣抛出来,宣布与她离婚,脱离夫妻关系。杜良娣迁出东宫,被废为庶人。杜氏家人是死的死,流的流,其境遇十分凄惨。

经过两次婚变的太子李亨,身心蒙受了巨大的创伤。两次大案,接踵而来,一波未平,一波又起,都与太子李亨的个人安危直接相关,他的精神受到极大刺激。有一次,他宫中觐见父皇,唐玄宗在他行礼时发现,这位尚未到中年的儿子,头发已有几分脱落,间或有几丝的花白,有些进入暮年的感觉。久历政治风雨的唐玄宗也不免心生几丝恻隐,他对近来发生的事情也很清楚。虽然宰相李林甫的报告很有些程式化,但不少的内情他还是了解得到,高力士不时地在他问询时传递一些朝廷上真实的情形。高力士总是在不停地赞誉太子李亨的仁孝与谨慎,还说太子很识大体。唐玄宗也感到,太子在遭受冲击时,很能忍辱负重,他在上表中从没有向皇帝寻求保护,更没有辩解自己在朝廷发生的案件中的处境,他都是按自己的方式来应付。这一方式,给了唐玄宗心中几丝的安慰,他觉得太子可以托付大事。不过,正是太子这种表现,又让他心中有了几分的苦涩与踌躇。或许,太子应付事变的能力与忍受困顿的耐力超出了唐玄宗的想象,他的心情有些复杂,也有些态度暧昧。在此过程中,不管太子李亨是不是装成事不关己、云淡风轻的表象,他实际上不得不继续忍受宰相集团的政治攻击与当前形势的煎熬。

四 大狱再起

李亨两次离婚,躲过了两场政治灾难,但仍然没有阻止李林甫发起新的进攻。惊魂甫定,他不得不应对新的挑战。

多灾多难的天宝五载(746年),从年初到年末,几乎没有一天让太子李亨平静过。值得庆幸的是,虽然惊涛拍岸、暗流湍涌,太子李亨却没有翻船。只是不得不违心地抛弃了自己的妃妾,以哀哀不争的韬晦之策谋求平安。显然,在这一轮较量之中,太子李亨没有占据任何上风,暗中有意无意培植或聚结的势力在宰相李林甫的冲击下大伤元气。太子李亨心怀危惧,处处退守。他表面上不做一丝一毫的抗争,希望以此谋得政治上回旋的空间与父皇的同情。因此,他小心谨慎,不露锋芒。太子李亨心里很清醒,只有保住东宫太子的名分,一切才会有希望,如果重蹈太子瑛的覆辙,那一切抗争都会成为徒劳。太子李亨审时度势,没有轻举妄动,他没有采取任何可能激发更大政治动荡的自保行动。他不曾流露出对身处境遇的不满,更不曾在别人面前宣泄对局势的态度。宰相李林甫爪牙遍布,耳目众多,无时无刻不在处心积虑地搜罗有关太子的情报,但是他们并没有抓到任何直接的证据,无法像当年对付太子瑛一样可以找到太子李亨的罪证向唐玄宗告发。只能从太子李亨的外围下手,企图从他周围的人身上寻找机会。韦坚、杜有邻两案,机会绝佳,李林甫却未能达到预期的目的。面对太子李亨的处处谨慎,李林甫一时还无可奈何。当然,李林甫既然决意要倾全力对付皇太子,他就决不会就此罢休。他时刻睁大眼睛,寻找太子李亨的把柄。

天宝六载(747年),由于唐玄宗对河西、陇右节度使王忠嗣的不满,给李林甫布置新一轮对太子李亨的政治进攻提供了可乘之机。关于王忠嗣,前文已有提及。他乃名将之后,其父王海宾以骁勇名闻河陇地区,后来在与吐蕃作战中阵亡。那一年王忠嗣只有9岁,因父死王事,以烈士遗骨养于宫中多年,"忠嗣"之名乃是唐玄宗钦赐。他在禁中生活期间,恰值太子李亨为忠王之际。他们二人游处,关系融洽。因此王忠嗣是太子李亨早年的伙伴。随着年龄的增长,王忠嗣以兵家子表现出不凡的军事才能,他的"雄毅寡言,严重有武略",给唐玄宗留下深刻印象,认为日后必可为一代"良将"。待其应征从戎,在河西抵御吐蕃内攻,果然战功赫赫,升迁很快。天宝五载(746年),韦坚之狱连及皇甫惟明被贬,他身兼河东、朔方、河西、陇右四镇节度使。一时之间,成为唐朝国之北部沿边地区的最高军事统领,所谓"忠嗣佩四将印,控制万里,劲兵重镇,皆归掌握,自国初已来,未之有也"[1]。王忠嗣也未负朝廷厚望,在青海、积石一带与吐蕃交战,频获大捷,在墨离军(今甘肃安西东南)讨伐吐谷浑,也大获全胜,虏其整个部落凯旋。对于王忠嗣的崛起,李林甫心存忌恨,故"日求其过"[2],想方设法要找茬压制太子李亨的这位幼年伙伴。军事上,李林甫曾利用时任范阳(治今北京)、平卢(治今辽宁朝阳)节度使的安禄山对他进行掣肘。这期间,安禄山曾以御敌为名,请王忠嗣助役,打起了王忠嗣大军的主意,谁知王忠嗣先期率军到达,不等安禄山布置妥当,他就见机而返。尔后,王忠嗣几次上表朝廷,奏称安禄山怀有逆心,这样一来更遭到李林甫的忌恨。王忠嗣遂于一段时间后坚决辞去了河东、朔方节度使的职务。这件事情,其实与太子李亨在后来和宰相李林甫的较量有很大干系。从此,王忠嗣将河东、朔方两镇拱手相让。这在《旧唐书》本传中解释说,他出任河陇之节度使后"颇不习其物情",兼以他"以功名富贵自处,望减于往日",才坚决地辞去了河东、朔方两镇。我们推测,这恐怕是太子一系在与宰相集团较量中所作的退让,这符合太子李亨在此期间的基本思路,而

---

① 《旧唐书》卷103《王忠嗣传》。
② 《旧唐书》卷103《王忠嗣传》。

且事后河东节度使由安禄山兼领，朔方节度使则由安思顺代领。安禄山此时与李林甫关系密切，关于他们之间交往的详细情况，后面还会交代。安思顺则是由李林甫出面保荐推举的。从这层意义上说，王忠嗣放弃自己经营多年，又颇得士卒之心的河东、朔方两镇，恐怕就很难用他"不习其物情"来解释了，这恐怕有很深的政治缘由。我们之所以从太子与宰相两大集团的斗争较量来索解，是因为王忠嗣很快就又陷入了一场旋涡，卷入了李林甫与李亨的又一次较量之中。然而，按照一般的理解，太子李亨在与宰相李林甫的较量之中，他不应当坐视王忠嗣放弃两镇，而是应当更加扩充实力，壮大自己，以争取更多的胜算。王忠嗣作为太子李亨与宰相李林甫再一次较量的一个焦点，他也没有按常规的思路来行动。后来的实际情况证明，尽管李亨遭受了巨大损失，但毕竟获得了唐玄宗的理解，终于保住了自己的太子之位，而这一点，对于李亨来说就是最大胜利，也是李亨的最终目标与最基本的出发点。这就是此时的太子李亨，这就是此时此刻太子李亨的斗争策略，这也是太子李亨的不同寻常与超出前任太子李瑛之处。

事实证明，李亨此举是成功的。

不过，王忠嗣却在这场政治较量中被无情地抛弃了。事端初起乃是因为王忠嗣在军事上的谨慎，没有完全按照唐玄宗的意图行事。

天宝六载（747年）十月，唐玄宗希望王忠嗣出兵攻取吐蕃在开元二十九年（741年）十二月攻陷的石堡城（位于今青海西宁西南）。这里是唐蕃交通要冲，也是双方攻守的军事重镇，为了防御吐蕃的内侵，唐朝曾在石堡城增置了振武军等。自石堡城沦陷后，唐玄宗一直对此放心不下，天宝以来几年边疆军事形势一直是他的一块心病。为了确保边境的安全，他给统军的边镇将帅以极高的荣誉与待遇。这些年,唐玄宗所关注的军国大事的中心之一就是边疆军事形势。对于皇帝的心思,担任河西、陇右节度使的王忠嗣不是不清楚,但身为临戎将帅,他有自己的一套军事观点与看法。因此,当王忠嗣接到朝廷询问攻取石堡城方略的诏书后,他这样奏陈皇上:"石堡险固,吐蕃举国而守之,若顿兵坚城之下,必死者数万,然后事可图也。臣恐所得不如所失,请休兵秣马,观衅而取之,计之上者。"①须知,陇右节度使的主要职责就是防御吐蕃,王忠嗣自主持以来,以持重安边为务,训练士马,从不妄用军力。他曾说:"国家升平之时,为将者在抚其众而已,吾不欲疲中国之力,以徼功名耳!"②以此来看,王忠嗣主张慎于主动出击攻取石堡城,符合他一贯的军事思想,并不是有意不依皇帝旨意,但王忠嗣的上奏却引来唐玄宗的不满。对此动向,宰相李林甫看得清清楚楚,他要寻找机会给王忠嗣点儿颜色。正当此时,一位名唤董延光的将军自告奋勇,主动请缨愿往攻取石堡城。唐玄宗自然龙颜大悦,即降诏王忠嗣,令他分兵相助。王忠嗣不得已奉诏,但心中很不情愿,对董延光的协助配合也就很不积极,董延光心中十分怨恨。王忠嗣部将、任河西兵马使的李光弼看清形势后,曾来衙舍劝说他:既然奉诏分兵数万给董延光,就应悬重赏以激励三军士气,只有获得胜利,才能相安无事。不然,董延光必将把败军之责推诿到您身上。王忠嗣虽知李光弼替自己考虑,但他主意已定,不为所动。王忠嗣说:"今以数万之众争一城,得之未足以制敌,不得亦无害于国,故忠嗣不欲为之。忠嗣今受责天子,不过以金吾、羽林一将军归宿卫,其次不过黔中上佐,忠嗣岂以数万人之命易一官

---

① 《旧唐书》卷103《王忠嗣传》。

② 《旧唐书》卷103《王忠嗣传》。

乎!"王忠嗣依然如故,结果,董延光过期不克,没有取得预期的军事效果,果然上表朝廷诉陈王忠嗣"沮挠军计",①将兵败的责任推到王忠嗣头上。

在京城长安翘盼大捷消息的唐玄宗闻奏,龙颜大怒。李林甫见火候已到,立即又指使济阳(治今山东东阿西北)别驾魏林出面告发王忠嗣,说王忠嗣在任河东节度使(治今山西太原)期间,曾经言称"我幼养宫中,与忠王相爱狎,欲拥兵以尊奉太子"②,揭发王忠嗣有政治上的污点。且说魏林曾在王忠嗣担任河东节度使时担任过朔州(治今山西朔县)刺史,算作曾经的属下。朔州,虽然在唐代地方州中属于下等州,但州长官刺史仍是正四品下官,而他现任只是济阳别驾。济阳,乃是析分东平郡(治属今山东)置,属紧州,依上等州例,别驾也只是从四品下的官员,而且属于州郡佐官,与一州刺史难作等量齐观。以此看来,魏林是位在仕途上并不得意的官员,如今听从宰相李林甫的指使来告密,想必怀有个人政治投机的企图。只是魏林曾为王忠嗣属下官员,由他出面告发显然有很大的说服性,表示魏林所告并非空穴来风。因此,正在气头上的唐玄宗闻知,更加火上浇油,他不辨真假,立即敕令将王忠嗣从河陇前线征调入朝,交付法司,命三司推鞫,详加审讯。三司乃是国家最高司法机关,由御史台长官与中书、门下长官负责,"大事奏裁,小事专达。"③由三司来审理王忠嗣与现任皇太子之间的瓜葛与私情,势必令太子李亨处于极为尴尬的境地。不论魏林所告之事真假,太子李亨都必须谦恭谨慎,等候审理的结果。天宝五载(746年)的韦坚、杜有邻两桩政治案件,已令朝野对涉及皇权继

<hr/>

① 《通鉴》卷215,玄宗天宝六载十月条。
② 《通鉴》卷215,玄宗天宝六载十月条。
③ 《唐六典》卷13《御史台》。

承之类的事情极为敏感,而善于制造事端、创造机会的李林甫又利用杨慎矜兄弟一案将形势弄得更加复杂,越发使太子李亨处于极为被动不利的局面。

　　杨慎矜早在审理韦坚一案时,由于体察皇上用心,对案件审理没有按照李林甫的思路来工作,从而招致了李林甫的怨恨。李林甫遂利用杨慎矜与王鉷的嫌隙与隔阂,暗中令王鉷找机会对付他。平日,杨慎矜因王鉷是他的表侄,并不加提防,很多心里话都向王鉷讲,甚至一些谶言之书也不向他保密。杨慎矜自己又信任方士史敬忠,在家中后园设道场行法术祛邪,这些情况被王鉷添油加醋地向皇上做了汇报。王鉷还在李林甫的指使下派人散布说:"杨慎矜是隋朝皇室之后,一心克复祖宗基业,故私藏异端之书,又与凶人来往,而说国家休咎。"正在华清宫中的唐玄宗闻知,极为震怒,立即下令将杨慎矜收系于尚书省囚禁,派刑部尚书萧隐之(萧炅)、大理寺卿李道邃、殿中侍御史卢铉以及杨钊(杨国忠)共同推鞫此事,同时又令京兆府士曹参军事吉温前往东都洛阳将杨慎矜之兄少府少监杨慎馀、弟洛阳令杨慎名等逮捕。术士史敬忠在汝州(治今河南临汝)也被吉温囚押,后解送到在候审。涉嫌与杨慎矜共解图谶、有不轨之心的官员如太府少卿张瑄等也成为阶下囚。御史卢铉为了收集与固定证据,对张瑄拷问甚严,用尽酷刑,但一无所得。为此,卢铉又亲自带人搜查杨慎矜的府第,他预先袖中暗藏谶书放在杨慎矜内室竖柜之上的匣子内,诬陷杨慎矜暗藏禁书,使杨慎矜有口难辩。吉温在押送史敬忠途中,又对他加以诱供。史敬忠的口供令杨慎矜更加难脱罪责。结果,这场由李林甫精心策划的案件就堂而皇之地结了案。朝廷降诏,重杖史敬忠,杨慎矜兄弟均赐自尽,籍没全家,子女、亲属流配岭南诸郡,与其交往密切或姻亲之家被长流、解官、决杖者十余家。

奉命前往洛阳对杨慎矜三兄弟宣敕行刑的官员，是时任监察御史的颜真卿。当杨慎名闻知杨慎矜被判死刑时，抚胸恸哭，但听完敕命，知道兄弟三人无一幸免，遂止住哭声，说道："今奉圣恩，不敢稽留片刻，但以寡姐年老，请许我给她写几句话以作诀别。"颜真卿答应了他，杨慎名神色自若，到房中写下："拙于谋远，不能静退。兄弟并命，唯姊尚存，老年孤茕，何以堪此！"并对寡居的姐姐再三嘱咐后事，而后自缢而死，杨慎馀也同样合掌指天，随后自缢而死。① 杨慎矜兄弟友爱，且仪表堂堂，风韵高朗，著称于时。据说，杨慎名生前曾对着镜子自览其身形，不胜慨叹道："吾兄弟三人，尽长六尺余，有如此貌、如此材而见容当代以期全，难矣！胡不使我少体弱耶！"②这话传出去后，世上善良的人们对其兄弟的际遇都报以同情。

杨慎矜兄弟的案子并不复杂，但因关系到国家政权的安全，涉嫌有颠覆大唐李氏朝廷的企图，对杨慎矜兄弟的死，朝廷官员无人替他们鸣冤。相反，此案结局使朝廷上下对于王忠嗣事件的看法变得更加敏感。这也正是宰相李林甫指使制造杨慎矜冤案的用意所在，他更真实的目的是要借杨慎矜一案惯性，将王忠嗣一案审结定性，从而借机危及太子李亨。李林甫的这一设计极为阴狠毒辣。太子李亨的对手显然不是寻常之辈。

杨慎矜兄弟一案后，确实使朝廷的政治气氛变得紧张起来。但是，在三司审理魏林告发王忠嗣一案期间，细心的人能发现许多疑点。魏林说王忠嗣欲拥兵尊奉太子云云是他任河东节度使期间，王忠嗣以军功兼领河东节度使是在开元二十八年（740 年），而

---

① 《旧唐书》卷 105《杨慎矜传》。
② 《旧唐书》卷 105《杨慎矜传》。

此时李亨早已被册立为皇太子。那么,魏林告发王忠嗣是要拥兵尊奉忠王为太子还是尊奉太子为新君呢?魏林所告,十分含混。若从王忠嗣任河东节度副使的开元二十一年(733年)秋天算起,时间上倒是相吻合,但开元二十四年(736年)前后,正是武惠妃恃宠联合李林甫等谋废太子瑛改立寿王瑁之时,忠王李亨尚未被推到政治舞台的幕前。再说,当时兼任大同军使的河东节度副使王忠嗣,职衔仅是左金吾卫将军同正员并兼任左羽林军上将军[1],他有没有拥兵拥戴一位皇子成为皇太子的实力是显而易见的。再退一步说,在宫廷内外围绕太子废立闹得不可开交之际,王忠嗣有无这样的胆量敢于公开表示要拥立忠王李亨为太子也很难说。况且,时为忠王的李亨会不会倚靠一位并不是能够呼风唤雨的地方军将来赌上一把,也是很值得怀疑的。在忠王时期的李亨,不仅不敢如此,即使心中有波澜他会不会甘于如此也是个问题。因为,这不符合李亨的性格习惯,此类事情断然不会在他身上发生。这样一来,魏林告发之事似乎言之有据,却未必能够坐实。既然如此,唐玄宗就不必借题发挥去惩戒太子李亨了,他早就有意不再想看到太子被废,对于一些失意官员的惹是生非、节外生枝,他当然就不必去认真对待了。在三司审按王忠嗣一案的过程中,猛然间醒悟的唐玄宗再一次为案件定下了调子:"吾儿居深宫,安得与外人通谋,此必妄也,但劾忠嗣沮挠军功。"[2]这样一来,边帅王忠嗣难逃军败之责,却使太子李亨从这一纷杂恐怖的政治涡流中摆脱出来。

三司审讯王忠嗣的过程中,并没有就魏林告发之事发现什么

---

① 《旧唐书》卷103《王忠嗣传》。
② 《通鉴》卷215,玄宗天宝六载十一月条。

证据，尤其是皇帝对此案定了调，也就不必徒劳地寻找什么突破。但王忠嗣身为边镇主帅，败军之责无法推卸。据三司审结案件的处理，王忠嗣须处极刑以正典则。在此期间，深为唐玄宗看重的边地蕃将哥舒翰接替了陇右节度使的职务，他借唐玄宗召见来京的机会，极力向唐玄宗求情，力保王忠嗣。这样，王忠嗣得免一死，被贬为汉阳郡（治今湖北汉阳）太守。天宝七载（748年），王忠嗣又被移往汉东郡（治今湖北随州）任太守。虽然汉东郡较汉阳距京都近——这在唐代贬谪官员看来是一种优待，但是王忠嗣的命运却并无太大变化。转过年来，年仅45岁的一代名将王忠嗣突然暴卒。他的死，至今仍是一个历史谜团。无论怎样，王忠嗣一案，说明中央朝廷对于地方守藩将领的控制仍然十分牢固。他被宰相李林甫用以作为倾危太子李亨的借口，当可证明王忠嗣在太子集团中的地位。王忠嗣一案，是边疆军事势力介入中央中枢体制与权力结构的一个信号，日后中央政府对于边镇节度使的失控以及安史之乱的爆发，均可视为唐朝边疆军事形势对中央朝廷及内政影响的结果。

幸运的是，太子李亨没有因为王忠嗣的罪贬和暴死受到牵连。但杨慎矜兄弟与王忠嗣的案子，确实使太子李亨饱受煎熬。直到他登基后的宝应元年（762年），李亨才得以为他们平反昭雪：杨慎矜追复往日官爵，王忠嗣被追赠兵部尚书。这也许是李亨君临天下后对当年惊魂的一种慰藉，也是对冤屈者的一种补偿吧！

五 续娶张氏

李亨太子生涯的几度风雨之后，仍旧不能月白风清、明河在天。但他的再婚，却给自己的生活带来一丝宽慰和几分希望。

几番风雨,几度春秋。李亨自成为东宫太子以来,人生际遇真是一波未平,一波又起,饱受煎熬。常言道:"草木无情,有时飘零。人为动物,惟物之灵,百忧感其心,万事劳其形,有动于中,必摇其精。"①在天宝五载(746年)以来发生的与他相关的几次大案中,几乎每次都是生死攸关。这一处境使李亨精神上受到极大刺激。唐玄宗打算让儿子心理上放松放松。但是,唐玄宗又不会给太子李亨任何政治上的许诺,当然也不会阻止宰相李林甫的所作所为,这不仅因为宰相在朝廷上的工作令他满意,更重要的是宰相所掌握的政府机构对太子东宫形成了强有力的钳制。宰相集团与太子集团的矛盾与较量,使唐玄宗的皇帝权威得以愈加凸显,李林甫在皇位继承人问题上大做文章,并没有损害唐玄宗的尊严与地位。几次案狱都在轰轰烈烈之时被唐玄宗轻而易举地化解,李亨虽屡处险地,却没有陷入李林甫构陷的罗网之中,唐玄宗在控制这种局面的过程中获得了很大的满足。然而,他又不愿再轻易剥夺太子李亨的皇位继承权,因为他不得不为身后皇权的延续考虑,同时,现实皇权的需要又使唐玄宗不情愿太子羽翼丰满,以免威胁自身的皇权。这一内心的矛盾纠结是唐玄宗这位逐步走上政治巅峰的成功君主无法排遣的,更是盛唐政治体制与中枢政治权力演进的现实在唐玄宗内心的反映。这一政治阴影就像一个魔鬼附着在盛唐政治体制当中,想要驱除它,只得等待时机。太子李亨一直在等待这个时机,直到安史之乱爆发。

　　眼下,李亨仍要恭恭敬敬地听从父皇的一切安排。正是在父皇的安排下,李亨在两次离婚之后,再一次成婚了。

　　这次再婚,他续娶的乃是一位很有背景的女子,这就是李亨称

---

① (宋)欧阳修《秋声赋》。

帝后的皇后张氏。张氏，原籍邓州向城（今河南南阳北），后来举家迁到了京师长安附近的新丰县（今陕西临潼东）。与众不同的是，她的祖母窦氏与当今皇上唐玄宗的母亲昭成皇太后是亲姊妹。更重要的是，在唐玄宗很小的时候，作为唐睿宗妃子的母亲窦氏就被武则天处死。唐玄宗幼年丧母，就是他的这位姨母窦氏亲自鞠养，因此，唐玄宗一直对姨母怀有特殊的感情。他即位后，就封她为邓国夫人。窦氏的5个儿子也都封为高官，其中一位名叫张去盈的儿子还娶了唐玄宗的女儿常芬公主。总之，唐玄宗对姨母窦氏一家恩宠甚隆。当他见太子李亨忧思劳形、鬓发斑白时，就想到用婚嫁之事给李亨些许暗示，希望他能够放松一些。为此，唐玄宗想到了姨母这位成年待嫁的孙女张氏。张氏的父亲张去逸在朝为官，与母亲窦氏生活安逸，她的姐姐已嫁于李岊为妻，另有妹妹师师与弟弟张清、张潜。

张氏体态丰满，个头很高，这在盛唐尚肥的审美标准下，号称"丰硕"①的她自然美貌出众。而且，她聪明伶俐，善解人意，她来到东宫，对于太子李亨无疑是个极大的精神慰藉。她的性格、家庭背景以及她的容颜，都使得她一到东宫，很快就征服了太子李亨的心。不久，张氏即被选立为太子良娣。此时，被迫与太子离异的韦妃仍在宫中佛堂中青灯相伴，如同隔世。张良娣在刚刚进入东宫的日子里，深深理解丈夫李亨的处境，她凭自己的优势在宫中周旋，对李亨更是"能迎意傅合"，以女人的柔情给李亨以安慰与温存。所以，在相当长的时期内，她能够"专侍太子"之侧。② 大概从张良娣入宫之初，就奠定了她在李亨心目中的位置。因此，在以后

① 《旧唐书》卷52《肃宗张皇后传》。
② 《新唐书》卷77《后妃传下》。

的岁月里,李亨往往能应承张良娣的各种要求,尽管偶尔也表现得不情愿。张良娣所具备的种种条件,也决定了她在今后的政治风云中不甘寂寞,并且能够充当李亨在忧患之中的同路人。

李亨并未因为续娶了张良娣就感觉太平无事了。他依旧谨慎小心,处处注意,就连一些生活中的细枝末节他也从不敢大意。当时宫中生活的规格按其身份地位都有一定的标准规定,李亨不仅无丝毫超越制度,而且还有意减损所享有的规格标准。他做得很自然,没有给人矫情自饰的感觉。有时唐玄宗兴之所至来到他的住处,会发现李亨居所的庭院都不曾细心打扫过,房中乐器也落满了尘灰,显然很少弹弄,就连左右侍者也都少见女伎。李亨这样的生活安排,是防止给人留下话柄,说他沉湎声色,招来不必要的麻烦。李亨这样做,或许是有意无意模仿了隋朝时期的杨广。杨广做晋王时,为了争夺兄长杨勇的太子之位,博取母亲独孤皇后与父皇杨坚的好感,他故意将晋王府上下的美女藏匿起来,只留一些老丑之人,还换上粗布衣服,又把琴弦弄断,琴上布满的灰尘也不让人去擦。结果,这给父皇与母后留下了不好声色的印象,因而很得宠信,最终争得太子之位,成为储君。聪明强识的李亨,对这段前朝旧事不会不熟悉,那么,他在东宫之中如此生活状况,是不是有意为之,恐怕就很难说了。

另有一件事,更能说明太子李亨此时对生活细节的在意与用心。据说,李亨做太子时,经常侍膳,即陪伴父皇一起进餐。有一次,宫中专门负责膳食的尚食局做了一桌熟食,其中有一只烤羊腿,唐玄宗就让太子李亨割来吃。李亨奉命割罢羊腿,手上全是油渍,他就顺势用旁边的饼子把手揩净。这一动作,被唐玄宗看在眼里,以为他糟蹋食物,很是不高兴,但忍着没有发作。李亨装作没有看见,待慢慢将手揩拭之后,又不紧不慢地把擦过油渍的饼子拿起来,大口地吃起饼来。这一下大大出乎唐玄宗意料,他见太子如此,不禁喜上眉梢,情不自禁地对李亨道:"福当如是爱惜。"①通过这一件小事,李亨就留给父皇节俭的好印象,博得了唐玄宗的好感。

但是,李林甫并没有因为太子李亨的这种举止与唐玄宗的安排改变初衷,他对太子李亨的态度依然如故。这就是说,太子李亨并没有因为续娶张良娣而使自己的处境根本改观。旧史解释此事因果时曾这样说:"林甫自以始谋不佐皇太子,虑为后患,故屡起大狱以危之。"②按这种说法,李林甫之所以频频制造案狱,巧求阴事图谋倾覆太子,是因为他当年拥立寿王瑁,担心日后李亨会对他不利。如果仅仅是因为这种人事上的意气而不停地与李亨较量,恐怕事情就简单得多了。在我们看来,李亨与李林甫之间的矛盾与斗争,很难简单用他们个人之间的恩怨来解释,这其中其实透射出唐玄宗时期国家政治体制运行中的某些问题,集中展示出了唐朝国家中枢政治中的不协调,这也正是中央政治权力结构在天宝时期调整过程中产生的结果。因此,不仅李林甫做宰相时要与太子作对,李林甫之后继任的宰相杨国忠也无法与太子同心同德。人们可以用政治斗争的惯性来做出解释,因为李林甫屡兴大狱,几乎每次都有杨国忠参与,并且,杨国忠还发挥了相当的作用。据《旧唐书》卷106《杨国忠传》载:

> 时李林甫将不利于皇太子,掎摭阴事以倾之。侍御史杨慎矜承望风旨,诬太子妃兄韦坚与皇甫惟明私谒太子,以国忠怙宠敢言,援之为党,以按其事。京兆府法曹吉温舞文巧诋,为国忠爪牙之用,因深竟坚狱,坚及太子良娣杜氏、亲属柳勣、

---

① 《太平广记》卷165《廉俭》,并见《次柳氏旧闻》。
② 《旧唐书》卷106《李林甫传》。

122

杜昆吾等，痛绳其罪，以树威权。于京城别置推院，自是连岁大狱，追捕挤陷，诛夷者数百家，皆国忠发之。林甫方深阻保位，国忠凡所奏劾，涉疑似于太子者，林甫虽不明言以指导之，皆林甫所使，国忠乘而为邪，得以肆意。

但是，如果我们再看到杨国忠与李林甫之间的矛盾，尤其是李林甫被杨国忠诬陷与蕃将阿布思谋反而不得善终之事，加上前文已述及李林甫设计的杨慎矜一案，就会意识到，仅仅用政治斗争的惯性作用来索解宰相与太子之间矛盾斗争的缘由，还远远不够。更有意思的是，在杨国忠与太子李亨之间，他们在一些具体问题的看法上（如后面会提及的认为安禄山怀有谋逆之心等）还有共同点，若仅仅用人事上的原因来解释他们的矛盾斗争显然不够。这一问题比我们看到的现有的史料记载要复杂得多，他们之间的矛盾斗争对于天宝政局与天宝政治生态和政治结构产生了巨大影响。在李亨的太子生涯中，与宰相集团的矛盾与较量几乎成为他政治发展中最重要的内容之一。

到天宝十载（751 年），张良娣为他生下了一个儿子——后来被封为兴王的李侣。转过年来，宰相李林甫一命归西，李亨少了一个政敌。但是，继任的宰相杨国忠在清算李林甫的同时，仍旧是太子李亨的死对头。此后，李亨与杨国忠集团明争暗斗，从无间断，度过了几年貌似平静实则险象环生的时光。所幸太子李亨"仁孝谨慎"，加上朝廷张垍、内廷高力士等人常常在皇上面前美言回护，李亨的太子之位一直没有动摇[1]。一直到安禄山叛乱后，太子李亨才找到反击的良机。在这些年中，嫁入东宫的张良娣却没有能获得太子妃的名分。此时此刻，似乎李亨还无法顾及这些。

---

[1] 《通鉴》卷 215，玄宗天宝六载十一月条。

第四篇　盛世变奏

一　唐东北的烟尘

煌煌盛唐之世,边疆形势并不平静。"汉家烟尘在东北",东北地区,边患不断,兵戈未休,给大唐帝国的繁盛带来许多的忧患。

大唐帝国自建立伊始,就一直与周边少数民族关系紧密。或战或和,均以双方力量的消长与政策的变化为依据。在经过一个世纪的发展之后,中原腹地的唐王朝走上了辉煌强盛,周边少数民族或因各自发展条件不同,有的走上强盛,有的则不免衰落。这对唐王朝的发展与内外政策也都产生了深刻影响。宋朝史学家曾评说:"夷狄为中国患,尚矣。……唐兴,蛮夷更盛衰,尝与中国亢衡者有四:突厥、吐蕃、回鹘、云南(按即南诏)是也。……凡突厥、吐蕃、回鹘以盛衰先后为次;东夷、西域又次之。"①唐帝国在几个世纪的发展中,与这些周边民族及政权之间发生了许多故事。在中古时代,这些故事的发生都似乎是围绕着争夺生存空间而展开的。唐帝国的繁盛,宛似一块肥肉,引来他们垂涎,游牧民族企图扩大牧场,唐朝边疆地区的形势并不是一直安谧无事。

然而,唐王朝并没有也不可能在四边都采取强硬的抵御,而是

① 《新唐书》卷215上,序。

根据实际形势与自身需要在每一时期各有侧重。唐玄宗时期,东北地区的契丹与奚力量强大起来,他们系东胡种,早年被强敌匈奴所破,退居北方。后来,奚与契丹以射猎游牧为生。契丹东邻高丽,西接奚国,南至营州(今辽宁朝阳),北为靺鞨、室韦等族。唐太宗时在其地置松漠都督府(治今内蒙古克什克腾旗东),首领赐李姓。后契丹屡降屡叛,唐王朝或讨或抚,双方在幽州(今北京)、营州一线相峙。奚也在唐太宗贞观时入朝纳贡,唐朝廷设饶乐都督府(治今内蒙古赤峰南)以羁縻之。其东北即契丹,西为突厥,南为白浪河。奚之首领与契丹俱得尚唐之公主,但亦常附契丹为患。

奚、契丹强大以后,对唐朝政府之东北的威胁增大,唐朝其他边境形势也承受巨大压力。为此,唐政府在沿边各地设置了节度使,专门统兵对边疆进行防御。像安西节度使统龟兹、焉耆、于阗、疏勒四镇,治龟兹城(今新疆库车)与北庭节度使制抚西域诸藩,北庭节度使驻伊(今新疆哈密)、西(今新疆吐鲁番)二州,治所在庭州(今新疆乌鲁木齐东北)。治所设于太原府(今属山西)的河东节度使与治所设于灵州(今宁夏灵武)的朔方节度使成掎角之势,捍御突厥。陇右节度使统临洮等十军,屯驻鄯(今青海乐都)、廓(今青海化隆西)、洮(今甘肃临潭)、河(今甘肃和政西北)诸州,治鄯州,防御吐蕃。治所在凉州(今甘肃武威)的河西节度使则驻扎于凉、肃(今甘肃酒泉)、瓜(今甘肃安西东南)、沙(今甘肃敦煌)、会(今甘肃靖远)五州,防守突厥同时负责断绝突厥与吐蕃的联系。平卢节度使则于营州(今辽宁朝阳)为治所,负责防御靺鞨、室韦及契丹、奚。范阳节度使也同样是专门负责防制奚、契丹,其治所在幽州(今北京),驻幽、蓟(今属天津市北部)、妫(今河北怀来东)、檀(今北京密云)、易(今属河北)、恒(今河北正定)、定

（今属河北）、漠（今河北雄县南）、沧（今河北沧州东南）九州。剑南节度使治益州（今四川成都）屯十三州之地西抗吐蕃，南抚蛮獠。加上治所在广州（今属广东）的岭南五府经略使，绥靖岭南夷獠，乃为习惯上所谓开元十节度使。

唐朝设置十节度使，肩负为国家安边守土之责，但并非全面出击，而是各有侧重。各节度使也随着形势的变化与国家政策的调整，制订其防守方略。开元天宝之际，周边民族地区攻防形势发生了若干变化，像西南地区，南诏兴起并统一云南六诏，吐蕃在边疆沿线与唐王朝的较量；北方则是回纥的兴起与内附以及击败突厥白眉可汗，突骑施部的强大与内乱等。这些变化使边疆民族地区形势发生新的整合，给唐朝边疆军事形势带来重要影响。由于南、北压力减轻，唐王朝则把防御重点放在了西北和东北。

西北地区主要是与吐蕃在西域展开较量。此时，安西成为前沿阵地。开元十年（722年）时，吐蕃曾进攻小勃律，小勃律王向北庭节度使张嵩求救时说："勃律，唐之西门，勃律亡则西域皆为吐蕃矣。"[1]张嵩遂派军队昼夜兼程增援，与勃律合攻吐蕃，大破吐蕃，使之数年不敢犯边。但到后来，吐蕃与小勃律结亲，使小勃律归附，之后吐蕃侵占唐之城堡，成为唐玄宗很大一块心病。后来在攻取石堡城问题上，节度使王忠嗣引起唐玄宗不满，正是这样一个背景。东北地区则是奚、契丹与靺鞨各部。他们对唐腹地的威胁越来越大。但是，东北地区同西北地区相比较，唐朝中央政府更关注西北地区的形势。唐朝将东北地区的奚与契丹视为"两蕃"，两蕃对唐的侵扰与威胁主要集中于河北一带，战线不长。而吐蕃则不同，吐蕃不仅实力强大，剽悍难制，而且在整个河陇地区并延伸

---

① 《通鉴》卷212，玄宗开元十年八月条。

到西域甚至中亚地区与唐朝展开较量。唐朝关中地区乃王畿所在,西北则为国之门户,因此,陈寅恪先生说:"安西四镇为防护国家重心之要地,而小勃律所以成唐之西门也。玄宗之世,华夏、吐蕃、大食三大民族皆称盛强,中国欲保腹心之关陇,不能不固守四镇。欲固守四镇,又不能不扼据小勃律,以制吐蕃,而断绝其与大食通援之道。当时国际之大势如此,则唐代之所以开拓西北、远征葱岭,实亦有其不容已之故,未可专咎时主之黩武开边也。"①唐朝在西北地区常常采取主动出击的方式,实在是出于保障关陇腹地安全的考虑,正是由于吐蕃的强大对唐朝国策影响至深,唐朝则在东北地区采取了防守之方针。陈寅恪先生曾指出:吐蕃自贞观之世强盛,在此后的两个世纪中一直保持。唐代中国所受外族之患未有像吐蕃那样之久且剧者。"李唐承袭宇文泰'关中本位政策',全国重心本在西北一隅,而吐蕃强盛延及二百年之久。故唐代中国极盛之时,已不能不于东北方面采维持现状之消极政略,而竭全国之武力、财力积极进取,以开拓西方边境,统治中央亚细亚,藉保关陇之安全为国策也。……此东北消极政策不独有关李唐一代之大局,即五代、赵宋数朝之国势亦因以构成。"②另外,唐朝在东北地区采取消极防守政策,除了抵御西北吐蕃的强大、确保关陇地区外,还出于地理条件等方面的原因。不仅东北距长安遥远,而且此地气候也给唐朝用兵带来诸多不便。东北冀辽之间雨季在旧历六七月间,旧历八九月至二三月又为寒冻之时。唐朝对此地区用兵最佳时期则在寒冻期已过而雨季未来之时,这一时限尤为短暂。因此,隋唐之世,用兵辽东常遭覆败,与此有很大关系。③ 由于唐朝

① 《唐代政治史述论稿》下篇,第137页。
② 《唐代政治史述论稿》下篇,第133页。
③ 《唐代政治史述论稿》下篇,第140页。

在东北地区用兵困难重重,因此,在东北采取维持现状之防御战略,则属于不得已而为之。

也正是由于唐朝这一边疆政策,凡在东北地区担任守边任务的节度使,只要能有效扼制契丹与奚两蕃的侵扰,确保东北地区边境局势的稳定,就能博得唐玄宗的恩宠,就能得到朝廷的倚重。因此,在唐朝这样一种内外政策格局之下,东北地区的边帅的中心任务就是抚绥两蕃,替朝廷分忧,进而使朝廷能够倾力经营西北。因此,在东北地区,就没必要像西北的陇右、河西节度使那样同吐蕃短兵相接、攻城略地。正是如此,担任范阳、平卢两镇节度使的人选,不仅要统兵临戎,更要威服边围、绥靖两蕃,使边境无风尘之警。只要能维持边陲安定,纵然是坐拥佳丽豪饮美酒也不为过,若是斩获叛逆内扰之敌,献捷阙下,乃是大功,定会荣得封赏。倘若邀功冒进,轻出塞外,侥幸得胜还好,要是吃了败仗,定会受到严厉惩戒。朝廷并非不企盼东北边帅荣立战功,而只是不希望东北烟尘烽起、影响大局。这样看来,唐代诗人高适著名的乐府古诗《燕歌行》所咏,就得另求索解了。其诗云:

> 汉家烟尘在东北,汉将辞家破残贼。
>
> 男儿本自重横行,天子非常赐颜色。
>
> 摐金伐鼓下榆关,旌旆逶迤碣石间。
>
> 校尉羽书飞瀚海,单于猎火照狼山。
>
> 山川萧条极边土,胡骑凭陵杂风雨。
>
> 战士军前半死生,美人帐下犹歌舞。
>
> 大漠穷秋塞草腓,孤城落日斗兵稀。
>
> 身当恩遇常轻敌,力尽关山未解围。
>
> 铁衣远戍辛勤久,玉箸应啼别离后。
>
> 少妇城南欲断肠,征人蓟北空回首。

边庭飘飘那可度，绝域苍茫更何有。

杀气三时作阵云，寒声一夜传刁斗。

相看白刃血纷纷，死节从来岂顾勋！

君不见沙场征战苦，至今犹忆李将军。

正是基于东北边防对于国家安全体系的重要性，唐朝政府对于东北边帅的选任及控制均极为重视。像开元年间任范阳节度使的张守珪乃是从鄯州都督、陇右节度使任上调来。开元二十六年（738年），因其部下裨将邀功，假传将命出击奚族战败，事泄后被贬为括州（今浙江丽水）刺史，这尚是因为他守边期间颇有功绩才以旧功折罪，从轻发落。后来在安禄山担任节度使期间，也因功绩深受恩遇。从两道封赏诏书中的文字，我们可以体味出朝廷对于东北边帅的期望所在。其一是在天宝七载（748年）六月为时任范阳、平卢两镇节度使的安禄山赐实封、铁券及国公爵时所颁："用奇才者必拔于常伦，立茂绩者亦超于彝典。……（职衔略）安禄山，河岳诞宝，雄武生材；万里长城，镇清边裔；中权决胜，暗合孙吴。自授以元戎，升之宪府，一心之节逾亮，七擒之策益章。内实军资，丰财以润国；外威戎落，稽颡以输诚。加以忠竭，私诚无隐；畴之旧典，宜誓山河。"其二为加封安禄山为东平郡王时所颁。唐之边帅封王，史无前例。诏制曰："寄重者位崇，勋高者礼厚。钦若古训，抑为旧章。……（职衔略）安禄山，性合韬钤，气禀雄武，声威振于绝漠，捍御比于长城。战必克平，智能料敌，所以擢升台宪，仍杖旌旄。既表勤王之诚，屡伸殄寇之略。顷者，契丹负德，潜怀祸心，乃能运彼深谋，果枭渠帅。风尘攸静，边朔底宁。不示殊恩，孰彰茂绩？疆场式遏，且殊卫霍之功；土宇斯开，宜践韩彭之秩。"①两

① （唐）姚汝能：《安禄山事迹》卷上，上海古籍出版社 1983 年版。

道封赏诏制文书,都对封赏安禄山的缘由加以申述,除了表彰他临戎之能、竭忠之诚外,还特别把他比喻为防御边疆、镇清边裔的"万里长城"。威服边胡,用了"七擒之策"的旧典,即蜀汉时诸葛亮为了全力北伐,寻求后方巩固,遂对南中地区的孟获采取了攻心战术,七擒七纵,使之心悦诚服,确保了南中地区的稳定,这是诸葛亮在巩固后方、稳定边地方面取得的巨大成果。诏书中用此事来推誉安禄山守边之功,显然说明国家在对东北边疆的防御政策上是不主张滥用武力的,或者说是采取了陈寅恪先生论及的消极防守之策。当然对于战必克平的军事行动,中央政府亦无太大异议,但着眼点是为了保证边镇军事对东北的捍御要起到"长城"一样的作用。

安禄山正是在中央朝廷对东北边防采取这样一种政策的背景下,一步步崛起并成为东北地区拥有雄厚实力的军事将领与地方长官。从这层意义上说,是唐朝的国策造就了一个安禄山,安禄山的所作所为也对唐朝的国家政策产生了相当影响。

当安禄山扬起东北的烟尘时,被唐玄宗倚为"万里长城"的他成了推倒"长城"的人。唐朝东北边疆形势不仅随后被压缩,就连富庶庞大的帝国也遭受到空前未有的冲击。所有这一切,对于唐玄宗来说,似乎很突然,而太子李亨的先知先觉,似乎没有对局势的发展产生多大的惊讶。现在的人们,不免会有这样的疑问:东北的烟尘究竟是怎样由安禄山扬起的? 这一切到底是如何发生的?

二 安禄山的崛起

安禄山对于唐帝国简直是一个异数。不过,他在东北的崛起,是唐朝边疆防御政策的需要,也是大唐内外政策执行结果的反证。

安禄山，营州（今辽宁朝阳）杂种胡人，据说本姓康，小名轧荦山，乃是突厥人所称战神的用语。他的母亲阿史德氏就是突厥女巫，生父不详。安禄山自幼随母亲在突厥部族中生活，后来母亲嫁于右羽林大将军安波注之兄安延偃。再后来，安禄山与安波注之子安思顺及安道买的两个儿子结为兄弟，从此冒姓安氏，取名禄山。安禄山生活的地区乃是诸蕃杂居，环境的熏染使他很快就具备了许多生存的本领。史称"长而奸贼残忍，多智计，善揣人情，解九蕃语，为诸蕃互为牙郎"①。青年时期，安禄山遭遇到生活的诸多波折，这养成了他日后残忍、机智的性格。关于安禄山的种族，学术界有许多的讨论。现在看来，杂种胡出身的安禄山被看作粟特胡人是可信的。粟特族是一个擅长经商的民族。粟特人在经营商业的过程中，足迹遍布整个古代欧亚大陆，"他们穿梭往来于粟特本土，西域城邦绿洲诸国、草原游牧汗国和中原王朝之间。"②这对安禄山日后的人生成长与仕途腾达提供了许多先天的便利条件。

唐玄宗时期，大唐帝国对东北两蕃采取战略防御，幽州（今北京）、营州（今辽宁朝阳）成为对峙的前沿。常年生活在此地的安禄山，因为对此地诸多情况极为熟悉，就从一个混迹于市井的商贩摇身一变成为范阳节度使麾下的捉生将。善于洞察局势的安禄山也许看清了，担任捉生将要比他互市牙郎的营生更有利可图。安禄山的种族出身与经商的本性，对他一生的活动都产生了巨大影响。事实上，安禄山正是在善于把握时机、争取最大效益方面体现出他的种族本性。

---

① 《安禄山事迹》卷上。
② 荣新江：《安禄山和种族与宗教信仰》，载《北京大学百年国学文粹·史学卷》，北京大学出版社 1998 年版，第 762—768 页。

在他担任捉生将之初,他与同族、同乡又年龄相若的史思明一道,极为卖力。由于他熟悉山川地形,经常能率手下三五骑生擒契丹数十人,范阳节度使张守珪很是惊奇,遂增加人手给他,而安禄山亦不负所托,每次总能成倍地擒获契丹人。由于安禄山的出色表现,张守珪大加欣赏,安禄山也由一个偏将因军功被提升为衙前讨击使,并授以员外左骑卫将军的职衔,张守珪也把他当成了养子。这表明他们之间的关系更亲近了一层。安禄山的乖巧能干,使他获得了很好的名声,周围也聚集了一批铁杆弟兄。由于他获得了将军的名号,朝廷使者前来巡视时,他也能够拉上关系,前往京城汇报工作的人也常常得到他的好处。安禄山乘机"厚赂往来者,乞为好言",慢慢地,唐玄宗对范阳节度使麾下的这位军将的骁勇留下了深刻印象①。从此,安禄山的仕途一片光明。

在此期间,安禄山仍一如既往地倚靠对付契丹、奚的功劳作为他进身腾达的资本。安禄山也十分清楚,两蕃正是他飞黄腾达的最好凭借。有时为了邀功,他不惜用欺骗手段诱杀两蕃人众,"常诱熟蕃奚、契丹因会,酒中实毒,鸩杀之,动数十人,斩大首领,函以献捷。"②同样,为了获得更多邀功请赏的资本,安禄山有时也会主动出击,但这往往会冒很大风险。开元二十四年(736年),已经担任平卢将军的安禄山出讨契丹失利,就险些丢了脑袋。节度使张守珪奏请对他处以斩刑,宰相张九龄也认为不应免死,还是唐玄宗"惜其勇锐,但令免官,白衣展效",没有杀他③。天宝十载(751年)秋,安禄山又曾统领兵马六万余深入契丹腹地讨伐,因遇雨及奚族骑兵与契丹联手,再次吃了大败仗,安禄山坐骑中箭,仅与麾

---

① 《旧唐书》卷 200 上《安禄山传》。
② 《安禄山事迹》卷上。
③ 《安禄山事迹》卷上。

下 20 多人逃生。后归罪于属下左贤王哥解及河东兵马使鱼承仙，将他们斩首，推卸自己兵败之责①。这说明唐军还无充足条件对契丹采取大举进攻，只能采取防范抵御之策。安禄山出大军进讨，应该是他邀功心切，且不符合朝廷方略。

更有甚者，安禄山在负责东北边防期间，为了"以边功市宠"，还有意侵掠两蕃，制造事端，恶化边境形势②。天宝四载（745 年）三月，唐以宗室之女赐公主名分嫁于契丹与奚，实行和亲，双方关系趋于缓和，东北局势趋于稳定。但两蕃因实在不堪安禄山屡事侵掠，遂于当年九月"各杀公主，举部落以叛"③。于是，安禄山有了立功的机会，也有了出兵的理由。本来，东北边帅身兼押两蕃使之责，绥靖两蕃（契丹、奚）、确保东北边境安谧乃是其职守所在，安禄山却借之成为他仕途腾达的阶梯，此人之阴毒残忍与狼子野心可见一斑。更可悲者，唐朝廷却把安禄山视为东北的"万里长城"，直到他叛乱前夕，唐玄宗还对他寄予厚望，说"东北二虏，藉其镇遏"④云云。安禄山正是利用东北边防的形势，挟两蕃以邀其功，一步一步地博得了朝廷的信任、皇帝的恩宠。

以下从天宝元年（742 年）正月安禄山担任平卢节度使之后官职勋爵的晋升迁转，领略安禄山发迹与崛起的概况：

天宝元年（742 年），授平卢节度使，兼押两蕃、渤海、黑水四府经略使、柳城（今辽宁朝阳）太守、顺化州刺史。

天宝二年（743 年），加骠骑大将军。

天宝三载（744 年），加范阳节度使、河北采访使，范阳郡大都

① 《通鉴》卷 216，玄宗天宝十载八月条。
② 《通鉴》卷 215，玄宗天宝四载九月条。
③ 《安禄山事迹》卷上，并参见《通鉴》卷 215，玄宗天宝四载九月条。
④ 《通鉴》卷 217，玄宗天宝十四载二月条。

督府长史;其余官职仍旧。

天宝六载(747年),加御史大夫,封其妻康氏、段氏为国夫人。

天宝七载(748年),赐实封300户,并赐铁券,封柳城郡开国公。不久,又进封东平郡王,从此始开节度使封王爵之先例。

天宝九载(750年),加河北道采访处置等使。

天宝十载(751年),加云中(今山西大同)太守、河东节度使(治今山西太原)、河东采访使等,从此兼领三镇。其母、祖母赐国夫人之号;安禄山的11个儿子皆御赐名字,授官。

天宝十三载(754年),正月九日加尚书左仆射,赐实封至1000户,二十四日又授以闲厩、苑内、营田、五方、陇右群牧都使等,二十六日,又加兼知总监事①。

从安禄山仕途履历可以看出,他在叛乱之前,已成为朝廷深为倚重的三镇(范阳、平卢、河东)节度使,成为东北边防之最高军事长官,又因他兼领河北道采访处置使、河东采访使及地方州郡行政长官,又成为负责河北、河东地区行政事务的长官。亲王的封爵、家庭成员的官赏,出身低贱的安禄山一跃成为唐玄宗极为倚重的"万里长城"。特别是他又兼领群牧使、闲厩使,使唐朝牧场与军队重要的马匹归于安禄山的控制之下。尤可注意者,安禄山身为东北地区最高军政长官,他的职权势力还浸透于西北陇右地区。

当唐朝立国之初的府兵制破坏以后,旧日兵农合一的军事制度已无法保证国家安全的需要。唐在沿边设置十节度使,乃是变革旧时防御体制的结果。之后,边镇防守兵士,多以召募而来,国家为此需要支付大量的军费、军粮开支,"开元之前,每岁供边兵

① 以上参《安禄山事迹》以及《新唐书》卷225上《安禄山传》。

衣粮,费不过二百万。天宝之后,边将奏益兵浸多,每岁用衣千二十万匹,粮百九十万斛。"[1]天宝盛世之下,边兵召募已不再像唐初那样简单容易,内地百姓从征的欲望已大不如从前。因此,边兵召募大多于沿边州郡进行,蕃州地区的胡人占了相当数量,唐政府对于这种局面似乎还很满意,认为这是加于中原百姓的福泽,也是太平盛世的应有之举。开元二十六年(738年)正月,唐玄宗《敕亲祀东郊德音》中就这样宣告:"朕每念黎氓,弊于征戍,亲戚多别离之怨,关山有往复之勤,何尝不恻隐于怀,瘝寐增叹。所以别遣召募,以实边军,赐其厚赏,便令长住。今诸军所召,人数尚足,在于中夏,自可罢兵。既无金革之事,足保家桑之业。自今已后,诸军兵健,并宜停遣,其见镇兵并一切放还。"[2]大量胡人成为唐朝边防军战士,对边帅长官也就提出了新的要求。一方面,军将及节度使需要能有效地统驭蕃兵,另一方面则要能胜任守土安边之职。但是,边防军中胡人成分的增加,任低层军将的胡人数量自然也就增加,蕃兵蕃将遂成为边地唐军的重要构成。同时,大唐盛世之下,内地不闻金鼓,不习攻战,汉族将帅数量相对大大减少,能够为朝廷所用的将领更是寥若晨星。因此,唐玄宗时期统领边军的节度使多由胡人即蕃将担任,势不可挡。安禄山身兼三镇节度使,也正是这样一种形势之下的必然结果。另外像担任朔方节度使的安思顺,是与安禄山关系亲近的突厥人。继王忠嗣之后任陇右节度使的哥舒翰,出身于突骑施首领哥舒部落,其父突厥,母则胡人。安西节度使高仙芝,则系高丽人。这大致说明了天宝时期唐朝军事体制变动产生的结果。同时,唐朝政府在任用边镇节度使时也顺乎了

---

[1]　《通鉴》卷215,玄宗天宝元年正月条。
[2]　《唐大诏令集》卷73《敕亲祀东郊德音》。

这一趋势,有意识地启用和重用蕃将。旧史如欧阳修《新唐书》在解释此事时,归结为宰相李林甫"居相位凡十九年,固宠市权"①,是出于个人私心的目的。《旧唐书》则认为是李林甫为了防止边地节度使入相。开元年间,不少宰相都是以节度使入知政事,天宝中,"林甫固位,志欲杜出将入相之源,尝奏曰:'文士为将,怯当矢石,不如用寒族、蕃人。蕃人善战有勇,寒族即无党援。'帝以为然,乃用(安)思顺代林甫领使。自是高仙芝、哥舒翰皆专任大将,林甫利其不识文字,无入相由,然而禄山竟为乱阶,由专得大将之任故也。"②旧史中的这一说法,显然是把安禄山之叛归罪于李林甫重用蕃将的建议,为李林甫的"奸"再多一条罪证。不过,从上面的分析可以清楚,天宝年间重用蕃将乃是天宝军事体制变动的结果,是边疆防御局势的要求。李林甫即使首先动议重用蕃将守边,也是由于这一客观形势所迫。且不说诸多受到重用的蕃将都对保卫帝国边疆安全立下了大功,就是安禄山在当时也有唐政府不得不加以委重的优越条件。据荣新江的研究表明,唐朝的东北营州(今辽宁朝阳)一带,生活着相当规模的粟特胡人,唐政府正是利用这些胡人来对付两蕃,粟特胡人成为幽州军事集团的主力。而这些人唐成为边军边将的粟特胡人,信奉"光明之神",崇尚祆神。祆教是他们聚落团结、凝聚在一起的重要纽带。而"安禄山把自己打扮成'光明之神',利用粟特人的祆教信仰来团聚他们,他不仅团结了柳城到幽州的胡人聚落中的成员,还利用粟特人所擅长的商业贸易,团结了分散在各地的粟特人。"③这就是说,安禄

---

① 《新唐书》卷 223《李林甫传》。

② 《旧唐书》卷 106《李林甫传》。

③ 荣新江:《安禄山和种族与宗教信仰》,载《北京大学百年国学文粹·史学卷》,北京大学出版社 1998 年版,第 762—768 页。

山逐渐成为当地胡族百姓的宗教领袖,他不仅可以利用其朝廷命官的身份对地方发号施令,更可以利用其"光明之神"的身份来号召当地胡族民众。[1] 安禄山宗教领袖的身份[2],对于统领幽州军事集团中胡人将士的效果,显然是汉族将帅所无法与之相比的。除了上述蕃将受到重用的国家体制与政策等客观因素外,安禄山的宗教身份对于他在东北边疆的崛起,也是不容忽视的重要因素。事实也表明,安禄山身兼三镇节度使期间,他的亲信将领大多都是胡人,直到他叛乱前夕,安禄山还坚持要朝廷将 32 名蕃将加以委任,取代属下汉将。唐政府任用蕃将,是国家的内外政策的需要,也是边疆防御政策与国家军事体制变动的结果使然。仅仅追究李林甫等个人因素或归咎于某个人,是把极为复杂的历史发展与事实看得过于简单了。

三 安禄山的狡巧

唐玄宗在东北边防上倚重安禄山,使之恩宠渐深。安禄山恃宠怀恩,反售其奸。他对皇帝与宰相的态度是一套,对太子李亨则是另一套。

唐玄宗把安禄山视作东北边防的"万里长城",不时加予他超出常人的恩赐,使安禄山在政治上很快崛起。这样一来,引起了唐朝中央朝廷政治斗争的某些变化与各个政治集团的不同反应。

---

[1] 荣新江:《安禄山和种族与宗教信仰》,载《北京大学百年国学文粹·史学卷》,北京大学出版社 1998 年版,第 762—768 页。

[2] 沈睿文:《安禄山服散考》之第一章"身世"和第二章"斗战神",专章讨论了这一问题,第 1—61 页,可以参见。

据说,李林甫屡兴大狱对付太子李亨时,曾经闪动过这样的念头,即借安禄山的兵马为外援向朝廷施加压力。所谓"林甫危害肃宗(即李亨),告禄山思作难,约令其子引兵来援"①。当然,此事既难定真假,也未见有下文。若现在推测,或许是出于唐人传闻或唐肃宗即位后的捏造也未可知。因为按唐代国家体制,地方军将能否统兵援助中央政争的某一方,很难说清楚。李林甫"引兵来援"对付太子李亨之约究竟有多少可以操作的成分,无法确定。不过,唐初武德年间,秦王李世民与太子李建成矛盾激化、相互较量的过程中,曾经发生过庆州(今甘肃庆阳)都督杨文干起兵声援太子李建成的事件,但被唐高祖李渊委派秦王李世民平定。若这样来看,李林甫约安禄山为其外援,也并不是绝对没有可能。无论此事虚实真假,都说明安禄山自崛起于东北边镇后,就开始有了向唐中枢政治斗争浸透的态势。这对于安禄山来说,未必是自觉的,但说明唐朝中央中枢政治面貌与其地方政治及边疆形势存在密不可分的关联。

在唐朝中枢政局的较量争斗中,安禄山表明其政治倾向的举动,是在宫中举行的一次宴会上。这次宴会举行的时间是在天宝六载(747年)初春,当时,唐玄宗把太子李亨向安禄山作了引见。安禄山见到太子李亨,没有以礼拜见。左右众人都觉惊讶,都劝促他赶快行礼,安禄山仍旧拱手而立,根本没有正眼看太子,还说:"臣乃胡人,生于蕃落,不识朝仪,不知太子是何官?"唐玄宗对他说:"此储君也。朕百岁之后,传位于太子。到时候,他就是你的君主呀!"安禄山闻言,即答道:"臣愚,往日一向只知道陛下一人,不知道还有太子居于储君之位,真是该死。"讲完这番话,他才不

———————

① 《安禄山事迹》卷上。

情愿地在众人的催促下向太子李亨行礼。① 据说,唐玄宗对安禄山的这一番表白深信不疑,还觉得此人纯诚可靠。但是,安禄山果真对朝廷的礼仪一窍不通吗? 他真的因为是胡人而不知道太子是何身份吗? 从他天宝六载(747年)之前的言行举止看,安禄山在不拜太子一事上明显在说谎。例如,天宝二年(742年)正月,安禄山入朝后奏:"去年营州虫食苗,臣焚香祝天云:'臣若操心不正,事君不忠,愿使虫食臣心。若不负神祇,愿使虫散。'即有群鸟从北来,食虫立尽。请宣付史官。"② 由此可知,安禄山应该是明白国家史官制度的。既然如此,他不可能不知道太子为何身份。因为,太子并非唐玄宗时的新生事物。自汉高祖刘邦建国之初,就确立了预立太子制度,以后历代相沿,都把太子作为皇位法定继承人。安禄山虽系胡人,生活在少数民族聚集地区,但他身为朝廷命官多年,对于官场之上的种种规矩极为了解。他早在开元末年任平卢军兵马使时,就对前来巡视的河北采访使张利贞大献殷勤,百般讨好,并对张利贞的随员也以金帛相赠,所以张利贞回朝复命之时对他大加称赞,安禄山遂得加官晋职。天宝五载(746年),吏部尚书席建侯为河北黜陟使,安禄山又如法炮制,席建侯也在向朝廷的报告中极力称赞安禄山"公直、无私、严正、奉法"。③ 这不仅说明安禄山确实是善于察言观色、投机钻营,而且很清楚这些官员的分量。那么,对于在朝堂之上的官员,他不可能不知道应当有起码的礼貌,倡言说自己不知太子为何官,除了唐玄宗,谁会相信他呢? 更何况李亨曾在开元二十年(732年)唐军十八总管阻击契丹与奚

---

① 《安禄山事迹》卷上。《通鉴》卷215,玄宗天宝六载正月条。
② 《通鉴》卷215,玄宗天宝二年正月条。
③ 《安禄山事迹》卷上。

的战捷中还是遥领的河北道元帅,此事与安禄山关系密切,他岂能不有所耳闻?那么,安禄山在宴会上不拜太子,应该是故意如此。事出反常必有妖,这其中应该有其个人的政治意图。首先,安禄山可以借此向唐玄宗表达忠心,投其所好。其次,为了同宰相李林甫搞好关系,从而取得更大的政治利益。再者,也许是想和太子李亨撇清关系。安禄山的表态说明了他不仅很清楚朝廷的政治生态,而且也说明了当时皇太子李亨在朝廷的地位。不拜太子,恰恰说明了安禄山的阴巧狡黠。

安禄山看准了唐玄宗对东北形势的态度,明白自己身当守边重任,向皇帝表达忠心是很必要的。因此,安禄山总是不失时机地以个人的方式向唐玄宗传达这种信号。除了时常地向皇帝进献贡物、献俘以表明东北的安定外,他总是会用很肉麻的话表达忠心。就是在不拜太子的这次宴会上,安禄山还向皇上奏道:"臣蕃戎贱臣,受主宠荣过甚,臣无异材为陛下用,愿以此身为陛下死。"[1]唐玄宗听罢,虽未作声,心中对他甚是怜爱。

安禄山在唐玄宗面前,反应很敏锐,回答皇上的提问,有时还不乏诙谐。安禄山长得很胖,早年在节度使张守珪手下效力时,因为张守珪嫌他太肥,他都不敢吃饱。"晚年益肥,腹垂过膝,自秤得三百五十斤。每朝见,玄宗戏之曰:'朕适见卿腹几垂至地。'禄山每行,以肩膊左右抬挽其身,方能移步。"[2]有一次,唐玄宗指着他的大肚子开玩笑说:"此胡腹中何所有?其大乃尔!"安禄山回答说:"更无余物,正有赤心耳!"[3]诙谐闲谈中很恰切地表达出自己对皇上的赤诚忠心,取得了很好的效果。在这方面,尚有两事值

---

① 《安禄山事迹》卷上。

② 《安禄山事迹》卷上。

③ 《通鉴》卷215,玄宗天宝六载正月条。

得一说。一是安禄山请作杨贵妃养儿,二是安禄山于唐玄宗面前跳胡旋舞。

杨贵妃颇受唐玄宗宠重,历史上传说甚多。她因触犯唐玄宗儿番被遣还杨氏私第反省,说明唐玄宗对于后宫的控制还是很有方寸的。对此,前文已讲述。当然,杨贵妃的得宠也是不争的事实。安禄山很清楚后宫之中现以杨贵妃为尊,宫中称之为"娘子"以示专宠。安禄山得到唐玄宗信任后,可以出入禁中,遂请求作杨贵妃的养儿。若按现代人们的观念,安禄山此举实在不可思议,因为安禄山要比杨贵妃年长十六七岁。岂不知这对于胡人身份的安禄山来说是很正常的,建立母子或父子关系表明二者之间关系亲密无间,而且这种养子或义子名分并不是随便就可得到的。像五代后晋高祖石敬瑭,他出身于北方少数民族沙陀族,为了做皇帝向契丹国主耶律德光求援,自称儿皇帝,这样就建立了一种父子关系。石敬瑭的后继者石重贵当国时向耶律德光称儿孙,耶律德光认为他不够资格,甚至引发了一场战争。安禄山作贵妃养儿,当然十分荣耀。这样一来,也正是按照他独特的方式与身份向唐玄宗表明他们之间的亲密关系,唐玄宗对此十分高兴,还诏令杨贵妃的三个姐姐与兄弟杨铦、杨锜等同安禄山盟誓结交,以兄弟相称。唐玄宗当然也是借以表达对他的恩宠,安禄山更是乖巧,每逢召觐见皇帝,只要有杨贵妃在座,他总是要先向杨贵妃行拜礼。唐玄宗问他何以如此,安禄山回答说:"胡人先母而后父。"唐玄宗听罢,十分高兴。[①] 后来,杨贵妃还在宫中为安禄山作洗儿礼,宫中称之为"禄儿"。安禄山每次入京朝圣,都可自由出入禁掖,有时与宫人调笑,也毫无避讳,有时与贵妃对食,甚至通宵不出,以至于有许多

---

① 《通鉴》卷215,玄宗天宝六载正月条。

绯闻传播。甚至唐朝后期有人说,安禄山起兵后,听说杨贵妃命丧马嵬,不觉数叹,并评论说:安禄山起兵"虽林甫养育之,国忠激怒之,然其他肠亦可知也"①。唐人姚汝能所说的"他肠",正是自作聪明地对安禄山与杨贵妃关系的一种解释。殊不知,安禄山请作贵妃养儿,博得了唐玄宗的更大恩宠,当时,唐玄宗对他出入禁中从不生疑。杨贵妃为安禄山作洗儿礼时,他还兴致勃勃地前往观看,并高兴地按照宫中洗儿礼俗的规矩赏赐杨贵妃与安禄山,"尽欢而罢"。②

胡旋舞是唐朝时西域传入的一种乐舞。据说舞者要在一小圆毯上,"纵横腾踏,两足终不离于毯子上",舞姿十分奇妙与引人入胜。③ 还有人描绘说,舞者在弦鼓乐声的伴奏下,举展双袖,翩翩起舞,若回雪飘飘,左旋右转,令人目不暇接,其速度之快就连飞奔的车轮较之也缓,狂吹的旋风较之也迟。精通音乐的唐玄宗对此十分喜爱,安禄山也练就一副好身手,每当唐玄宗兴起,令其作胡旋舞,都能得心应手,"其疾如风",④令许多专门的伎人都为之汗颜。要知道,安禄山身体肥胖,行走都不甚方便,为了讨得皇帝的欢心,竟能一丝不苟地完成难度极大的胡旋舞,其心可知,这恐怕不能仅仅用安禄山喜爱胡旋舞来做解释,这更是安禄山为了讨得唐玄宗欢心所费心机。唐朝诗人白居易曾借事咏怀,有诗云:"天宝季年时欲变,臣妾人人学圜转。中有太真外禄山,二人最道能胡旋。梨花园中册作妃,金鸡障下养为儿。禄山胡旋迷君眼,兵过黄河疑未反。贵妃胡旋惑君心,死弃马嵬念更深。从兹地轴天维转,

----

① 《安禄山事迹》卷上。
② 《通鉴》卷216,玄宗天宝十载正月条。
③ (唐)段安节:《乐府杂录·俳优》。
④ 《安禄山事迹》卷上。

五十年来制不禁。"①其中"金鸡障下养为儿"一句确实史有其事。

天宝六载(747年)安禄山在京师期间,唐玄宗在南内勤政楼设宴,百官列坐楼下,"独为禄山于御座东间设金鸡障,置榻使坐其前,仍命卷帘以示荣宠。"②安禄山在宴会中,有时会撩开皇帝面前的帘子走出来,唐玄宗也不以为意。对于此事,太子李亨曾向唐玄宗提出劝告:"自古正殿无人臣坐之礼,陛下宠之太甚,必将骄也。"唐玄宗根本不在乎,他把太子招呼到面前,说道:"此胡骨状怪异,欲以此厌胜之耳。"言外之意,是不要太子再谈论此事,唐玄宗此言,当然不是毫无依据。据说,有次夜宴,安禄山酒醉后,化成了一黑猪而龙首的怪物卧在一边,有人亲眼所见,并上奏给皇帝,但是他也付之一笑,说:"猪龙也,无能为者。"③但由此之后,唐玄宗也认为安禄山有怪异之状。所谓黑猪而龙首云云,估计是安禄山身体肥胖,又是胡人血统,面目与汉人不同,酒醉之后,倒地而卧,当时夜间照明条件又不佳,看到安禄山宛如一口大肥猪、面目怪异,也不是不可能。也有研究者指出,野猪是祆教斗战神的化身。唐玄宗对安禄山的压胜,是自己太过自信于崇奉的"道术"使然④。太子李亨提醒皇帝对臣子宠之太过必使恃宠生骄,应该说颇有见地。但唐玄宗根本没有想到安禄山会最终走上叛逆的道路,甚至安禄山已经起兵后,他还仍然心存疑惑,也难怪此时此刻太子李亨的话会被他当成耳边风了。

---

① 白居易:《长庆集》卷3《胡旋女》。
② 《通鉴》卷215,玄宗天宝六载正月条。金鸡障,《安禄山事迹》卷上作"金鸡帐",又据胡三省注,障,坐障也,画金鸡为饰。
③ 《安禄山事迹》卷上。
④ 沈睿文:《安禄山服散考》,第九章"厌胜安禄山",上海古籍出版社2015年版,第255—257页。

安禄山不仅向皇帝大表忠心，而且与宰相李林甫打得火热。与宰相李林甫的交往，使他得到了更多的政治利益。所谓"右相李林甫与禄山交通，复屡言于玄宗，由是特加宠遇。"①通过二人的关系再来看安禄山不拜太子，如果同时联系天宝五载（746 年）以后宰相李林甫屡兴大狱谋危太子的政治背景来考察，恐怕就更不难理解了。正如前述，在太子集团与宰相李林甫集团的矛盾与较量中，安禄山不经意地充当了宰相集团的一分子。宰相李林甫在天宝年间对朝廷内外政策的制定与推行，起到了相当重要的作用。安禄山在身兼东北边帅期间，很注意掌握朝廷的情况与动态，他特意在京师长安设立了办事处（后来这类机构均称为进奏院），指令麾下大将刘骆谷"在京伺察朝廷旨意动静，皆并代为笺表，便随所要而通之"。② 对于李林甫在朝廷中枢政治中的地位，安禄山不仅十分了解，而且还有深刻体会。

据说，安禄山起初恃皇恩深厚，对李林甫也不甚恭逊。李林甫为了让安禄山明白自己的权威，特意让他与另一位御史大夫王鉷一起来见。当时安禄山也加有御史大夫的宪衔，在朝臣次序上与王鉷均等，当王鉷入见李林甫时，"趋拜卑约"，安禄山见状，不禁大惊失色，感到自己的态度有所闪失，不知不觉地也弯腰向李林甫行礼。"林甫与语，揣其意，迎剖其端，禄山大骇，以为神，每见，虽盛寒必流汗。"③从此，安禄山洞察纤细之迹，对宰相李林甫颇加敬畏，称李林甫为"十郎"。刘骆谷每奏事从京师回来，安禄山必先问"十郎何言？"有好言则喜悦，若是听李林甫讲"大夫（安禄山加御史大夫衔，故称）须好检校"，他就心惊肉跳，用手抓住座椅说：

---

① 《安禄山事迹》卷上。

② 《安禄山事迹》卷上。

③ 《新唐书》卷 225 上《安禄山传》。

"唉哟！我死也！"此事传出之后,宫中优伶李龟年曾学安禄山的样子给唐玄宗做过表演,唐玄宗以为笑料。[①] 对此,皇帝确实是开心的,他确信宰相李林甫即可将安禄山牢牢控制,他又何必担心这位"猪龙"边帅呢?

对于这个时候的安禄山来说,宰相的威力要远远超过太子。且不说天宝五六载前后太子李亨处境艰难,在安禄山和一些局外人看来不免有风雨飘摇之感,只就安禄山管内军务与政令都要受朝廷节制这一点来说,安禄山还不太可能无视宰相李林甫的政治态势并随之俯仰变化。那么,按这一思路来推测,安禄山不拜太子,正是洞悉了李林甫的政治动向后采取的行动。这样,他也就公开表明了自己的政治倾向。安禄山不拜太子,一方面使之成为宰相对付太子的声援,另一方面则进一步加重了太子李亨的艰难处境。安禄山不拜太子与前述所谓的王忠嗣拥立太子传言,都可视为地方节度使介入中央中枢政治斗争的情形,这导致了唐天宝中枢政治斗争的局面更加复杂与变幻莫测。王忠嗣因被诬告有拥立太子之事,遭下狱推拷终致贬官。安禄山也因不拜太子,一直心存芥蒂。这也成为他日后起兵,走上叛乱道路的因素之一。《资治通鉴》中曾这样评价说:安禄山"既兼领三镇,赏刑己出,日益骄恣。自以曩时不拜太子,见上春秋高,颇内惧。又见武备堕弛,有轻中国之心。"[②]

安禄山宴会上不拜太子,并未见太子李亨有所反应。他也许在那样觥筹交错的欢宴上不会有什么令唐玄宗扫兴的举动。多年宫廷斗争的磨炼早已让他学会了忍耐,纵然内心是波涛汹涌,脸上

① 《旧唐书》卷 200 上《安禄山传》。
② 《通鉴》卷 216,玄宗天宝十载二月条;并参《安禄山事迹》卷上。

却依旧风平浪静,不动声色。说不定,李亨也会因父皇的欢悦而微微露出一丝笑容,并按照礼仪的要求举起酒杯,向这位自称不习朝廷礼仪的杂胡边帅致意。①李亨不会自失其太子的身份,他要维护朝仪的尊严,这些举止不是矫揉造作,而是自然而然的。李亨的内心必为这宴会上的一幕而有所震动,很善于捕捉政治斗争信号的太子李亨将会以他的敏锐对此做出反应。随后的几年中,安禄山的一举一动都被太子李亨纳入了自己的政治视野,并按照自己的方式来应付这一切。

四 皇太子的担忧

李亨发现,安禄山不仅仅是他自己的威胁,更是国家的隐患。出于政治上的敏感,他向父皇唐玄宗说出了自己的忧虑和不安。

太子李亨尽管处境艰厄,但他并不曾灰心丧气。对于朝廷上下的微妙变化,他洞若观火,明察秋毫。安禄山的不恭,李亨并不感到有什么意外,这不过是朝廷之上李林甫势力膨胀的一个现实。李林甫精于吏事,给天宝年间的宰相集团赢得了更为广阔的政治空间。他作为政府首脑,深得皇帝的信任与倚重,不仅辅弼天子、助理万机,而且还亲理众务。李林甫任中书令时,既秉枢衡,又兼领多个使职差遣,许多朝廷之上关乎用人铨选、财政开支之类的事情都要由他具体操办,皇帝不听朝的日子,"群司要官悉走其门,台省为空。"②从李林甫开始,宰相之扈从、仪卫威势显赫,"出则步

---

① 参见《通典》卷218,《开元礼纂类二十三·嘉礼七。》
② 《新唐书》卷223上《安禄山传》。

骑百余人为左右翼,金吾静街,前驱在数百步外,公卿走避;居则重关复壁,以石甃地,墙中置板,如防大敌",①开元以后宰相威仪气派无人可与之相比。这样的态势,安禄山阿旨顺情,成为太子李亨的对手,并无奇怪之处。

李亨对于朝廷内外的这种事态,依旧处之泰然,他自己没有做出任何过激的反应。但是,在西北边境任节度使的王忠嗣却没有沉默,他不断地给朝廷送来报告,说安禄山有谋反之心,而且报告中措辞一次比一次激烈,口气一次比一次肯定。

原来,安禄山在不拜太子之事后,曾以御寇之名在其辖区内修筑雄武城,贮存兵器,他请王忠嗣出兵相助修缮。据说,安禄山有借机留其兵丁的打算。王忠嗣先期而往,到达筑城之地不见安禄山的影子,就立即率手下兵马返回自己的防区。此后,王忠嗣就开始不停地写报告,"数上言禄山必反"②。前文已讲过,王忠嗣曾为李亨任忠王时的伙伴和属僚。李亨为太子,与西北边镇关系密切。此时王忠嗣又身兼河东、朔方、河西、陇右四镇节度使,宰相李林甫对他早就心怀疑忌,现在又出面指证安禄山有谋反之心,直接对朝廷在东北边防问题上的用人政策产生冲击。因此,益加引起李林甫对王忠嗣的不满与忌恨。在天宝六载(747年)四月,王忠嗣坚决辞去了兼领的河东、朔方两镇。但此后王忠嗣仍因李林甫指使魏林告密而下狱,前已述及。王忠嗣辞去河东节度使(治今山西太原),正是远离了已领范阳、平卢两镇节度使的安禄山。而到了天宝十载(751年),安禄山果然又加兼河东节度使,如果联系王忠嗣下狱的前后因果,大约反映出这样一种政治态势:中央中枢政局

---

① 《通鉴》卷215,玄宗天宝六载十二月条。
② 《通鉴》卷215,玄宗天宝六载正月条。

中的矛盾斗争与相互较量,已经投射到唐朝边防军事势力之中。也就是说,唐朝地方节度使已卷入到唐朝中央中枢政治斗争之中,而王忠嗣辞去两镇节度使与遭贬官,反映出太子李亨在与宰相李林甫的斗争较量中的忍让、退避与无奈。

王忠嗣死后,太子李亨对安禄山的态度认识似乎没有发生变化,出于对形势及个人处境的顾虑,太子李亨并没有像王忠嗣那样迫不及待地上告安禄山会谋反,至少在天宝十三载(754年)之前,李亨没有明确的表态。他深知,安禄山因对东北两蕃的有效防遏而获皇帝宠信,在唐玄宗眼里,安禄山几乎成为唐朝东北边防政策成功推行的一个象征。在唐玄宗心里认为,只要有安禄山在,就有东北边疆的稳定和安全。在这种形势下,太子李亨当然不会徒劳地像王忠嗣那样喋喋不休。

到天宝十三载(754年),太子李亨终于明确地向唐玄宗进言,说安禄山必反。那么,太子李亨为何此时向唐玄宗表明自己的真实看法呢?简单地说,是因为到这个时候,形势发生了重大变化,唐朝中央机构的核心人物——宰相由李林甫换成了杨国忠,杨国忠与安禄山的关系也由沆瀣一气变成反目成仇。

天宝十一载(752年)十一月,李林甫病死,杨国忠继之为右相(中书令)。李林甫本来与杨国忠关系亲善,并且在对付太子李亨一事上狼狈为奸。随着杨国忠在政治上势力的膨胀,二人因为朝廷人事上的原因及权利之争产生分歧与嫌隙。事端的发展虽不在一朝一夕,但天宝十一载三四月间的王焊、邢縡一案,使杨国忠与李林甫的不和公开化。王焊是李林甫亲信王鉷的弟弟,时任户部郎中。他凶险不法,交结术士,曾有凶逆之言。王鉷为了防止泄密,杀人灭口。邢縡是鸿胪少卿邢璹之子,与王焊交情甚厚。邢縡"潜构逆谋,引右龙武军万骑刻取十一月杀龙武将军,因烧诸城门及市,分数百人杀杨国忠及右相李林甫、左相陈希烈等",①事情败露后,邢縡及党羽被捕杀。杨国忠"遂深探邢縡狱,"认为王鉷必定知其阴谋,且李林甫与王鉷兄弟结交甚密,并将突厥阿布思叛逃之事一起归责于李林甫。致使唐玄宗对李林甫有了成见,从此,"国忠贵震天下,始与林甫为仇敌矣。"②李林甫死后,杨国忠就指使安禄山诬告李林甫与阿布思谋反。安禄山本就与阿布思有隙,借讨击契丹一事曾想吞并其部众,结果逼得阿布思率众叛归漠北。安禄山此时遂按杨国忠的意思派人诬告李林甫与阿布思结为父子。李林甫的女婿谏议大夫杨齐宣担心受连累,也阿附杨国忠出面作证。结果,天宝十二载(753年)二月,下制削夺李林甫官爵,子孙流放岭南及黔中,没收家产。尚未下葬的李林甫也被剖棺,褫夺其金紫官服,以庶人礼下葬。

在此期间,阿布思在漠北被回纥所破,安禄山诱其部众归降。安禄山因此势力大增,其兵精闻天下。在他附顺杨国忠的过程中,安禄山也逐渐加深了对杨国忠的了解。他见杨国忠性情疏躁,完全没有李林甫的手腕与城府,也就从心底里瞧不起他,视之蔑如。杨国忠见安禄山恃恩邀宠,又握兵柄,"知其跋扈,终不出其下,将图之,屡于上前言其悖逆之状,上不之信。"③显而易见,在天宝十二载(753年)时,因为朝廷宰相的人事变动引起了一系列的变化。安禄山与宰相之间的关系变得紧张起来,太子李亨作为杨国忠政治上的对手,这一形势虽然没有因为李林甫的死而有所变化,但是对于他发表对安禄山的观点提供了良好的与适宜的政治气候。

太子李亨在天宝十三载(754年)初,向唐玄宗表明了自己的

---

① 《旧唐书》卷105《王鉷传》。

② 《通鉴》卷216,玄宗天宝十一载五月条。

③ 《旧唐书》卷106《杨国忠传》。

担忧,认为安禄山有必反之心。先前,杨国忠屡奏安禄山必反,唐玄宗似乎不太相信,杨国忠则建议皇上召安禄山入朝。杨国忠觉得,安禄山一定没有胆量送上门来。谁知安禄山接到唐玄宗的召唤,立即冒险前来。正月四日,在华清宫拜见了唐玄宗,觐见之时,安禄山垂泣啼告:"臣本胡人,陛下宠擢至此,为国忠所疾,臣死无日矣。"显得极为可怜,唐玄宗果然大加怜惜,为示安慰,特厚予赏赐,"由是益亲信禄山,国忠之言不能入矣。"①,"时肃宗睹其凶逆之状已露,言于玄宗,玄宗不纳。"②李亨的陈奏,同样没有引起皇帝的重视。

面对皇帝的这一态度,太子李亨还曾寻机以自己的方式对付安禄山。据说,在一次唐玄宗召太子和诸王打马毬时,李亨就"潜欲以鞍马伤之",得知此谋的唐玄宗私下对太子道:"无非不疑,但此胡无尾,汝姑置之。"③直接劝阻了太子李亨的行动。看来,对于李亨屡屡表达出的对安禄山的担忧,唐玄宗与他也有过交流。只是李亨的担忧并没有被唐玄宗采信。所以,"安禄山入觐,肃宗屡言其不臣之状,玄宗无言。"④

确实,御宇十几年的唐玄宗,对于安禄山的看法显得十分自信,多年的政治风雨造就了唐玄宗的这种自信。朝廷之上大臣的意气与纷争,宰相的人事更迭,地方大吏的任免,等等,在唐玄宗看来都已是举重若轻,他觉得用更多于常人的恩宠与怀柔来羁绊这位杂种胡人,应该不会出什么乱子。要说唐玄宗对安禄山的崛起毫不在意,并不是事实。实际上,唐玄宗对安禄山拥兵镇守东北边

① 《通鉴》卷217,天宝十三载正月条。
② 《安禄山事迹》卷中。
③ (唐)赵璘:《因话录》卷1《宫部》。
④ (唐)赵璘:《因话录》卷1《宫部》。

防,从体制上与情感上都采取了不少控制与牵制的办法。

就国家体制而言,天宝军事格局的变动造成了内轻外重的局面,唐朝立国之初确立的内重外轻的军事格局因形势的变化再难维持下去。也就是说,国家的安全再也无法依靠关中地区屯驻大量的军队来保障,以往京师长安所在的关中地区屯驻重兵,天下十道之中置634兵府,关内道即有261府,从而可以举关中之众以临四方,这是唐初府兵制度下的军事格局。开元之季,天宝以来,由于土地兼并和大土地所有制的急剧发展,国家所制订的均田令也冰消瓦解,以均田制为基础的府兵制也随之崩溃。唐前期府兵制下兵丁自备衣粮、番上宿卫、乐从征伐的盛况遂成了明日黄花。此时的长安人以入宿卫为耻,士大夫以任兵将为羞,为府兵者逃匿,任兵将折冲、果毅者难以升迁,天宝八载(749年)五月以后,李林甫就奏停折冲府上下鱼书,从此,府兵制名存实亡。"时承平日久,议者多谓中国兵可销,于是民间挟兵器者有禁,子弟为武官,父兄摈不齿。猛将精兵,皆聚于西北,中国无武备矣。"①内地军备松弛,不事军训,平日军中富者贩缯彩、食粱肉,将者为角觝、拔河、翘木、扛铁之戏,军事力量则主要集中于沿边诸镇。其中西北和东北两地更系兵力集中之处,所谓"骁将锐士、善马精金,空于京师,萃于二统",形成了"边陲势强",而"朝廷势弱"的格局。② 既然内轻外重局面已定,那么,继续依靠中央诸卫及东宫六率所统军队来威慑、掣肘边防武装,显然是行不通了。唐玄宗则利用西北诸镇与东北边防相抗衡,力图在边疆守军之间形成相互制衡与牵制的局面。王忠嗣下狱贬官后,继之担任河西、陇右节度使的哥舒翰则被唐玄

---

① 《通鉴》卷216,天宝八载五月条。

② 《通典》卷148《兵典》序。

宗视作最可与安禄山抗衡的人物。

从哥舒翰所得封赐与官赏，大约可以看出这一态势：

天宝八载（749年），拜特进、鸿胪员外卿，加摄御史大夫。

天宝十一载（752年），加开府仪同三司。

天宝十二载（753年），进封凉国公，食实封300户，后加封为西平郡主。

天宝十三载（754年），拜太子太保，加实封300户，兼御史大夫。

此外，与安禄山修雄武城一样，哥舒翰在其辖区内筑应龙城以抵御吐蕃。与安禄山为部下请功以得官赏一样，哥舒翰也为其部将论功，手下大将火拔归仁、王思礼、成如璆、鲁炅、浑惟明、郭英乂等人均获骠骑大将军、云麾将、左羽林将军等名号。对哥舒翰的重用，旧史中曾这样解释："时杨国忠有隙于禄山，频奏其反状，故厚赏翰以亲结之。"①似乎把哥舒翰受重用看成了杨国忠个人的需要，这种说法未免有些简单。即使这里面有杨国忠个人的图谋与需要，也只是他的需要正与国家的政策相吻合。或者说，杨国忠用哥舒翰来作为他对付安禄山的一颗棋子，正是贯彻了国家对西北、东北统兵将帅加以制衡的政策。有意思的是，在安禄山起兵叛乱之后，哥舒翰驻守潼关之时，他又与杨国忠成为较量的对手，杨国忠也不再对哥舒翰加以亲善，两人关系的变化正是由于哥舒翰身份的改变。到后来，哥舒翰则成为太子李亨手中的一张牌。这中间的人事与关系的变化是值得人们去寻味的。从哥舒翰身上，我们也可以领略出天宝时期朝廷政治斗争的几丝复杂与多变。事实上，哥舒翰被选为与安禄山抗衡的西北将领，恐怕也与他们之间关

---

① 《旧唐书》卷104《哥舒翰传》。

系紧张有一定关联。所谓"哥舒翰素与安禄山、安思顺不协,上常和解之,使为兄弟。"①唐玄宗时对他们彼此之间关系进行"和解",反而使他们积怨加深。

天宝十一载(752 年)冬天,哥舒翰与安禄山、安思顺"三人俱入朝,上使高力士宴之于城东"②。唐玄宗借着三人入朝之际,特意派亲信内侍宦官高力士率人在京师城东相迎,并特意设宴招待,在宴会的地点和菜肴安排上煞费苦心。把相迎的地点设在城东,看来是把从幽州(今北京)而来的安禄山当作重点。但是,宴会上又特地为哥舒翰准备了他喜爱的一种菜肴——热洛河,即用鹿血煮鹿肠而成。据说这是唐玄宗特命射生官捕取活鹿做成的菜肴。显然,这显示出朝廷对于来自东北的安禄山与西北的哥舒翰的平衡之术。宴会上,安禄山突然问哥舒翰:"我父是胡,母是突厥女,尔父是突厥,母是胡,与公族类颇同,何得不相亲乎?"哥舒翰应声而答:"古人云:野狐向窟嗥,不祥,为其忘本故也。兄苟见亲,翰敢不尽心!"安禄山听了,认为这是讥笑他是个杂种胡,不禁大怒,破口大骂:"突厥敢如此无礼!"哥舒翰刚要发作,主持宴会的高力士马上给他使眼色,哥舒翰也就作罢,假装自己喝醉了酒,离席而去。宴会不欢而散,安禄山与哥舒翰之间"自是为怨愈深"。③

唐玄宗对于安禄山的信任与倚重,确实有时候会不惜以额外的赏赐来表现。即使在京城赐一处府第庄宅,唐玄宗也会叮嘱有关的官员要好好地加以修缮,穷极华丽,不限财物,以免安禄山心存不满。唐玄宗在钱物上毫不吝惜,对于安禄山政治上的忠诚,他也不曾发生过怀疑。试想,一个李林甫都能让安禄山畏服,安禄山

---

① 《通鉴》卷216,玄宗天宝十一载十二月条。
② 《通鉴》卷216,玄宗天宝十一载十二月条。
③ 《安禄山事迹》卷上。《通鉴》卷216,玄宗天宝十一载十二月条。

与之交谈之际,即使冬日里都会紧张得后背冒汗,以他九五之尊怎能没有这种自信呢?不幸的是,唐玄宗的这一态度酿成了一场大的悲剧。

事实上,对于安禄山来说,李林甫任宰相时能对他威服、震慑,杨国忠做宰相时就不那么灵便了。唐玄宗当然不会意识到这种变化为什么会发生,他也不可能清醒地看到天宝年间中央政治体制调整中产生的一系列问题,特别是政府权力过分集中于宰相手中,一下就把国家机器运转情况的好坏压在了少数几个人身上。如果宰相或皇帝一出问题,国家体制立刻就会发生故障。从李林甫开始,改变了宰相在政事堂工作至午后六刻始归宅第的旧例,均以巳时回家,"机务填委,皆决于私家,"杨国忠代之,亦如法炮制。他任宰相之际,身兼四十余使职,且专判度支、吏部三铨,事务千端万绪,"但署一字,犹不能尽,皆责成胥吏,贿赂公行。"①安禄山最终走上反叛,正是与杨国忠之间的冲突激化有很大关系。唐朝后期的宰相杜佑曾说过:"禄山称兵内侮,未必素蓄凶谋,是故地逼则势疑,力侔则乱起,事理不得不然也。"②

太子李亨判断局势并进言安禄山必反,或许与杨国忠所奏其有反谋的出发点并不相同。唐玄宗不予理睬的态度,并未影响太子李亨继续发表自己的看法。据《安禄山事迹》卷中记载,太子见唐玄宗不纳其言,心情十分焦急,"恐宗庙颠覆,乃至诚祈一梦。"也许是日有所思,夜有所梦,李亨在一天夜间果然有一梦。据说,他"梦故内侍胡普升等二人舁一紫鞍覆黄帕,自天而下",来到自己面前,又见一素板丹书,文字甚多,其中有四句醒来尚能记得。

① 《旧唐书》卷106《杨国忠传》。
② 《通典》卷148,《兵典》序。

曰"厥不云乎,其惟其时,上天所命,福禄不虞。"①李亨祈梦一事若非出于后人附会,证明后来的唐肃宗李亨有先见之明,在李亨做太子期间,虽然处境险恶,但他没有放弃储君的权力,并仍对现实政局发表自己的观点。后来的历史事实似乎给太子李亨与宰相杨国忠开了一个不大不小的玩笑,太子李亨是在安禄山起兵反叛后的混乱之中摆脱了艰难处境,而杨国忠却是在混乱逃亡中命丧黄泉。

五　安禄山的反叛

太子李亨担忧的安禄山必反,不幸成为现实,唐玄宗依然惊梦未醒。难道太平盛世就此走上了终结?

李亨与杨国忠这对冤家对头,十几年里不曾停止过较量,但对安禄山有反叛之心的看法又惊人的一致。这真是个有趣的事情。从这里我们至少可以清楚,太子李亨与宰相集团的矛盾斗争并不能仅仅用意气之争来解释,他们之间的矛盾涉及整个天宝年间国家体制变动的若干问题。不然的话,双方若仅限于意气相争,则难免各以对方之是为非,以对方之非为是,就不会对安禄山有谋反之心如此异口同声。当然,李亨与杨国忠在此问题上观点相同,并不意味着他们的出发点或政治利益相同。有时候,我们会这样推测,在太子李亨饱受宰相集团的冲击处境艰难的情况下,是不是因为杨国忠对安禄山态度的改变,才促使李亨公开向唐玄宗表明自己的态度呢?因为杨国忠是在天宝十一载(752年)年底后接替李林甫成为政府首脑的,而天宝十三载(754年)年初,太子李亨就公开

---

①　《安禄山事迹》卷中。

表示了对安禄山有谋反之心的担忧,在此之前,李亨一直是三缄其口的。如果是这样,李亨的目的是什么呢? 他是不是有与杨国忠玩政治手腕的意思? 也就是说,李亨与杨国忠一样向唐玄宗表明对安禄山的看法,是否有转移杨国忠的政治斗争视线的考虑? 李亨深知父皇对安禄山恩宠信重,绝不会怀疑安禄山的忠诚,杨国忠也受重用,他们一为边帅,一为宰臣,都是唐玄宗最为关心的人物。李亨奏陈安禄山有谋反之心,必然有心在天宝政治中枢内扬起尘埃。后来唐玄宗不得已屡屡派使者到河北及范阳探测安禄山虚实,就说明这一时期唐玄宗的注意力有所转移。更可注意者,天宝十三载(754年)以后的一段时期,杨国忠也颇费心机地搜寻安禄山谋反的罪证,并不惜利用手中的权力大动干戈,似乎对于太子李亨的注意力不太像前几年那样集中了。这样一种状况,是否可以说是太子李亨刻意营造的政治氛围造成的呢? 果然如此的话,太子李亨的工于心计及高超的政治斗争手段,不能不令人刮目相看了。那么,历史事实究竟是怎么样呢?

在李林甫晚年,唐朝国家边防局势突然异常严峻。天宝十载(751年)四月,剑南节度使鲜于仲通大军讨击南诏,在西洱河(今云南大理洱海),被南诏王阁罗凤大败,损兵6万人,南诏臣附吐蕃,使西南形势变得严峻,并加重了西北的压力。不久,安西节度使高仙芝为打退西域诸胡联络大食对安西四镇的进攻,率蕃汉兵马3万出击,在怛罗斯(《资治通鉴》作"恒罗斯")城大败,几乎全军覆没。这年八月,安禄山率所统三镇兵马6万人出讨契丹,越过土护真河,至往契丹牙帐,结果也几乎全军覆没。边防形势的恶化对唐朝中央朝廷内的人事纷争产生了影响。

剑南兵马失败后,杨国忠得以遥领剑南节度使。随后,杨国忠因与李林甫矛盾公开化,李林甫遂借南诏屡屡内犯、剑南吃紧,奏请杨国忠赴镇剑南,前往成都(今属四川)决处军事。杨国忠临行前则向唐玄宗明言,自己必遭李林甫暗害,杨贵妃也为他说情,但一时仍难改成命、不得不前往剑南赴任。因李林甫突然病发而死,杨国忠才半路返回,代之为右相。杨国忠成为新的唐中央政府首脑之后,首先对李林甫大加清算;继之则把视线转到了东北边防的核心人物安禄山身上。同时,又布置对南诏用兵,以缓解因南诏投降吐蕃使唐朝西南、西北全面受敌的不利局势。

杨国忠除了对李林甫的清算大功告成外,其他的几项既定设想均告落空,并且引发了严重后果。

天宝十三载(754 年)初,安禄山为向唐玄宗表明自己的忠心,冒险入朝,从而使杨国忠的种种中伤变得徒劳。三月间,安禄山辞别长安归还本镇,担心杨国忠奏留之,疾出潼关,沿河而下,昼夜兼行,令两岸纤夫 15 里一换,日行数百里。从此不再出范阳(今北京),直到率兵反叛。自此之后,有上言安禄山谋反者,唐玄宗都令捆绑起来送给安禄山发落。[①] 这一年,杨国忠部署了对南诏的反击,结果全军覆没,前后损失几达 20 万人。而且,为了征兵,杨国忠命御史于两京、河南、河北强募百姓从军,甚至不惜连枷押送,致使父母妻子相送,哭声震野,怨声载道。白居易的《新丰折臂翁》就有对天宝宰相杨国忠"欲求恩幸立边功"的"天宝大征兵"和"五月万里云南行"战争惨状的直接描绘。杨国忠的这几项举措,显得有些浮躁与不合时宜。他用兵南诏及惨败,引起社会骚动与百姓不满,与安禄山交恶并搜寻安禄山的罪状,又加速了安禄山走上叛乱。后来,安禄山起兵以诛杀杨国忠为旗号真正走上叛乱,正是这一矛盾全面激化的结果,也是这一矛盾的直接反映。

---

① 《通鉴》卷 217,天宝十三载三月条。

杨国忠自从认为安禄山必反,就不停地搜寻罪证,甚至派京兆尹李岘搜查了安禄山在京城的府第,抓去安禄山的家人秘密审讯,还将一些人送往御史台暗中处死。安禄山的亲信吉温也被贬职。所有这些动向,都被安禄山在京的儿子安庆宗报告给他。安禄山闻之大怒,上表列数杨国忠罪状。唐玄宗为了防止出现意外,不愿在将相之间出现失衡,所以归罪于京兆尹李岘,将李岘贬为零陵(今属湖南)太守。杨国忠之意是为了激怒安禄山,希望他早日反叛,以取信于唐玄宗。而安禄山自归镇范阳后,也的确"居忧自安,始决计称兵向阙"①。唐玄宗对身边发生的事情反应确实有些迟钝,他甚至有一次给高力士讲过这样的话:"朕今老矣,朝事付之宰相,边事付之诸将,夫复何忧!"倒是高力士给他讲了实情:"臣闻云南数丧师,又边将拥兵太盛,陛下将何以制之!臣恐一旦祸发,不可复救,何得谓无忧也!"唐玄宗若有所悟,对高力士道:"卿勿言,朕徐思之!"②看似是唐玄宗对边将拥兵、宰相误国的情况方才有所体察,其实可以体会出唐玄宗对现状的一种苟且。他不会想不到,只是他不曾估计到祸机出现得如此迅速。当时,来自朝廷上下的不同声音都传达了这样的信息。天宝十三载(754年)六月一日,"日有食之,不尽如钩"。"自去岁水旱相继,关中大饥。"③到了秋天,又连续暴雨,唐玄宗深以为忧。杨国忠却取来不曾受灾的禾苗进献,对唐玄宗说:"雨虽多,不害稼也。"使唐玄宗略觉安慰。扶风(今属陕西)太守房琯因如实上报灾情,杨国忠派御史对其推按,各地官员再无有敢直言上报灾情者。对此,唐玄宗略觉奇怪,他对侍侧的高力士讲:"淫雨不已,卿可尽言。"希望从高力士这里了解

① 《安禄山事迹》卷中。
② 《通鉴》卷217,玄宗天宝十三载六月条。
③ 《通鉴》卷217,玄宗天宝十三载六月、八月条。

一些真实的情况。高力士也不避讳,告诉皇上:"自陛下以权假宰相,赏罚无章,阴阳失度,臣何敢言!"唐玄宗听后,默然良久。①

天宝十四载(755年)二月,安禄山派副将何千年入奏,请以蕃将32人代汉将,宰相韦见素认为安禄山此举有些过分,曾与杨国忠交换过看法,认为这必是安禄山为其造反做准备,所以韦见素上奏"禄山反已有迹,所请不可许"②,唐玄宗并未听从宰相的奏请,而是"竟从禄山之请"③颁发了告身。不过,唐玄宗对于安禄山的情况也并非没有考察。他先派中使辅璆琳借着前往赏赐安禄山珍果的机会,暗中了解安禄山动向。辅璆琳因受了贿赂,"盛言禄山竭忠奉国,无有二心",并没有将真实情况汇报给唐玄宗。唐玄宗也就很踏实地对杨国忠等人说:"禄山,朕推心待之,必无异志。东北二虏,藉其镇遏。朕自保之,卿等勿忧也!"因此,也没有按照杨国忠、韦见素的计策坐消安禄山之势。宰相所称"有策可坐消禄山之谋",即任命安禄山为平章事调至阙下,另"以贾循为范阳节度使,吕知诲为平卢节度使,杨光翙为河东节度使,则势自分矣"。④ 宰相以贾循等三人分领安禄山范阳、平卢、河东三镇之计谋,唐玄宗没有付诸实施,他此刻觉得控制安禄山仍是信心十足。

但是,随后几个月内连续发生的几件事却慢慢使唐玄宗感到忧喜不宁。

这年三月,派给事中裴士淹宣慰河北,"四月,安禄山奏破奚、契丹。"⑤裴士淹奉命到达范阳后,20多天才与安禄山相见,且对裴

① 《通鉴》卷217,玄宗天宝十三载九月条。
② 《通鉴》卷217,玄宗天宝十四载二月条。
③ 《通鉴》卷217,玄宗天宝十四载二月条。
④ 《通鉴》卷217,玄宗天宝十四载二月条。
⑤ 《通鉴》卷217,玄宗天宝十四载三月、四月条。

士淹毫不恭敬,"无复人臣礼"。六月,唐玄宗因为安禄山之子安庆宗尚婚郡主,手诏其入朝观礼,安禄山称病不来,不再对皇帝的命令百依百顺。七月,安禄山又对前来宣旨的中使冯神威①态度傲踞,敷衍应付。冯神威归京后,对唐玄宗哭诉道:"臣几不得见大家!"②有人说,在天宝十四载(755年)七月,唐玄宗"始有疑禄山之意"。原因是安禄山上表请献马3000匹,每匹马有执控夫2人,并要派蕃将22人部送。河南府(治今河南洛阳)尹达奚珣"疑有变",是怀疑安禄山此举另有他图③,奏请朝廷告谕安禄山:进献车马宜待冬天,马夫由官府派遣,不必劳烦范阳守军。达奚珣的奏报将安禄山进献马匹的时间和方式做了调整,"官自给夫,无烦本军"的建议给唐玄宗提出了警示。不过,尽管此时朝廷上杨国忠等在不停地提示并在京师"日夜求禄山反状",唐玄宗并不相信安禄山真的会起兵反叛。

对于安禄山从何时有了起兵的打算,史书中说法并不一致。唐朝人姚汝能在其《安禄山事迹》中讲,安禄山天宝十三载(754年)三月自京城返回范阳后,"始决计称兵向阙"。司马光在《资治通鉴》卷217,天宝十四载十月条中说:"安禄山专制三道,阴蓄异志,殆将十年,以上待之厚,欲俟上晏驾然后作乱。会杨国忠与禄山不相悦,屡言禄山且反,上不听,国忠数以事激之,欲其速反以取信于上。禄山由是决意遽反。"按司马光的看法,安禄山阴怀异志已数十余年,那么在天宝五载(746年)前后就已露其端倪,《安禄

---

① 《通鉴》卷217,玄宗天宝十四载七月条《考异》曰:《禄山事迹》作"承威",今从《玄宗幸蜀记》。

② 《通鉴》卷217,玄宗天宝十四载十月条。"大家",是唐朝时期宫中内侍等对皇帝当面的称呼。安禄山对中使称"圣人安隐"的"圣人",就是称谓唐玄宗也。并参《通鉴》本条胡三省注。

③ 《通鉴》卷217,玄宗天宝十四载七月条胡注云:欲以袭京师也。这也是一种看法。

山事迹》载天宝六载(747年)后,安禄山"每朝,常经龙尾道,未尝不南北睥睨,久而方进,即凶逆之萌,常在心矣。"倒也与司马光的看法相近,只是这种暗藏的念头何时萌生,的确不易测知。司马光认为安禄山准备谋反是天宝十四载(755年)秋天以后的事,而在此之前的工作都与他的起兵并不相抵牾。问题是安禄山训练兵马,积蓄军粮、军衣、兵器等物资,都可以公开进行,与他的边镇节度使身份相符。事实上,安禄山为了给唐玄宗送去宽心丸,他不时地奏报擒获、斩杀两蕃的消息,尽管这种战报未必完全真实。

看来,天宝十四载(755年)八月入秋后,安禄山为起兵进行了积极的准备。与孔目官严庄、掌书记高尚、大将阿史那承庆等少数亲信筹划密谋。其他将领都不明真相,只是对八月以来安禄山"屡飨士卒,秣马厉兵"感到不同往常,有些奇怪①。

安禄山经过秘密而紧张的部署,完成了起兵叛乱的一切准备。当时,恰巧有奏事官从京师回来,给安禄山制造起兵的借口提供了良机。他诈作敕书,召集诸将展示其假作的敕书,说:"有密旨,令禄山将兵入朝讨杨国忠,诸君宜即从军。"原来一直觉得奇怪的众将"愕然相顾,莫敢异言。"②于是,在天宝十四载(755年)十一月九日,安禄山发所部兵马及同罗、奚、契丹、室韦等15万人,号称20万,以讨杨国忠、清君侧为名③,在范阳(今北京)起兵反叛。唐朝历史上一场影响深远的大动荡——安史之乱,就此拉开了序幕。

---

① 《通鉴》卷217,玄宗天宝十四载十月条。
② 《通鉴》卷217,玄宗天宝十四载十月条。
③ 《通鉴》卷217,玄宗天宝十四载十一月条《考异》引《蓟门纪乱》,还留下了一个更离奇的记载:"自其年八月后,慰谕兵士,磨厉戈矛,颇异于常,识者窃怪矣。至是,禄山勒兵夜发。将出,命属官等谓曰:'奏事官胡逸自京回,奉密旨,遣禄山将随身兵马入朝来,莫令那人知。群公勿怪,便请随军。'那人,意杨国忠也。"

这一大幕开启后,太子李亨的人生悲喜剧也进入了新的高潮。他的"表演"也从此与这一场大动荡丝丝相扣了。

安禄山在范阳起兵,其兵将中占有相当成分的少数民族,他本人也是杂种胡人。但是,这并不是民族之间的斗争,而是拥兵的边将反抗中央朝廷的武装叛乱。这一大动荡事件的发生,可以从天宝年间的政治、军事的调整变革中去考察,是天宝年间边将拥兵、中央无力驾驭的直接后果。有人曾去追究过唐玄宗的责任,说他"深居禁中,专以声色自娱",导致朝政荒疏。也有人从宰相李林甫身上找过原因,说他"媚事左右,迎合上意,以固其宠;杜绝言路,掩蔽聪明,以成其奸;妒贤疾能,排抑胜已,以保其位;屡起大狱,诛逐贵臣,以张其势。自皇太子以下,畏之侧足。凡在相位十九年,养成天下大乱"[1]。身为一国之君的唐玄宗,理应对这场事变承担重要责任,但若是将全部责任归咎于他,似乎也不很公正。十几年来,唐玄宗为了驾驭这位生性不驯的杂种胡人,可谓是费尽心机。安禄山反叛,并不只是因为他是个难以控制的边帅,更是整个大唐朝廷酿成的。多年来,大唐朝廷形成了一种苟且、投机的政治特性和急功近利、不思进取、沉溺享乐的风气,使久承太平的帝国肌体滋生了难以根治的痼疾。安禄山叛乱,只不过是帝国肌体中一个最大毒瘤的扩散而已。当然,还有人认为,安禄山起兵"虽林甫养育之,国忠激怒之,然其他肠亦可知也。"[2]无论怎样来看待这一大事变,都可以找出许多言之成理的缘由。不过,作为地方军事将领意欲与唐中央政府分庭抗礼的武装叛乱,主要考察安禄山与唐朝中央政府之间的矛盾与纷争更贴近事实。也就是说,安禄

---

① 《通鉴》卷216,天宝十一载十一月条。
② 《安禄山事迹》卷上。

山能够总制三道,刑赏在己,势力坐大,有唐朝政治军事体制方面的原因,但诸多边疆藩帅并不和他一样走上叛唐,也应该有他个人的原因。安禄山最终迫不及待地起兵,更直接地应该是他与宰相杨国忠之间的不和。安禄山利用唐中央政府赋予他的权力与有利地位,发动了这场反对唐朝中央政治的叛乱。他打出诛讨杨国忠的旗号,就很能说明这方面的问题。

在这里,我们不能不看到,由于宰相杨国忠与安禄山的不和,给太子李亨留出了一部分政治空间。从某种意义上说,在安禄山发动叛乱前的一段时间内,杨国忠至少没有把全部精力集中到对付太子身上,这使李亨的艰难处境有些缓和。李亨能向唐玄宗进言安禄山有谋反之心,或许就与他处境的改善互为因果。进一步说,安禄山起兵后,朝野上下关注的热点自然而然地投向安禄山、转向平叛,朝廷之上的政治斗争暂时变得缓和一些。就是在这样一个短暂的斗争缓和期内,太子李亨曾为谋取更广阔的政治空间做过努力。所有这一切,都给朝廷后来的平叛工作带来了影响。

应当说明的是,安禄山打出诛讨杨国忠的旗号,是为他的起兵找到一个借口,以便蒙蔽视听,瞒天过海。他在范阳城南誓师时,就以此旗号宣告三军,并下令:"有异议扇动军人者,斩及三族!"[1]然后才大军南下。当地百姓对此曾有议论:"百年老公未尝见范阳兵马向南者。"[2]蓟县(今属天津北)耆寿李克还"以举兵无名必败"劝谏过安禄山。安禄山专门派孔目官严庄向他解释,说"苟利国家,专之可也。利主宁邦,正在今日,何惮之乎?"[3]俨然是一副为了江山社稷安宁的姿态。

---

[1] 《安禄山事迹》卷中。

[2] 《安禄山事迹》卷中。

[3] 《安禄山事迹》卷中。

安禄山起兵同时，还派了手下何千年、高邈以献射生手为名率人前往河东太原。在太原府尹（《资治通鉴》作"副留守"）杨光翙出城相迎时将其劫持而去。安禄山移檄公开陈其罪状，檄文之末仍云："光翙今已就擒，国忠岂能更久。"①仍然把诛讨杨国忠放在嘴边。或许，这一旗号并不能实际帮安禄山什么忙，他也未必要它帮什么忙，只不过是大军南下的一个幌子罢了。但这一旗号确实触及唐天宝中枢政局中政治斗争的一个焦点。旧史评价杨国忠说："为人强辩而轻躁，无威仪。既为相，以天下为己任，裁决机务，果敢不疑；居朝廷，攘袂扼腕；公卿以下，颐指气使，莫不震慑。自侍御史至为相，凡领四十余使，台省官有才行时名，不为己用者，皆出之。"②安禄山以诛杨国忠为旗号，矛头直接指向唐中央政府的首脑，对当时社会中的普通民众或者一些缺乏政治头脑的人们或许也会产生一些麻痹作用，所谓"时禄山以诛杨国忠为名，由是军民切齿于杨氏"③是也。

对于深谙政治斗争奥妙的太子李亨来说，安禄山的"诛杨国忠"旗号，给了他耍弄政治手腕的绝好借口，也确实是太子李亨寻求政治反击的一个良好时机。后来的事实证明，李亨的确在利用这一政治态势与宰相杨国忠进行周旋、较量。从旧史留下的一些文献记载推测，太子李亨极有可能在此过程中推波助澜，制造过不利于杨国忠的政治舆论④。

安禄山叛乱后，太子李亨的境遇出现好转。看来，随着大唐帝国盛世的变奏，却使太子李亨得以峰回路转、绝处逢生了。

---

① 《安禄山事迹》卷中。
② 《通鉴》卷216，玄宗天宝十一载十一月条。
③ 《旧唐书》卷10《肃宗纪》。
④ 参见《旧唐书》卷106《杨国忠传》。

第五篇　渔阳鞞鼓

一　朝廷浮躁

渔阳鞞鼓动地来,惊破霓裳羽衣曲。突发的事变令大唐帝国中央朝廷措手不及,昔日的生活被打乱,然而朝廷一开始对事变并没有给予足够的重视。

安禄山起兵范阳,大军南下,最初行动较为隐蔽。他采取了昼伏夜行的办法,每日推进 60 里,天亮时就驻扎待命。所以,说"禄山乘铁舆,步骑精锐,烟尘千里,鼓噪震地",①并不是最初的情形。由于安禄山兼领河北道采访处置使等职务,他在河北一带进展极为顺利,所过州县,对这位行政长官的到达都是照例出城相迎②。因此,朝廷得知安禄山起兵的消息并不是来自河北,是河东太原(今属山西)首先报告了安禄山的反常动向。在太原府尹杨光翙被劫持以后,太原方面感到事情不妙,就立即奏报了详细情况。同时,东受降城(今内蒙古托克托)方面也奏报了安禄山大军南下的

---

① 《通鉴》卷 217,玄宗天宝十四载十一月条。

② 像安禄山到达钜鹿(今河北巨鹿)后,本要宿营,忽然觉得此地与他禄山之名有妨碍,不适宜宿营,遂移往沙河县(今河北沙河北)驻扎。博陵(治今河北定县)太守张万顷还进献《汉高祖不宿柏人颂》以阿谀讨好他。这一定程度上说明了安禄山在河北的行军并无障碍。参《安禄山事迹》,卷中。

情况。这些消息传来时,唐玄宗正在华清宫。太子李亨及朝廷百官也都随同在华清宫内。

唐玄宗开始并不太相信,他觉得又是有人同安禄山过不去而搞的鬼。随着来自各种途径的奏报越来越多,事情也越来越清楚,到天宝十四载(755年)十一月十五日,唐玄宗终于不得不正视和承认安禄山反叛的现实。此时距安禄山起兵已有7天。

这一天,唐玄宗立即在华清宫中召集百官举行了安禄山事变以来的第一次朝会,商讨对策以解决事变。举行这个朝会,使唐玄宗感到难堪,他内心痛恨安禄山的负恩无状,也感慨对安禄山怀柔政策的破产,他心情十分复杂。朝会之上,宰相杨国忠反倒有几分的得意。最近一个时期,他很坚决地认定安禄山必反,现在事情果然发生了,岂不正可说明自己的虑长谋远与先见之明吗?朝会开始后,杨国忠甚至掩饰不住满脸的得意之态①。当听到皇上提问,杨国忠首先奏对,他说:"当今事变虽起,但反叛者只是祸首安禄山及其死党,其他将士并非出于本意要随他叛乱。不用十天半月,安禄山必定失败,届时定能传首御前。陛下若发兵讨伐,可兵不血刃,一举而定。"②杨国忠的这一分析与估计,真是轻松极了,也许正迎合了唐玄宗潜意识中的愿望,所以"上以为然,"竟然表示同意。参加朝会议事的其他大臣,听到安禄山起兵的消息,虽然也觉得惊讶,但也毫无主意,渔阳鼙鼓之声尚在千里之外,太平盛世的官员们对于兵戈之事显得十分隔膜。对于宰相杨国忠的分析,"大臣相顾失色"③,竟无一人提出异议。太子李亨的态度怎样,史

---

① 《通鉴》卷217,玄宗天宝十四载十一月条曰"杨国忠扬扬有德色"。本条胡注曰:"蜀本作'得色',当从之。"可以参见。

② 《通鉴》卷217,玄宗天宝十四载十一月条。

③ 《通鉴》卷217,玄宗天宝十四载十一月条。

书中没有留下记载。看来,在这次朝会上,李亨没有发表意见。

第一次朝会就这样草草结束,朝廷对这次事变的严重后果并没有给予充分估计,也就没有给予足够的重视。只有杨国忠一人发言,显示出天宝年间的唐朝廷已变得死气沉沉。朝会上,首相的一言堂局面,似乎其他的官员只是陪衬。朝会是结束了,安禄山事变却仍在扩展。由于朝廷乐观的估计,并没有进行全面的统一部署,更没有制定防止事态扩大的应急措施。

朝会之后,仅仅下诏派特进毕思琛和金吾将军程千里分别前往东都洛阳与河东(治今山西太原)地区,就地召募兵勇备战,并可随时调遣地方团结兵,全权负责当地防务。此时朝廷对于尚在河北的安禄山,似乎仍存侥幸之心,"下诏切责禄山,许自归。"①以皇帝名义下达的诏书中,对安禄山的擅兴兵革加以斥责。为了表示朝廷网开一面的宽大,仍许其收兵,回归范阳后仍可为唐朝的藩方大将。显而易见,朝廷对河北事变的态度有些幼稚的可爱,似乎一纸诏书便可将安禄山送回范阳。据说,诏书送达到安禄山军中,被嗤之以鼻,"禄山答书慢甚,叵可忍。"②

无独有偶。朝会的第二天,即十一月十六日,安西节度使(治今新疆库车)封常清因入朝觐见皇上,来到华清宫。唐玄宗在召见之时与他谈及安禄山起兵之事,并问以"讨贼方略"。封常清朗声奏对:"安禄山领十万凶徒,反抗朝廷,实属可恶至极。当今天下太平,人不知战,对敌心怀忌惮,也在情理之中。但事有逆顺,势有奇变。臣请走马诣东都,开府库,募骁勇,然后率兵渡过黄河,定可计日取逆胡首级献至阙下。"③封常清身为边帅,素有治军严整、

① 《新唐书》卷 225 上《安禄山传》。
② 《新唐书》卷 225 上《安禄山传》。
③ 《旧唐书》卷 104《封常清传》,并参见《通鉴》卷 217,天宝十四载十一月条。

勇猛善战的美名,他对形势的分析,显然也有一定的分量。他的态度,给了唐玄宗一些安慰,给了朝廷一些鼓舞。这无疑又加重了朝廷对事变轻视的态势。此时朝廷上下,虽然知道一纸诏书无法使安禄山回马停车,但似乎认为安禄山的反叛会很快被平定,不会掀起大的风波。

十一月十七日,即封常清觐见皇帝的第二天,他即被任命为范阳、平卢节度使。显然,安禄山已被斥出唐朝藩方守臣之外了。封常清即日乘驿驰赴东都洛阳,组织力量作御敌准备。他到达东都不久,就募得6万余人,但成分"皆佣保市进之流",渡河拒敌作战的可能性几乎为零。封常清只得先断河阳桥,做好了在洛阳抵抗的打算。

此时,关于河北的战报却频频传来,形势越来越恶化。

唐玄宗日常生活的宁静被打破,华清宫的温汤与骊山美景再不能排遣他越来越糟的心情,他没有像往常一样一直在华清宫驻跸到十二月或来年正月,而是十一月二十一日便兴味索然地返驾回长安。太子李亨等和朝廷官员也一起离开华清宫,随驾回到京师。当天,唐玄宗下令将安禄山之子安庆宗及其妻处死,安禄山继父家的兄弟安思顺被解除了朔方节度使的职务,幸因其先前曾向唐玄宗汇报过安禄山的一些反常行动,未被株连遭到杀戮。接着,唐玄宗又进行了人事调整与部署:以九原(今内蒙古五原南)太守、朔方右厢兵马使郭子仪充朔方节度使,率本军东讨。右羽林大将军王承业为太原府尹,并任命先赴河东的程千里为潞州(今山西长治)长史,意于河北右翼加强防御,牵制安禄山大军。另以陈留等十三郡设河南节度使,命卫尉卿张介然赴任。陈留(今河南开封东南)历来为中原要冲,兵家必争之地。此举意在加强黄河南岸沿线的防务。设河南节度使等,说明唐朝政府在封常清出防东都之后又使防线延伸,扩大了唐军防御的区域。同时,唐朝还在各个与敌军正面交锋的州郡等地方设置了防御使。

显然,随着河北方面局势的恶化,唐政府也在被动地加大防御力度。不久,经过一番酝酿之后,于十一月二十二日任命了皇子荣王李琬为东征军元帅,西北名将、时任右金吾大将军的高仙芝为副元帅,以内府钱帛于京师召募 11 万人组成"天武军"。到十二月一日,高仙芝率兵出发。这支先头部队由新募兵——据说有朔方、河西、陇右节度使属下的兵马——共 5 万人组成。大军出发之日,唐玄宗亲自到望春亭送行,又令宦官监门将军边令诚为监军。大军进驻陕州(今河南三门峡),前依洛阳,背凭潼关,其意是在都畿通往关中的腹地又设下了一道防线。

随着高仙芝大军出发,京师因连日募兵造成的混乱又暂趋于平静。此时此刻,人们仍普遍对事变的解决抱以乐观态度,认为安禄山必败。唐朝政府仍没有制定具有全局性的应变措施,所作的军事部署,仅仅是着眼于从河东、河南和腹心地带进行防御,这对河北的形势并无直接影响。防御区域的扩大与防线的延伸,带有明显的随意性,而防御兵马素质的低劣更是整个防务上的致命弱点。这或许说明,天宝末年的大唐朝廷缺乏足够的应变能力,这也多少让人感到唐朝政治体制在遭遇大事变之时的僵化与缺乏活力。

唐玄宗送别出征大军,从城外回到宫中,感到一阵轻松。在他看来,此番"出师命将,足以除凶去孽"。① 他似乎真的没有预料到,大唐帝国将面临一场何等的厄运。唐朝诗人李商隐《马嵬》诗云:"冀马燕犀动地来,自埋红粉自成灰。"河北局势的迅速恶化,

---

① 《唐大诏令集》卷 119《亲征安禄山诏》。

完全出乎唐玄宗预料。

安禄山兵出范阳后,于十一月十九日兵过博陵(今河北定县),以张守珪之子张献诚摄知太守,将杨光翙斩首示众,派勇将安忠志率精兵进驻土门(今河北获鹿)。兵不稍暇,大军随即进藁城(今属河北),过常山(今河北正定),太守颜杲卿率众迎降,安禄山又派李钦凑驻守井陉口,与安忠志共守河北要冲关隘,以防河东方面唐军东进扰其后路。安禄山一路南下,如入无人之地。河北州县望风披靡,唐玄宗曾感叹:"河北二十四郡,无一抵抗。"①

十一月底,安禄山已兵临黄河北岸。由于封常清已断洛阳附近渡河的通道,安禄山便兵进河南灵昌郡(今河南滑县)对岸,于十二月二日从冰上南渡黄河,攻下灵昌郡,主力烟尘亘天,弥漫数十里,直扑陈留而来。仅仅三天,到十二月五日,陈留太守郭纳就投降了。"时陈留将士降者夹道近万人,禄山皆杀之以快其忿"②,河南节度使张介然被斩于军门。陈留距东都仅400里,陈留失陷,又使河南都畿形势变得严峻。

果然,安禄山血洗陈留之后,又鼓噪铁骑向荥阳(今河南郑州)进发。史称"禄山步骑散漫,人莫知其数,所过残灭。"③十二月七日,先锋即兵临城下。荥阳,北依黄河,西距洛阳270里,为东都前哨。荥阳素称繁盛之地,有"雄藩"之称。太守崔无诐率众抵抗,无奈太平世久,兵不习战,"士卒乘城者,闻鼓角声,自坠如雨"。④仅仅一天,荥阳郡城又被攻陷。安禄山乘胜沿黄河南岸一路西进,很快,他的前锋精兵就在武牢关与封常清的部队遭遇。

---

① 《通鉴》卷217,玄宗天宝十四载十一月条。
② 《通鉴》卷217,玄宗天宝十四载十二月条。
③ 《通鉴》卷217,玄宗天宝十四载十二月条。
④ 《通鉴》卷217,玄宗天宝十四载十二月条。

封常清所率乌合之众，一经交战，立即暴露出致命弱点。虽据武牢之险，但见铁骑冲击过来，竟不战自溃，弃险而逃。安禄山大军随即扑来，封常清无力招架，只得一路节节败往洛阳城退守。十二月十二日，安禄山大军攻入洛阳外郭城，战斗并未停止。封常清曾说："自今月七日交兵，至十三日不已。"①安禄山没有给封常清喘息的机会，自洛阳东门入城一路向西沿洛水尾追不舍，直逼得封常清从东都御苑西破墙而逃。真是兵败如山倒。河南府尹达奚珣投降，东都留守李憕、御史大夫卢奕等为国死节。到十二月十三日，偌大的东都洛阳，全部被叛军占领。封常清率众逃到陕郡（今河南三门峡）时，陕郡太守已闻讯逃奔。

铁的事实、血的教训，使封常清感到自己一个月前的看法是那么的荒唐，敌我力量的悬殊，终于使封常清明白了，"贼锋不可当"②。于是他建议奉命在陕郡驻防的副元帅高仙芝，不如弃陕郡，退守潼关，以防敌军奔突难御，危及京师。高仙芝看到，东都守兵虽有勇将统领，仍一战即溃，就毅然听从了这位老部下的意见。下令连夜向西退守，急保潼关。

若从军事上看，高仙芝退守潼关是有一定道理的。他属下兵众多是市井子弟，与封常清统率所谓"周南市人之众"并无多大区别，封常清一部据武牢关之险尚不能拒战保全东都，陕郡无险可守，又如何能"当渔阳突骑之师"？更何况，唐军回撤潼关之时见安禄山追兵尾随，竟狼狈不堪，毫无秩序地仓惶而退，以致于"士马相腾践，死者甚众"③。如此部队，又何以能在陕郡做有效抵抗？正是大军退保潼关，修整武备，才得以据险扼制了敌军前锋的攻

① 《旧唐书》卷104《封常清传》。
② 《旧唐书》卷104《封常清传》、《旧唐书》卷104《高仙芝传》。
③ 《旧唐书》卷104《封常清传》、《旧唐书》卷104《高仙芝传》。

击,安禄山大军攻到新安郡(今属河南)知难而退,此后安禄山虽派兵西攻,但他个人再未离开洛阳。这也说明退保潼关并非毫无意义。

然而,安禄山大军自渡河到攻占东都,前后仅 10 天时间,唐朝廷感到措手不及,也颜面尽失。此刻,陕郡守军不战而退,无故弃地以资敌,令唐玄宗恼羞成怒,当即将封常清撤职。此时,监军边令诚又与高仙芝因事发生不和,借机上言"常清以贼摇众,而仙芝弃陕地数百里,又盗军士粮赐",搬弄是非,火上浇油。[①] 十二月十八日,唐玄宗又下令将封、高二将同时斩于潼关军中。封常清临死之前,仍不忘向唐玄宗报告敌情,并郑重提出:"臣死之后,望陛下不轻此贼,无忘臣言,则冀社稷复安,逆胡败覆",同时表示自己死后,亦望"结草军前,回风阵上,引王师之旗鼓,平寇贼之戈铤。"[②]款款衷怀,以死向唐玄宗敲起了警钟。可惜唐玄宗并没有听进去。

封常清、高仙芝二人的末路悲歌,固然是个人悲剧,但其败死,虽属失律丧师,实非战之罪。安禄山所统领的蕃汉精兵,均训练有素,攻战凶猛。多年来,河朔地区民族杂居,大量胡人聚集,受其影响,风俗流转,遂成为胡化地区。叛军之中虽蕃汉混杂,但皆强健善战,尤其是其大军以骑兵为主力,更如虎添翼。中古时代之骑兵就像现代战争中的装甲部队,不仅机动灵活,而且极便于远程运动作战,攻击力、杀伤力极大。封、高所率唐军乃市井乌合之众,缺乏基本的军事训练,素质欠佳,更兼太平日久,中原腹地军备弛废,刀枪入库,装备很差,"州县发官铠仗,皆穿朽钝折不可用,持挺斗,弗能亢,"甚至有上阵用白棒御敌者。[③] 一经临敌交战,均不堪一

---

① 《通鉴》卷 217,玄宗天宝十四载十二月条。
② 《旧唐书》卷 104《封常清传》。
③ 《旧唐书》卷 225 上《安禄山传》。

击,致使闻风丧胆,望贼奔逃。这种态势,不唯与唐朝廷应付事变之浮躁轻率有关,更与天宝之际军事形势的格局与实际密切相连。

安禄山叛乱后的形势迅速恶化以及封常清、高仙芝二人的被杀,曲折地显示出唐玄宗时期朝廷的前途未卜与大唐国运的多舛。

二 监国幻灭

安禄山起兵反叛后,朝廷局势迅速恶化。太子李亨突然得到了一次政治上崛起的机会。可是,这一良机稍纵即逝。

东都洛阳失陷后,关东形势急转直下,战报不停地传达到朝廷。叛军所到之处,地方郡县土崩瓦解,唐玄宗多少改变了对事变的态度。天宝十四载(755年)十二月七日,唐玄宗在洛阳沦陷之前颁布了《亲征安禄山诏》。此时叛军已攻陷陈留、兵临荥阳,只是唐朝廷尚未得到战报。颁布的诏书对安禄山的发迹与起兵原委详为宣告内外,其中说道:"安禄山本自细微,擢之行伍;进小忠而自售,包巨猾以贪天。予每含容,冀其迁善。列在衣冠之右,授之师旅之权;赐予无涯,邀求罔极。凡经宠任,中外毕闻。今遂窃我干戈,欺我将士;妄宣密旨,假托妖言;人畏凶威,苟从逼胁;称兵向阙,杀掠无辜。此而可原,孰不可忍!前所出师命将,足以除凶去孽。仍闻阻兵西路,左次南辕,朕义在救焚,情存拯溺。虽螳螂举斧,自当屠溃;而蜂虿有毒,必藉讨除。"将安禄山起兵反叛与愧对朝廷的性质明告天下,虽然仍声称安禄山起兵像螳螂举斧,必定会溃败,但表示要加以"除讨"。因此,诏书中表示"今亲总六师,率众百万;铺敦元恶,巡幸洛阳,将以观风,因之扫祲。"也就是说皇帝要亲征叛军。诏书中对这次亲征之前景表达出极为乐观的姿态，认为"泰山压卵，未可喻其轻重；洪波注萤，不暇收其光焰。"对事变态势总的认识似乎仍无实质性改变。但《亲征安禄山诏》表示皇帝要亲征，并做了具体部署，这是朝廷对事变开始给予重视的一个信号："宜令所司，即择日进发。其河西、陇右、朔方，除先发蕃汉将士及守军、郡、城、堡之外，自馀马步军将兵健等，一切并赴行营，各委节度使统领，仍限今月二十日齐到。"①从诏书中可以看出，唐玄宗意在凭其御宇多年的天子之威统兵亲讨安禄山，收取成功。因而，西北诸镇节度使属下的兵马并没有开赴京师，而是要在他到达洛阳时集结到达。

洛阳失守后，唐玄宗的亲征变得有些滑稽。往洛阳前线集中的将士仍按亲征诏书中的部署紧急集结，以便随时听候朝廷的调遣。大军的调动，迫使唐玄宗对下一步的计划尽快做出调整。果然，到了这年十二月十六日，唐玄宗又旧话重提，表示要"仍即亲总师徒，以诛叛逆。"②值得注意者，这次亲总师徒东讨叛军者，不再是唐玄宗自己，而是太子李亨。这在《明皇命皇太子监国亲总师徒东讨诏》中讲得明白。诏曰：

……贞我万国，必在元良；弼予一人，归之上嗣。将寄文人之律，实资长子之师。亦既戒严，当除群慝。皇太子亨，仁明植性，孝友因心；禀上德之粹灵，宅中和之正气，恭敬之虔，岂伊桥梓；刚柔之适，无取韦絃；韫公忠而事君，总文武而行己。既有绝驰之美，可称问膳之勤；以三善之明，助百揆之务。迩安远肃，天平地成。属凶险负恩，称兵向阙，人神同愤，命尔抚军。将微福于宗祧，以保安于社稷。凭天之德，何向不济？

---

① 《唐大诏令集》卷119《亲征安禄山诏》。
② 《唐大诏令集》卷30《明皇命皇太子监国亲总师徒东讨诏》。

顺人之心，所战必克。庶清彼氛沴，以宁我国家。宜令太子监国，仍即亲总师徒，以诛叛逆。取今月二十三日先发。所司准式，务从省便。无使劳烦，布告迩遐。咸令知悉。①

诏书的语气与口吻乍看有些含混，若结合之前《亲征安禄山诏书》来看，唐玄宗意在令太子李亨监国，而自己去亲征叛逆。但是，这一令太子监国的诏书又似乎意在令太子监国同时帅兵"先发"亲征，故而诏书中使用了"长子之师""命尔抚军"等字眼。因此，旧史文献中记载此事并不一致。《旧唐书》卷10《肃宗纪》载"（十二月十六日）辛丑，制太子监国，仍遣上亲总诸军进讨。"此处的"上"，当然就是唐肃宗李亨了。这一记载与诏书基本相符。同书卷9《玄宗纪下》则在这年十二月辛丑载有"诏皇太子统兵东讨"一语，虽然无监国一事，"统兵东讨"四字，意思明了。同书卷51《后妃·玄宗杨贵妃传》则曰："河北盗起，玄宗以皇太子为天下兵马元帅，监抚军国事。"对太子是否统兵东讨之事有些含混不清。同书卷106《杨国忠传》则这样记载："玄宗闻河朔变起，欲以皇太子监国，自欲亲征，谋于国忠。"《新唐书》卷206《杨国忠传》载："帝欲自将而东，使皇太子监国"，与《旧唐书·杨国忠传》略同，没有提及让太子统兵东讨事宜。《资治通鉴》卷217，天宝十四载十二月条载："上议亲征，辛丑，制太子监国。"也未涉及太子统兵东讨事宜。看来，唐玄宗诏书中虽然如此表达，但是否有让太子李亨抚军东讨叛军的意思，值得商榷。因为，此时朝廷任命的东征军元帅是荣王李琬。但是，上述记载中，对唐玄宗令太子监国一事属确凿无疑。

诏书中在安排令太子监国时，还使用了"有绝驰之美"的字

---

① 《唐大诏令集》卷30《明皇命皇太子监国亲总师徒东讨诏》。

句,若了解这一典故,便知是替太子李亨唱赞歌。西汉元帝时,曾急召太子刘骜觐见。太子出桂宫(东宫)南门龙楼门后,"不敢绝驰道",没有横穿驰道,而是一直向西走到直城门,绕开驰道后才进入未央宫北面别门——作室门。这一折腾,到达汉元帝面前时就迟了一些。汉元帝问明情况,十分愉悦。原来,"驰道,天子所行道也",太子不敢横越,表明太子守礼制,所以汉元帝很满意。此后,汉元帝"乃著令,令太子得绝驰道"。① 现在,唐玄宗在命太子李亨监国的诏书中援引这一典故,无疑是替太子脸上贴金,夸奖他遵守礼法,对自己要求严格。这一诏书下达后,定会给李亨带来许多的政治资本。因为,在诏书中特别提及了要他"助百揆之务"与"总文武而行己",这些正是太子监国的内容之一。

令太子监国,在隋唐以前的古代帝制时代是很常见的事情。唐朝时以太子监国也很频繁。所为太子监国,就是皇太子总领百官,代摄国政,监抚军国之事。也就是由皇帝"委以赏罚之权,任以军国之政,……其宗庙社稷百神,咸令主祭,军国事务并取决断。"②皇太子监国之日,俨然若君王亲临天下,东宫属下各级官员之职能权限也往往随之升级,太子左、右春坊职能仿照朝廷之中书、门下两省,在太子监国期间,就要担当起中书、门下省相同的职责。简单地说,太子监国之日,在一定程度上,朝廷中枢暂时移往东宫。③

这样一种政治态势,显然给了李亨可能的崛起机会。如果太子监国成为现实,太子李亨自天宝初年连续遭受宰相构陷与打击的不利处境将会得到改观,太子与宰相之间的较量格局也会发生

① 《汉书》卷10《成帝纪》及应劭注。
② 《唐大诏令集》卷30《太宗征辽命皇太子监国诏》。
③ 拙撰:《论隋唐皇权》,载《学术界》2003年第1期。

重大变化。

　　据说,诏书下达后,唐玄宗曾对身边亲信透露心迹:"我欲行一事。"宰相杨国忠就揣测皇帝所指此"一事"乃是欲禅位太子①。此事真伪现已不可细究,《资治通鉴》则据此事颇事渲染,说唐玄宗对宰相讲过:"朕在位垂五十载,倦于忧勤,去秋已欲传位太子;值水旱相仍,不欲以余灾遗子孙,淹留俟稍丰。不意逆胡横发,朕当亲征,且使之监国。事平之日,朕将高枕无为矣。"②照此记载表达,甚至唐玄宗已有传位之心,关于这一问题,且留后文详辨。其实,这些大概都是李亨称帝后的舆论宣传。不过,此时此刻,命太子监国一事,就已令宰相杨国忠极为惊恐忧惧了。身为朝廷宰相,他深知太子监国一事的利害。因此,杨国忠根本不能坐视,他要设法阻止太子监国成为现实。

　　退朝之后,杨国忠与他的几位姊妹剖析形势,陈说利害:"太子监国,吾属诛矣。"③韩国夫人、虢国夫人、秦国夫人听了杨国忠的一番陈词,也担心太子监国后,将会对杨国忠的仇恨发泄到杨家人身上,一时间,诸杨如感天塌地陷,相聚痛哭。还是杨国忠冷静下来,劝三位姊妹进宫,设法让杨贵妃出面劝阻皇帝收回成命。诸杨止住哭声,立即入宫去见杨贵妃。她们觉得,目前只有杨贵妃才能给杨氏带来平安和希望。果然,杨贵妃闻知后,竟"以死邀帝",衔土请命,情切意哀,且态度坚决地哭劝皇上放弃亲征的初衷④。

　　应当说,多年陪伴唐玄宗的杨贵妃,对朝廷之上的政治斗争表现得态度冷漠,她并不关心尔虞我诈的争斗与倾轧,但对于一向宠

　　① 《新唐书》卷206《杨国忠传》。
　　② 《通鉴》卷217,玄宗天宝十四载十二月条。
　　③ 《新唐书》卷206《杨国忠传》。
　　④ 《新唐书》卷206《杨国忠传》。

爱自己的皇帝，她觉得以古稀高龄亲征，从身体方面考虑也不尽适宜，认为皇帝的亲征应当放弃。由于杨贵妃出面劝阻，唐玄宗也不再固执，放弃了亲征的初衷。这样一来，太子李亨的监国之任便变成了泡影，杨国忠的目的达到了。对此，局外人或许并没有什么异样的感受，也不会觉察出此事的影响，但杨贵妃由此不自觉地卷入了宰相与太子之间政治斗争的涡流之中。

从唐朝体制的角度讲，由贵妃杨氏出面劝阻皇上，或者对皇帝的活动发表意见，也并不过分。事实上，由于唐玄宗对于后宫势力的有效控制，特别是中宫（皇后）之位虚悬，使后宫任何一位嫔妃都无法以皇后之尊母仪天下，杨贵妃在日常生活中的优厚待遇与深得恩宠，并不表明她在政治生活中也会获得同样地位的存在感。因此，无论是杨贵妃不愿意在政治上过多地介入，还是她不可能介入，杨贵妃参与朝廷上纷争或涉及朝廷政治事务的情况很少。除了这次出面劝阻玄宗皇帝外，史书中记载还尚有两事。一事是杨国忠用兵南诏失败后，曾在出镇剑南前向唐玄宗辞行，"泣诉为（李）林甫中伤者，妃又为言，故帝益亲之，豫计召日。"① 另一事是陈希烈辞宰相，唐玄宗向驸马张垍流露出要选他为相的想法，"会贵妃闻，以语国忠，国忠恶之，及希烈罢，荐韦见素代之。"② 这几件事都牵扯到杨国忠，说明后宫与外戚之间的关系。

杨贵妃出面奉劝唐玄宗收回成命，使太子李亨的监国希望落空。一直寻找机会崛起以摆脱困境的太子李亨自然会将这笔账记在杨贵妃身上。后来，随着安禄山事变的进一步恶化，太子李亨与杨氏的矛盾冲突日益明朗化、尖锐化，这股政治斗争的暗流实际上

---

① 《新唐书》卷 206《杨国忠传》。
② 《新唐书》卷 125《张说传附张垍传》。

潜伏下了天宝末年更大的政治风波。后来的马嵬兵变与分兵灵武,无不可由此启其玄机,探其缘由。

唐玄宗的亲征不了了之,令太子监国的诏书亦成了一纸空文。由于前线军事上的压力仍很明显,朝廷也不得不采取措施应对之。在此过程中,朝廷之上的斗争并没有停止。

在唐玄宗处死封常清、高仙芝之后,河西、陇右节度使哥舒翰被委以重任,统兵镇守潼关。《资治通鉴》天宝十四载十二月癸卯条记此事因果说:"河西、陇右节度使哥舒翰病废在家,上藉其威名,且素与禄山不协,召见,拜兵马副元帅,将兵八万以讨禄山,仍敕天下四面进兵,会攻洛阳。翰以病固辞,上不许,以田良丘为御史中丞、充行军司马;起居郎萧昕为判官,蕃将火拔归仁等各将部落以从,并仙芝旧卒,号二十万,军于潼关。"①关于哥舒翰受命统兵的身份,文献记载颇有异同。《册府元龟》卷122《帝王部·征讨二》作"哥舒翰为兵马副元帅统兵八万镇潼关。"《旧唐书·哥舒翰传》记其出征时身份就不同了:"及安禄山反,上以封常清、高仙芝丧败,召翰入,拜为皇太子先锋兵马元帅",《旧唐书》之玄宗本纪和肃宗本纪所载与此相同,均作"太子先锋(前锋)兵马元帅",《新唐书·玄宗纪》又作"哥舒翰持节统领处置先锋兵马副元帅,守潼关";《通鉴考异》引《肃宗实录》及《唐历》又作"皇太子先锋兵马使、元帅"。诸书对哥舒翰身份记载的歧异,不能不令人对此产生浓厚的兴致,相信这其中必有重大隐情。

原来,哥舒翰最初受命的身份是东讨兵马副元帅,是接替被斩的副元帅高仙芝,元帅仍是荣王琬。唐人姚汝能的《安禄山事迹》卷中曾直书此事:"是月,我以京兆尹牧、荣王琬为行宫元帅,以河

---

① 《通鉴》卷217,玄宗天宝十四载十二月条。

西、陇右节度使、西平王哥舒翰为副元帅"。司马光曾推测说："时荣王为元帅,故以翰副之。盖诛仙芝之日,即命翰代仙芝。"①在此期间,东讨元帅荣王琬突然死去。

荣王琬之死,令人颇为疑惑。他死时,距封常清、高仙芝被斩即哥舒翰被委为副元帅仅有5天。②据史载:"琬素有雅称,风格秀整,时士庶冀琬有所成功,忽然殂谢,远近咸失望焉。赠靖恭太子。"③荣王死后,哥舒翰的身份才变为皇太子先锋兵马元帅。正史中掩去了哥舒翰曾受命为东讨兵马副元帅一事,又对荣王之死载有"远近咸失望"一语,说明太子李亨在监国之任化为泡影后,并没有善罢甘休,暗中的较量仍在紧张、激烈地进行着。应该可以看出,封常清、高仙芝被诛后,东讨元帅荣王琬忽然死去,哥舒翰职务由荣王元帅之副帅改为太子先锋兵马元帅,就是这一较量的结果。前述《旧唐书·杨贵妃传》所言"玄宗以皇太子为天下兵马元帅",事不果云云,正为我们提供了思考这一问题的方向。这就是说,太子李亨未获监国,遂转而谋求抚军,很自然地就打上了镇守潼关大军的主意。荣王琬或许正是这一斗争的牺牲品。退一步讲,朝廷认为副元帅高仙芝失律丧师,荣王琬虽属挂名的元帅,从情理上也难辞其咎。若顺着这一思路推想下去,太子李亨在饱受宰相集团构陷的过程中,为了谋求自身的安定,纵然是兄弟手足之情,也已不再顾及了。

有意思的是,两部《唐书·玄宗纪》在记载荣王琬死的时间都

① 《通鉴》卷217,玄宗天宝十四载十二月条《考异》。
② 封常清、高仙芝被斩与荣王琬之死,《新唐书·玄宗纪》与《通鉴》作十二月癸卯和戊申。《旧唐书·玄宗纪》作十二月丙午与辛亥。系日不同,但是其间隔时间均为5天。
③ 《旧唐书》卷107《玄宗诸子·靖恭太子传》。今本《唐会要》卷4《追谥太子·杂录》亦载此事,唯文字有阙失。

在哥舒翰担任皇太子先锋兵马元帅之后,似乎荣王琬死前,哥舒翰已为皇太子先锋兵马元帅,从上面的推论看,这一记载恐怕有曲笔。《新唐书·玄宗纪》所载哥舒翰"太子先锋副元帅"的身份已在此事上露出破绽。而且,哥舒翰率军出镇潼关的时间也有问题。据《新唐书》卷5《玄宗纪》和《资治通鉴》卷217及《通鉴考异》引《玄宗实录》,均把哥舒翰出镇潼关的时间记于这年十二月癸卯(十八日),司马光在《通鉴考异》中说《肃宗实录》所言"十二月十七日,大军发"及《旧唐书》本纪"丙午,命翰守潼关"时间"皆太早也"[1]。看来,从史实推论,说大军发于癸卯日,似乎也太早。癸卯这天,方诛封、高二将,哥舒翰大军岂能同赴潼关?最多这天是初任哥舒翰为东讨兵马副元帅的时间,他率兵赴关应迟后数日。况且,这期间朝廷已将潼关军务委托将军李承光摄领,若哥舒翰当日即可赴任,又何必多此一举?又据前引《明皇命皇太子监国亲总师徒东讨诏》,令东讨兵马"取今月二十三日先发",估计哥舒翰开赴潼关可能就是在二十三日,即戊申日。这一天,恰巧又是荣王琬死去的时间。这一巧合使人感到并非偶然。《新唐书·哥舒翰传》对大军离京出发时的情况记载极为详细,却唯独没有载明他出发的日期,《旧唐书·哥舒翰传》亦复如此,其他史料或言之含混,或载之"太早",均失之确凿,恐怕不是没有缘由的。或许,这大概是李亨即位之后,为掩盖当时实情在《实录》或其他官方文献中做过手脚。如此说来,哥舒翰受任前后职务身份的变化与大军出发日期的问题,都反映出太子李亨暗中动作的内容。

无论如何,哥舒翰改任太子先锋兵马元帅,说明潼关守军已在

---

① 《通鉴》卷217,玄宗天宝十四载十二月条及《通鉴考异》。

名义上归属太子控制和统领了。这一结果,大概也符合唐玄宗亲征之时欲以皇太子为天下兵马元帅即由皇太子统兵东讨的初衷,前《明皇命皇太子监国亲总师徒东讨诏》中"取今月二十三日先发",就是令皇太子先锋兵马先发,事件前后的逻辑就通顺了。那么,太子李亨能够如愿以偿,应当与唐玄宗的这一态度有关。顺便提及一事,天宝十五载(756年)七月,李亨已在灵武即位后,入蜀途中的唐玄宗还曾颁布诏令,命太子李亨"充天下兵马元帅",说明玄宗皇帝的态度一如既往。

征讨大军与太子挂上钩,对于监国幻灭后的太子巩固自身地位,仍具有不寻常的意义。太子拥有对这支深为朝廷倚重的守关大军的控制权,对日后潼关战局的进程起了决定性的影响,甚至成为决定潼关战局全部问题的关键所在。

正所谓树欲静而风不止。形势更为紧张复杂,局面愈显激荡。

三　潼关之战

唐军坚守潼关,收效显著。然而,仅仅半年时间,大军竟弃险轻出,寻求决战,终至全军覆没。此番战局之中,太子李亨与宰相杨国忠分别扮演了什么角色呢?

自封常清、高仙芝退守潼关后,这里就成为唐军抵御安禄山叛军的最后一道天险。潼关战局的展开,标志着唐军在全面防御战线完全崩溃之后,开始了以潼关为屏障的重点防御战。潼关地处高隅,位于崤山之端,又为黄河北来向东转弯之处,据关上可俯视洪流,山路崎岖,盘纡峻极,易守难攻,为兵家必争之地。汉末曹操西征马超之后,凡得潼关者,得关中。因此,潼关之得失,关系到战争双方的存亡安危。①

哥舒翰大军开赴潼关之后,就立即部署潼关防务。他命人深构壁垒,加固关城,同时又下令将关外的三道战壕拓宽至二丈、深挖到丈余,以加强防御能力。哥舒翰不愧为临戎多年、久习军阵的名将,他此番动作,显然有长期据关坚守的准备。

在此期间,曾途经潼关的大诗人杜甫写下了著名的《潼关吏》,诗中描写了关防修筑的情况:

> 士卒何草草,筑城潼关道。大城铁不如,小城万丈余。
>
> 借问潼关吏,修关还备胡。要我下马行,为我指山隅:
>
> 连云列战格,飞鸟不能逾。胡来但自守,岂复忧西都?
>
> 丈人视要处,窄狭容单车。艰难奋长戟,万古用一夫。
>
> 哀哉桃林战,百万化为鱼。请嘱防关将,慎勿学哥舒。

潼关防务虽然牢固,但守关大军的现状并不尽如人意。一来,哥舒翰大军成分过于复杂,既有陇右、河西旧部,也有河陇地区诸蕃13个部落的蕃兵,还有封常清、高仙芝旧募之旅;另外,还有新近召募的一部分,可谓蕃汉杂糅、部伍不一。二来,诸将争长不叶,统属不明。哥舒翰到任后,将日常军务委之行军司马田良邱,田良邱面对成分复杂的大军也顾虑重重,不敢一人专决,遂以王思礼负责骑兵,李承光负责步兵。王、李二人又各有靠山,常常意见不一,互不服气,缺乏协作,使守军内部问题更显复杂。三来,主帅哥舒翰又患疾病,精力有所不支,也大大影响了守关部队的战斗力。当然,说哥舒翰病情严重到无法亲理军事、不能治事的程度,恐怕也让人难以接受。起初,哥舒翰因风疾在京休养,受命之初也曾以病

---

① 史念海:《论我国历史上东西对立的局面和南北对立的局面》,载《中国历史地理论丛》1992年第1辑。

为辞,从情理来讲,唐玄宗召见他时,若没有亲见哥舒翰身体状况,决不会放心用一位病弱不支的人去担此重任。从后来哥舒翰在潼关战局之中的言行看,他也很不像一位病恹颓靡之人。后来潼关战败,高适向唐玄宗论及哥舒翰之"疾病沉顿,智力将竭",应当只是一种开脱之辞,目的是为"忠义感激"①的哥舒翰推卸败亡之责。眼下,主帅哥舒翰的身体状况也很自然地影响到守军的战斗力。

显然,若不是凭据潼关天险,唐军很难与安禄山派遣西进的崔乾祐大军相持累月。事实上,也正是唐军据守潼关,才得以扼其兵锋,并击退安庆绪的援军。在半年的时间中,潼关坚守取得了明显效果,它大大牵制了西攻叛军之主力,在潼关前线形成了对峙,从而从全局上便利了部署唐朔方军进入河北战场作战。

安禄山叛乱之初,唐朝廷可能考虑到安思顺在朔方经营多年,虽启用朔方部将郭子仪接替安思顺,却并没有放手使用。再加上朝廷对事变的轻视与唐玄宗两次亲征调发朔方军集中,大大迟缓了朔方军进入正面战场的时间。天宝十四载(755年)年底,奉命东征的郭子仪也只是在河东地区与安禄山别部交锋。一直到天宝十五载(756年),局势才出现了一些新动向。

这年正月初一,安禄山在洛阳称帝,国号大燕,称大燕雄武皇帝,建元圣武,署官授职,形成了与大唐帝国分庭抗礼的局面。这时候,河南以嗣吴王祗为首在雍丘(今河南杞县)、南阳太守鲁炅在叶县(今河南叶县南)沿潼水一线进行了有效的抵抗。河北地区平原郡(今属山东德州)有颜真卿、常山郡(今河北正定)有颜杲卿举兵反抗叛军。然而,不少郡县的官吏却投降了叛军。安禄山

---

① 《旧唐书》卷111《高适传》。

对唐朝降臣多委以高官,对于瓦解部分唐朝守将的斗志起了一定作用。有人后来说,安禄山吞噬河洛、四海震荡之际,"委符组、弃城郭者不为耻"①,而且投降者越来越多,与安禄山的这一策略不无关系。

自从安禄山建立伪燕政权,唐朝廷意识到,短时间内解决事变的可能性似乎不可能了。不久,河北常山抵抗的颜杲卿寡不敌众,被史思明、蔡希德攻陷城池,在押往洛阳后被肢解而死。刚刚归顺的河北巨鹿、广平、上谷、文安、信都、赵郡等也被攻陷。为了支持平原颜真卿、饶阳卢全诚的抵抗,唐朝廷部署了朔方军进入河北作战的计划。

就在常山颜杲卿抵抗失利之际,唐玄宗命新任朔方节度使的郭子仪停止进攻云中(今山西大同),回师本镇以图进攻东都洛阳。在郭子仪班师之际,特令其选一大将分兵先出井陉关,支援河北战事、抵抗叛军。于是,朔方左厢兵马使李光弼被推荐为河东节度使,统率朔方兵万人进入河北。据说,李光弼与郭子仪同为牙将时,二人常闹别扭,他开始担心郭子仪会借故跟自己过不去,谁知,郭子仪见到李光弼后,紧握其双手,表示国难当头,应捐弃前嫌,以忠义为先。所以,李光弼以朔方兵为核心,也就无后顾之忧了。历史上常因此将二人合称"郭李",并对其举止大加称誉。北宋时范仲淹给当时的宰相吕夷简上书,解释自己弹劾了吕夷简又被委以方面之任时的心情:"仲淹于缙绅中,独如妖言,情既龃龉,词乃睽戾,至有忤天子大臣之威,赖至仁之朝,不下狱以死,而天下指为狂士。……今擢处方面,非朝廷委曲照临,则败辱久矣!昔郭汾阳与李临淮有隙,不交一言,及讨禄山之乱,由执手泣别,勉以忠义,终

---

① 《新唐书》卷191《忠义·李源传》。

平剧盗,实二公之力。今相公有汾阳之心之言,仲淹无临淮之才之力!"①就是借用了郭子仪与李光弼的这一典故。

李光弼于正月初九日奉命分兵,到二月十五日带兵抵常山郡城。在城中内应下,轻而易举地夺取了常山郡城。正在围攻饶阳的史思明闻讯后,立即调头回攻常山,结果被李光弼打得大败。常山大捷是唐军进入河北后的首战大捷。随即,常山郡除了九门、藁城外,真定、石邑、行唐、井陉、平山、获鹿、灵寿等七县竞相反水,归附了唐军。李光弼在与史思明的相持之中,因粮草供应困难,一时也陷入艰难境地。郭子仪在兵入代州(今山西代县)后,闻知李光弼的处境,迅速率大部队出井陉关,与李光弼会师常山。仅隔一天,即四月五日,朔方军就向九门的史思明发起攻击,并重创叛军史思明在河北的主力。

朔方兵马所到之处,各地军民纷纷响应。担任河北采访使的颜真卿也借此良机,分兵清河,攻克魏郡。四月,平卢将军刘客奴(后赐名得刘正臣)、董秦(后改名李忠臣)及安东都护府将王玄志等人与颜真卿联络,请攻取范阳以报效大唐朝廷。颜真卿向平卢兵马提供了军需给养,平卢军遂回攻范阳,中经长扬、渝关、独山、北平诸战,战功甚多。平卢镇的反正,直接威胁到叛军大本营范阳,引起了河北的巨大震动。契丹、奚又趁火打劫,使河北更加混乱。郭子仪、李光弼在五、六月间,乘机先后在沙河、嘉山取得大捷,几乎全歼史思明所部,极大鼓舞了士气。"于是河北十余郡皆斩贼守者以迎王师。子仪将北图范阳,军声大振。"②

显然,由于潼关坚守,唐军在河北战场取得节节胜利,安禄山

① 吕祖谦:《宋文鉴》卷113,范仲淹《上吕相公书》。
② 《旧唐书》卷120《郭子仪传》。

在洛阳几乎中断了与范阳的联络,致使洛阳守军发生骚动。所谓"将士家在渔阳者无不摇心"①,安禄山为了稳住军心,也曾一度动过"放弃洛阳,走归范阳"②的念头。据说,河北形势的恶化也促使安禄山对手下谋臣高尚、严庄产生不满,并引起内部不和。据《资治通鉴》卷218,肃宗至德元载五月条载:"禄山大惧,召高尚、严庄诟之曰:'汝数年教我反,以为万全。今守潼关,数月不能进,北路已绝,诸军四合,吾所有者止汴、郑数州而已。万全何在? 汝自今勿来见我。'"幸亏从潼关前线回到洛阳的亲信田乾真一番劝解,才使安禄山打消了顾虑,并为之设宴相待,以释前嫌③。虽然没有造成叛军内部上下解体,但是,他们之间的裂痕越来越大。显然,潼关坚守给唐朝平叛战争带来了一线曙光。驰骋于河北战场的郭子仪、李光弼就满怀信心地上奏朝廷:"请引兵北应固守以弊之,不可轻出。"④

正是由于潼关坚守,有效抵御了安禄山叛军的西攻,并大大支持了河北等战场的战事,使长安局势相对趋于缓和、稳定。局面的向好与改善,进而又使一度被压抑的那股中枢政局中的斗争暗流再度泛起波澜。斗争仍然在太子李亨与宰相杨国忠之间展开,这次双方的斗争与较量,几乎都围绕着潼关战局展开,他们的斗争较量还决定了整个战局的发展方向。也就是说,双方斗争过程中的所有表象与结局几乎全部投影在潼关战局中。

中枢政局中双方斗争的第一个回合,乃是天宝十五载(756年)二三月间安思顺的冤死。据《资治通鉴》卷217,肃宗至德元载

---

① 《通鉴》卷218,肃宗至德元载五月条。
② 《通鉴》卷218,肃宗至德元载五月条。
③ 《通鉴》卷218,肃宗至德元载六月条。
④ 《通鉴》卷218,肃宗至德元载六月条。

三月条载："初，户部尚书安思顺知禄山反谋，因入朝奏之。及禄山反，上以思顺先奏，不之罪也。哥舒翰素与之有隙，使人诈为禄山遗思顺书，于关门擒之以献，且数思顺七罪，请诛之。丙辰，思顺及弟太仆卿元贞皆坐死，家属徙岭外。杨国忠不能救，由是始畏翰。"《新唐书·哥舒翰传》记载与此略同。由于哥舒翰素与安氏兄弟不和，此事看上去确有报其私怨之嫌。但"杨国忠不能救，由是始畏翰"，令人颇为费解。杨国忠为什么要去救安思顺呢？史无明文。估计这是太子李亨在与杨国忠的暗中较量中，利用哥舒翰与安思顺的旧怨，借刀杀人，矛头直指杨国忠，用手中控制的守关大军向宰相示威，而宰相无法援手相救，因而产生惧意。这中间定有深奥的隐情。问题的关键之处在于，哥舒翰的身份是太子先锋兵马元帅，杨国忠之所以"始"畏于翰者，恐怕正是在于此。所谓"始畏翰"云云，说明在安思顺事件前，杨国忠并没有把哥舒翰纳入自己政治对手的阵列。事实上，在天宝十一载（752年）邢縡以龙武万骑谋乱一案中，哥舒翰还曾附会杨国忠对付过李林甫。不过，更早些时候，王忠嗣被下狱之后，身为老部下的哥舒翰也曾声泪俱下地向唐玄宗"力陈忠嗣之冤"①。王忠嗣与太子李亨的密切关系，前文已经提及。可以说，哥舒翰作为一位职业军将，因其地位之特殊，不时会对中央政治浸入自己的影响，但哥舒翰在出镇潼关之前，尚看不出他与太子、宰相双方之关系有何亲密或疏淡之处。而出任皇太子先锋兵马元帅后，他从体制上则要服从太子调遣，不论他内心如何，势必被杨国忠看成太子一系而加以防范。哥舒翰在双方斗争中的处境与地位实在是耐人寻味。

如果说安思顺事件中，太子对杨国忠还有些试探意味的话，那

---

① 《通鉴》卷215，玄宗天宝六载十一月条。

么,事过不久,就是矛头直指杨国忠了。此事的一个重要表现是,在潼关守军中以王思礼为首的一股势力企图通过哥舒翰仿效安思顺一事回兵诛杀杨国忠。这在《旧唐书·王思礼传》中说:"(天宝)十五载二月,思礼白翰谋杀安思顺父元贞,于纸隔上密语翰,请抗表诛杨国忠,翰不应。"王思礼对哥舒翰的一番密语,据说是这样的:

"安禄山起兵,乃以诛杨为号。当今天下也以杨国忠招致祸乱,莫不切齿。现若留兵二万守关,再发精锐之兵回诛杨国忠,就像汉朝为挫七国之乱而杀晁错一样,公以为何如?"①

对此,哥舒翰没有贸然答应。但也有文献讲,说他"心许之,未发"②,或说他"犹豫未发"③。

现任潼关守军马军都将的王思礼,早年与哥舒翰同为河西节度使王忠嗣的衙将。潼关军中,哥舒翰与他关系密切,每逢事务,"独与思礼决之"④。王思礼的这一身份极有条件也有可能成为太子李亨一系的人物。潼关战败后,已经称帝的李亨对溃逃来奔的诸将,严责其不能坚守之罪,却"独斩(李)承光,赦(王)思礼等",日后他追随李亨,屡蒙重用,上元元年(760年)加司空。⑤ 李亨对王思礼的这一态度说明他有可能已是倾心于太子的军将。值得重视并提示的是,前述安思顺事件,王思礼就是主要策划人。再结合他与步军都将李承光二人各不服气、争长不叶、行军司马田良邱又

① 《通鉴》卷218,肃宗至德元载正月条,并参《考异》引《玄宗实录》。《安禄山事迹》卷下。
② 《通鉴》卷218,肃宗至德元载正月条,并参《考异》引《玄宗实录》。《安禄山事迹》卷下。
③ 《新唐书》卷135《哥舒翰传》。
④ 《旧唐书》卷110《王思礼传》。
⑤ 《新唐书》卷147《王思礼传》。

不敢专决军政等一系列情形看,在潼关军中的王思礼和李承光二人恐各有所属。正如王思礼倾心于太子李亨一样,说不定李承光就是倾心于宰相杨国忠者。李承光在高仙芝被斩后曾统摄军务,说明他并不是随哥舒翰一同赴潼关的。这大概也是潼关战败后为何李亨单单杀他而赦免王思礼的原因之一。

因此,守关军将王思礼回军诛杨之议,透露出太子与杨国忠两大集团的冲突开始升级。王思礼见哥舒翰不为所动,又提出以二三骑的别动队将杨国忠劫持来潼关杀掉。哥舒翰的表态很冷静,他对王思礼说:"若这样干,反叛的人就是我哥舒翰,而不是安禄山了。"直接拒绝了王思礼的建议。但是,对这一番密议,很快就有人告知了杨国忠。这恰恰说明,杨国忠可能也在潼关军中安插了自己的耳目,他同样不可能也不会不对随时都会威胁自己的潼关守军的动向有所关注。消息传来,引起了他的警觉与恐惧。史载,"有客泄其谋于国忠,国忠大惧。"①这时,又有人提醒他:"当今朝廷重兵尽在哥舒翰掌握之中,他若真要回军西来,对宰相将是大不利!"杨国忠更加感到不可等闲视之。于是,他以宰相的身份向唐玄宗建议:"兵法云:'安不忘危'。今潼关兵众虽盛,而无后殿,万一不利,京师得无恐乎!请选监牧小儿三千人训练于苑中。"唐玄宗立即诏准,遂令剑南军将李福德、刘光庭分统兵卒进行训练。同时,杨国忠又奏请新募兵万人,屯于长安城东的军事要地灞上,令其心腹杜乾运负责统领。②按照《资治通鉴》的说法,此番举措"名为御贼,实备翰也"。不言而喻,杨国忠的本意乃是要防范重

---

① 《旧唐书》卷104《哥舒翰传》,《安禄山事迹》卷下,《通鉴》卷218《考异》引《玄宗实录》同。

② 《旧唐书》卷104《哥舒翰传》,《安禄山事迹》卷下,《通鉴》卷218《考异》引《玄宗实录》同。

兵在握的太子先锋兵马元帅,而不是针对曾任河西、陇右节度使的边帅哥舒翰。

显然,随着事态的发展,朝廷中枢政局中两大集团的斗争在逐渐升级。不知出于何种考虑,哥舒翰上表请灞上驻军隶属潼关。唐玄宗或许相信了他的军事措施,同意了哥舒翰这一请求。不久,哥舒翰召杜乾运来关上议事,却又借口将他杀掉了。据说,这是哥舒翰怕遭杨国忠算计而行的一着险棋,目的在于解除杨国忠的防备力量。结果,杨国忠果然是愈加恐惧,他曾对儿子杨暄说过:"吾无死所矣!"预计自己大难临头。有意思的是,哥舒翰在此事发生后,也"心不自安"①。二人不同的心态,反映出杀杜乾运一事并不简单,而是有极深刻的政治背景,这也许是太子李亨凭其所控制的守关大军向杨国忠反击的信号。据《旧唐书·王毛仲传》记载:龙武大将军陈玄礼此时也"欲于城中诛杨国忠",因时机未成熟才未动手。这表明,针对宰相杨国忠的动作,还不仅仅是在潼关军中。

那么,直接向宰相杨国忠开刀,说明双方斗争已臻白热化。当此关头,杨国忠又岂甘束手待毙?他拥有宰相的身份与权力,可以利用合法的手段来反击。在杨国忠看来,要解除潼关守军对自己的威胁,亟待解除皇太子对潼关大军的控制权。为此,当务之急是要尽快解决安禄山事变,至少要首先减轻来自潼关前线崔乾祐大军的压力。本来,杨国忠也在利用自己的方式尝试解决安禄山事变。在这年四月间,"杨国忠问士之可为将者于左拾遗博平张镐及萧昕,镐、昕荐左赞善大夫永寿来瑱。丙午,以瑱为颍川太守。

---

① 《旧唐书》卷104《哥舒翰传》,《新唐书》卷135《哥舒翰传》同。

贼屡攻之,瑱前后破贼甚众,加本郡防御使。"①但是,杜乾运被杀对双方恐是一个转折,迫使杨国忠不得不放弃按常规解决事变的努力而寻求新的对策。在此背景下,一项力主潼关大军出关作战的计划出笼了。杨国忠极力主张大军速速决战以尽快解决前线叛军。

恰在此刻,唐朝廷得到谍报,说叛军崔乾祐在陕州(今河南三门峡)兵不满4000,且羸弱无备。这使大军出关作战显得顺理成章。消灭叛军,收复失地,正是唐玄宗企盼已久的。他同意了宰相的这一动议,并直接向哥舒翰下达了出兵进攻陕州、收复洛阳的作战命令。对此,哥舒翰从一位职业军人的角度向朝廷陈述了自己的看法:"禄山久习用兵,今始为逆,岂肯无备!是必羸师以诱我。若往,正堕其计中。且贼远来,利在速战;官军据险以扼之,利在坚守。况贼残虐失众,兵势日蹙,将有内变;因而乘之,可不战擒也。要在成功,何必务速!今诸道征兵尚多未集,请且待之。"当时正在河北鏖战的郭子仪、李光弼也建议朝廷,不可让潼关大军轻出,应固守扼敌,以策应朔方军在河北的行动,他们强调:"若潼关出师,有战必败;关城不守,京室有变,天下之乱,何可平之!"②

杨国忠根本无视前线军事将领的意见,仍按照政治运行的法则来操作。此时,有了皇帝的支持,杨国忠自然又占据了上风。天平倾斜到杨国忠一边,他说大军逗留不进,将会坐失战机。唐玄宗为之心动,遂接连派使者前往督促大军出关决战。哥舒翰无可奈何,皇太子也无计可施,只得于六月四日冒险出兵。大军出发之时,哥舒翰面对三军抚膺恸哭。无疑,正是由于杨国忠与太子李亨

---

① 《通鉴》卷217,肃宗至德元载四月条。
② 《通鉴》卷218,肃宗至德元载六月条及《考异》引凌准《邠志》。

之间的斗争较量，导致了此番大军出关。结果，大军中计，自弃天险投向绝地，全军覆灭。正如杜甫《潼关吏》中所咏："哀哉桃林野，百万化为鱼"，哥舒翰也被叛军抓了俘虏。潼关于六月九日被叛军攻入。唐朝平叛战争的形势急转直下，使腹背受敌、处境艰难的安禄山绝处逢生。朔方军不得不退出河北，在燕赵之间寻求战机，唐之河东、华阴、冯翊、上洛诸郡防御使闻风弃城而逃。唐玄宗在大军告急时，也只能派剑南军将李福德率不久前临时凑集起来的、毫无战斗力的监牧兵赴援应付。长安，无兵可用了。

潼关战败，长安已无兵可战、无险可守。京师长安门户洞开，处于万分危急之中。难怪宋代史学家范祖禹评杨国忠此举乃是"动为身计，不顾社稷之患"①了。看来，潼关相持之时给唐朝平叛战争带来的一线希望，终归寂灭了。全国军事形势迅速逆转，唐朝廷想在短时间内平定叛乱的一厢情愿，似乎无法成为现实了。

这对于大唐天子、大唐朝廷，都会有一个明白的提示：大唐将要变个样子了。太子李亨丧失了潼关守军这张牌，在今后的政治生涯中会怎样呢？

四　马嵬之变

"此日六军同驻马，当时七夕笑牵牛。如何四纪为天子，不及卢家有莫愁。"这是唐代诗人李商隐所作著名的《马嵬》诗，对杨贵妃命丧马嵬咏怀浩叹。然而，仅仅贵妃之死，岂能概括马嵬之变的全部。

---

① 《唐鉴》卷5《玄宗下》，臣祖禹曰，第145页。

天宝十五载(756年)六月九日。潼关失守的战报尚未传到京师,但夜幕降临时分,照例应该点起的平安火未能看到,这使朝廷预感到局势的严峻。六月十日,唐玄宗召见宰相商议对策。杨国忠提出了幸蜀计划,唐玄宗没有反对。此时的长安城,已非常混乱,就连百姓也惊魂不定,四处奔走。有些在探听消息,有些则开始向城外逃生。次日的朝会,百官也显得惶惧不安,眼前的形势与半年前相比,都一样的令人难以置信,军事上连接溃败,使百官无法冷静相对,当皇帝询问众人有何平乱良策时,臣僚都唯唯诺诺,不知所对。偌大的帝国朝廷一时之间陷于困顿,曾经的歌舞升平和歌功颂德此刻却变得鸦雀无声,仿佛僵死一般。杨国忠朝会之后仍力劝唐玄宗早日入蜀。太子李亨的态度史书中未见记载,但从后来的情况看,对于入蜀,他未必赞同,因为入蜀,就是逃离京师长安。再者,蜀地剑南地区是杨国忠的势力范围。为此,李亨需要加紧准备,以策不虞。

　　到了六月十二日,多数京官竟没有早朝。这天,唐玄宗在兴庆宫勤政楼宣布了亲征制书。但这次亲征制书给人们留下的并不是抗敌平叛的印象。同时,以京兆尹魏方进为御史大夫兼置顿使,另以少尹崔光远为京兆尹留守京师,宦官边令诚执掌宫闱锁钥。另外,还以剑南节度大使颖王璬要赴本镇的名义,令剑南道设置储备。因此,朝野上下对亲征感到疑惑,有经验的人也许已能感受到,这是皇帝在着手为自己出逃入蜀作准备了。

　　值此朝野震荡之际,太子与宰相之间的政治斗争仍在暗中进行。唐玄宗忙于幸蜀之行,一切都未来得及浮泛出表面。临行前,龙武大将军陈玄礼奉命选闲厩马900匹,并集合挑选禁军队伍,还厚赐钱帛。连夜,唐玄宗又命宦官王洛卿等先行,告谕沿途郡县安排住宿,以便接驾。显然,这都是为了做好皇帝入蜀的准备。史家评论说:"天子出奔以避寇,自玄宗始。"①幸蜀之行似乎要令盛唐天子唐玄宗为之羞赧难堪了,但此时的皇帝已顾不得许多。准备工作既秘密而紧张,又有条不紊。

六月十三日,唐朝皇帝的大逃亡开始了。黎明时分,长安城宵禁未开,城内一派静寂。蒙蒙细雨之中,一支大约3000余人的队伍从禁苑开出,经延秋门西行而出。随行的朝官有杨国忠、韦见素、魏方进等人,此外,还有杨贵妃及其姊妹、皇子、嫔妃、公主、皇孙和高力士及宫内近侍。唐玄宗在龙武将军陈玄礼所率禁军的扈卫下为前队。皇太子李亨虽然也同行,但自行殿后,太子良娣张氏与其他东宫眷属同其他随行的皇室成员都在唐玄宗的前队。

值得注意者,太子的后队人马大约有2000人,其中包括禁军中的精锐部队——飞龙禁军。随行的太子贴身宦官李静忠(又名李护国,后改名为李辅国)就出身于飞龙军系统,他乃是飞龙马家小儿。小儿,即唐代对厩牧、五坊、禁苑给使者的称谓。安禄山叛乱后,太子李亨拥有了对东征大军的控制权,眼下,托名亲征的出逃,仍然没有剥夺太子对征讨大军的统率权。只是兵马无多,这种权力只有体现在对随行的飞龙禁军的控制上了。李亨的儿子广平王俶、建宁王倓在出逃的队伍中,乃是"典亲兵扈从"②,也都在后队之中。这说明,太子李亨确实控制着这支精锐的禁军队伍。

平明时分,皇帝逃亡的队伍已过渭河便桥。此刻,京师之中尚有官员上朝者。宫门一开,宫人纷纷冲出,已不知皇上所在,长安城顿时一派混乱。不少的宫妃与王子皇孙,都未能同行,只能自行逃匿,有些胆子大的百姓,开始跑到宫内和王公府第之中抢掠。慌

① 王夫之:《读通鉴论》卷22《玄宗》二二。
② 《旧唐书》卷116《肃宗诸子·承天皇帝传》。

乱中,左藏的大盈库被点燃,负责留守的崔光远派人救火,并维持治安。然而,皇帝西奔避乱,长安城已很难收拾。留守的崔光远与宦官边令诚索性派人与安禄山叛军联络,以管钥献之另谋出路。不久,就投降了,长安城很快沦陷。未能逃出的皇室成员处境更加悲惨。杜甫《哀王孙》中咏诵此事云:"长安城头头白乌,夜飞延秋门上呼。又向人家啄大屋,屋底达官走避胡。金鞭断折九马死,骨肉不得同驰驱。腰下宝玦青珊瑚,可怜王孙泣路隅。问之不肯道姓名,但道困苦乞为奴……"所有这一切,是唐玄宗不得而知的。

中午,唐玄宗与太子李亨的前后队到达咸阳望贤宫。此距长安已有40余里。然而,咸阳令和先期派遣的王洛卿都已逃跑,给大队人马的饮食供应造成了极大麻烦。所谓"官吏骇散,无复储供"[1],失去沿途官府的安置,出城后只带些钱帛衣物的逃亡队伍,饭食就成了大问题。天将过午,唐玄宗还没有吃到东西。后来杨国忠去买了些胡饼(蒸饼),又有人送来些粗茶淡饭,才将就着填饱肚子。皇孙们有的还没有吃饱,不得已,他下令禁军战士分散到各个村落中求食,一直折腾到未牌时分。当抵达京城西八十五里的金城(今属陕西兴平西)时,已经快半夜了[2]。

疲惫不堪的唐玄宗对自己的一些行为开始反省,甚至悔责自己用人不明。此刻的情景,令他感到难堪与无奈。但是,太子李亨丝毫不理会处境的艰难,他在加紧准备,寻机有所动作。在逃亡的队伍中,太子李亨的亲信宦官李辅国不停地在前后奔走。李辅国在队伍中的行动显得从容,又掩人耳目。原来,此时太子的张良娣已有八个多月的身孕,李辅国名义上是代太子前来向张良娣问讯

①　《旧唐书》卷9《玄宗纪下》。
②　《通鉴》卷218,肃宗至德元载六月条。

情况。但令人难以觉察的是,他与禁军陈玄礼的接触尤为频繁。后来的事实证明,李辅国原来是受太子李亨指使,正在密谋策划以非常手段对付宰相杨国忠,以实现潼关守军和长安城内没有实现的目标。也就是说,太子李亨在出逃途中便着手策划"诛杨"了。

史书中对此事件因果的记载,有不少曲隐之处,以至于后世对这一斗争内幕的认识产生了许多分歧。司马光《资治通鉴》的记载最具有代表性:"陈玄礼以祸由杨国忠,欲诛之,因东宫宦者李辅国以告太子,太子未决。"并没有把事件的主谋当作太子李亨。《旧唐书·韦见素传》与《新唐书·李辅国传》大约也以马嵬驿诛杨一事为李辅国与陈玄礼合谋而为之。这样的说法,显然给人留下了一种印象:首倡诛杨者是陈玄礼,李辅国乃是中介人,太子李亨只是被动的角色。其实,这掩盖了历史真相。① 司马光是位颇重君臣大义的人,他按春秋笔法修史,很讲究为尊、亲、君者讳,他当然不能将一位继统之君写成犯上作乱者,这是他的一贯做法。像他记唐高祖的太原起兵、唐太宗的玄武门之变以及在《涑水纪闻》中记宋太祖赵匡胤的陈桥兵变,无不将他们说成被动、受人支配的角色。这里记载李亨之密谋也如出一辙。他编修《资治通鉴》,自唐玄宗天宝十五载五月后记事就系年为唐肃宗至德元载,可见其以唐肃宗为正朔。因此,他就不可能将唐肃宗策划兵变的真相如实记诸史册。

真实的情况应该是:太子李亨同亲信密定之后,派李辅国去拉拢陈玄礼,这一行动或许在长安城内就已开始。多年来,太子与宰相集团的斗争较量,使他屡处险地。长安城内以及围绕潼关守军的较量没有得手,太子李亨也一直未停止寻求时机。唐玄宗避乱

---

① 　详见拙撰:《马嵬之变发微》,载《扬州师院学报》1995 年第 3 期。

出逃,离开了京师,这给掌握着精锐飞龙军的太子李亨发动政变提供了千载难逢的好机会。如果说唐朝前期历次宫廷政变都要煞费苦心地攻占玄武门才能取得成功的话①,此番君臣已离宫禁,僻处野外荒郊,利用手中掌握的禁军发动一场政变,简直是轻而易举,太子李亨基本上可以稳操胜券。李辅国、张良娣与广平王俶、建宁王倓等人都义无反顾地站在太子一边,大约也都已估计到这一形势。

虽然史书中有陈玄礼欲于长安城中诛杀杨国忠的记载,但陈玄礼并不是首谋之人,他可能是被拉拢甚至被胁迫的人物。陈玄礼自王毛仲、葛福顺因与宦官矛盾被杀而任龙武将军后,“以淳朴自检,宿卫宫禁,志节不衰。”②说明他恪尽职守,忠于皇帝,不曾依附于任何一种政治势力。由于安禄山起兵以诛杨国忠为旗号,而杨国忠恣威弄权,在朝廷上声望不佳,陈玄礼对诛杨一事不会反对。因为他曾说过:“国忠挠败国经,构兴祸乱,使黎元涂炭,乘舆播越,此而不诛,患难不已。”③在他看来,诛杨也是为忠于皇帝,为了天下苍生。另外,在逃亡队伍中,他的前队禁军只能尽力保护皇上起居安全,却无法驾驭后队的飞龙军。相反,倒是飞龙军对他的龙武军具有相当的优势,以至于如何行动、何时行动他都不得不按照太子的吩咐来做,这一微妙的合作确实令人感到奇特。对于太子李亨来说,有了龙武军陈玄礼的联手,就更多了几成胜算,甚至可以说万无一失了。

在大队的逃亡之中,太子李亨已是紧锣密鼓,磨刀霍霍了。

由于队伍饥饿困顿,同行的人员有的偷偷溜之大吉,就连内侍

---

① 陈寅恪:《唐代政治史述论稿》中篇,上海古籍出版社,第57—59页。
② 《旧唐书》卷106《王毛仲传附陈玄礼传》。
③ 《旧唐书》卷106卷《杨国忠传》。

袁思艺也已不知去向。在金城的这天夜里,王思礼从潼关赶来,唐玄宗一行得知了潼关战败、哥舒翰被擒的消息。需要注意的是,王思礼没有随逃亡的大队在此停留。他奉命接替哥舒翰为河西、陇右节度使,即刻赴任。给他的任务就是收拾散卒,准备东讨叛敌。[①] 也许唐玄宗对于王思礼与太子的关系有所觉察,但眼下已无法顾及许多了。要知道,河西节度使之职在唐沿边各镇之中地位极为重要。

六月十四日,逃亡队伍到达马嵬驿(今陕西兴平市北 23 里)。禁军将士因饥疲劳顿,已有不逊怨言。太子的暗中鼓噪,使队伍更增骚动。天宝末年朝廷内部政治斗争的风波,终于潮涌难制到了最后较量的关头。队伍的骚动给暗中操纵与策划兵变的太子李亨提供了绝好时机。

偏又凑巧,杨国忠骑马从驿中出来,被二十几位吐蕃使者拦住,向他陈诉无食,并请示归途。正在这个时候,禁军中有人大声喊叫:"杨国忠与胡虏谋反。"喊声惊动了杨国忠,他闻声望去,见驿外已有不少将士围将过来,他想镇吓一下:"现今安禄山拥兵造反,逼迫君父,尔等想效法他吗?"这时,军中不知是谁应声答道:"你本人就是个逆贼,还有脸说别人吗?"杨国忠见势不妙,立即拨马回头想走。有位叫张小敬的骑兵飞射一箭,将他射落马下,杨国忠连忙爬将起来,想徒步而逃。但早已布置周密的禁军,哪容他逃脱,直追到马嵬驿的西门内,不由分说便把他乱刀砍死,将首级割下,挂在驿门之外示众。一时间,他的儿子杨暄及韩国夫人也被乱军杀死。魏方进出面斥责众人,也被一刀砍死。同时闻讯而出的韦见素,被击伤头部,军中有人大叫"勿伤韦相公",韦见素才侥幸免于

---

① 《通鉴》卷218,至德元载六月条。

祸患。这一呐喊的提示,足以使人明白,这次兵变事前已做了周密谋划,并确定了明确的攻击目标。此事因果,《旧唐书·杨贵妃传》说得实在:"从幸至马嵬,禁军大将陈玄礼密启太子,诛国忠父子。"

杀死杨国忠父子,事变才只是完成了第一步。当然,这是最重要的一步。人马嘈杂的禁军队伍手持兵刃,集于驿站之外。唐玄宗亲自出面告谕军士,令各归本队,并加以慰劳,众将士却仍不散去。刀枪的撞击声,不时传来。唐玄宗发现自己的话失去了威力。这时,陈玄礼出面奏道:"杨国忠谋反,众将已把他处决,贵妃尚在左右供奉,请陛下割恩正法。"唐玄宗闻听,即对陈玄礼道:"朕自当处置"。① 他见禁军要挟令自己杀死杨贵妃,感到了事态严重,便倚仗回身转入驿内,倾首而立,很久未发一言,神情有些悲怆。他内心明白,此举定是有人背后指使,这是要做给他看的。敢对堂堂天子指手画脚,岂能等闲视之!眼下事态也不容他多想,在身旁的京兆司录韦谔提醒道:"现在形势危急,众怒难犯,陛下安危系于一瞬,请陛下速速定夺。"唐玄宗道:"贵妃常居深宫,安知国忠反谋?朕岂忍心累及无辜!"高力士见状,忙上前跪禀:"贵妃确实无罪,但将士们已杀了宰相杨国忠,贵妃仍在左右,将士岂能自安?请陛下审时度势,将士安才能确保陛下之安呀!"形势已很明朗,唐玄宗见已无法挽回,大唐天子的神威已难再施,只得听任禁军在这荒郊野外撒野了。无奈,唐玄宗命高力士传谕,赐贵妃死。同时与她诀别,愿她"善处转生",贵妃也挥泪揖别,并叮嘱皇上前路保重。就这样,年仅 38 岁的杨贵妃被缢杀于驿中之佛堂,三尺白绫,送上了茫茫黄泉路。杨贵妃死后,尚陈尸于天井之中,请禁军将士

---

① 此事细节两《唐书》之纪传和《安禄山事迹》等都有表述。《通鉴》卷 218 载:"上使高力士问之,玄礼对曰:'国忠谋反,贵妃不宜供奉,愿陛下割恩正法。'上曰:'朕当自处之。'"

验明正身。

逼杀杨贵妃，是马嵬兵变的又一步骤。这当然与她当初阻止玄宗皇帝亲征令太子监国有关。既然卷入太子与宰相之间政治斗争的涡流，遭遇此番事变，她自然在劫难逃。所以，诛杀杨贵妃也是太子李亨预谋策划政变的应有之意。在诛杨之后，太子李亨已不以杀死宰相杨国忠为满足，而是要向父皇挑战，进而向父皇夺权。逼死杨贵妃就是以此来证明唐玄宗已失去了昔日的权力与神威。白居易在《长恨歌》中所咏"君王掩面救不得，回看血泪相和流"正反映出这一真谛。这一"救不得"的效果正是李亨所希望达到的，这为他日后乱世夺权提供了便利。只是由于后来的文人墨客对这位"回眸一笑百媚生"的绝代佳人杨贵妃之死的着力渲染，往往易使人误以为马嵬之变就是杀死了一个杨贵妃，他们或寄予无限同情，或视为罪有应得，或对唐玄宗加以责难与嘲讽，或对杨贵妃之死表示惋惜与不平。千余载以下，历代歌咏传唱，观点莫衷一是。倒是唐代有几位诗人所咏唱诗词颇有意味，除开头所引李商隐《马嵬》诗"此日六军同驻马，当时七夕笑牵牛。如何四纪为天子，不及卢家有莫愁"外，还有唐僖宗时宰相郑畋《马嵬坡》：

玄宗回马杨妃死，云雨难忘日月新。[1]
终是圣明天子事，景阳宫井又何人？

唐代宗时进士李益《过马嵬》：

汉将如云不直言，寇来翻罪绮罗恩。
托君休洗莲花血，留记千家妾泪痕。

以及唐代泉州莆田（今属福建）人徐夤《马嵬》诗：

二百年来事远闻，从龙谁解尽如云。

---

[1] 郑畋此诗首句另有作"肃宗回马"者，文字不同，诗意也自另有情致。

201

张均兄弟今何在,却是杨妃死报君。

唐人的这些诗句,尽各抒情肠,借题发挥。不过,马嵬之变的核心却是太子李亨密谋杀死宰相杨国忠,杨贵妃的死不过是这次政变中的一个附带结果而已。由于"三千宠爱在一身"的杨贵妃名头太响,兼以文人墨客的传唱咏叹,反倒给后人留下了主次不分、本末倒置的印象。

天宝年间太子与宰相集团之间的政治较量与斗争终以兵变形式而告结束。事后太子分兵、灵武即位,别树一帜,都是这一斗争的惯性结果而已。

马嵬之变的有趣还不只在于此。逼迫唐玄宗处死杨贵妃后,龙武将军陈玄礼带头免胄释甲,放下武器,顿首请罪。唐玄宗则对他所率将士一番慰劳,并令他告谕将士,陈玄礼等皆呼"万岁",再拜而出。这一幕,太子李亨始料不及,也无可奈何。陈玄礼身为禁军首领,在处死杨贵妃后,竟带头向玄宗皇帝表示效忠,这保证了皇帝的人身安全。因此,太子李亨策划政变虽然意在夺权,但并没有像历史上很多政变一样危及皇帝直接夺权,而是分兵到了灵武之后才另立朝廷,这也是马嵬之变的又一结果。这一结果,均与陈玄礼所掌握部分龙武军效忠皇帝有密切联系。这也恐怕正是陈玄礼日后一直追随唐玄宗入蜀,唐玄宗从不曾怪罪,而在重返长安后却被唐肃宗李亨勒令致仕的真实原因。应当说,陈玄礼的政治立场和态度,一定程度上影响了马嵬之变后唐中央政治的面貌。

一场京师之外的兵变总算停息。李亨与唐玄宗的逃亡之路依然很长。马嵬之变后,李亨与唐玄宗之间的分歧近乎公开化,下一步究竟该如何安排呢?

第六篇　重整江山

一　分兵北上

"马嵬涂地,太子不敢西行。"旧史中的这句评论很是到位。那么,不敢西行的太子,路又在何方?

马嵬兵变,折腾了好一阵子的大队人马又要出发了。毕竟,这个离京师长安不远的驿站,不能成为皇帝的驻跸之所。他们要寻一处足以安定下来的场所,这是当务之急。太子李亨因为龙武将军陈玄礼的态度,根本不可能胁迫父皇听从他的安排。唐玄宗在离开马嵬时,周围的人对下一步往何处落脚也意见不一。逃离长安的唐玄宗本意仍想前往蜀中,中使封常清提出忧虑。他认为杨国忠久在剑南经营,诛杨之后,恐其党徒有谋逆之心,不如幸太原,认为太原百姓望幸多时,地安可驻。中官郭师太提出銮驾可往朔方,认为朔方之地乃蕃汉杂处,父子成章,自来地名忠孝。另一中官骆休详则提出往陇西为上策,认为那里土厚地殷,号称丰实之所,可往巡幸。①　其他的意见还有不少,甚至有人提出返回长安,但都没有打动唐玄宗。他就来征求高力士的意见。在后宫内侍中

---

① 《安禄山事迹》卷下。《通鉴》卷218,肃宗至德元载六月条《考异》引《幸蜀记》中官名姓略有不同。

官之中,高力士的地位和权力是不容置疑的。他见皇上询问,就分析众人所论,提出:"太原虽近,地与贼连,先属禄山,人心难测;朔方近塞,全是蕃戎,教之甚难,不达人意;西凉地远,沙塞萧条,大銮巡幸,人马不少,既无备拟,立见凄惶;剑南虽小,土富人强,表里山河,内外险固。以臣所见,幸蜀为宜。"①唐玄宗听高力士一番言辞,悬着的心终于放下了。于是,仍然按照既定规划选择蜀地为避难之所。在此过程中,韦见素之子韦谔被任命为御史中丞,充置顿使,代替在马嵬之变中被砍死的魏方进负责沿途事宜。韦谔对下一步的行程给了一个缓兵之计,他认为:"还京,当有御贼之备。今兵少,未易东向,不如且至扶风,徐图去就。"唐玄宗"询于众,众以为然,乃从之"。②这至少说明,唐玄宗入蜀之意已决。事已至此,太子李亨也无可奈何。他不可能再随父皇一路西行。为了个人的最大利益和另谋发展,李亨只有分兵,另寻出路。

事实也是如此。

在唐玄宗一行从马嵬出发准备前往扶风(今属陕西)的时候,太子所在的后队发生了一阵骚动。唐玄宗派人暗中侦伺,回来的人报告说,是建宁王倓、广平王俶与李辅国鼓动太子留下来。其实,这无疑是李亨一手策划的。马嵬兵变,诛杀杨氏,矛头已指向了大唐天子,眼下父皇入蜀已不可逆转,父子分道扬镳也已势在必行。所以说:"马嵬涂地,太子不敢西行。"③李亨父子心中对此都

---

① 《安禄山事迹》卷下。《通鉴》卷218,肃宗至德元载六月条《考异》引《幸蜀记》记高力士言辞云:"太原虽固,地与贼邻,本属禄山,人心难测。朔方近塞,半是蕃戎,不达朝章,卒难教驭。西凉悬远,沙漠萧条,大驾顺动,人马非少,先无备拟,必有阙供,贼骑起来,恐见狼狈。剑南虽窄,土富人繁,表里江山,内外险固;以臣所料,蜀道可行。"《通鉴》依《唐历》,认为"上意在入蜀"。

② 《通鉴》卷218,肃宗至德元载六月条。

③ 《旧唐书》卷51《后妃传》序。

应当很清楚。不过,这一分兵过程,在《资治通鉴》的记载中却有另一番情形。

据记载,唐玄宗动身时,父老皆遮道请留,并说:"宫阙,陛下家居;陵寝,陛下坟墓,今舍此,欲何之?"唐玄宗为之按辔久之,遂令太子于后宣慰父老。父老乘机道:"至尊既不肯留,某等愿帅子弟从殿下东破贼,取长安。若殿下与至尊皆入蜀,使中原百姓谁为之主?"须臾之间,众聚至数千人。太子认为众人留兵东讨逆贼之计不妥,他说:"至尊远冒险阻,吾岂忍朝夕离左右。且吾尚未面辞,当还白至尊,更禀进止。"言罢,涕泣不已,勒马转头,欲往西行。建宁王俶与李辅国执鞚谏曰:"逆胡犯阙,四海分崩,不因人情,何以兴复!今殿下从至尊入蜀,若贼兵烧绝栈道,则中原之地拱手授贼矣。人情既离,不可复合,虽欲复至此,其可得乎!不如收西北守边之兵,召郭、李于河北,与之并力东讨逆贼,克复两京,削平四海,使社稷危而复安,宗庙毁而更存,扫除宫禁以迎至尊,岂非孝之大者乎!何必区区温情,为儿女之恋乎!"广平王俶也一起劝太子留下。父老共拥太子马,不得行。太子李亨乃使儿子广平王俶驰马向唐玄宗汇报。此刻,唐玄宗正驻马等待太子同行,见太子久不来,使人侦之,还者汇报了发生的情况,唐玄宗仰天叹道:"此乃天意!"乃分后军2000人及飞龙厩马从太子,且谕将士曰:"太子仁孝,可奉宗庙,汝曹善辅佐之。"又谕太子曰:"汝勉之,勿以吾为念。西北诸胡,吾抚之素厚,汝必得其用。"太子南向号泣而已。唐玄宗"又使送东宫内人于太子,且宣旨欲传位,太子不受"。

按照《资治通鉴》的这一记载,似乎太子分兵乃是顺乎人情,听从父命,他自己则出于无奈,不得已而为之,甚至唐玄宗还表达了传位之心。这些显然是出于事后的附会,是为了证明李亨分兵及后来登基称帝的合理性。《资治通鉴》这一记载,对于太子分兵过程保留了一些真实的内容,包括一些细节的真实。但是,对整个过程的描绘是为了维护李亨的正统地位。事实上,当唐玄宗决意入蜀时,李亨的分兵已经不可避免,只是他该到哪里落脚以图发展,太子此刻心中并无成算。此处父老愿从太子东破贼的"东"与后来太子的"北上",就说明李亨面对的讨贼之计,在方向上并不明确。离开马嵬前往扶风的唐玄宗"总觉待太子",是等待太子李亨西来,与"太子南向号泣而已"[1],在方向上也不一致。《旧唐书·肃宗纪》中记此分兵事则云"留后军厩马从上",这一"留"字比《资治通鉴》之"分"字更能反映出历史的真实。实际上,后队人马早已归太子调遣、控制,本不待唐玄宗分之。

如同太子李亨对父皇决意入蜀无可奈何一样,唐玄宗对太子分兵、别树一帜也无计可施。富有政治斗争经验的唐玄宗仍留有余地,派高力士与寿王瑁等将东宫内人和一些服御物什送给了太子李亨。虽是顺水推舟,却不乏深意。这样,怀有身孕的张良娣也回到了太子身边。她在出长安城之后,一直关注着马嵬之变事态的发展。她坚定地站在太子一边,在分兵一事上,她也极力赞成[2]。

于是,太子李亨与父皇要各走各的路了。正如唐代诗人张祜《马嵬坡》诗中所云:

> 旌旗不整奈君何,南去人稀北去多。

南去的唐玄宗一行到达岐山(今属陕西),军中传言叛军前锋很快就要赶来,他们立即加快行动速度,次日即达扶风郡。随行的

---

① 《通鉴》卷218,肃宗至德元载六月条。
② 《旧唐书》卷184《李辅国传》。

将士各怀心事,暗中也不免口出不逊,有些还想自奔前程。陈玄礼也无能为力。唐玄宗深为忧虑。恰巧,来自剑南成都方面进贡的春彩10万匹运抵扶风,唐玄宗命放于庭场之上,召诸将入内,谕之曰:"卿等国家功臣,陈力久矣,朕之优奖,常亦不轻。逆胡背恩,事须回避。甚知卿等不得别父母妻子,朕亦不及亲辞九庙。"言语之际,不觉涕泣,他继续说道:"朕须幸蜀,路险狭,人若多往,恐难供承。今有此彩,卿等即宜分取,各图去就。朕自有子弟中官相随,便与卿等诀别。"稍顿了顿,又道:"若归见父母及长安父老,为朕致意,各好自爱也。"众人闻听,皆俯伏涕泣曰:"臣等死生从陛下,不敢有贰。"唐玄宗一番去国之悲怀,令众将士回心转意,于是,一直陪伴他继续一路前行。到达成都之时,扈从唐玄宗的官吏军士共1300人,宫女24人而已。①

与唐玄宗入蜀的一路艰阻毫无二致,李亨自马嵬分兵后的境况也极其窘促。马嵬兵变的喧闹结束后,驿站内外已是人马皆空,李亨对下一步的行动仍无成算,直到夜幕降临,他们都未拿定主意。有一点,大家心里清楚,跟皇上分手以后,蜀地就不能再考虑了。刚刚离开的京师长安,暂时也无法回去。跟随唐玄宗入蜀的韦谔离开前曾留下这样的话:"还京,当有御贼之备;今兵少,未易东向。"②此时李亨随从者中有儿子广平王俶、建宁王倓和宦官李辅国以及张良娣,手中仅有2000禁军。这在京师之外策划一场流血兵变自然绰绰有余,要回兵与叛军抗衡,显然"兵少"力不从心。此刻的长安城,已近乎成了一座空城。占领潼关的叛军没有想到大唐天子会轻易弃城出逃,一直在潼关观望了近10天。直到天宝

---

① 《旧唐书》卷9《玄宗纪》,《通鉴》卷218,肃宗至德元载六月条。
② 《通鉴》卷218,肃宗至德元载六月条。

十五载（756 年）六月十七日，叛军先锋才在孙孝哲的率领下进入长安城。

京师沦陷时，留守京师的崔光远、边令诚等大批官员投降。就连唐朝宰相陈希烈、驸马张垍、张均兄弟也都向安禄山臣服，做了伪燕的宰相。后来，唐军收复洛阳，郭子仪曾差人押送安禄山伪署官员 350 多人到京师，其中相当一批是唐朝的降臣。难怪后来曾有人评价说，唐世忠义之缺乏，堂堂大一统王朝之食禄之官，一旦贼至即甘心从贼，"皆因六朝以来，君臣之大义不明，民人不复知有国家，其视贪生利己，背国忘君已为常事。有唐虽统一区宇已百余年，而见闻习尚犹未尽改。"①李亨分兵之初，长安城虽尚未沦陷，但一个不设防的京城能坚持几何，人人心中都很清楚。局势之恶化与力量之悬殊，决定了李亨在马嵬分兵后，却断难即刻回兵长安。尽管李亨对京师长安一直梦寐以求，但目前也只能眼睁睁地看它沦于敌手。

夜幕之下，人马俱静，四周空寂，太子李亨感到了前路的艰难，也经受着分兵之后第一次严峻的考验。

这时，李亨的儿子广平王俶开了腔："天色已晚，此地不可久留，我们该到哪里去，大家都想想法子。"众人仍旧默不作声，他另外一个儿子建宁王倓抬头环视众人，突然对李亨说道："殿下曾经任朔方节度大使，将吏过年过节致函问候，打过一些交道，我还记得他们中的一些人。现在河西、陇右之众皆败降贼，父兄子弟多在城中，或生异图，似不可往。朔方道近，士马全盛，现在河西的裴冕，又是衣冠名流，也不会出什么乱子，趁敌军还没有追来，不如先到朔方立稳脚跟，再徐图大举，岂非上策！"众人闻言，也觉得是个

---

① 张亮采：《中国风俗史》，东方出版社 1996 年版，第 99 页。

好主意。① 李辅国、张良娣也都劝太子北上,以图兴复大计②。看来,东向长安、南下蜀中,西趋河、陇,都非上策,除北上之外,似乎也没有更合适的去处。太子见大家都有意北上,遂准备北行。说实在话,太子李亨心中并不踏实。是否在分兵北上之时李亨就已有前往朔方的打算,还很难说。此刻的朔方节度使郭子仪尚在河东、河北一带与叛军作战,留镇朔方的军将是何态度,李亨还需要试探。总之,李亨分兵北上,事属情非得已、无可奈何,并不是事先筹划、早有成算,是事态紧急之下权衡利弊后的无奈抉择。

李亨分兵北上之路,也是备尝艰辛。

在北上之初,刚刚到达渭水岸边,就遇到一股从潼关溃败下来的散兵游勇,慌乱之中误以为敌兵追来,结果一场混战,白白损伤了不少士兵。李亨分兵后的惶恐与惊慌足见一斑。待弄清情况,太子李亨才又整顿队伍,选渭河水浅处,乘马涉渡而北,而无马者只得望水兴叹。据说,李亨渡过渭水后,渭河水就突然暴涨,他认为是苍天助佑,心中大喜。他分兵后一行人是缺乏战斗力的,最担心的是叛军的追击。当李亨一行到达奉天(今陕西乾县)后,就一路北上,经永寿(今属陕西),星夜兼程,一口气跑了300余里,"士众器械亡失过半,所存之众,不过一旅",③幸亏沿途之上有百姓献牛酒。据说,在疾奔新平(今陕西彬县)的路上,"有白云起西北,长数丈,如楼阁之状,议者以为天子之气",④看来,匆匆北上途中的太子李亨,就已在仓皇奔忙中进行政治宣传,为日后夺权制造舆论了。

---

① 《通鉴》卷218,肃宗至德元载六月条。
② 《旧唐书》卷184《李辅国传》,《旧唐书》卷52《后妃下·肃宗张皇后传》。
③ 《旧唐书》卷10《肃宗纪》。
④ 《旧唐书》卷10《肃宗纪》。

到达新平郡时,因为太守薛羽弃城而逃,使形势平添几分不安。于是李亨马不停蹄,当天就直奔安定郡(治今甘肃泾川)而去。次日,即六月十七日,到达安定郡城安顿。然而,安定太守徐毂也已弃城而逃。在安定,李亨将抓获的薛羽和徐毂二人斩首。六月十八日,他北上到达乌氏驿时,彭原太守李遵率众迎谒,并进献衣粮给养。这使李亨略感轻松,于是暂住彭原(今属甘肃庆阳),并募得数百兵马。当李亨到达平凉(今属甘肃)时,又得监牧之马数万匹,募众五百,军势稍振。平凉所在的原州(治今宁夏固原)已与朔方节度使驻所灵州(今属宁夏)相邻。这里地近河西、陇右,河、陇兵马先随哥舒翰镇守潼关,潼关失败后,河、陇诸胡部落顿时一派混乱,相互攻击,争长自立,形势很难估摸。朔方军态势也一直未能摸清,李亨一时也是不敢贸然前往。在平凉,他一连盘桓几天,"数日之间未知所适"①。李亨在这几天,可称得上度日如年。连日来,他仓促北上,尽管躲过了叛军可能的尾追,但并没有安定之感。

北上途中,身怀六甲的张良娣一直追随着李亨。这期间,实在难忍阵阵腹痛,无法乘马,曾暂时在一个叫李谦的人家稍做歇息。据说,由于北上的艰难,无奈之中,李亨还把她所生的一个幼女寄养在李家。开始,李亨打算让张良娣留下来,可是她不肯,遂一路坚持北上。张良娣显得异常坚定从容。每到晚间宿营,她总不离李亨左右,行则居李亨之前,寝则卧李亨榻外。李亨感到很不理解,问道:"拒敌御寇不是你妇道人家的事,何以处处在我面前?"张良娣则很平静地说:"妾虽然是一个弱女子,不能为殿下抵挡千军万马,但眼下形势急迫,殿下履此险难,兵卫非多,一旦有什么变

---

① 《旧唐书》卷 10《肃宗纪》。

故,仓促之际,妾以身挡之,殿下还可以由后而出,庶几无患!以妾贱命,换得殿下平安,有何不妥!"①这一番话,直令李亨心中无限感慨。但是,眼下形势之严峻却不曾改观。旧史中说"太子既北上渡渭,一日百战",未必真实,但是,他一路之上,草动风吹,仓惶颠沛,惊魂难定,"太子或过时不得食",②当不是夸张。

他们马嵬分兵后,一路北上,直到顺利抵达朔方军治所灵武(今属宁夏),狼狈不堪的太子李亨一行才得以喘息。

二 灵武登基

李亨即位灵武,艰辛的太子生涯总算熬出了头,更给平叛战争带来了无限希望。但苦海无涯,他又不得不面对更加严峻的动荡与新的挑战。

北上的李亨一行在抵达平凉(今属甘肃)逗留观望之际,消息已迅速传到朔方军中。在灵武(今属宁夏)的朔方节度留后杜鸿渐、六城水陆转运使魏少游、节度判官崔漪、支度判官卢简金、盐铁判官李涵等也很快做出反应。他们对时局做了一番分析,认为:"今胡羯乱常,二京陷没,主上南幸于巴蜀,皇太子理兵于平凉。然平凉散地,非聚兵之处,必欲制胜,非朔方不可。若奉殿下,旬日之间,西收河、陇,回纥方强,与国通好,北征劲骑,南集诸城,大兵一举,可复二京。雪社稷之耻,上报明主,下安苍生,亦臣子之用心,国家之大计也。"③显然,朔方军将领的政治企图很明朗,正是

① 《旧唐书》卷52《后妃下·肃宗张皇后传》,并参《通鉴》卷218,至德元载六月条。
② 《旧唐书》卷52《承天皇帝倓传》。
③ 《旧唐书》卷108《杜鸿渐传》。

借此太子北上的大好时机获取拥立之功,进而捞得更多的政治利益。经过商议,杜鸿渐决定派李涵往平凉迎太子来灵武,同时草笺具陈兵马招集之势,向太子李亨详细报告了朔方之军资、器械、仓储、库物数目。李亨见李涵来到平凉后,清楚了朔方军的态度,他悬着的一颗心终于放下,不禁喜形于色。正巧,河西行军司马裴冕也赶到平凉,他谒见太子时,也奉劝李亨北上灵武。于是,李亨决定动身赴灵武。此时朔方军中,杜鸿渐正为迎接李亨做紧张准备,魏少游奉命修葺房舍,筹备资储。杜鸿渐得知李亨从平凉出发后,就前往平凉北界之白草顿(今宁夏同心南之清水河畔)亲迎太子一行。在这里,朔方军对太子一行人马大加款待,杜鸿渐又向太子进言:"朔方天下劲兵;灵州用武之处。今回纥请和,吐蕃内附,天下郡邑,人皆坚守以待制命。其中虽为贼所据,亦望不日收复。殿下整理军戎,长驱一举,则逆胡不足灭也。"这番话令李亨禁不住热血沸腾,点头称是①。

天宝十五载(756年)七月九日,李亨在杜鸿渐等人的陪同下,抵达朔方军大本营灵武。据史书记载,李亨从平凉出发之始,"有彩云浮空,白鹤前引;出军之后,有黄龙自上(指李亨)所憩屋腾空而去。"②俨然真龙天子出世之兆。常言道,七月天出巧云。云出七彩,形状多变未必不实,但这样的解释应该是事后附会。不仅如此,前往灵武途中还有一段小插曲。"上行至丰宁南,见黄河天堑之固,欲整军北渡,以保丰宁,忽大风飞沙,跬步之间,不辨人物,及回军趋灵武,风沙顿止,天地廓清。"③正史中的这种记载,虽然意在表明李亨赴灵武是天意,实际上透露出李亨北上灵武有很大偶

① 《旧唐书》卷108《杜鸿渐传》。

② 《旧唐书》卷10《肃宗纪》。

③ 《旧唐书》卷10《肃宗纪》。

然性。

无论李亨在分兵后选择落脚点时有多少顾虑,他毕竟得到了朔方军的支持。也正是因为得到朔方军的支持和拥戴,他一到达灵武,就着手策划登基、别树一帜了。

到达灵武最初的几天,朔方的杜鸿渐、河西的裴冕等人就连续数次上表奉劝太子李亨即皇帝之位。开始,李亨表示推辞,裴冕与杜鸿渐则直言不讳:"将士都是关中人,日夜思归,他们追随太子殿下长途跋涉,来此沙塞边地,就是希望能立尺寸之功。殿下即位,他们会感到更有希望。不然,一旦离散,不可复集。愿殿下勉徇众心,以社稷为重。"显然,灵武的军将意见都是一致的。就这样经过数次反复与相互试探,李亨终于决定登基了。

不过,这一段事情在《旧唐书·肃宗纪》中却另有一种记述口吻:李亨到达灵武后,魏少游已经对其一行的安顿做了充分的准备。裴冕、杜鸿渐等从容进言:"今寇逆乱常,毒流函谷,主上倦勤大位,移幸蜀川。江山阻险,奏请路绝,宗社神器,须有所归。万姓颙颙,思崇明圣,天意人事,不可固违。伏愿殿下顺其乐推,以安社稷,王者之大孝也。"李亨在推辞时则说:"俟平寇逆,奉迎銮舆,从容储闱,侍膳左右,岂不乐哉!公等何急也?"裴冕等凡六上笺,辞情激切,不得已而从之。① 正史这一记载,是依据了唐朝《国史》《实录》等官修文献。按这样的记载,李亨灵武登基完全成为被动之举,是在众人的拥戴下不得已而为之。而且,此举还理由充分,冠冕堂皇。李亨表示在平定叛乱收复失地、迎还父皇后,仍作一位侍奉左右的乖乖太子。这一记载中所展示李亨的惺惺作态是显而易见的,这是李亨为自己的登基刻意营造的态势。当然,这也透露

① 《旧唐书》卷10《肃宗纪》,同时参见《旧唐书》卷113《裴冕传》。

出裴冕、杜鸿渐等人确实怀有贪拥立之功的私心,因此也就很积极地替太子李亨充当吹鼓手。

经过一番布置与筹划,天宝十五载(756年)七月十二日,李亨在灵武城的南门城楼,举行了登基仪式。仪式虽然经过与李亨商讨,但仍然十分简单。"素习帝王陈布之仪、君臣朝见之礼"的杜鸿渐事先很郑重的"采摭旧仪,绵蕝其事",[①]为登基典礼做了力所能及的准备。他在城南设坛墠,实际上就是为登基设置场地。据说天子出行在平地之上设住宿之所即为墠宫。李亨在这远离京师的灵武,也只能靠这些安排来充充场面了。

登基礼仪举行的前一天,杜鸿渐将有关的仪注一一向李亨做了汇报。李亨基本上认可了他的布置,只就设置坛场一事提出质疑,李亨表示:"圣君在远,寇逆未平,宜罢坛场。"[②]其实,在灵武城内即位,根本上无需这些摆设,或者说,李亨根本不在意场面,他关注的是登基大典本身。在南门城楼举行登基仪式或许是过于简陋,《旧唐书·肃宗纪》在记此事时,并未直接明言,只是说李亨在灵武即位,当天御灵武门下制书。给人造成是在礼毕之后才往南门的印象。

即位典礼举行的当天,李亨的内心是复杂的。多年来,险象环生的东宫太子的生涯从此画上句号,与他相伴多年的死对头宰相杨国忠也已命丧马嵬。今日登基,终于可以一展愁眉,一吐怨气。但是,李亨此刻身处灵武,与京师相距遥遥,叛军已占据两京。收复失地,平叛靖乱仍任重道远。一个久承太平之世的皇太子,忽然之间成了一个乱世的皇帝,角色的反差实在太大了。然而对于李

---

① 《旧唐书》卷108《杜鸿渐传》。

② 《旧唐书》卷108《杜鸿渐传》。

亨来说,若没有安禄山叛乱的到来,他今日的即位还不知等到猴年马月。只是在灵武以这种方式即位,对于以前唐朝的皇帝来说,都是从未经历与见识的。因此,对于李亨来说,他同样要经受严峻的考验。登上皇帝之位不易,坐稳这个位子将会更难。他不仅要考虑到今天,更要考虑到明天,还不得不考虑明天后的明天。究竟该何去何从?当登基仪式结束,群臣舞蹈称庆,口称万岁时,李亨再也难抑内心的汹涌澎湃,禁不住流涕歔欷。这眼泪也许是真诚的、由衷的。李亨的泣涕,令身边的人无不动容,大受感染①。

李亨在灵武即位之后,我们按照习惯称之为唐肃宗。但"肃宗"是他死后的庙号。

唐肃宗李亨登基,改年号为至德,并且系当年改元,即天宝十五载(756 年)为至德元载。唐玄宗被推尊为太上皇。唐肃宗所有登基后的政治改作,也是按部就班。在他即位赦文中,率先公告天下:"朕闻圣人畏天命,帝者奉天时。知皇灵眷命,不敢违而去之;知历数所归,不获已而当之。在昔帝王,靡不由斯而有天下者。乃者羯胡乱常,京阙失守,天未悔祸,群凶尚扇。圣皇久厌大位,思传眇身,军兴之初,已有成命,予恐不德,罔敢祗承。今群工卿士佥曰:'孝莫大于继德,功莫盛于中兴。'朕所以治兵朔方,将殄寇逆。务以大者,本其孝乎?须安兆庶之心,敬顺群臣之请,乃以七月(癸丑朔十二日)甲子,即皇帝位于灵武。敬崇徽号,上尊圣皇曰上皇天帝,所司择日昭告上帝。朕以薄德,谬当重位,既展承天之礼,宜覃率士之泽,可大赦天下,改元曰至德。"②大赦文中还有伐罪赏功,存恤百姓,优待百官等内容,均显示出皇帝的恩威。同时,

---

① 《旧唐书》卷 10《肃宗纪》。
② 《旧唐书》卷 10《肃宗纪》,并参《唐大诏令集》卷 2《肃宗即位赦》。

赦文中还对灵武给予特别的优待,即将灵州改为灵武郡大都督府,升上县为望县,中县为上县,"官僚等一切便授"①,使李亨登基之地的官吏普遍得到恩惠、感到希望。

对于拥戴他即位的朔方军将和公卿群臣,唐肃宗李亨按照朝廷体制的需要重新加以任命。朔方军将杜鸿渐与崔漪分别被任命为兵部郎中、吏部郎中,并兼知中书舍人事,以御史中丞裴冕为中书侍郎、同中书门下平章事,也就是宰相。河西兵马使周泌被擢任为河西节度使,陇右兵马使彭元晖升任陇右节度使,原陇右节度使郭英乂为天水郡(今属甘肃)太守。马嵬之变后追捕杨国忠之妻裴氏及虢国夫人有功的陈仓县令薛景仙,被委以扶风郡(今属陕西)太守。原来由京官兼领的关内采访使也被改为关内节度使,治所在安化县(寄治朔方县,今陕西白城子),以前任蒲州(今山西永济)刺史、蒲关防御使吕崇贲为关内节度使并兼顺化郡太守。同时规定,各州郡长官,并兼所在地防御使之职。细心的人会发现,唐肃宗即位之始,就打出了平叛的大旗。而这种人事上的安排和体制上的调整,应该是他即位后所做的平叛部署。唐肃宗的平叛,所关注者首先是在关内及京畿。后来,随着部署的全面展开,"至德之后,中原用兵,刺史皆治军戎,遂有防御、团练、制置之名。要冲大郡,皆有节度之额。"②这一制度安排的要旨,显然是为了平叛"用兵"之需。

唐肃宗即位之初,灵武的局势极为严峻。他虽然做了平叛的部署,但灵武地处边塞,河西、陇右及朔方精兵差不多都已奉调往京畿、河东一带讨贼,只留下一些老弱残兵守边,能否尽快组织对

---

① 《唐大诏令集》卷2《肃宗即位赦》。
② 《旧唐书》卷38《地理志一》。

叛军有效的反攻,事关全国平叛大局,更直接影响自身权力地位的稳定。眼下,唐肃宗即位后的朝廷甚是萧条,文武官员竟不满 30 人,与之相配套的礼仪制度更无着落,官员"披草莱,立朝廷,制度草创,武人骄慢"①。大将管崇嗣在朝堂之上,背阙而坐,言笑自若,不合礼法。监察御史李勉奏弹其失仪,拘于有司,唐肃宗最终还是赦免了管崇嗣。因为类似的事并非一二特例,唐肃宗难以对朝廷秩序进行有力的整顿,对武将的宽宥亦属不得已而为之。他自己虽然对李勉弹劾管崇嗣失仪大感快慰,称"吾有李勉,始知朝廷尊也"②。但是兵马不齐并未集中,只得对武将曲意怀柔,以指望他们奋勇争先效力平叛。再者,这时候也并非所有的将领都如朔方兵一样俯首听命,安西节度使梁宰就是一例。据《旧唐书·段秀实传》记载:"肃宗即位于灵武,征安西兵节度使梁宰,宰潜怀异图。"这在《资治通鉴》卷 218 中则把李嗣业当成了主角:"上命河西节度副使李嗣业③将兵五千赴行在,嗣业与节度使梁宰谋,且缓师以观变。"不过,好在结果是安西仍然发了兵。按照唐朝法律,有"乏军兴"之条,"临军征讨,有所调发而稽废者",④无论故意还是过失,都被处斩刑。唐律法森严,在朝廷征发军队之际竟然

---

① 《通鉴》卷 218,肃宗至德元载七月条。
② 《旧唐书》卷 131《李勉传》。
③ 《通鉴》此处记载李嗣业为河西节度副使,容易误以为梁宰为河西节度使。若其是河西节度使,则与《旧唐书·段秀实传》、两《唐书·李嗣业传》等载其为安西军将事不符。且唐肃宗即位后,已任河西兵马使周泌为河西节度使,岂当时又有一位河西节度使梁宰与副使李嗣业哉? 显然不可能。又据《通鉴》至德二载正月条,时节度使周泌(即周泌)被河西兵马使盖庭伦与武威郡九姓商胡安门物等杀死,《旧唐书·肃宗纪》记载与此同。周泌必为河西节度使无疑。故《通鉴》此处记载似是将安西误为河西;梁宰与李嗣业应为安西军将。后来李嗣业曾任镇西、北庭行营节度使(一作行军兵马使)可为旁证。事载两《唐书·李嗣业传》。按,镇西,即安西,至德二载(757 年)改名。
④ 《唐律疏议》卷 16《擅兴律》。

发生边将"缓师以观变",一定程度上反映出唐肃宗灵武即位之初法统地位遭到质疑的情况。据记载,时任绥德府折冲的段秀实劝说李嗣业:"岂有天子告急,臣下晏然,信浮妄之说,岂明公之意耶?"①在这种情况下,梁宰才同意李嗣业率兵骑5000赴朔方集结。此后,唐肃宗又征安西兵入内讨敌,安西行军司马李栖筠即点发精兵7000赴国难②。李嗣业率兵一路上军纪严明,秋毫无犯,见到唐肃宗时,唐肃宗十发高兴,他说:"今日得卿,胜数万众,事之济否,实在卿也。"③显然,安西军将的态度对于当时在朔方的唐肃宗组织平叛是多么的重要。就连安西偏将马璘统精甲3000自镇所前来赴难时,唐肃宗也表现得又惊又喜,并随即委之东讨④。这种情形,既反映出唐肃宗即位之初平叛局面的严峻,又说明灵武即位为平叛战争带来了一线曙光。

其实,早在马嵬事变、太子分兵后,长安与三辅地区的百姓就相互传递出这样的消息:"吾太子大军即至。"⑤这既表达了长安百姓的意愿,也使叛军高度紧张。叛军见到京城西北方向烟尘飞起,有时误以为唐军杀来,胆子小的就奔逃而去。唐肃宗集结兵马的舆论,给叛军造成巨大压力,也增添了当地百姓守土杀敌的信心,"由是关辅豪右皆谋杀贼,贼故不敢侵轶。"⑥像京西扶风的百姓康景龙就自发起来组织反抗,将安禄山署置的官员驱逐。唐肃宗即位后,跟随安禄山叛乱的突厥、同罗兵5000人在阿史那从礼的率领下,从长安窃厩马2000匹逃归朔方,图谋邀结诸胡,盗据边地。

---

① 《旧唐书》卷128《段秀实传》。
② 《新唐书》卷146《李栖筠传》。
③ 《旧唐书》卷109《李嗣业传》。
④ 《旧唐书》卷138《马璘传》。
⑤ 《旧唐书》卷10《肃宗纪》。
⑥ 《旧唐书》卷10《肃宗纪》。

唐肃宗乘机遣使宣慰,降者甚众。此事引起了长安叛军的一阵骚动,致使伪署官吏窜匿,狱囚自出,几乎失去了管制。长安城内的混乱给叛军带来巨大的负面影响。早先投降的唐京兆尹崔光远就以为叛军要从长安撤退,就派人把叛军大将孙孝哲的宅第监视起来,此举招致孙孝哲的反感。崔光远遂率领属下官员几十人出奔灵武,被唐肃宗授以御史大夫兼京兆尹,派往渭北招集吏民,组织反抗。不久,又有一些流散的唐朝官员闻讯后相继来到灵武,像侍御史吕湮、奉天(今陕西乾县)令崔器,奔来灵武后被授御史中丞,右拾遗杨绾为起居舍人、知制诰。他们或"自贼中冒难,披榛求食,以赴行在"①,或陷于敌手,将"所受贼文牒符敕,一时焚之,榜召义师"而归灵武②。无论如何,这些旧时官员奔赴灵武,对唐肃宗是极大的鼓舞。且朝廷正当用人之际,他们的到来,大大壮大了唐肃宗的声势,扭转了登基之初朝廷萧条的局面。

特别是灵武即位的消息传到叛军占领区后,给当地的抵抗运动带来了巨大的鼓舞和促动。唐肃宗打出的平叛靖乱的大旗,从政治上扭转了唐玄宗出逃后全国平叛战争的被动局面。确实,当唐玄宗逃离长安后,形势恶化,各地平叛与抵抗斗争面临严峻考验。像在河南雍丘(今河南杞县)坚守的张巡,多日朝廷声问不通。在叛军得知唐玄宗已经出逃后,又向张巡劝降。当此之时,雍丘城中还有官阶居开府、特进(即一、二品文散阶)的大将六人劝张巡放弃抵抗:"以兵势不敌,且上存亡不可知,不如降贼。"③河北地区的形势更是屡有反复。常山太守王俌欲降,被诸将借击马球之际纵马踏死,但诸将派人前往信都(今河北冀县)请太守乌承恩

---

① 《旧唐书》卷119《杨绾传》。
② 《旧唐书》卷115《崔器传》。
③ 《通鉴》卷218,肃宗至德元载七月条。

镇守常山时,乌承恩却以无诏命为由婉辞,尽管来人向他力陈:"常山地控燕、蓟,路通河、洛,有井陉之险,足以扼其咽喉",但乌承恩仍不往常山据守①。这一态势,正反映出唐玄宗车驾南迁、无皇帝诏命造成的状况。当唐肃宗灵武即位的消息传出后,形势就出现了改观。这期间,坚持在河北地区抵御的颜真卿闻讯后派人秘密前来灵武进奏表章,唐肃宗遂以颜真卿为工部尚书兼御史大夫,加河北招讨、采访、处置使,并向他颁发赦书,同样也以蜡丸密封的方式送达。颜真卿得到唐肃宗的指示,就立即向河北各州郡传达,同时派人前往河南和江淮等地传达,"由是诸道始知上即位于灵武,徇国之心益坚矣。"②确实如同史家所评论的那样,"天子者,天下之望也,……而天下臣民固倚以为重,而视其存亡为去就。"③唐肃宗即位,是在大唐帝国四海近乎分崩离析的严峻时刻,在灵武奋力举起平叛的大旗,给全国臣民带来了希望。这是唐肃宗灵武自立朝廷的理由,也是他赖以发展的唯一政治基础和前提。

为了组织平叛,收复失地,唐肃宗亟需改变兵将寡弱的局面。为此,他诏令河北、河东一带抗敌的郭子仪、李光弼率朔方精兵班师,赶赴本镇。当郭子仪等率5万精兵到达灵武时,"军声遂振,兴复之势,民有望焉。"④随着朔方、河西、陇右、安西诸道兵马陆续汇集,形势大有改观。但是,随之而来的财用匮乏、军需紧张又成了一大棘手问题。这期间,张良娣在灵武分娩。产后仅仅3天,她就起身动手为战士们缝制战袍。唐肃宗见状,连忙劝阻:"产后身体虚弱,最忌劳作,如何这样不知爱惜自己呀!"张良娣回答道:

① 《通鉴》卷218,肃宗至德元载七月条。
② 《通鉴》卷218,肃宗至德元载七月条。
③ 王夫之:《读通鉴论》卷22《玄宗》二二。
④ 《旧唐书》卷120《郭子仪传》。

"现在豪杰云集,正是您讨叛伐逆之机,哪里是妾身自养之时! 是您的平叛事大。"①此事表明了张良娣对唐肃宗平叛的实际支持,这番言语,也赢得了唐肃宗的怜爱,同时也说明此刻唐肃宗平叛面临的困难境地。为解燃眉之急,唐肃宗即位后刚刚委任的宰相裴冕提出下令卖官鬻爵,广度尼僧道士,以聚敛钱财。"人不愿者,科令就之。其价益贱,事转为弊"。故此,尽管裴冕忠诚勤勉,悉心奉公,他以储积为务,仍被人讥为不识大体。② 平心而论,平叛战争时期以临时措施解决军费,本无可厚非,甚至在后来的第五琦等理财官员被重用时,他们筹措军需供应的办法也不可能严格遵循和平时期以户部征调、转运的制度。事实上,军需供应作为唐肃宗平叛战争的经济保障,使他在许多制度设施与政治手段等问题上(如处理与太上皇的关系等)不得不有所妥协。很多的临时措施都是平叛制定的救急从权之策,却对唐肃宗及其后世带来深刻影响。

唐肃宗为了解决平叛战争的军需,仍需付出大量的艰苦努力。问题还不是如此简单。即位后的唐肃宗李亨,虽然给他艰辛难耐的太子生涯画上了句号,但政治生涯的艰难并没有完结。唐肃宗真是苦海无边,他还得面临更加动荡局面的严峻考验,迎接新的挑战。

三 "传位"之谜

唐肃宗为了获得政治上的最大合法性,为自己的即位披上了一件外衣。灵武劝进的大臣也弹鼓舌簧,大肆宣扬。然而,散去迷雾,方显出庐山真面目。

---

① 《旧唐书》卷52《后妃下·肃宗张皇后传》。
② 《旧唐书》卷113《裴冕传》。

唐肃宗即位灵武的政治意义毋庸置疑。但是,此举并没有得到唐玄宗的任何旨意。

马嵬之变后,他分兵北上,只是要打出平叛的旗帜,如今忽然之间成为九五之尊的皇上,就不能不妥善处理与父皇唐玄宗之间的关系。处理好与父亲唐玄宗之间的关系,成为唐肃宗皇帝生涯政治生活中的重要内容之一。

灵武登基当天,唐肃宗就迫不及待地立刻派人去向唐玄宗汇报,所谓"即日奏其事于上皇"①。灵武即位已是既成事实,生米做成了熟饭,奏报的目的当然就很清楚,他是为了向父皇摊牌,进而得到承认,从而获得政治上的最大合法化。

其实,唐肃宗为了标榜他承继皇统的合法性,在筹备登基的过程中就已经着手进行宣传制造舆论了。裴冕、杜鸿渐等人在劝进时就屡番说到"主上倦勤大位"②或"主上厌勤大位"③,就是为唐肃宗即位寻找政治借口,制造舆论。他们之所以要在唐肃宗父子分兵之后围绕唐玄宗厌倦皇位有意传位一事大做文章,目的就在于此。再者,这种情况也有先例可援。像武德九年(626年)唐太宗李世民发动玄武门政变后,唐高祖被迫传位时就大谈"听政劳神,经谋损虑,深思闲旷,释兹重负"④之类的话,唐肃宗在他的《即位敕》文中也如法炮制,鼓吹"圣皇久厌大位,思传眇身,军兴之初,已有成命",就是为了说明"宗社神器"归之自己是唐玄宗"成命",符合唐玄宗本意,是遵循了唐玄宗的既定方针。灵武即位仪式刚刚结束,裴冕等人跪进曰:"自逆贼凭陵,两京失守,圣皇传位

---

① 《旧唐书》卷10《肃宗纪》。
② 《旧唐书》卷10《肃宗纪》。
③ 《旧唐书》卷113《裴冕传》。
④ 《唐大诏令集》卷1《太宗即位册文》。

陛下,再安区宇,臣稽首上千万岁寿。"①再次大谈"圣皇传位陛下",显然是他们为灵武即位定下的政治调子,目的就在于要说明灵武即位是唐玄宗初衷如此,是唐玄宗有意传承之结果。如此三番五次地进行这种宣传,目的性很明显,同时透露出精熟朝仪的裴冕等人的心虚。如此煞费苦心,是不仅要令别人相信,更要自己相信。

　　自欺欺人,瞒天过海,唐肃宗君臣为灵武即位的定性费了很多心思。在现在可见的传世文献当中,不仅有如上的记载,在司马光《资治通鉴》中,还有马嵬之变后,唐玄宗"宣旨欲传位,太子不受"的记录。此事在《旧唐书·韦见素传》中经由唐玄宗对大臣韦见素的一番话,描绘得更加完整、动人。他这样说:"皇帝自幼仁孝,与诸子有异,朕岂不知。往十三年,已有传位之意,属其岁水旱,左右劝朕且俟丰年。尔来便属禄山构逆,方隅震扰,未遂此心。昨发马嵬,亦有处分。今皇帝受命,朕心顿如释负……"乍然看来,唐玄宗早有传位之心,事属确凿无疑。然而在帝制时代的皇帝,大权在握,非不得已,岂有甘心让位者!唐高祖李渊、唐睿宗李旦让位就要成为太上皇,自汉代以后的太上皇(汉高祖时刘邦的父亲太公属于特例),或下场悲惨(像北魏献文帝),或伺机复辟重掌大权(如宋高宗、明英宗之流),或名义上传位实际仍乾纲独断(如清朝乾隆皇帝)。为了位居九五之尊,同室操戈、骨肉相残,悲云惨雾,血雨腥风,在所不惜。拱手相让,主动传位,既于情理不通,也与史实相悖,更与帝制权力运作的内在机理相违。再从当时事实来看,唐玄宗虽然曾流露出要高居无为的念头,不过是基于海内升平、财用富足、天下无事的前提,而且是把朝廷之事委托于宰相,边疆之

　　① 《旧唐书》卷10《肃宗纪》。

事托付于诸将,这与要传位太子一事风马牛不相及。委事将相与传位太子是完全不同的两回事。东宫太子与朝廷宰相为国家中枢政治体系结构中不同的权力系统,彼此之间在天宝年间的明枪暗箭,你来我往,早已矛盾尖锐,水火难容。即使是有委事将相的念头,唐玄宗在安禄山叛乱后也打消了。

唐玄宗在出逃至长安延秋门外时,他曾驻马对高力士说过:"今日之事,朕之历数尚自有余,不须忧惧。"①既有安慰别人之意,又表达出自己出逃不会走上绝路的意思。他在与儿子李亨分手后,前往成都的路上还连续任命了剑南节度副大使、蜀郡长史崔圆为中书侍郎、宪部侍郎房琯为吏部尚书,巴西郡(今四川绵阳)太守崔涣为门下侍郎,均各加同中书门下平章事衔,即为宰相,从容布置平叛,从未忘记他身为帝王的身份。最耐人寻味的是,天宝十五载(756年)七月十五日,也就是唐肃宗即位后三天,并没有得知灵武即位消息的唐玄宗颁布了一道诏书,即《命三王制》②。在这一诏制中仍称李亨为太子,且誉其"忠肃恭懿,阅《礼》敦《诗》,好勇多谋,加之果断",令其充天下兵马元帅,都统朔方、河东、河北、平卢等节度使兵马,负责南下收复长安、洛阳。同时,被誉以孝友谨恪、乐善好贤的永王璘、盛王琦、丰王珙也分别被委以方面之任。这道要求诸王子"敬听"的命令,不仅毫无传位之心,而且给已经即位的唐肃宗李亨造成了许多现实麻烦,详情将在下文中再述。据史书记载,自从唐玄宗仓惶出逃以后,人们都不知道其行踪,故而众心震骇。当这一诏制颁布后,闻讯后的各地百姓"远近相庆,咸思效忠于兴复",③说明唐玄宗的政治影响依然很大。另外,这

---

① (唐)郭湜《高力士外传》。
② 《唐大诏令集》卷36《命三王制》。
③ 《旧唐书》卷9《玄宗纪下》。

一诏制之中对天下衣冠、黎庶所蒙遭的不幸表示体恤,并为祸乱难平、四海不宁表示自责:"贻祸海内,负兹苍生。是用罪己责躬,寤寐战灼,上愧乎天地,下愧乎庶人;外愧乎四海,内愧乎九族,乾乾惕厉,思雪大耻",虽属于惺惺作态,仍有相当大的号召力。这平叛雪耻的口号,也有一定的政治鼓动作用。所以,《命三王制》将会给业已登基的唐肃宗带来巨大的政治压力。这一纸制书的颁布说明,唐玄宗并无传位之意,他还不想高枕无为。到这年八月初,已经到达成都的唐玄宗又颁布了一道全国大赦文,表达了与《命三王制》几乎相同的意思。大赦文中云:"朕以薄德,嗣守神器,每乾乾惕厉,勤念生灵,一物失所,无忘罪己。聿来四纪,人亦小康,推心于人,不疑于物。而奸臣凶竖,弃义背恩,割剥黎元,扰乱区夏,皆朕不明之过也。今巡抚巴蜀,训厉师徒,仍令太子诸王蒐兵重镇,诛夷凶丑,以谢昊穹;思与群臣重弘理道,可大赦天下。"①此时尚不曾得知灵武即位消息的唐玄宗,用这一大赦文的颁布,再一次证明了他根本不曾有舍弃四海之意。

既然唐玄宗根本没有传位之心②,唐肃宗灵武即位就是未经唐玄宗许可的一次擅立,是在裴冕、杜鸿渐等人劝进、恳请的表象下完成的一次最高权力更迭。这种最高权力的更迭发生在天宝末年国家政治局面极度动荡之中,无论是唐肃宗还是他的父亲唐玄宗,都无法按往常的权力交接规则来实现。无论唐玄宗内心是多么不情愿,唐肃宗都会迫不及待地继承大统,独树一帜。也就是说,唐肃宗灵武登基称帝,并不会等待有唐玄宗的传位旨意之后才付诸实现。他是要待事实既定之后再告知唐玄宗,其用心之缜密

---

① 《旧唐书》卷9《玄宗纪下》,又可参《全唐文》卷40,玄宗《幸蜀郡大赦文》。
② 详参拙撰:《唐玄宗"传位"史实辨析》,《人文杂志》1998年第2期。

与良苦,就不难看出了。如此说来,唐玄宗所颁布的《命三王制》中称唐肃宗李亨的"多谋""果断",未必就是虚誉。真是知子莫如父。在天宝年间朝廷中枢政治的纷争较量中,唐玄宗对自己的这位儿子应当是有几分了解的。毕竟,唐肃宗是一位君临天下40余年、政治经验极其丰富的皇帝。这也就容易明白,为什么唐玄宗得知灵武即位的消息后能处之泰然,又顺水推舟了。

对于唐肃宗来说,在灵武即位的前前后后费尽心机地宣扬父亲有意传位,不过是瞒天过海、混淆视听,为其做政治上的幌子以作宣传罢了。至于效果如何,唐肃宗似乎也无心理会。只是由于当年原始的文字记录或事后的追述都在描述他即位前后的舆论宣传,而没有留下唐玄宗早就有传位之念的记载。所以,在唐代宗时监修实录的宰相元载,就没有在《玄宗实录》《肃宗实录》中写入唐肃宗所宣扬的这类粉饰之辞。有趣的是,元载对此事十分清楚,他在撰《故相国杜鸿渐神道碑》①中就援引了这种说法:"元(玄)宗西巡巴蜀,……付以神器之重,……肃宗虽受传国之诰、平戎之约,谦让未发,守持益固,愿以抚军讨贼,贼尽归报,遥禀威略,不正位号。公与御史中丞裴冕……顿首劝进,封章十上。"元载没有在实录中如此用笔,就应当是认为唐玄宗在天宝十三载已有意传位之事为无稽之谈。唐代大诗人杜甫《哀王孙》诗中所咏"窃闻天子已传位"之"窃闻",曲折地言明唐朝人已在隐晦这一"传位"过程了。唐朝时就已被怀疑或否认的事,在宋代史学家司马光笔下却成了毋庸置疑的事实。他在《资治通鉴》中依据灵武即位颁布的一些官方文件把唐肃宗的登基说成了雅符唐玄宗初衷的事情。这正是他用春秋笔法修史的局限。司马光把唐肃宗当成继统的君主,就

① 《全唐文》卷369,元载《故相国杜鸿渐神道碑》。

很难认同他的叛父与擅立,他编修《资治通鉴》时系年用唐肃宗至德元载而不用唐玄宗天宝十五载,虽然是其修撰体例规定,仍能反映出司马光的立场观点。当年与司马光一起修《资治通鉴》的另一位史学家范祖禹显然不同意司马光的这一观点。范祖禹在所撰《唐鉴》中以"臣祖禹曰"的形式对史事加以评论,其中谈到灵武即位时,他曾这样说:"肃宗以皇太子讨贼,至灵武,遂自称帝,此乃太子叛父,何以讨禄山也!唐有天下几三百年,由汉以来享国最为长久,然三纲不立,无父子君臣之义,见利而动,不顾其亲,是以上无教化,下无廉耻。古之王者必正身齐家以率天下,其身不正未有能正人者也。唐之父子不正而欲以正万事,难矣。其享国长久,亦曰幸哉!"又说:"肃宗以皇太子讨贼,遂自立于灵武,不由君父之命有天下,是以不孝令也。"①他把唐肃宗即位视为不孝之举,是叛父无君的行为,并从封建伦理纲常的规范角度对此加以抨击与价值判断,他的评论是否正确无关紧要,这至少可以说明,在修撰《资治通鉴》时负责唐史部分的范祖禹,与主修者司马光在肃宗即位一事上的看法是有分歧的。范祖禹的本意也是"采唐得失之迹,善恶之效"②来表达他对唐之历史兴废治乱的看法,而他在材料的取舍与使用上又不同于司马光,这一点是很值得治史者深思、体察的。

　　总而言之,正是由于唐肃宗即位是一次未经唐玄宗许可的擅立,其帝位传承并不符合古代帝统继承的法则,所以,唐肃宗及其大臣为其即位大造政治舆论、广做政治宣传,极力想让世人明白其即位是秉承了唐玄宗早已就有的"传位"之意。但是,事实终归是

---

① 《唐鉴》卷6,至德元载七月、至德二载十二月条,臣祖禹曰。

② 《唐鉴》,序。

事实,视听可闭塞于一时一世,却难以堵后世之明察。直斥唐肃宗即位为"自立"之举者,还不止范祖禹一家。明末清初王夫之在其《读通鉴论》中也评论过此事。他说:"肃宗自立于灵武,律以君臣父子之大伦,罪无可辞也。"又说:"肃宗自立于灵武,其不道固矣,天下不可欺,而尤不可自欺其心,以上欺其父",态度很是鲜明。不过,王夫之在评论唐肃宗灵武即位是"自立"时,心情还是很复杂的,他认为安禄山叛乱,唐玄宗要承担责任,但"玄宗之召乱也,失德而固未尝失道也。……天不佑玄宗,而人不厌唐德,"天下人去逆效顺,正是大势所趋,灵武登基尚有其意义,所谓"肃宗不立,而天下抑有不可知者。……肃宗亟立,天下乃定归于一,西收凉、陇,北抚朔、夏,以身当贼,而功不分于他人,诸王诸帅无可挟之勋名以嗣起为乱,天未厌唐,启裴(冕)、杜(鸿渐)之心,使因私以济公,未尝不为唐幸也。……肃宗自立之罪无可辞,而犹可原也。"①王夫之对唐肃宗"自立"虽有所指疵,但尚有所宽容,不至太过迂腐。问题是王夫之似乎又不怀疑马嵬之变后唐玄宗有欲传位之举,也就是说,他相信了《资治通鉴》中所讲的"且宣旨欲传位,太子不受"的话。王夫之说:"玄宗闻东京之陷,既欲使太子监国矣,其发马嵬,且宣传位之旨矣。乃未几而以太子充元帅,诸上分总天下节制,以分太子之权。忽予忽夺,疑天下而召纷争,所谓一言而可以丧邦者在此矣。"②显然,王夫之对唐玄宗颁布《命三王制》感到不可理解,既然有所谓马嵬之命,何以又要分太子之权呢!在王夫之看来,唐玄宗这是"忽予忽夺",前后自相矛盾。他相信唐玄宗有心传位,当然就疑惑不解了。看来,这是王夫之过分相信《资

---

① 王夫之:《读通鉴论》,卷23,肃宗一、肃宗七。

② 王夫之:《读通鉴论》卷23,肃宗一。

治通鉴》的记载而使自己陷于迷惘。其实,《资治通鉴》所载马嵬分兵事与《旧唐书·肃宗纪》基本相同,但在《旧唐书·肃宗纪》中唯独没有"且宣旨欲传位,太子不受"这句话,只是令高力士口宣过这样的旨意:"汝好去!百姓属望,慎勿违之。莫以吾为意,且西戎北狄,吾尝厚之,今国步艰难,必得其用,汝其勉之!"[①]这一记载应当可信,高力士口宣之旨与《资治通鉴》所谓欲传位之旨大相径庭。《资治通鉴》载裴冕灵武劝进时称"请遵马嵬之命"云云,在《旧唐书·裴冕传》与《旧唐书·肃宗纪》等文献所载同一史实时,也并无"马嵬之命"之类的话。《资治通鉴》的记载有什么依据,因为本条无《考异》说明,也不得而知。或许是化用了唐肃宗在即位赦中所谓"圣皇久厌大位,思传眇身,军兴之初,已有成命"的话。从上面的事实与分析来看,《资治通鉴》所载大抵有回护、曲笔之嫌。况且,军兴之初已有的所谓"成命",不过是前已述及唐玄宗命太子监国一事,这与传位根本就是两码事。王夫之据《资治通鉴》的记载而空发议论,难免会陷于矛盾与迷惘。

现在看来,唐肃宗"乘父蒙尘,缩取大位"[②]遭到后世那么多的指疵与诟病,不管是视之为"不孝",还是"叛父",抑或斥之有悖于君臣父子之大伦,唐肃宗宣扬的所谓唐玄宗有意传位之事就可做出合理解释并揭其谜底了。

四 父皇之诏

妥善处理与父皇唐玄宗的关系,是唐肃宗颇费苦心的一个问

---

① 《旧唐书》卷 10《肃宗纪》。
② (明)郑贤:《古今人物论》第 24 卷,(台北)广文书局,1974 年版。

题。唐玄宗面对时局巧做安排，造就了一个历史上少见的中央政治格局。唐肃宗的平叛也被纳入这一格局中。

在唐肃宗为即位一事费尽心机地广做宣传的时候，他派往剑川向唐玄宗奏报的使者，也是披星戴月，马不停蹄。到至德元载（756 年）八月十二日癸巳①，灵武使者抵达成都，向唐玄宗汇报了灵武登基及唐肃宗组织平叛的情况。这一天距唐肃宗即位灵武恰好 30 天。若从李亨父子分兵来计算，唐玄宗于六月己亥从岐山（今属陕西）出发，抵达成都是七月庚辰，即二十八日，路途之上用了一个半月。灵武显然要比岐山距成都要远得多，再考虑到唐玄宗入蜀意在逃难，虽然系大队人马，行动不便，但灵武使者用一个月时间到达成都，应该不算太慢了。唐肃宗急于要向父皇禀告即位之既成事实的心情由此可见一斑。更何况，蜀道之难，难于上青天，在京西一线的扶风、武功（今属陕西），叛军出没无常，使者恐怕也不太容易飞马驰奔，一路上的艰辛可以想到。胡三省在为《资治通鉴》此条作注时说："七月甲子即位，至是凡三十日，使者方至蜀"②，似乎对唐肃宗派往至蜀使者到达成都的时间有些嫌迟，难免有些太过苛刻了。真正着急的，恐怕是唐肃宗。

根据目前所见文献的记载，唐玄宗得知灵武即位的消息，似乎没有表示任何震惊。虽然在七月十五日他颁布过《命三王制》，仍将自己的太子委任为天下兵马元帅，唐玄宗好像已估计到灵武发生的事情迟早会到来。他委任李亨任天下兵马元帅，说明他并不

---

① 据《通鉴考异》："《玄宗实录》《旧（玄宗）纪》皆云'八月癸未朔'，《肃宗实录》《唐历》《旧纪》《长历》皆云'壬午朔'，今从之。"按，若依八月癸未朔，癸巳日则当为十一日。今从《通鉴》。

② 《通鉴》卷 218，肃宗至德元载八月条，胡注。

情愿传位,但《命三王制》确实也透露出在其前往蜀地避难的时候,是想把戡难平乱之重任寄托在太子李亨身上,希望他能以国家安危为重。公开文献记载唐玄宗得知灵武即位消息后的反应是,他很高兴地说:"吾儿应天顺人,吾复何忧!"自从父子分兵,这是他们第一次互通音讯。唐玄宗是不是真的对这一消息由衷地高兴,且不细论。唐玄宗自得悉唐肃宗即位的有关情况后,对现实的处理就表现得极为高明而且从容。他对于李亨的态度,显然也发生了一些变化。

对唐肃宗即位之事做出的正式反应,是在这年八月十六日丁酉。这一天,距灵武使者到达成都已有4天。在这4天当中,唐玄宗如何考虑眼前的情况已不得而知,想必其心情会很复杂。但是,无论如何,在报告灵武即位的使者到达成都4天之后,唐玄宗颁布了一道诏书,他明确地表达了自己对儿子李亨即位的看法与态度,并且对儿子即位后双方的地位做了安排。这一诏书在《旧唐书·玄宗纪》和《资治通鉴》中都很简略,只是记录了诏书中较有实际内容的文字。较完整的诏书在《唐大诏令集》卷30中存录,此即《明皇令肃宗即位诏》。

《明皇令肃宗即位诏》仍由贾至撰述,基本上表达了唐玄宗的观点。诏书一开头,就大讲"帝王受命,必膺图箓;上叶天道,下顺人心,不可以智求,不可以力取,是故我国家之有区夏也。"这里表达的意思是说权力之合法性,凡帝王之"智求""力取",都应受到谴责。接着,又历数唐高祖以下列祖列宗的功绩,唐玄宗则标榜自己顺承先圣,效法三代,以道德为念,无富贵之心。当年戡难定策,功在宗社,因此先帝(唐睿宗)传付大位,"辞不获已,遂践皇极"。那么,唐肃宗即位灵武,既未立平叛大功,又无父皇传位之命,与唐玄宗诏书中一番话相对照,岂不是应惭负天地?诏书虽没有直陈此事,其中当不乏深意,唐玄宗对于唐肃宗即位一事的微妙态度由此也可窥探一二。从今天的观点看,唐玄宗在位之际,招致天下大乱,生灵涂炭,不去检讨个人施政之误,还在权术与辞藻上费神耗力,并侈言其"常以道德为念,不以富贵为心",竟不知其所念何德? 所守何道? 两京失守,大敌当前,唐玄宗束手无策,逃之夭夭,尚沉溺于御临天下垂五十载之所为,如此君王,岂不是应该面对社稷苍生颁诏罪己,认真地检讨一番吗? 话说回来,用现在的标准来要求一个政治经验如此丰富的封建君主,对唐玄宗是有些苛求的。唐玄宗在得知儿子李亨即位灵武之后,能够顾及李亨身处平叛前线,因势利导,顺水推舟,已经难能可贵,如果他仅限于从个人权力地位来考虑时局,坐拥剑南一地,凭天府之国,无视唐肃宗登基的事实,必将会为整个唐王朝的平叛战争搅入浑水,使全国军民与前线将士无所适从。那样的话,安禄山叛军则会乘势而动,全国形势必将继续恶化。如果如此这般,唐肃宗在平叛前线如何维持、能否继续维持,能否坚持平叛战争,都将成为大问题。若是叛军得势,唐玄宗能否在剑南安然玩弄权术、自居高位,也将成为一个未知数。值得庆幸的是,唐玄宗只是很委婉地对唐肃宗即位表示一下真实的看法,这种看法表述得如此委婉、曲折,以至于后人常常忽略了这一层,这似乎也说明唐玄宗在唐肃宗灵武即位后再无意于对儿子的所作所为做过多的评论,深谙政治斗争法则与奥妙的唐玄宗不再想节外生枝,因为他更懂得唐朝廷的根本利益所在。因此,在《明皇令肃宗即位诏》中,紧接着对儿子李亨大加称誉,并对李亨即位后的政治格局与政治运作机制做出了如下的安排:

> 况我元子,其睿哲聪明,恪慎克孝,才备文武,量吞海岳,付之神器,不日宜然! 今宗社未安,国家多难,其英勇雄毅,总戎专征,代朕忧勤,斯为克荷,宜即皇帝位。仍令所司择日,宰

相持节,往宣朕命。其诸礼仪,皆准故事。有如神祇简册申令须及者,朕称诰焉。衣冠表疏礼数须及者,朕称太上皇焉。且天下兵权,制在中夏;朕处巴蜀,应卒则难,其四海军郡,先奏取皇帝进止,仍奏朕知;皇帝处分讫,仍量事奏报。寇难未定,朕实同忧,诰、制所行,须相知悉。皇帝未至长安已来,其有与此便近,去皇帝路远,奏报难通之处,朕且以诰旨随事处置,仍令所司奏报皇帝。待克复上京(即长安)已后,朕将凝神静虑,偃息大庭,踪姑射之人,绍鼎湖之事。……①

这一《明皇令肃宗即位诏》有几处值得注意:一是唐肃宗即位得到了父皇唐玄宗的认可,并得到了对军国大事的决断、处理权,但遇事与事后要向称太上皇的唐玄宗汇报。各地向唐肃宗奏请的表疏,也要同时奏闻太上皇知悉。二是唐玄宗保留了以诰旨形式处理军国事务的权力,虽然出于对唐肃宗即位后处置军国大事的尊重,事后也由有关部门奏报唐肃宗知悉,但在"去皇帝路远,奏报难通之处",太上皇唐玄宗可"随事处置"。也就是说,唐玄宗在很大程度上保留了独立颁诰处理事务的权力。诏书中这两点完全可以说明,唐肃宗即位以后,自称太上皇的唐玄宗并没有放弃自己的权力,也并不像通常所说的成了政治摆设。三是唐玄宗把放弃上述权力的时间,划定在收复长安即"克复长安"以后,这对唐肃宗的平叛方略与施政方针都产生了极大的影响。唐肃宗即位后的中心任务就是平叛,唐玄宗的诏书虽然也激励起唐肃宗收复京师长安的积极性,但出于对权力的角逐与巩固皇位的考虑,唐肃宗无法按照个人的意愿或前线的形势来从容部署平叛。他必须要考虑唐玄宗这一诏书的内容。四是唐玄宗也表示了对平定叛乱工作的

① 《唐大诏令集》卷30《明皇令肃宗即位诏》。

关注,这与唐肃宗即位的平叛旗帜交映成辉,说明了唐肃宗父子在平叛一事上的政治利益是相同的。正是基于共同的政治利益,父子之间才有可能求同存异。所以,远在巴蜀的唐玄宗一定会承认唐肃宗的即位,唐肃宗处于平叛前线,可以凭借这一《明皇令肃宗即位诏》得到的承认获得更大的政治影响力以号令四方,组织有效的平叛。唐肃宗即位之后,虽然获得了朔方等镇的支持,若独立从事平叛尚无力独撑大局,特别是他不能不得到唐玄宗的支持与奥援,决不能断绝与唐玄宗的联系。其中的原因十分简明,除了前面已经讲过的政治因素外,主要还有经济上也就是财赋上的原因。唐玄宗地处巴蜀,但他仍然可以直接控制剑南及江淮、山南、岭南等广大地区。江淮与山南是唐朝平叛战争所仰赖之财赋供应所在与供应线。唐肃宗在灵武时,江淮财赋都是经过襄阳(今属湖北)取道汉水运抵前线,所谓"江淮奏请贡献之蜀、之灵武者,皆自襄阳取上津路抵扶风,道路无壅",①这正是河南沦陷、漕运受阻之后,江淮财赋转运的路线。唐肃宗平叛所需军费开支要依赖于江淮供应,因此也决定了他即位之后不可能不取得唐玄宗的册命。当时奉太守贺兰进明之令到蜀谒见唐玄宗的北海郡(今山东潍坊)录事参军第五琦就说过:"方今之急在兵,兵之强弱在赋,赋之所出,江淮居多。若假臣职任,使济军需,臣能使赏给之资,不劳圣虑。"唐玄宗遂拜他以监察御史勾当江淮租庸使,负责财赋之事。②第五琦后来也成为唐肃宗平叛期间最为倚重的财用大臣之一。此事即说明平叛期间财赋的重要意义,又说明唐玄宗也的确着眼于平叛工作,他与唐肃宗确实在平叛这一点上根本利益相同。

① 《通鉴》卷218,肃宗至德元载八月条。
② 《旧唐书》卷123《第五琦传》。并参《通鉴》卷218,至德八月条。《新唐书·第五琦传》记此事为第五琦谒见唐肃宗于彭原,恐误。

到八月十八日己亥,唐玄宗又临轩行册命,颁布了《肃宗即位册文》:"维天宝十五载岁次庚申七月癸丑朔十二日甲子,皇帝若曰:……洎予大业(一作"六叶"),恭位四纪,厌于勤倦,缅纂(一作"慕")汾阳,当保静怡神,思我烈祖元元之道,是用命尔元子某,当位嗣统。於戏!尔有忠孝之诚,极于君父;尔有友爱之义,信于兄弟;尔有仁恕之行,通于神明;尔有戡难之才,彰于兆庶。予懋乃懿绩,嘉乃神武,天之历数在尔躬。汝惟推诚,祸乱将冀尔而能清;汝惟从谏,社稷将冀尔而复宁。……慎乃有位,无忝我祖宗之丕烈矣。"①册文中除了仍旧对李亨的忠孝之诚、友爱之义、仁恕之行及戡难之才大加赞誉外,语气上又有可以注意者,所谓"厌于勤倦"云云,其实并不是唐玄宗的真实情感,正如前面已经说过的,这一说法倒是与灵武颁布的《肃宗即位赦》中"圣皇久厌大位,思传眇身"的口吻相似,这反映出唐玄宗对李亨的册命采取了一些让步。唐玄宗对灵武方面的这种让步其实保证了双方能够共存共处。从册文的内容看,这一份颁布于八月十八日的册文,却把时间提前到七月十二日,即唐肃宗灵武即位之日,这不是册文中的时间作了改动,而是唐玄宗的有意安排。这恰恰是唐玄宗的高明之处,其用意不只是在于说明唐肃宗即位的合法性,更在于说明唐肃宗已属既成事实的即位,仍当秉其册命以后才具有这一合法性,并由此进一步向唐肃宗施加影响。另外,册文中一反往常惯例,没有写入皇帝即位册文中照例都有的奏册行礼的宰相名单,只是在前日颁《令肃宗即位诏》中有"令所司择日,宰相持节往宣朕命"的安排。事

---

① 《唐大诏令集》卷1《肃宗即位册文》,《文苑英华》卷442。按,《全唐文》卷367及《文苑英华》题撰者为贾至,《唐大诏令集》无撰者。《全唐文》载册文曰"维天宝十五载岁次景(庚)申八月癸未朔十八日己亥",与《唐大诏令集》《文苑英华》两书迥异,未知何据?今不从。

实上,册文颁布之后唐玄宗就另行派宰相韦见素、房琯、崔涣等奉传国宝玺动身往灵武行册命之礼去了。这一做法,遂给这一追认式的权力交接大打折扣,从而使本应极为庄严隆重的册礼不可能"皆准故事"举行。唐玄宗在《令肃宗即位诏》中明言"朕之传位,有异虞典,不改旧物"云云,就不可作等闲之语来看了。这是唐玄宗在所谓"传位"过程中所作的巧妙安排,其目的在于保持自己政治上的主动。从后来唐肃宗见到韦见素等人的表现,就可以明白唐玄宗此番册命的良苦用心了。

奉命为唐肃宗行册命之礼的韦见素、房琯等人与唐肃宗相见时,唐肃宗已从灵武离开来到了顺化郡(今甘肃庆阳)。韦见素等奉上宝册,唐肃宗却耍起了表演,居然坚决不肯接受。他说:"近因中原大乱,权总百官,岂敢乘国家之危难,为了个人传袭大位!"群臣都劝他接受宝册,唐肃宗仍不答应。最终,只得按唐肃宗的意思,把韦见素等人从成都送来的宝册放于别殿,每天朝夕之际像对待父皇一样探视一下,行定省之礼。① 唐肃宗此举,意在表明他的灵武即位非出于私。所以,他接受唐玄宗派人送到他手中的传国宝玺时,已是在收复两京、迎还太上皇以后的事。这一番操作,确实有唐肃宗的政治手腕与表演,但是也的确可以洞悉其中暗含的极为深刻的最高权力运作的政治内涵。

当房琯进谒唐肃宗时,也陈述了唐玄宗"传付之旨",同时,他也向唐肃宗分析时事。唐肃宗见他词情慷慨,不禁为之动容。房琯也因此颇受唐肃宗的器重。不过,据说韦见素在临行出发前,唐玄宗还对他们一行人讲过这样一番话:"皇帝自幼仁孝,与诸子有异,朕岂有不知。往(天宝)十三年,已有传位之意,因当年闹水旱

① 《通鉴》卷218,肃宗至德元载九月条。

236

之灾,左右劝朕且等到丰年! 随后就有安禄山构逆作乱,天下震忧,此心未遂! 前在马嵬之时,朕也有此意。如今皇帝秉承天命,朕心顿觉如释重负。劳卿等远去,要尽心辅佐他。多难兴王,自古皆有,卿等心向王室,以宗社为念,早定中原,乃是吾最大心愿。"唐玄宗这番话,只听得韦见素等人大为感怀,悲泣不能自已①。其中,除了传位之类的话是有明显水分的虚辞饰语外,这番话倒略显示出政治经验丰富的唐玄宗的巧言令色与含而不露。

总之,唐玄宗在得知唐肃宗即位后,从全国平叛战争的大局出发,承认了既成现实,避免了唐肃宗在称帝后再节外生枝。但在履行册命、传位之礼仪时,又巧做政治安排,把唐肃宗即位纳入自己的政治设计之中,最大可能地向唐肃宗的平叛及政治内部施加影响,并颁布《明皇令肃宗即位诏》作为保留太上皇个人固有权力的法律依据。唐肃宗为了获得政治上合法正统之认可,又不能不接受拥有相当势力范围的父皇的安排,他们父子均以平叛为目标,互有妥协、让步,形成了由唐玄宗(太上皇)与唐肃宗(皇帝)各掌大权、共同进行平叛战争的二元政治格局。② 这一历史上少见的政治格局是在安史之乱的政治大背景下形成出现的,也反映出唐肃宗父子各自的政治风格。这一政治格局对于他们未来的前途与命运,对于唐朝的平叛战争进程,都产生了巨大影响。

---

① 《旧唐书》卷108《韦见素传》。
② 详见拙文:《唐肃宗时期中央政治的二元格局》,载《中国史研究》1996年第4期。

第七篇　艰难的中兴

一　平叛之艰

平叛之初，备尝艰辛。唐肃宗面临着严峻的形势。初战失利，预示着他的平叛大业任重而道远。

唐肃宗灵武即位以后，立即着手对前线平叛进行了积极部署。河西、陇右及安西镇兵马的内调，朔方军在郭子仪、李光弼统率下的机动以及对河北敌后抵抗的关注，都显示出唐肃宗的确在为收复失地、平定叛乱尽心尽力工作。因此，他没有在灵武即位后等候成都方面的消息，对于唐玄宗的追认与册命，唐肃宗虽然表现得有些心情急切，但他的登基与担当起平叛大任，并不需要依赖唐玄宗的册命后才能实现。他在局势稍稍显露出有序之后，就离开了灵武，准备前往彭原（治今甘肃庆阳宁县），然后南下扶风（今属陕西），以直接指挥前线平叛。

至德元载（756年）九月戊辰，唐肃宗一行从灵武出发南下。路上，将降敌的内侍宦官边令诚斩首。大队在出发后的第九天，即九月丙子，到达顺化（今甘肃庆阳）。由成都奉命而来的韦见素、房琯、崔涣等在顺化与唐肃宗相遇。唐肃宗既没有直接接受成都使臣带来的宝册，也没有停止平叛这一中心工作。有意思的是，他对唐玄宗派来的几位宰相大臣，却态度有所区别。韦见素因曾与杨国忠搅在一起,唐肃宗对他就不甚优待,所谓"礼遇稍薄"①,次年(757年)三月就罢其宰相。崔涣在完成唐玄宗的使命之后,很快就被唐肃宗以江淮宣谕选补使的名义打发出去,没有留在身边辅政,次年(757年)八月时,也被免去相职。

唐肃宗对于父皇派宰相来自己身边的用意不是不明白,因此,他也尽可能地对他们加以限制利用,尽量减少其对自己的政治渗透。但由于父皇的法统权力地位依然存在,唐肃宗又不能随心所欲,不能将他们统统斥去。再者,唐肃宗自己委任的宰相只有裴冕一人。平叛大业,千端万绪,朝廷也正当用人之际,唐肃宗也只能对唐玄宗派来的宰相有所区别地使用。房琯就是在这样的背景下得到了唐肃宗的礼遇与信任。

房琯是武则天时期的宰相房融之子,自幼好学,风仪沉整,因门荫入仕。唐肃宗在东宫之日,就素闻其名重一时。另外,在唐玄宗天宝五载(746年),房琯因受韦坚、李适之一案的株连,由朝廷官员被贬为地方官,出任宜春太守。此案后来也没有澄清,房琯事后历任琅琊(今山东临沂)、邺郡(今河南安阳)、扶风(今属陕西)三地太守,在地方上一待就是近十个年头。当年韦坚之案的本意是李林甫为扳倒太子李亨,房琯被卷入成为受牵累者,自然使唐肃宗对他产生几分的内疚。因此,房琯获得唐肃宗的信任,除了政治上的因素外,与这种人事上的牵连也有一定关系。这期间,唐肃宗因房琯素有重名,倾意相待,委以心腹。房琯也自负其才,以天下为己任。"时行在机务,多决之于琯,凡有大事,诸将无敢预言。"②房琯在唐肃宗身边做的第一件事,就是出面解救潼关之战中的败

---

① 《旧唐书》卷108《韦见素传》。

② 《旧唐书》卷111《房琯传》。

将王思礼等。

唐肃宗南下彭原途经顺化（今甘肃庆阳）时，潼关败将王思礼、吕崇贲、李承光被引于旗下，责其不能坚守要塞，要按军法行事。潼关失守，天下震荡，此人人之所见。但当日哥舒翰弃险轻出而招致失败，与朝中宰相杨国忠意在解除太子的兵权有关，哥舒翰已被挟持投降了安禄山，对于当日任太子兵马部将的众人来说，被追究并独承败军之责，也有些冤枉。再说，王思礼在潼关军中的行动处处与太子李亨所思所想若合符节，他极有可能即为唐肃宗为太子时在潼关军中的党羽和耳目。此事前文也有交代。眼下追究潼关失守的责任，要把王思礼一同处以死刑，岂是真情？房琯的政治嗅觉看来也很灵敏，他见此情形，果断地站出来替王思礼求情，认为应让他戴罪立功，以观后效。由于房琯的"从容救谏"①，给了唐肃宗一个台阶，使他得以保住了王思礼的脑袋。结果，只是把李承光一人斩首而已。这一结果令人联想到李承光在潼关军中的政治态度不会是倾向太子的。政治这个东西很奇怪，它可以随时按着自己的需要来发挥作用。房琯向唐肃宗替王思礼求情，也一举数得，当事人各得其所，房琯也探测出唐肃宗对自己的话也不是不当回事。

事后不久，房琯给唐肃宗奏疏，主动请求任命自己为兵马元帅，令他率兵平定叛逆，收复京都。此时的唐肃宗，被房琯的慷慨陈词所感染，加上朔方军远在河北，西北兵马还未完全调集，他很想由宰相出面率兵讨敌，以树立中央军事力量的形象。要知道，建立与拥有一支富有战斗力的中央直属武装队伍对于整个平叛战争的意义是不言而喻的，对于维护与确保他的皇帝权力与地位，同样

---

① 《旧唐书》卷 111《房琯传》，并参《旧唐书》卷 110《王思礼传》。

具有不同寻常的意义。对房琯的主动请缨,唐肃宗根本顾不上考虑用兵布阵是不是他的所长,只希望房琯果能如其所言,一举收取成功。因此,唐肃宗几乎是未加迟疑便同意了房琯的请求,诏加持节、招讨西京兼防御蒲潼两关兵马节度等使,令房琯与朔方郭子仪、李光弼计划谋议平叛事宜。房琯甚至向唐肃宗请求自己挑选参佐将领,遂以御史中丞邓景山为副,户部侍郎李揖为行军司马,中丞宋若思、起居郎知制诰贾至、右司郎中魏少游为判官,给事中刘秩为参谋。这些人有朔方镇旧将,有唐玄宗身边旧臣,有唐肃宗新近任命的官员,成分复杂,但各方都有照顾。值得注意的是,就在房琯5万大军出发前夕,唐肃宗又令时为兵部尚书的王思礼为其副手。日前王思礼不仅未因兵败潼关被杀,还被委以兵部尚书的要职,后屡吃败仗,也未被正以军法,到乾元二年(759年)七月还被授以太原府尹充北京留守及河东节度副大使。王思礼系唐肃宗的"心膂"之寄①,当可无疑。反观当年王思礼与皇太子时的李亨关系,当会有史书不曾明言的隐情。

此刻,房琯以5万大军兵分三路,以裨将杨希文率南军,由宜寿(今陕西周至)进发,刘贵哲率中军自武功(今属陕西)进发,李光弼的弟弟李光进则率北军自奉天(今陕西乾县)进发,打算三路齐进,一举收复京师。房琯本不善用兵,他又把全部军务委托给李揖与刘秩,李揖与刘秩二人也是一介书生,未尝临戎机、习军旅,房琯却对二人委重有加,他曾向人夸口道:"贼兵曳落河虽多,安能敌我刘秩!"②房琯以中军北军为先锋,他自居中军,于十月庚子(二十日)进至渭水便桥。第二天,房琯率军与敌将安守忠一部在

① 《唐大诏令集》卷59《王思礼北京留守制》。
② 《通鉴》卷219,肃宗至德元载九月条。

咸阳(今属陕西)东的陈涛斜相遇。房琯不通权变,仿效古代春秋车战之法,以牛车二千乘,马军、步卒夹辅配合,对安守忠部发起攻击。敌军顺风扬尘鼓噪,未经训练的牛皆受惊骇,不听使唤,到处乱撞,敌军乘机纵火焚之,人畜大乱,未战已溃不成军。官军死伤者4万余,存者仅数千人而已。房琯满腔热情,大军竟一战而败,心有不甘,事过一天,在十月二十三日癸卯,他又以南军交战,结果仍是溃不成军。杨希文、刘贵哲竟阵前变节,投降了敌军。此次惨败,对当时局势造成极大震撼。杜甫在《悲陈陶》一诗中记之:

孟冬十郡良家子,血作陈陶泽中水。

野旷天清无战声,四万义军同日死。

群胡归来血洗箭,仍唱胡歌饮都市。

都人回面向北啼,月夜更望官军至。

陈涛斜之败,似乎说明收复京师的时机尚不成熟。史书言,房琯于两军交战之际,“欲持重以伺之,为中使邢延恩等督战,苍黄失据,遂及于败”[1],当然有房琯临阵措置不当的原因。但是,中使在阵前督战,岂非是日后宦官任监军的先例?此次失败,除军事上的原因外,难道就没有更深层次的因素?战败的消息传来,唐肃宗大为震怒。然而,责任是否完全应由房琯来承担,唐肃宗心中自有一本账。当房琯率手下败军之将奔赴行在袒肉请罪时,唐肃宗也顺势送个人情,免了房琯的罪,并待之如初,仍令他收拾散卒,更图进取。王思礼则被任命为关内道节度使,不久,派往武功(今属陕西)驻守。

陈涛斜初战失利,大大挫伤了唐肃宗的平叛意志。这也刺激他希望早日收复长安,不想也不情愿与叛军长期对峙。因此,收复

---

① 《旧唐书》卷111《房琯传》。

长安、还都长安,成为唐肃宗李亨此时平叛与政治生活中的头等大事。为此,他可以不顾一切。然而,愿望与现实并不是那样一致。唐肃宗因对第一次作战失利所产生的后果估计不足,以后的战略部署其实也很难说不是导致整个平叛进程迟缓的因素之一。

唐军失利后,在河北地区平原(治今山东德州)一带坚守的颜真卿终因弹尽粮绝,在无任何增援的情况下弃城南过黄河,后转道奔赴行在。于是河北郡县尽陷于叛军之手,唐朝廷失去了敌后策应的抵抗力量,使平叛局势再度恶化。

至德元载(756年)的冬天,似乎注定要对唐肃宗做一番考验。房琯大军惨败前的十月初一辛巳朔,发生了日食。十一月,河西一带发生强烈地震,大地裂陷,房舍倒塌,张掖、酒泉(今属甘肃)尤为严重。一直到第二年三月才停止。① 这恐怕会在一定程度上推迟安西一带内调兵马的集中时间。平叛局势因此变得更加严峻,唐肃宗的内心也越发显得焦灼。

房琯虽然没有因为陈涛斜兵败而受追责,唐肃宗甚至还寄希望他能再整旗鼓,卷土重来。然而,现实总给唐肃宗出难题。此后不久,先任北海(治今山东潍坊)太守的贺兰进明因被授以摄知御史大夫、岭南节度使,由地方来朝入谢皇帝。贺兰进明朝见时的一番陈述,使唐肃宗心头燃起一股无名之火。贺兰进明到禁中辞谢时,唐肃宗有些不解地问:"朕告诉房琯任命卿为正大夫,怎么是摄知呢?"贺兰进明也不闪烁其词,对奏道:"琯与臣有过节。"唐肃宗点点头,表示理解。贺兰进明见话锋已讲到房琯,就顺势问皇上:"陛下对晋朝的乱败有何见解呢?"唐肃宗闻言,觉得他话中暗含机锋,遂问道:"卿家有什么高见呢?"贺兰进明也不多加考虑,

① 《新唐书》卷32《天文志二》。

直接明言道:"晋朝惟以虚名为尚。故任用王夷甫(王衍)为宰相,此人喜谈《老子》《庄子》,祖习浮华,所论义理,随时更改,人谓'口中雌黄'。天下之事本非所长,而他又自谋专断,故身死于石勒之手,西晋遂至败亡。今陛下正图复兴大业,当委用真才实学之人,房琯性情疏阔,虽大言不惭以取虚名,实非宰相之器。陛下待房琯恩厚,臣下人人都看得明白。但以臣来看,他未必肯死心塌地地效忠陛下。"听得此言,唐肃宗已急不可待地要知道下文。他又连忙追问贺兰进明,要他讲下去。贺兰进明答道:"陛下不会忘记房琯在南朝为圣皇建议制置诸王为都统节度的事吧!陛下系元子而授以朔方、河东、河北空虚之地,永王、丰王等各领诸郡,统四节度,分守重镇,且太子出曰抚军、入曰监国,房琯这种建置,于圣皇似忠,于陛下非忠也。他的用意在于太上皇诸子之中无论哪一位得天下,他都不失恩宠。陛下任其统军,又私树党羽,以副戎权。推此而言,房琯岂肯尽心效忠陛下?"这一番话,真的把唐肃宗打动了。他对房琯从内心升起一股厌恶感。房琯从此也渐被疏远,终于在次年(757年)五月被罢相。贺兰进明则由此被改任为河南节度使。[①]唐玄宗派往唐肃宗身边的几位大臣,陆续均遭到贬斥。

到乾元元年(758年)六月,唐肃宗又以房琯虚言浮诞,内怀怏怏、挟党背公,有失大臣之体,将他贬为邠州(今陕西彬县)刺史。在诏书中,唐肃宗又旧话重提:"顷者时属艰难,擢居将相,朕永怀仄席,冀有成功。而丧我师徒,既亏制胜之任;升其亲友,悉彰浮诞之迹。曾未逾时,遽从败绩。自合首明军令,以谢师旅,犹尚矜其万死,擢以三孤……"[②]房琯赴任地方后,倒颇有政声。只是那兵

---

① 《旧唐书》卷111《房琯传》,《新唐书》卷139《房琯传》。
② 《旧唐书》卷111《房琯传》,《新唐书》卷139《房琯传》。

败陈涛斜的阴影,时时存留在唐肃宗心头,挥之难去。再加上贺兰进明的一番挑拨,房琯终陷入太上皇与皇帝的政治夹缝之中,再无崛起的可能。朝廷官员之间的分歧与不和,在日后的平叛战争中也留下了许多隐患,导致出难以避免的惨剧。

二　礼遇李泌

唐肃宗举起平叛大旗,对于山人李泌的到来喜出望外,极感安慰。这一切安顿了,接下来又该如何?

唐肃宗灵武即位、图复两京之时,正值用人之际,是山人李泌充当了他的重要谋士,唐肃宗为之颇觉安慰。李泌何许人也?

李泌,字长源。自幼聪敏,博涉群书,尤精经史、易传、老庄等,善属文,工于诗,有"奇童"之称。唐玄宗时重臣张九龄、韦虚心、张廷珪等皆器重之,呼为"小友"。少时曾在唐玄宗与宰相张说观看围棋时被召见,张说遂以围棋之"方若棋局、圆若棋子,动若棋生、静若棋死"为题令其赋"方圆动静"以考其才智,李泌出口成章,答以"方若行义,圆若用智,动若骋材,静若得意",语惊四座①。待年长之后,慕神仙长生不老之术,常游历于名山大川之间。天宝年间被召入朝,令他待诏翰林,于东宫供奉。从此与时为皇太子的李亨结下不解之缘。唐玄宗要他与太子结为布衣之交,李亨常称之为"先生"。② 后因赋《感遇诗》,讽刺时政,遭到宰相杨国忠嫉恨——其真相估计也是陷于天宝时期宰相与太子之政治斗争,奏

①　《新唐书》卷 139《李泌传》。
②　《通鉴》卷 218,肃宗至德元载七月条。

245

请唐玄宗诏令其前往蕲春郡（今湖北）居住。天宝十二载（753年），李泌因母丧回到京兆（今陕西西安）老家，时为皇太子的李亨曾派人吊祭。后来，李泌潜迹于名山之间，以隐士自适。

唐肃宗自马嵬分兵北上灵武之际，即派人求访李泌踪迹。当时在河南负责军事的宗室虢王巨也曾差人往嵩山（今河南登封市境内）查访，在得知李泌下落后，派人专车将他送至灵武。唐肃宗一见李泌，心中大喜过望。对于天下成败之机，胜负之计，都与他倾心交谈。史称"出则联辔，寝则对榻，如为太子时，事无大小皆咨之，言无不从，至于进退将相亦与之议。"①不仅形影不离，还言听计从。

唐肃宗对李泌能在自己最困厄的时候来支持他，从内心感到安慰，很想把这种心情表达出来。皇帝可以报偿臣下的无外乎官爵封赏，但李泌却自称"山人"，不做唐肃宗的朝官。唐肃宗想要他做宰相，李泌仍是谢绝，他曾这样给唐肃宗说："陛下以宾友待我，就已经比宰相尊贵了，何必再让我勉强去做个宰相呢？"唐肃宗见状，也不好再勉强。这样，每当唐肃宗带他外出视察时，军中就有人窃窃私语："看那衣黄者，是圣人；那衣白者，是山人呢！"唐肃宗听到后，就劝李泌："眼下时局艰难，朕不敢奢望先生屈就相职，就请你把白衣换上紫衣袍，也好让众人见了无话可说。不然，人家难免会议论纷纷。"李泌不得已，脱下白袍，换上紫袍。唐肃宗见了笑道："既然穿上了紫衣袍，就不是白身了，岂能没有一个名称呢？"说罢，从怀中掏出早已写好的手敕，封李泌为侍谋军国、元帅府行军长史。看来，唐肃宗为李泌的身份颇费了一番心思，仅一个"侍谋军国"就是一个发明，以前还没有这种名号呢！此举叫

---

① 《通鉴》卷218，肃宗至德元载七月条。

人联想到,此时唐肃宗部署的平叛,作为天下兵马元帅的身份也完全理所应当。对此名号,李泌坚辞不允,唐肃宗安慰他说:"朕并不是要你做宰相,加上这一名号,是为了救济艰难呀!"于是,他们约定,待平叛结束,任由他远走高飞,行其高志。李泌只好随遇而安,接受了这个称号。

为什么李泌再三推辞,不愿做唐肃宗的宰相呢?实际上,此刻唐肃宗的皇帝身份因为还没有得到唐玄宗的认可,李泌心知肚明,李泌现在没有接受宰相的名分,更不必强求于一个宰相的名号。事实上,李泌后来是做了唐朝的宰相的。有人说他此刻是"鄙肃宗之乘危自立,紊大伦,而耻与翼戴之列"①。但从李泌不辞千辛万苦奔赴灵武看,这种说法很成问题。明末清初大思想家王夫之也不这样看,他认为李泌之辞宰相,是唐王室兴亡之"大机"。所谓"大机",乃是李泌以实际行动使"人不以官位为贵而贵有功,不以虚名为荣而荣有实",使臣下知不贪荣利,而勇赴国难之节,诫君主不轻封赏官爵,从而防止安禄山叛乱的悲剧重演。王夫之认为安禄山造反的最初起因是"怀不得宰相之忿",而仇视朝廷、怨忿君父。所以他极力称赞李泌辞相之举:"呜呼!此长源返极重之势,塞溃败之源,默挽人心、扶危定倾之大用,以身为鹄,而收复之功所自基也。"②

李泌不愿意做官,是想使自己在唐肃宗朝廷政治中尽量超脱些,避免卷入复杂的朝廷矛盾之中。总的来说,对于唐肃宗即位后朝廷面临的种种问题和存在的症结,李泌是有其清醒认识的。在不少看似棘手的问题上,他都能保持冷静头脑,而且颇有见地。对于个人的进退荣辱,他很有分寸。对于唐肃宗的平叛,他也是认真

---

① 《读通鉴论》卷 23《肃宗》二。
② 《读通鉴论》卷 23《肃宗》二。

负责地出谋划策,兢兢业业,并以他独有的方式对唐肃宗施加影响、发挥着自己的作用。

在唐肃宗决定天下兵马元帅人选之初,曾打算任命颇怀才略又有较高威信的建宁王倓。李泌知道军中将领也有此意,就秘密地私下向唐肃宗陈奏:"建宁王贤能英勇,确是元帅之才,但广平王是长兄,有君人之量,但尚未正位东宫。当今天下大乱,众人所属者,自然是统兵征伐的元帅。若建宁王大功既成,陛下虽然不想立他为储君,追随他立功的人也不肯答应。太宗皇帝和太上皇的事,不就是例子吗?"最终,唐肃宗听从了李泌的意见,任命了长子广平王俶为兵马元帅。李泌的建议,实际上是为了避免将来兄弟阋于墙的祸患,这是很有远见的。事实上,即使李泌如此建议,建宁王在后来仍被张良娣、李辅国等构陷致死。广平王被委任为兵马元帅,元帅府就设于禁中,李泌当然也于禁中安置。广平王入内参拜皇帝,李泌就在帅府坐镇,李泌有事入对,广平王就在帅府。二人尽心尽力,处置军务。李泌曾建议唐肃宗:"诸将畏惮天威,在陛下前敷陈军事,或不能尽所怀;万一小差,为害甚大。乞先令与臣及广平熟议,臣与广平从容奏闻,可者行之,不可者已之。"唐肃宗居然也痛快地答应了。当时军务繁重,四方奏报,从早到晚随时送来。唐肃宗指示全部战情通报都先送元帅府,由李泌先行拆开过目后,有军情急切及烽火告急者,重新封固后连夜向宫禁之中通进。若属一般军务,则待天亮后再禀。而禁中宫门的钥匙及符契等信物,唐肃宗也都委托广平王与李泌掌管。①

唐肃宗对李泌不愿做宰相还如此尽心地辅助自己平叛感到有些不理解。有一天,他问李泌究竟要什么? 李泌似乎很认真地回

---

① 《通鉴》卷218,肃宗至德元载八月条。

答道:"臣绝粒无家,禄位与封赏都不是我所希望得到的。今尽心为陛下筹谋军务,只是希望大功告成之日,枕天子之膝睡上一觉。使有司奏客犯帝座,一动天文,足矣。"表示自己无有身家私欲,只有尽心于大功告成。唐肃宗听罢,哈哈大笑。后来,唐肃宗在南下途中,乘李泌睡着的机会,悄悄登床,捧着李泌的头放在自己的膝上。良久,李泌才醒来。唐肃宗说:"天子膝已枕矣,克复之功当在何时?"李泌连忙起来谢恩,被唐肃宗拦下,不许多礼。但是,此事足以看出唐肃宗对克复之大功告成的迫切。又有一次,唐肃宗曾夜里召来颖王等人坐在罽毯上聊天。唐肃宗经常在地炉上亲自烧两颗梨赐给李泌,这是因为李泌绝粒的缘故,以表示对他的宠重。颖王是唐玄宗十三子,曾领剑南节度大使,后奉太上皇之命前往宣慰唐肃宗。此时,颖王恃恩固求唐肃宗的烧梨,唐肃宗不答应,还说:"你饱食鱼肉,先生难有此口福,何以还来强求烧梨?"颖王道:"臣等不过是试一下大家①的心思,谁知竟这样偏心!我们几位共乞一只梨,怎样?"唐肃宗还是不答应,只令人取来其他水果相赐。颖王等人又道:"臣等只因那梨系大家亲自烧来才乞求,其他水果又有何意义?"他又接着建议:"先生恩渥如此深厚,臣等请联句以记此事,也可为日后留个见证。"说罢,颖王就先吟道:"先生年几许,颜色似童儿?"接着是唐玄宗第二十三子信王:"夜抱九仙骨,朝披一品衣。"后面由汴王②作续:"不食千钟粟,唯餐两颗梨。"唐肃宗在三人的催促下,吟其结句:"天生此间气,助我化无为。"李泌见众人如此,起身道谢,又被唐肃宗拦住,表示不许,并对李泌道:"你居山隐居,处幽林之地不交人事;坐禁中帅府,运

---

① 大家,古代宫中侍从亲随对皇帝的称呼。参(汉)蔡邕:《独断》卷上。

② 据《旧唐书》卷 107 本传,宗室汴王系唐玄宗第三十子,开元二十四年二月薨,此时不当在唐肃宗军中。疑此有误,或为涼王之讹误?

筹帷幄,动合玄机,此社稷之福也。"①

李泌自然明白唐肃宗加恩于他是为了早日收复失地。但是,李泌不认为先收复长安、洛阳为上策,他根据敌我双方的力量对比与形势分析,提出过一个全线出击、以逸待劳、先取范阳、覆敌巢穴,再举兵全歼叛军、收复两京的作战方案。他对唐肃宗说:"现在安禄山兵势强盛,关键在于有史思明、安守忠、田乾真、张忠志(安忠志)、阿史那承庆等骁将,如果令李光弼自太原东出井陉关,郭子仪自冯翊(今陕西大荔)东入河东(今山西永济),那么史思明、张忠志就无法离开范阳、常山;安守忠、田乾真也不能离开长安。这样,我以两军掣肘其四将,争取主动,安禄山可以调遣者只有阿史那承庆了。然后令郭子仪勿取华阴(今属陕西),使两京叛军不中断音信。陛下再屯兵扶风,与郭、李二将分路出击,遥相呼应,敌救其首则击其尾,救尾则击其首,叛军北守范阳、西救长安,于两京之间往返数千里,疲于奔命,首尾不能相顾,虽精卒劲骑,不逾年也就拖垮了。我便以逸待劳,避其锋势,击其疲弊,不攻城,不遏路,坐取其功。待时机成熟,可命建宁王来年春天率大军出塞,与李光弼成掎角之势夹攻范阳,捣其巢穴,断敌后路。叛军届时必军心大乱,然后大军四面出击,攻取两京,必可全歼安禄山大军于洛阳。"唐肃宗听着,也一时心潮澎湃,不住地点头,极表赞赏。事实上,郭子仪也一度率兵从洛交(今陕西富县)南下、攻取河东,并分兵攻冯翊、潼关,不能说李泌的方案未曾实施。只是唐肃宗内心从未放弃过先取长安的想法,李泌也深知其中情由。

李泌对唐肃宗的中兴大业,是尽心尽力。唐肃宗还在平叛形势极其艰难的情况下,就已想过在收复长安后如何向当年的死对

---

① 参见(唐)李繁:《邺侯外传》,据宛委山堂《说郛》本。

头李林甫算账的事了。他曾向李泌谈过此事,想敕令诸将在克复长安后,将李林甫的坟墓掘开,焚骨扬灰。李泌觉得这样不妥,认为天子当以天下为重,总不忘旧怨,只说明圣德不弘,示天下不广,还会使那些附从叛军的臣下产生恐惧,断其自新反正之途。唐肃宗觉得李泌不理解自己,很不高兴地说:"往事难道都忘了吗?这贼人当年千方百计要置朕于死地,朕朝不保夕,能得万全,实是天幸! 李林甫也仇视您呢,只是没有害死您罢了,为什么要宽恕他?"李泌道:"臣岂有不知! 但臣考虑的不是这些,试想想看:上皇有天下近五十年,太平娱乐,一朝失意远处巴蜀。南方气候恶劣,上皇春秋高,若闻陛下颁布这样的敕令,一定会认为陛下仍因当年与韦妃离婚之事怨恨他。陛下仍心存故怨,上皇必将内惭不怿,火气攻心,万一感愤成疾,则是陛下以天下之大不能安君亲,陛下难脱其责呀!"李泌这一番话,令唐肃宗如梦方醒,他一边听着,一边禁不住涕泣交颐,他降阶仰天长拜:"朕不及此,是上苍使先生讲这番话呀!"接着,仍抱着李泌泣流不已。① 唐肃宗这番表演看起来有些可笑,其实正反映出一种历史的真实。唐肃宗龙飞九五之后,仍不能随心所欲,处处要考虑到在成都的太上皇的存在,这正是这一时期中央政治的二元格局所决定的。在唐肃宗平叛过程中的种种举措,几乎都无例外地要受到这一政局的影响。唐肃宗急于收复长安,其实也在很大程度上受到这一政局的影响。这在后面的叙述中会很清楚地看到。正因为如此,李泌虽然能劝阻唐肃宗对李林甫的复仇,却不能改变他首先要收复长安的打算。

唐肃宗不仅要考虑平叛方案,还要考虑自身的利益,从他的角度考量,眼下令他担忧与顾虑的,还不仅仅是洛阳的安禄山。至

---

① 《新唐书》卷139《李泌传》,《通鉴》卷218,肃宗至德元载九月条。

少，叛军安禄山还不是他唯一的忧虑。

　　眼下的形势表明，无论唐肃宗如何确定平叛方针，他都不得不为此付出巨大努力。对于"愿以客从"、助其平叛的山人李泌，唐肃宗还是极尽宠信的，对其计谋，唐肃宗虽迫于形势未必全部能言听计从，但李泌所给予唐肃宗的帮助是令他有真切感受的。唐肃宗曾在李泌换上紫衣袍后，对他说："卿侍上皇，中为朕师，今下判广平行军，朕父子资卿道义"，①对李泌的推重可见一斑。李泌不任宰相，但其为侍谋军国、元帅府行军长史，实际上参预机要，"权逾宰相"②。李泌也称得上在这一特殊历史时期和特殊的中央政局下产生的特殊人物。李泌的言行举止常常出人意料，言人所不能言、不敢言，确实称得上是一位"奇士"③。旧史上也评价说："泌之为人也，异哉！其谋事近忠，其轻去近高，其自全近智，卒而建上宰，近立功立名者。"④至于有人评论说他后来居宰相而谈鬼神，"乃见狂妄浮薄之踪"，而得出"非相材"⑤的结论，则属于另一方面的问题。无论怎么说，李泌在唐肃宗的中兴大业中是一位不可忽视的人物。李泌的处事与行止，直接反映出唐肃宗的平叛决策与他在位期间的帝王之相。

三　永王擅兵

　　在唐肃宗的平叛大局中，不仅要考虑如何平定叛军，而且要顾忌朝廷内部的种种问题。这些问题，又都不同程度地干扰着他的平叛。

---

①　《新唐书》卷139《李泌传》。
②　《旧唐书》卷130《李泌传》。
③　《通鉴》卷220，肃宗至德二载九月，胡注。
④　《新唐书》卷139《李泌传》，赞曰。
⑤　《旧唐书》卷130《李泌传》，史臣曰、赞曰。

房琯陈涛斜战败的阴影还没有从心头抹去,唐肃宗心中又增添了一层顾虑,这就是被太上皇授以江陵大都督、领山南东道、江南西道、岭南、黔中四镇节度使、度支使、采访都使的永王璘的动向。特别是贺兰进明就房琯建议唐玄宗分诸王分总天下节镇一事向唐肃宗挑明其中的奥妙后,唐肃宗内心早就存在的对永王璘的担忧,更与日俱增。

永王璘,系唐玄宗第十六子,因幼时丧母,由身为皇三兄的唐肃宗李亨收养。唐肃宗当年对永王甚是尽心,夜间常抱着他入睡。开元十三年(725年)三月,永王与诸兄一同被封亲王爵位。永王相貌丑陋,眼睛斜视,但聪敏好学,时为忠王的李亨对这位弟弟也很关照。

在唐玄宗南逃成都途中,颁布了《命三王制》,任命永王节制四镇,充江陵郡大都督,任命长沙郡(今属湖南)太守李岘为其都副大使,充江陵郡大都督府长史兼御史中丞。同时被任命的盛王琦为广陵郡大都督,领江南东道、淮南、河南等节度、度支、采访都大使,以广陵郡长史李成式为其都副大使。丰王珙为武威郡都督,领河西、陇右、安西、北庭诸路都使,以陇西太守邓景山为其都副大使兼都督府长史。诏制中规定:所需兵马、甲仗、器械、粮赐等,各于本路内自行供给,诸路原有的节度使等依旧留任。诸王充都督及都使期间所置官属与郡县内官员及所委任五品以上官,署置讫,闻奏。六品以下可任随授官后奏闻,若系京官九品以上者,须先夹名奏,听候圣裁再定。武官折冲以下及尝借绯紫,任量功便处,事后具闻奏。其有文武奇才隐居山林者亦宜征辟。[1] 显然,《命三王制》给分制方面的诸王以相当大的自主权。

---

[1] 《唐大诏令集》卷36《命三王制》。

永王受命后,当年(756年)七月中即赶往襄阳(今属湖北),九月就抵达江陵(今属湖北)。时距唐肃宗即位已有两月,唐玄宗已对灵武登基加以册命。对于唐玄宗以诸王分镇之事,除了侍御史高适认为不可外,并未见有人对此有过不同意见。这一氛围很值得注意。更是有人对永王出镇江陵寄予无限期望,当时传播甚远的李白《永王东巡歌》就反映出这一趣向。此录其第五、十、十一首可见一斑:

> 二帝巡游俱未回,五陵松柏使人哀。
>
> 诸侯不救河南地,更喜贤王远道来。(其五)
>
> 帝宠贤王入楚关,扫清江汉始应还。
>
> 初从云梦开朱邸,更取金陵作小山。(其十)
>
> 试借君王玉马鞭,指麾戎虏坐琼筵。
>
> 南风一扫胡尘静,西入长安到日边。(其十一)

永王到达江陵后的情况,据《旧唐书·玄宗诸子传》永王璘传的记载:"召募士将数万人,恣情补署,江淮租赋,山积于江陵,破用钜亿。"其实,若从《命三王制》的规定看,永王在江陵召募、补官、聚财都不属于擅权妄为,均符合唐玄宗诏制命令的授权范围。正因如此,当时任庐陵郡(今江西吉安)司马的崔祐甫拒绝永王厚礼相邀,"人闻其事,为之惴傈。"[1]这说明永王所借以号令江淮者,正是唐玄宗的诏制。据说,唐玄宗在蜀期间,曾因为念及宰相张九龄对安禄山一事的先知先觉,不仅赠之司徒,加位三公,还"仍遣使就韶州致祭"[2],说明唐玄宗在这些地方仍是有控制力的。

其实,还应当说明一个不为人们所注意的细节。永王虽然秉

---

① 周绍良主编:《唐代墓志汇编》,上海古籍出版社1992年版,第1823页。

② 《旧唐书》卷99《张九龄传》。

承着唐玄宗的诏制,但唐玄宗在册命唐肃宗之时,已对当时的《命三王制》作了修订,这就是在至德元载(756年)八月二十一日颁布的《停颍王等节度诰》。诰,正是唐玄宗在自称太上皇后发布旨意命令的官文书形式。其诰文曰:"颍王、永王、丰王等,朕之诸子,早承训诲……顷之委任,咸缉方隅。今者皇帝即位,亲统师旅,兵权大略,宜有统承,庶若振纲,惟精惟一。颍王以下节度使并停。其诸道先有节度等副使,并令知事,仍并取皇帝处分。李岘未到江陵,永王且莫离使,待交付兵马了,永王、丰王赴皇帝行在。"①这一诰令显然与唐玄宗颁布的令肃宗即位诏书中的精神是一致的,即确保唐肃宗在平叛之中的军事指挥权。不过,诰令对分总节镇的诸王的指令很有些耐人寻味。一是停"颍王以下节度使"。停诸王节度之职,但未明言所领大都督一职是否仍兼。虽然诸路节度使为实际职任,但亲王兼领大都督一职在战时状态下仍不无实际意义。二是诰书中明示"颍王以下",还指明了永王、丰王,但仍强调永王且莫离任,要等其副使李岘到达江陵后交割军政事务完毕才可以。这给已经出发赴任江陵的永王以尚方宝剑,可以取道径往江陵。诰书颁布后,永王有何反应不得而知,但他七月已抵襄阳,到九月才到达江陵,这一段路就用了一个多月,就很令人疑惑。说不定永王对自己是否应该前往江陵赴任迟疑过,或者在到达江陵之前为赴任进行了精心筹划。永王手下有薛镠、李台卿、蔡坰等谋士,旧史上说永王心怀异志,与这些人的鼓动有关。所谓"(永王)璘生长深宫,不更人事,子襄城王玚(一作傷)有勇力,好兵,有薛镠等为之谋主,以为今天下大乱,唯南方完富,璘握四

---

① 《唐大诏令集》卷36《停颍王等节度诰》。

道兵,封疆数千里,宜据金陵,保有江表,如东晋故事"①,也就是割据江东。

唐肃宗对永王的担忧正在于此。前引李白《永王东巡歌》中对这位"贤王"的歌咏,唐肃宗应该无一句可心。此时正值天下大乱,唐肃宗处于平叛前线,无财可用,无险可守,江淮财赋控制在永王手中,永王的政治条件、经济力量、军事势力都很有优势,届时他果能"扫清江汉",再"救河南","更取金陵",先保有江表,再"西入长安",捷足先登,谁主唐鼎,恐得另见分晓。王夫之对此看得很清楚:"肃宗若无疾复西京之大勋,孤处西隅,与天下县隔,海岱、江淮、荆楚、三巴分峙而起,高材捷足,先收平贼之功,区区适长之名,未足以弹压天下也。故唯恐功不速收,而日暮倒行,屈媚回纥,纵其蹂践,但使奏效崇朝,奚遑他恤哉!"②真是一针见血。

因此,唐肃宗一面处心积虑地部署收复两京,以收取平叛之功;一面对永王加以防范,防止永王捷足先登。

他首先阻止永王在江陵立足,下令永王"归觐于蜀"③,希望永王能回到成都父皇身边,以消除隐患。因为他毕竟有太上皇诏制命令可为筹码,也极容易得到人们的拥护。但这位被李白誉为"贤王"的永王并不听唐肃宗的指示。对要求他"归觐"的旨意根本不予照办。于是唐肃宗找来已由侍御史升任谏议大夫的高适,与他商议对策。高适分析了永王所处的地位及江东地区的利害,认为永王若有反常之举,必定失败。高适的分析使唐肃宗大觉惊奇,又很感振奋、踏实④。唐肃宗决定新置淮南节度使(治今江苏

①　《通鉴》卷 219,肃宗至德元载十二月条。
②　《读通鉴论》卷 23《肃宗》五。
③　《旧唐书》卷 107《永王璘传》。
④　《旧唐书》卷 111《高适传》。

扬州）、淮南西道节度使（治今河南汝南），分领十三郡与五郡，由高适以御史大夫、扬州大都督府长史身份领淮南镇，以来瑱领淮西节度使。来瑱先在河南南阳一带抗击叛军，十分顽强，因杀贼颇众，人送外号"来嚼铁"。这显然也是一位敢碰硬的人物。唐肃宗命令他们二人与江东节度使韦陟相配合，意在威慑永王璘。韦陟乃前朝宰相韦安石之子，京兆万年（今陕西西安）大族，自幼风标整峻，独立不群。在唐玄宗朝因遭李林甫、杨国忠嫉视，一直被斥于地方任职。唐肃宗即位后，即启用他为吴郡（今江苏苏州）太守，兼江南东道采访使。如今委任韦陟为江东节度使，实际上是希望借其老臣的声望把事情办好。

到十二月二十五日，永王率兵东巡，顺江而下，军容甚盛。继韦陟任江南东路采访使的李希言平牒永王，诘问其大军东下之意。平牒，就是无上下尊卑之分，直署名字。永王接到平牒，十分恼怒，遂回复李希言："寡人上皇天属，皇帝友于，地尊侯王，礼绝僚品，简书来往，应有常仪，今乃平牒抗威，落笔署字，汉仪隳紊，一至于斯！"①愤怒的永王，紧接着派大将浑惟明向李希言发动攻击，另派季广琛进攻广陵（今江苏扬州）的淮南采访使李成式。后来所称的"永王璘事件"拉开了序幕。表面看来，永王事件是因为李希言的平牒文书引发，事实上恰恰说明了此时的永王关注的依然是个人身份名位，根本不是国家的平叛大局。

很快，永王就进至当涂（今属安徽）。

由于形势的急剧变化，原来应奉命前往江陵与永王交割军政事务的李岘也没有履行其江陵大都督府长史、都副大使的职责，他以有病为借口，直接由长沙（今属湖南）奔赴行在，向唐肃宗报到

---

① 《旧唐书》卷107《永王璘传》。

后尽脱前责,改任扶风(今属陕西)太守。有意思的是,李岘曾为永王副职一事在《旧唐书》本传中并没有提及,似乎是唐朝国史中有意为李岘讳言,担心为这位唐太宗皇帝的曾孙抹黑。

永王璘派大将分攻江淮。李希言立即派将军元景曜和丹徒太守阎敬之抵御,李成式也派将军李承庆出战抵抗永王。先前被唐肃宗派来宣诏的中使宦官也参与了组织。开始的形势十分危急,太守阎敬之不敌永王,被杀。将军元景曜、李承庆竟向永王缴械投降,致使江淮震恐。此刻,韦陟与高适、来瑱迅速相会于安州(今湖北安陆)应对。韦陟道:"今中原未复,江淮动摇,人心安危,实在兹日。若不齐盟质信,以示四方,令知三帅协心,万里同力,则难以集事矣。"于是三人为制造声势舆论,登坛结盟,对众宣誓:"淮西节度使、兼御史大夫瑱,江东节度使、御史大夫陟,淮南节度使、御史大夫适等,衔国威命,各镇方隅,纠合三垂,翦除凶慝,好恶同之,无有异志。有渝此盟,坠命亡族。皇天后土,祖宗神明,实鉴斯言。"言辞慷慨激昂,血泪俱下,三军将士莫不深为感动。[1]

盟誓之后,韦陟三人立即部署对永王的攻击。

这期间,李成式联络正在广陵的河北招讨判官李铣以小股人马屯扎于扬子县(今江苏扬州南),李成式属下判官评事裴茂率广陵步卒数千人屯守于瓜步洲(今江苏六合东南)。裴茂沿江广张旗帜,在浩瀚的江岸上十分醒目,暂时稳住了阵脚。高适临敌之际,又巧妙地发挥了他的诗文才华之长,一篇《未过淮先与将校书》,动之以情,晓之以理,对永王属下军将实行攻心战,引导他们反戈一击,归顺官军,在当时引起了强烈震撼。韦陟更以其声望对永王属下高级将领施加影响,尤其是他先行上表唐肃宗得到允准,

---

① 《旧唐书》卷92《韦安石传附陟传》。

拜永王大将季广琛为丹阳（今属安徽）太守、兼御史中丞、缘江防御使，成功地实现了季广琛阵前起义倒戈。这些都对扭转永王事件之初的危机战局起了重要作用。

季广琛反正以后，随即向广陵的唐军投诚。接着永王部属的浑惟明、冯季康也纷纷率麾下投降。永王璘一时不知如何是好。他曾派骑兵追赶率军向广陵唐军投诚的季广琛。季广琛勒马对永王追兵说："我感王恩，是以不能决战，逃而归国。若逼我，我则不择地而回战矣。"①追兵回去禀报，永王也只有无奈长叹的份了。当天夜间，驻扎在瓜洲的裴茂与李铣等，令唐军在江北岸点燃火炬，又令每人持两把火炬充数以迷惑永王。隔江望去，火光倒映在水中，到处是人影、火炬，永王手下兵士又有人举火呼应，使场面更加混乱。永王误以为官军已经渡江，未加细辨即率儿女及麾下宵遁。待第二天天亮，并未见唐官军渡江，方知上当。经过这一折腾，永王自知无法在丹阳②立足，遂率众南下晋陵（今江苏常州）。

唐军得到永王逃遁的情况，遂从江北齐发南渡。李成式募敢死队20余人，由赵侃率领急追。在新丰因先锋数人醉酒贻误时机，险些被永王之子襄城王玚占先，幸因李铣等奔救及时，才打败永王兵马，逼迫他继续南奔鄱阳（今属江西）。鄱阳郡属江南西道，照理应听命于兼领江南西道节度大使的永王，结果却是守城的郡司马陶备紧闭城门，拒绝其入内。永王大怒之下，命令部下在鄱阳城放了一把火继续南下余干（今属江西），企图经大庾岭（今江西大余）南窜岭南。结果被江西采访使皇甫侁属下的兵马所擒。

---

① 《旧唐书》卷107《永王璘传》。
② 永王璘由当涂进驻丹阳，可参《通鉴》卷219，肃宗至德二载二月，胡注。

永王因中箭伤发而死,他的儿子被乱兵杀害。唐肃宗因永王是自己的"爱弟","隐而不言"①。至德二载(757年)二月,永王事件经此一波三折,终于平息。

对于永王之死,《资治通鉴》说是皇甫侁将其生擒后秘密于驿舍中杀死。然后,他将永王家属送往成都。还记载唐肃宗曾讲过:"(皇甫)侁既生得吾弟,何不送之于蜀而擅杀之邪!"遂废侁而不再委以任用。此事真伪且不细究,唐肃宗惺惺作态之姿跃然纸上。皇甫侁将永王家属遣送成都一事至少说明,他认为时为太上皇的唐玄宗仍然是处置永王事件的最佳选择。这样看来,由于太上皇唐玄宗在成都仍具有其法统权力,对于秉其旨意赴任江陵的永王所作所为,唐肃宗就不能不有几分的顾忌,对其东巡之处理,也不能不有几分的收敛。旧史中说他"隐而不言",倒能够反映出唐肃宗在处置此事上的真实状态与真实心情。

参与永王擅兵者皆受处理,像诗人李白因任永王僚佐被长流夜郎,且旧史中也有称永王擅兵为"谋乱"者②,但褫夺永王的爵位,却由唐玄宗出面办理。一份大约在永王欲南窜岭外时颁布的太上皇的诰令,说明了这一情况。其诰文曰:"朕乘舆南幸,遵古公避狄之仁;皇帝受命北征,兴少康复夏之绩,犹以藩翰所寄,非亲莫可。永王,谓能堪事,令镇江陵,庶其克保维城,有裨王室,而乃弃分符之任,专用钺之威,擅越淮海,公行暴乱,违君父之命。既自贻殃,走蛮貊之邦,欲何逃罪?据其凶悖,理合诛夷,尚以骨肉之间,有所未忍,皇帝诚深孝友,表请哀矜。虽解绶全体,礼可行于曩制,而削土勿王,义亦著于前史,……可悉除爵土,降为庶人。仍于

---

① 《旧唐书》卷107《永王璘传》。
② 《旧唐书》卷190下《李白传》。

房陵郡安置,所由郡县,勿许东西……"①唐玄宗的这一诏令与唐肃宗的惺惺作态交映成趣,虽称其"擅越淮海,公行暴乱,违君父之命",且擅兵应加诛夷,又说不忍骨肉之亲,而且还说皇帝(唐肃宗)有表为其求情。因此,太上皇虽削永王封爵,并无意诛杀,只是把永王降为庶人。从中可以说明,唐玄宗对于处置永王事件仍然具有决定权。那么,皇甫侁未能将永王活着送往成都,不论其是否擅杀,都不符合太上皇本意。唐肃宗废之不用,就大有深意了。这若不是因为太上皇仍握有相当权力,还能因为什么?

另外,韦陟曾在策反季广琛后不久,接到唐肃宗要他奔赴行在的诏书。为了防备季广琛会有反复,遂上表皇帝请宽限时日,韦陟亲往前线约见季广琛,并加以抚慰,还以私马数匹当赐品送他,然后才动身赴行在谒见皇帝。唐肃宗对韦陟处理此事很表赞赏,也因此更加器重他。这期间,担任右拾遗的杜甫为遭皇帝冷落的旧交房琯上表鸣不平,称房琯有大臣风范而为圣朝不容。因杜甫表疏辞旨迁诞,令唐肃宗大为恼火,遂下令三司推讯。韦陟因担任御史大夫参与审讯,杜甫后被贬为华州(今陕西华县)司功参军。韦陟又借一次入奏的机会提及此事,他对唐肃宗说:"杜甫所论房琯事,虽被贬黜,不失谏臣大体。"因为这句话,唐肃宗从此也疏远了韦陟,韦陟从此"常自谓负经纬之器,遭后生腾谤,明主见疑,常郁郁不得志",因病而终。②韦陟不过是替杜甫一事说了句体谅杜甫的话,却见疑于唐肃宗,终生不复受重用。看来,唐肃宗不能见容韦陟,实际是不容杜甫。不容杜甫,就是不容其为房琯鸣不平。不

---

① 《唐大诏令集》卷39《降永王璘庶人诏》。按,若遵守唐玄宗前诏,此诏当作"诰"。贾二强就否认此诏的真实性。

② 《旧唐书》卷92《韦安石附陟传》,并参《旧唐书》卷190下《杜甫传》。

容房琯,并不因为他是太上皇委任的宰相,而是如贺兰进明所言房琯对自己并不真心效忠。所以,唐肃宗可以不究其兵败之责,却难容其政治上对自己乏忠。韦陟因一句体谅杜甫的看似寻常之言,落得见疏于"明主",他在处理永王事件中的功劳也被一笔抹杀,正是因为韦陟不明不白地陷入了皇帝此刻所处的政治怪圈之中。这一怪圈的真谛与内涵就是唐肃宗即位后,唐玄宗以太上皇身份仍然拥有着权力,这正是这一时期中央政治的二元格局。

永王事件解决了,唐肃宗就能松口气了吗?

四　借兵回纥

唐肃宗依靠朔方兵立稳脚跟,但随着朔方军将的军功显赫,他的担心又额外多了一层。于是,他想出了一个办法——借兵回纥。

在唐肃宗的中兴大业中,朔方军所起的作用是不容低估的。朔方节度使作为西北地区强藩,所统兵马成分复杂,因为其辖区就是一个民族杂居地,内附的突厥、回纥、党项、吐谷浑等诸蕃部落数量甚多。朔方节度使除领单于都护府外,还兼检校浑部落使、押诸蕃部落使等。在其10万兵卒中,那些精于骑射、勇猛善战的蕃兵蕃将构成了朔方军的重要成分。像李光弼、仆固怀恩、浑瑊等都是属于朔方军系统的名将。他们久习军旅,父子相继,"皆成父子之军"[1]。郭子仪曾自言朔方"兵精闻于天下",称为国之北门,应该与朔方军的民族构成有一定关系。高适在《送浑将军出塞》一诗中又谓"控弦尽用阴山儿,登阵常骑大宛马"。所以,朔方军拥有

---

[1]　《唐大诏令集》卷65《叙用勋旧武臣德音》。

极强的战斗力,应是无疑。正因如此,唐肃宗在灵武登基后,即火速令节度使郭子仪率朔方精兵从河北战场奔赴行在。诗人杜甫在《送灵州李判官》诗末句就毫无掩饰地表达出这种喜悦心情。诗云:"近贺中兴主,神兵动朔方。"事实上,在身兼三镇节度使的安禄山叛乱后,唐玄宗南幸剑南,而在河西、陇右、安西等镇兵马征调不及的情况下,唐肃宗曾想依靠房琯建立起中央直辖的武装力量,结果陈涛斜一战,为贼所败,丧师殆尽。唐肃宗也只有朔方军可以依靠,所谓"方事讨除,而军半殚,唯倚朔方军为根本。"①

前已述及,郭子仪、李光弼率朔方兵在河北已取得了重大军事成果,尤其是嘉山一战,取得大捷,史思明所率叛军几乎全军覆没。河北平叛形势一片大好。后因潼关失守、京师沦陷,政治军事形势逆转,导致了河北官军的节节后退。叛军史思明、尹子奇乘机频频发动进攻,九门、藁城、赵郡、常山、河间等河北郡城相继失守,颜真卿后来也不得不放弃平原郡城,渡河南撤。随后,清河、博平被攻陷,信都太守乌承恩虽拥兵万人、战马2000匹,其中尚有朔方兵3000人,但在河北风雨飘摇之中也开城投降。最后,多日坚守的饶阳(今属河北)在史思明的强攻之下,也终因孤立无援而沦陷。饶阳太守李系投火自焚。裨将张兴被俘后,不仅拒绝了史思明的诱降,他还义正词严地对史思明说:"主上待禄山恩如父子,群臣莫及,不知报德,乃兴兵指阙,涂炭生人。大丈夫不能翦除凶逆,乃北面为之臣乎!仆有短策,足下能听之乎?足下所以从贼,求富贵耳,譬如燕巢于幕,岂能久安!何如乘间取贼,转祸为福,长享富贵,不亦美乎!"只把史思明听得怒火中烧,命令把张兴绑在木桩

---

① 《旧唐书》卷120《郭子仪传》。

上锯杀,张兴到死都骂不绝口。①

饶阳守将虽大义凛然,但无法扭转因政治局势的变化引发的河北军事的恶化。史思明所率叛军,每破一城,即大肆抢掠,城中衣物、财宝、妇女被抢劫一空,壮年男子被抓去做苦力,老弱病残及幼儿就被杀死。河北再度沦陷后遭受着叛军更加野蛮的蹂躏。

这种形势下,又是李光弼所率兵马坚守太原(今属山西),扼制了史思明叛军的嚣张气焰。

李光弼是在郭子仪率朔方主力回归本镇后,率一支部队连同景城(今河北沧州西)、河间(今属河北)兵 5000 人驻守太原的。由于"李光弼麾下精兵皆赴朔方,余团练乌合之众不满万人"②,坚守太原的困难可想而知。史思明也认为太原可屈指而取,并计划在攻下太原以后继续西进,长驱直入攻取朔方、河西、陇右。史思明对诸将进行部署之后,就亲率军队由博陵(今河北定县)出发、蔡希德从太行、高秀岩从大同、牛廷玠从范阳,共 10 万大军围攻太原。太原守将见状,都很恐慌。李光弼临危不惧,亲率将士与百姓在城外构筑战壕,加固城防。在两军对垒之际,斗智斗勇,围城叛军被李光弼神出鬼没的地道战打得晕头转向,摸不着头脑。有时叛军在城下仰首侮骂,突然脚被官军从地道中拉住捉入城中。叛军以为神仙,呼为"地藏菩萨",③行路时都要注意脚下。后来,李光弼又派人诈降,麻痹敌人,借其松懈,又巧妙地设计出击,重创敌军。

不久,因安禄山死讯传入军中,史思明奉安庆绪之命退守范阳,留蔡希德继续围攻太原。李光弼出奇制胜,斩获甚众,蔡希德的部

① 《通鉴》卷 219,肃宗至德元载十月条。
② 《通鉴》卷 219,肃宗至德二载正月条。
③ 《旧唐书》卷 200 上《史思明传》。

队也只好无功而返。太原城下的战斗相持了50多天,李光弼打乱了叛军攻取太原然后西进的如意算盘,并大大牵制了河北一带叛军力量,这对于确保唐肃宗致力于收复两京具有重大战略意义。

与李光弼坚守太原几乎同时,郭子仪率仆固怀恩等朔方将领在河曲一带与阿史那从礼交战。阿史那从礼从长安叛离安禄山后,唐肃宗曾对他加以招谕,但他桀骜不驯,又在河曲一带诱迫诸胡部落,准备进犯朔方,直接威胁唐肃宗朝廷的安全,郭子仪对阿史那从礼作战的胜利,保障了唐肃宗朝廷的稳固。所以说,唐肃宗要依靠朔方军稳固根基,并不是一句假话。

然而,唐肃宗在这一情况下,另有他自己的考虑。特别是随着朔方军战功赫赫,他内心的顾虑陡然加重。安禄山拥兵自重,最终反叛的现实,使他不能不对羽翼已丰的郭子仪、李光弼等人有所顾忌。至德二载(757年)正月前后,也正是唐肃宗即位以来局势最为紧张、艰难的时期,他就表露了自己的这一忧虑。他曾向李泌问过这样的话:"现在郭子仪、李光弼已为宰相,贵极人臣,若收复两京、平定四海,则无官以赏之,奈何?"李泌回答道:"前代爵以报功,官以任能,自尧舜以至三代,皆所不易。今收复后,若赏以茅土,不过二三百户一小州,岂难制乎?"①唐肃宗听了虽然觉得很有道理,但并不能打消他心中的忧虑。因此,为了遏制郭子仪、李光弼声威的不断增长,他不能不采取一些防范措施。

应该说,唐肃宗重用房琯率兵收复长安,就有这种防范郭、李的意味。后来,他又经常性地以亲信宦官任中使监军,直接插手郭李平叛,其意图也差此不远。当房琯兵败之后,初步的尝试落空,

---

① 《通鉴》卷219,肃宗至德二载正月条,并参《邺侯外传》。按,据《邺侯外传》,唐肃宗表达这一担忧与李泌劝慰,是"肃宗之在灵武也",时间较之《通鉴》的记载更早一些。

也许唐肃宗意识到,在短期内创建一支中央直属武装用于平叛的条件与时机尚不成熟,于是,他想到借用外族兵马。

史书上说:"上(肃宗)虽用朔方之众,欲借兵于外夷以张军势。"①按照旧史的说法,唐肃宗是在朔方军将仆固怀恩等随郭子仪破蕃兵于河曲以后才决定的,似乎他的用意只是要借外族兵马来壮大声势,从而形成对叛军的威慑,而没有其他用意。其实,旧史所言只是讲到了问题的一个方面。只要分析唐肃宗借兵回纥的前后情况就能看出唐肃宗的用心良苦,特别是他利用仆固怀恩这位朔方军将领充当了借军的使者,而在以后的岁月中又对仆固怀恩"恩顾特异诸将",以至委任他为朔方军节度使,终至在唐代宗广德元年(763年)挟功反叛。② 这一结果都与仆固怀恩结交回纥、与回纥多年保持密切关系有很大关系。而仆固怀恩所以与回纥有深厚之渊源,与他出使回纥完成借兵使命有相当关系。

唐肃宗为什么会选中仆固怀恩出使借兵呢?仆固怀恩出身于唐初内附铁勒部落,世袭都督,系一位蕃将。他自天宝以来历事王忠嗣、安思顺等人,皆以勇猛善战、通达诸蕃、有统御之材,被委以心腹之任。在唐肃宗当年遥领朔方节度大使期间,每逢节日通名向他问候的将领中是否有仆固怀恩,我们不得而知,但仆固怀恩曾经作为王忠嗣亲信这一资历,想必唐肃宗不会从政治上排斥他。加上他对北方少数民族情况的熟悉以及出身蕃将的有利地位,唐肃宗自然地会选择仆固怀恩这位朔方军将领担当出使借兵的重任。因为回纥其实是匈奴之种,北魏以后号称高车,讹称为铁勒。仆骨就是其中一个部落。回纥自唐朝贞观时来朝。唐于其地设都

---

① 《通鉴》卷218,肃宗至德元载九月条。
② 《旧唐书》卷121《仆固怀恩传》。

督府与羁縻州,回纥接受唐朝官爵,修"参天可汗道",一直与唐朝保持相对密切的联系。

唐肃宗诏令往回纥借兵的,还有宗室李承寀。李承寀是唐高宗章怀太子李贤的孙子,他的父亲邠王李守礼,在宗室诸王中名声不佳,史称其"才识猥下",且"多宠嬖,不修风教,男女六十余人。男无中才,女负贞称",①那么李承寀之才艺就不足以恭维了。由于这一使命,唐肃宗封他为敦煌郡王,加开府仪同三司,令与仆固怀恩出使回纥。后来,李承寀也"甚遇恩宠"②。以宗室加郡王出使,说明唐肃宗对此事的重视。其实应该说,这次出使回纥,敦煌王承寀是头号人物,仆固怀恩只是最高级的随员而已。按《新唐书·回鹘传》的说法:仆固怀恩是"送王"前往与回纥结约的。有意思的是,在《旧唐书·回纥传》中,对仆固怀恩出使回纥请兵一事无一字提及,只是说唐肃宗"遣故邠王男承寀,封为敦煌王,将军石定番,使于回纥,以修好征兵,"根本没有提到仆固怀恩的名字。《旧唐书》的这一遗漏应是国史官有意为之——当然,这只是推测。遗漏他的名字,是不想提及他的出使借兵的这一经历。毕竟,后来仆固怀恩恃功反叛唐朝,就越发令人推测史书中对他的回纥之行有所讳言。

且说唐朝使者抵达回纥牙帐,可汗大喜,即以其可敦之妹嫁于敦煌王,并令人随仆固怀恩一同来见唐肃宗,还请求和亲。回纥很痛快地答应唐肃宗的出兵请求,很重要的原因是唐肃宗许给他们的条件很有诱惑力。所谓"克城之日,土地、士庶归唐,金帛、子女皆归回纥。"③双方定约之后,唐肃宗就对回纥极尽笼络之能事,他

---

① 《旧唐书》卷86《章怀太子贤传附邠王守礼传》。
② 《旧唐书》卷86《章怀太子贤传附邠王守礼传》。
③ 《通鉴》卷220,肃宗至德二载九月条。

不仅答应回纥和亲要求,还封其女毗伽公主,并于至德二载(757年)九月亲册为敦煌王妃。对回纥使者,他也给予优厚待遇。唐肃宗驻跸彭原时,回纥使者朝见,因耻其朝班低下,很不痛快,唐肃宗"不欲使鞅鞅,引升殿,慰而遣"。① 安抚来使的目的就是保证在他发动总攻之时,能得到回纥兵的援助。

对于唐肃宗借兵回纥的原因,王夫之曾谈到是由于郭子仪、李光弼有"军孤且弱,不足压贼势于未灰,⋯⋯不得不资回纥以壮士气而夺贼胆,其势然也。"②从军事观点来看待借兵回纥,自然有其道理。不过,从平叛战争的具体进程看,唐肃宗并不是要依靠回纥兵来完成平叛大业。唐大军 15 万收复长安时,回纥兵仅有 4000人,相对而言,其兵寡力少,不言而明。这就是说,唐肃宗借兵回纥虽意在壮其声威,却又使其难以取血战之功,就避免了其过深、过多地干预自己的中兴事业,也可以避免遭到回纥过多的挟制。唐肃宗由灵武南下彭原,虽然是为了进驻平叛前线,恐怕也有远离回纥牙帐的用意。

从政治的观点来看,唐肃宗借回纥兵参加平叛,正是为了分朔方兵的平叛独功,特别是房琯用兵失败后,这一意图更为明显。自回纥出兵伊始,可汗就恃其强悍,要求与之相会的郭子仪先拜其狼纛然后才与之相见。兵马到达总攻集结地点后,郭子仪大军处处打头阵,自然损失惨重,回纥总是以奇兵或侧翼相呼应,难怪有史家曾评论收复两京之战"回纥无血战之功,一皆郭汾阳(子仪)之独力,唐固未尝全恃回纥、屈身割地以待命也。"③但在收复两京之后,唐肃宗极力赞赏回纥军功。回纥兵马在叶护率领下凯旋时,唐

---

① 《新唐书》卷 217 上《回鹘传上》。
② 《读通鉴论》卷 23《肃宗》五。
③ 《读通鉴论》卷 23《肃宗》五。

肃宗敕百官出城相迎,亲御宣政殿宴请,并大加赏赐,还对叶护说:"能为国家就大事成义勇者,卿等力也。"把叶护誉为"才为万人之敌,位列诸蕃之长……力拔山岳,精贯风云",并封为司空、忠义王。①而郭子仪虽加司徒、李光弼也守司空,但他们的封爵只是国公,系唐朝九等爵中的第三等,他们之间的爵位差异是显而易见的。

另外,还有两事值得一提。一是叶护在两京收复后辞行时,曾向唐肃宗奏对过这样的话:"回纥战兵留在沙苑,今且须归灵、夏取马,更收范阳、讨除残贼。"按,灵州(治今宁夏灵武)、夏州(治今陕西靖边北白城子)乃是朔方节度使的辖区,这就是要往朔方军辖区内取马。二是唐肃宗每年赐予回纥的2万匹绢也要运至朔方军转交。② 这其实就是要时时令朔方军感觉到回纥的存在,从而达到扼制郭子仪等人的目的。

简单地说,唐肃宗在平叛过程中对郭子仪、李光弼等功勋将领的防范与扼制是有效果的,但他也为此付出了沉重代价。平叛局势的波折起伏,与唐肃宗对功臣将领的过重防范有相当的关系,这也在一定程度上延缓了平叛胜利的进程,从而使社会经济遭到更大破坏,人民财产受到更大损失。也许,唐肃宗关心的是不再出现像安禄山那样的叛乱者,关心的是稳固个人的皇帝宝座,而不是其他。如果从这一点来说,唐肃宗致力于所谓的"中兴"的所作所为是成功的。毕竟,他在位时期,朔方军中没有出现叛将,郭子仪、李光弼一直不失忠良之道。相比之下,到了他的儿子唐代宗时期,发生了朔方军仆固怀恩叛乱,他孙子唐德宗时期,又有朔方军将李怀光叛乱。这难道不值得人们去深思吗?

---

① 《旧唐书》卷195《回纥传》。
② 《旧唐书》卷195《回纥传》。

五　建宁之死

就在唐肃宗平叛局面暂时显现转机之时,宫闱之中又起涟漪,结果导致建宁王命丧黄泉。

唐肃宗即位后的第一个冬天,似乎是那样的寒冷而漫长。全国各地平叛战场形势令唐肃宗寝食不安、心绪难宁。在河南地区,鲁炅、张巡、许远十分顽强地抗击着叛军的猖狂进攻,但已开始收缩在几个重点城市和重点区域。在江淮地区,因为河南的抵抗而获得表面的安谧,但是永王的擅兵给这一安定状况搅入了浑水。在京师长安周围,官军据险抵抗,武功(今属于陕西)一带已成为双方较量的前线,拉锯式的攻防给平叛形势增添了几分动荡。尤其是河北地区,自从被叛军史思明全部攻陷,唐朝失去了敌后战场,河东太原,就成为双方交锋的前沿。这一切,令唐肃宗的平叛显得步履维艰,他心心念念的那一丝胜利的曙光依旧遥远。

转过年来,似乎形势有了转机。原因是在洛阳城中的叛军,因为一场重大的政治阴谋爆发了政治危机,结果导致了大燕雄武皇帝安禄山被杀。

安禄山自从洛阳称帝以后,身体状况越来越不如从前。安禄山本来就很肥胖的身体,重量仍在增加,身体的冗累使他活动不便,以至于浑身长满了疽疮,才刚刚50多岁就患上了许多老年性疾病。这时,安禄山的眼疾越来越严重,早已昏花的双眼慢慢地失明。疾病缠身使安禄山不堪于肉体的折磨,一年当中各地战场形势的波折起伏,使他精神上也遭受着巨大刺激。这使本来就性格暴躁的安禄山更加暴戾无常、令人恐惧。身边的人,稍有不慎即遭

270

答挞,甚至被杀,致使人人自危,心情紧张。安禄山也因此与属下关系变得疏淡、不谐。尤其是因盛夏时节军事形势的恶化,他与其亲信严庄、高尚发生冲突,导致与近臣关系紧张。同时,由于安禄山健康状况恶化,其内部争夺大燕继承权的斗争也骤然激烈并趋于公开化。

原来,安禄山宠爱的段氏夫人生有一子安庆恩,很受其钟爱,安禄山时常想立之以取代晋王安庆绪的嗣君地位。安庆绪是安禄山原配夫人唐氏所生,虽然他最为年长,但因其父移情别爱,安庆绪自觉处境不妙,天天生活在极度恐惧之中,不知所措。安禄山的亲信属下严庄对这一切看得很清楚,他担心宫廷政变一旦突发会对自己大大不利,遂主动找到一筹莫展的安庆绪共谋对策。严庄劝说安庆绪要"大义灭亲",二人一拍即合,遂即找到安禄山的贴身阉宦李猪儿,要他一起行大事。李猪儿因受尽安禄山的毒打与辱骂,心有不堪,所以也痛快地答应下来。

就这样,一项旨在秘密处死安禄山的政变计划,经严庄等人的密谋确定下来。此刻,已经临近至德二载(757年)的春节。

伪燕朝廷至德二载正月初一的例行朝会,安禄山因身体不适,中途退场。似乎这是一个不祥之兆。果然,当天夜里,严庄、安庆绪等人就直奔寝宫,李猪儿则直入殿内,手持大刀扑向安禄山卧榻,不由分说,向安禄山腹部就是一刀。史书记载,这一切发生时,哀痛之声传到殿外、透出宫墙,却消失在城内不时响起的爆竹声中。顷刻间,安禄山肠流腹外,血流数斗,横在床上,气绝而死,场面很是惨烈。当时安禄山身边的侍者,都被惊呆了,个个又惊又怕,呆呆地站在那里,都不敢移动半步。① 这一天,安禄山恰好

---

① 《安禄山事迹》卷下。

55 岁。

李猪儿刺杀安禄山得手以后,严庄、安庆绪冲入殿内,令宫内目睹此事者不得泄露半句,违者严惩不贷。然后,他们就地于床下挖一深坑,用毯子把安禄山尸体包裹起来埋葬。整个事件过程,弄得神不觉鬼不知。一切都在秘密状态下进行。

次日一早,严庄对外宣布:雄武皇帝病危,有旨立晋王为皇太子,军国之事无大小,皆取决于皇太子。事过数日,又矫制称安禄山传位,尊安禄山为太上皇。安庆绪通过政变取得了伪燕的最高权力,即位后改元载初。①

到这年正月初五,洛阳城内已传遍了安禄山的死讯。不过,寻常百姓尚无从得知详情,只以为安禄山就死于这天。难怪唐朝华阴县尉姚汝能撰《安禄山事迹》就记载安禄山之死在正月初五。②应该说,严庄等人在政变杀死安禄山的最初几天,对消息的封锁是成功的。

对安禄山之死,唐朝时就有不少传闻,但大多与天象有关。最具代表性的是“太白蚀月”说和“有星犯昴”说。前者“太白蚀月”说以晚唐人段成式撰《酉阳杂俎》为嚆矢。书中说:“及禄山死,太白蚀月。”其后,宋朝人王谠的《唐语林》和计有功的《唐诗纪事》均承此说,或作“太白犯月”。此说大约附会了李白乐府诗《胡无人》中的字句:“……太白入月敌可摧。敌可摧,旄头灭,履胡之肠涉胡血。悬胡青天上,埋胡紫塞傍。胡无人,汉道昌。”③后者“有星

---

① 《新唐书》卷 225 上《安禄山传》。
② 《安禄山事迹》卷下。拙撰:《安禄山生年小考》,载《唐史论丛》第四辑,陕西人民出版社 1988 年。
③ 瞿蜕园等:《李白集校注》卷 3《乐府》本条之评笺。上海古籍出版社 1980 年版,第 272 页。

犯昴"说则据宋人欧阳修、宋祁撰《新唐书》之《韦见素传》：至德元载（756 年）"十月丙申，有星犯昴①。见素言于帝曰：'昴者，胡也。天道谪见，所应在人。禄山将死矣。'帝曰：'日月可知乎？'见素曰：'福应在德，祸应在刑。昴金忌火，行当火位，昴之昏中，乃其时也。既死其月，亦死其日。明年正月申寅，禄山其殪乎！'帝曰：'贼何等死？'答曰：'五行之说，子者视妻所生，昴犯以丙申。金，木之妃也；木，火之母也。丙火为金，子申亦金也。二金本同末异，还以相克，贼殆为子与首乱者更相屠戮乎！'及禄山死，日月皆验。"不过，事情过于应验，恐怕是有事后附会的痕迹。

安禄山因内乱被杀，反映出叛军最高权力内部出现了分化与裂痕，一定程度上使叛军的疯狂与嚣张不得不有所收敛。像在太原围攻李光弼的史思明闻讯后就撤兵退守范阳。安庆绪即位以后，封严庄为御史大夫、冯翊王，平日以兄弟相称，政事全权委托于他。安庆绪一介武夫，临事无谋难断，言辞无序，胸无大志，冯翊王严庄见他不如其父，恐难服众，就索性不让安庆绪出面，事无大小都由自己定夺。种种迹象表明，自从安禄山命丧洛阳，叛军已开始走下坡路了。

然而，就在这一极为利好的局势下，唐肃宗也因自己内部出现的纷争，几乎又使平叛大业遭受顿挫。这一切都在其宫闱之中聚集、爆发，纷争是在张良娣、李辅国与他的儿子们之间展开的，李泌因为参与平叛也未能置身局外。

在唐肃宗即位后很长一个时期，张良娣并没有被册妃立后，仍旧是太子良娣的名分。因为唐肃宗即位本身得唐玄宗册命就有不少曲折，要立张良娣为皇后，也就多了一些麻烦。有一次，唐肃宗

① 昴，即昴宿星。系古代习称之二十八星宿之一。

对李泌说:"先生知道张良娣的事情吧!她的祖母是昭成太后的妹妹,很让太上皇挂念。朕想使之正位中宫来抚慰太上皇思念之情,你看如何?"李泌回答道:"陛下在灵武,以群臣望尺寸之功,故践大位,非出于私心。至于家事,宜待上皇之命。这最多晚个一年半载,何必着急呢!"唐肃宗听从了李泌的意见,没有急于册张良娣为皇后。尽管如此,由于张良娣在唐肃宗分兵、称帝等事上立场坚定,态度鲜明地支持他,所以,唐肃宗对她的恩宠是宫中其他嫔妃所无法与之相比的。当时人称"宠遇专房"①。张良娣在唐肃宗心中的分量是很重的,就连唐肃宗极信任的宦官李辅国也与她暗中交结、极力奉迎。李辅国在唐肃宗别树一帜过程中也是立有拥立大功的亲信。在整个唐肃宗朝,他可谓权倾一时,气焰熏天。唐肃宗即位后,即擢升李辅国为太子家令,判元帅府行军司马,深得皇帝信重,直接参与唐肃宗的平叛大业。他出入宫掖、侍奉皇帝,被委以心腹之任。皇帝诏命宣纳传下,四方军情文书,百官奏表、天子印玺、晨夕军令之下达等,都委之经手。李辅国跟随皇帝左右,他与张良娣倾心结交,互为表里。② 张良娣得以持权于禁中,干预朝廷政事。有时张良娣会提出一些非分要求,唐肃宗即使心中不很情愿,但念其有拥立大功殊勋,也不怎么阻挠,会尽量让她满意。

张良娣与李辅国二人交结干权,引起了唐肃宗两个年长的儿子广平王俶与建宁王倓的警觉与不满。李辅国平日不茹荤血,吃斋念佛,视事之隙,经常手持念珠,给人以驯良温善的印象,具有很大的欺骗性。在宫闱纷争之中,李辅国眼下还是与张良娣联手,互

---

① 《旧唐书》卷52《肃宗张皇后传》。
② 《旧唐书》卷184《李辅国传》。

为表里。李泌为了对唐肃宗的中兴大业负责,即使涉及张良娣,他也不能不有所表示,明确表达个人的见解。

李泌在劝阻唐肃宗立后的想法后不久,又逢唐玄宗派人从成都赐给张良娣一副雕饰极其华丽的七宝鞍。李泌见状,对唐肃宗说:"当今天下大乱,四海分崩,陛下图复中兴,应以俭约示人,宝鞍过于奢侈,良娣不宜乘此,应拆掉上面的珠宝玉石送交仓库,以便将来赏赐有功之士。"这话正巧被里屋的张良娣听到,不由得有些愠怒。她想,册后之事被你吹灯,一个七宝鞍有什么了不起,值得你李泌大惊小怪,于是便在里边应声答道:"你这乡党,全不顾故里之旧,何至于此!"可是唐肃宗在这件事上又听从了李泌的意见。① 这时,外面突然传来了建宁王倓的哭声,唐肃宗惊问何故哭嚎?被召来的建宁王说:"我这是太高兴了。原来我总担心有些人会惹是生非,如今见陛下从谏如流,便知道收复长安、中兴大唐有指望了,所以因喜极而放悲声。"张良娣听了,知道建宁王倓在说她,心里很不是滋味。从此,张良娣对李泌和建宁王倓产生了深深的厌恶感,②他们之间的关系变得紧张了。

尤其是建宁王倓,英毅果敢,年轻气盛,锋芒毕露,常不分场合地向唐肃宗陈诉张良娣和李辅国的专权骄横。张良娣也经常在唐肃宗耳边吹风,搬弄是非。据史书记载,建宁王倓曾在这期间找过李泌,对他说:"张良娣对你我恨之入骨,还不如先结果了她,除此一害。"李泌助力平叛,不想恶化事态,说:"这哪是你该说的,千万不要乱来。"但建宁王并没能听进去。

形势真是剑拔弩张,一触即发。

---

① 《通鉴》卷218,肃宗至德元载九月条。
② 《通鉴》卷218,肃宗至德元载九月条。

当此之际,颇知用权的张良娣并没有坐视不顾。她很策略地劝唐肃宗把任天下兵马元帅的广平王俶立为太子,再改任建宁王倓担当兵马元帅之职。明眼人一看就知道这其实是张良娣要弄手腕,她企图在唐肃宗的儿子们之间制造嫌隙,不仅可以分化他们,而且会把事端牵扯到李泌身上。因为,此事若付诸实施,唐肃宗一定会同元帅府行军长史李泌商议。果然,有一天,唐肃宗向李泌提及此事。他说:"广平王担任元帅负责平叛已有些日子了,现在朕打算要建宁王全面负责征伐,又担心势分,引起不良后果。若立广平王为太子,既确定他的储君地位,又能让建宁王发挥作用,先生以为如何?"李泌闻听,一眼就看穿了其中的隐情,他明白这是张良娣的阴谋,也就直言不讳地向唐肃宗发表了个人看法。李泌说:"陛下,我的态度很明朗,以往也曾向陛下讲过,戎事交切,有迫不得已之处,陛下理应自行决断。立太子与皇后一样,都是家事,应当听从太上皇的意见,现在时机并不成熟。不然的话,后代何以辨陛下灵武即位之意邪!这个时候陛下以立储事垂询于我,必定有人想让臣与广平王之间产生嫌隙。臣请将事情原委向广平王讲个明白,我想广平王一定不会同意居储君之位。"李泌出宫后,把事情经过向广平王讲了,广平王大为感激,认为这是李泌对他体谅深知、曲成其美,对李泌的成全千恩万谢一番。广平王事后也很快入宫,向唐肃宗明确表示自己不能居储位,李泌所言也表达了他个人意愿。广平王对唐肃宗道:"陛下犹未奉晨昏,臣何心敢当储副,愿俟上皇还宫,臣之幸也。"①对广平王这一态度,唐肃宗也给予赞赏,夸奖了一番,其内心则打小鼓。其实,李泌反对先立广平王为太子,跟他当初反对以建宁王为元帅而建议任命广平王是同样的

---

① 《通鉴》卷219,肃宗至德二载正月条。

考虑,都是担心重演兄弟阋于墙的宫廷之祸。张良娣与李辅国动议要立广平王为太子,就是为了一箭双雕,既能分化广平王与李泌,又想在广平王与建宁王之间留下隐患,从而达到坐收渔利的目的。李泌劝阻唐肃宗之后,使这一隐患暂难萌生。所谓"全二王兄弟之恩,息骨肉猜疑之衅,此之谓制治于未乱。不然,则且如太宗宫门流血之惨,玄宗、太平构祸之危,家国交受其伤矣。"①事实上,确如王夫之所评论的那样,假如当初唐肃宗以元帅授建宁王,建宁王受命以后,非嫡长而立大功,日后难免会有宫廷之变,这样的争端乃"肃宗自启之也。"王夫之又评论说:"乃肃宗之欲命建宁,非有私宠之情,以建宁英果之姿,成功较易,则为当日平贼计者,固得命帅之宜,廷臣自以为允。乃长源(李泌)于图功之始,豫计未有之隙,早塗土以泯其迹,决之一言,而乱萌永塞,所贵于天子之有大臣者,唯此而已矣。"②对李泌此举给予了很高评价。

李泌虽然能预见宫廷之变的先兆,却不能阻止这一变故及其发生。

张良娣与李辅国见一计不成,更加紧了阴谋策划。建宁王倓年轻气盛,无所顾忌,见二人互相勾结,也数番借在唐肃宗身边的机会陈诉张良娣自恣专权,有倾动皇嗣之心。问题症结与矛盾的焦点一下子暴露出来,双方较量顿时激烈起来。建宁王在唐肃宗面前攻击二人的罪恶,张良娣与李辅国也乘间对建宁王大加潜陷。有一天,张良娣对唐肃宗奏道:"建宁王倓恨不得为元帅,想谋害广平王。"李辅国也添油加醋,在一旁随声附和。唐肃宗见双方都

---

①　《读通鉴论》卷23《肃宗》四。
②　《读通鉴论》卷23《肃宗》四。

事涉广平王,眼睛盯着皇嗣,担心会酿成大祸,心中大怒。他不分青红皂白,就下令将建宁王赐死。①

建宁王之死,反映出唐肃宗致力于平叛之际,仍不得不费力解决其内部种种的不协调。更可注意的是,唐肃宗动辄赐死在其分兵、即位中立有大功的建宁王,说明了在唐肃宗时期后宫势力已开始膨胀。建宁王之死,在参与平叛的唐肃宗朝廷众人心目中留下了阴影,尤其是令广平王与李泌内心感到惊惧。因为,唐肃宗能在张良娣与李辅国的蛊惑下除掉建宁王,很难说下一个轮不到他们。于是,广平王也曾一度想冒险除掉张良娣与李辅国,但李泌很理智地劝阻了他:"千万不可乱来,你难道没有见建宁之祸吗?"广平王说:"我们就这样束手待毙吗? 真替先生担忧呀!"李泌向广平王诉说衷肠:"你不必替我担心。我早与主上有君子之约,一待收复京师,我便远隐深山,不再与这些俗务世事纠缠不清了。"广平王则又无限惆怅地说:"先生去了,倓就更难独处了,形势岂不更加危险!"李泌道:"张良娣本是妇人,你应对她委曲求全,恭逊顺情,问题也不至于不可收拾。关键是要尽人子之孝,对待皇上要忠孝不二。"②李泌劝阻广平王的冒险之举,无论是出于什么立场与考量,至少有一点是,唐肃宗平叛之际,张良娣与李辅国的后宫力量不可小觑。李泌以建宁王之祸劝阻任天下兵马元帅的广平王,反映出此刻唐肃宗平叛大局中的一种奇特政治态势。

广平王倒是听从李泌之言,没有轻举妄动。但是,张良娣并未因此善待于他。因为,张良娣一直想立自己的亲生儿子为皇嗣。由于广平王常征战于外,仍不时遭到这位所谓"妇人"的构陷与污

---

① 《通鉴》卷219,肃宗至德二载正月条。
② 《通鉴》卷219,肃宗至德二载正月条,并参《邺侯外传》《旧唐书》卷116《承天皇帝倓传》。

蒇。建宁王之祸后，唐肃宗对待双方的态度也有一些微妙变化。旧史中有"既而省司，悔之"①的说法。不过，建宁王倓之死一事，还时常被人提起。一直到广平王后来登临大宝，做了皇帝（即唐代宗），还"深思建宁之冤"，先追赠一等亲王爵——齐王，到大历三年（768年）五月，唐代宗颁诏追谥他为承天皇帝，改葬顺陵。对建宁王尽极其哀荣。② 看来，建宁王之死在时为广平王的唐代宗心中留下难以挥去的印记。

最后，应附带讲一下，关于建宁王倓之死的时间。《资治通鉴》经过考订置于至德二载（757年）正月。本条《考异》云："《实录》《新·旧本纪》皆无倓死年月。《列传》云：'倓死，明年冬，广平王复两京。'然则死在至德元载也。按《邠侯家传》：上从容言曰：'广平为元帅经年，今欲命建宁为元帅。'则是至德二载倓犹在也。又云：'代宗使自彭原迎倓丧'。故置于此。"我们在叙事中参考了《资治通鉴》的考订，但对此事件的时间也有疑问。据唐代宗大历三年（768年）常衮撰《承天皇帝册文》："天宝十五载，会有国难，王首建大议，扈先帝于朔陲，以其年八月，薨于行在。"又据同一年杨炎撰《承天皇后哀册文》："天宝末，贼臣构难，王从二圣南幸成都。自武功定策禁中，扈先帝于灵武。以是年八月薨于行在。"③两册文都说建宁王死于天宝十五载（至德元载，756年）八月。此时，唐肃宗尚未离开灵武南下彭原，日后唐代宗派人往彭原迎丧，又难以理解。难道是唐肃宗九月南下时将建宁王葬于彭原？

<hr />

① 《旧唐书》卷116《承天皇帝倓传》。
② 《旧唐书》卷116《承天皇帝倓传》。建宁王后代在唐代宗朝的情况，可以参见《唐代墓志汇编》录永泰001号墓志，第1757页。
③ 《唐大诏令集》卷26《承天皇帝哀册文》《承天皇后哀册文》。

无论如何,建宁王之死留下许多谜团与疑问,更增加了此事的神秘与分量。所幸的是,建宁王之死虽使唐肃宗平叛遭受顿挫,但并未影响平叛大业的顺利进程。

第八篇　长安天子

一　遥望长安

至德二载春夏两季，平叛局势对于图谋兴复的唐肃宗来说，仍旧是阴霾未散，曙光在远。他翘首眺望的长安城，似乎近在咫尺，却又显得那么遥不可及。

至德二载（757年）春正月初一，唐肃宗在彭原（治今甘肃庆阳宁县），迎来了他称帝后的第一个春节。

这一天，他照例接受了群臣的朝贺，表示自己与群臣共贺"履新之庆"①。只是未见诸州与诸蕃进贡方物这一惯例的具体情形，给这一新春朝会的喜庆大打了折扣。同时，唐肃宗还在当天通表成都，给太上皇恭贺新春②。据说，唐肃宗的表疏每逢送达四川，唐玄宗都会很关切地询问肃宗皇帝的信使。当得知唐肃宗涕恋晨昏定省，不忘孝道，很是快慰，特颁诰昭示天下："每有衔命而来，戎途将发，必肃恭拜跪，涕泗涟洏，左右侍臣，罔不感动。"其实这正是唐玄宗仍享有法统地位的明证。唐玄宗派宰相崔圆将诰书送达唐肃宗，同时他又任命了宪部尚书李麟为同中书门下平章事③。

---

① 《通典》卷123《礼典·开元礼纂类一八·嘉礼二》。
② 《旧唐书》卷10《肃宗纪》。
③ 《旧唐书》卷10《肃宗纪》。

唐玄宗继续任命宰相,说明了他仍然掌握实权并非傀儡太上皇。

唐肃宗至德二载(757年)二月,大地复苏,乍寒乍暖的天气与此时的平叛形势正相映照。永王擅兵一事的顺利解决,安禄山命丧洛阳的鼓动,似乎让唐肃宗感受到这年春天的气息扑面而来,他率朝廷百官由保定郡(今甘肃泾川)南下抵达凤翔(今属陕西)。凤翔,乃是岐州扶风郡改名。至德初,唐肃宗就把这里当成了他梦想中的龙翔凤翥之地。至德二载(757年)时号西京凤翔府。上元二年(761年)罢京,后又称西都。显而易见,凤翔府在唐肃宗图复中兴过程中的地位极为重要。这里东距京兆府(今西安市)317里,南至汉中(今属陕西)670里,东南距京兆府地界仅有175里。北至安定(即保定郡)260里,西南直通河池,户口繁盛,自汉末以来即称重镇。① 因此,在长安收复之前,唐肃宗一直驻跸凤翔,指挥平叛。他率众由灵武一路南下,经过约半年时间到达凤翔,反映出唐肃宗似乎无意在朔方军大本营经营其中兴大业,也不想从灵武沿河曲一带迂回先取范阳之后再攻两京。他直接南下抵达京师长安西邻,已经把主攻目标放在了长安。此举也非常清楚地说明了唐肃宗平叛部署是把收复长安作为首攻目标。收复长安的首攻目标,尽管在当时有不同的认识,从军事观点分析也未必是最佳选择,但是这一目标需要符合唐肃宗的最高政治利益,也要服从唐肃宗平叛的整体部署与谋划。想要唐肃宗放弃收复长安的首攻目标,从他登基以后发生的一桩桩、一件件事情来看,似乎是不可能的。

果然,随着唐肃宗一行抵达凤翔,平叛形势也大有改观。

唐肃宗到达凤翔十几天,先前征调的陇右、河西、安西诸镇与

---

① 以上参见《通典》卷173《州郡三·扶风郡》及《新唐书》卷37《地理志一》。

西域等地平叛兵马纷纷汇集，这对唐肃宗收复长安的部署是极大的支持。先被委任为山南等五道度支使负责军需等物资供应的第五琦也在江淮一带征集租庸，转市轻货经长江、汉水漕运抵达洋川（今陕西西乡）、汉中（今属陕西）。兵马与粮草军需纷纷到位，令唐肃宗大受鼓舞，他迅速地部署平叛。根据唐玄宗先前的诏制命令，处置平叛军务之定夺由皇帝进止，然后奏报。史书记载，这期间，唐肃宗从凤翔派往成都的使者络绎不绝，由关中通往剑川的交通要冲大散关，也显得异常忙碌。这一态势对周边影响很大，长安城中消息灵通人士，都听到了唐朝廷要重返京师的消息，他们纷纷从叛军占领区逃遁而来。这样一来投奔唐肃宗的人群队伍，首尾相望，日夜不断。① 民心所向，对唐朝的平叛无疑是巨大的鼓舞。

此时，待各地勤王兵马稍做休整以后，李泌建议按原定作战方略派安西及西域之兵出塞作战，向北部自敌后迂回，南取范阳（今北京）。对李泌此议，唐肃宗终于向他提出了疑问："今大众已集，庸调亦至，当乘兵锋捣其腹心，而更引兵东北数千里，先取范阳，不亦迂乎？"李泌仍想坚持旧议，强调说："今以此众直取两京，必得之。然贼必再强，我必又困，非久安之策。"李泌的意思是虽取两京，不能断敌退路，伤其元气，敌人必定卷土重来，届时就会更加危险。事实证明，李泌的估计是很准确的。但唐肃宗坚持直取京师的意见，对李泌的谋略仍表示不可理解。李泌解释说："今所依仗者皆西北守塞及诸胡之兵，其耐寒而畏暑，若乘其初来乍到的锐势，攻安禄山已老之师，自无不克之理。时下两京春气已深，贼收其余众，遁归巢穴，关东地热，官军必困而思归，不可留也。贼休兵秣马，伺官军之去，必复南来，然则征战之势未有涯也。不若先派

---

① 参见《通鉴》卷 219，肃宗至德二载二月条。

其往征寒地,拔除贼之老巢,则使贼无所归,永绝其根本也。"唐肃宗听李泌条分缕析,头头是道,也不好再与之争辩,遂和盘托出了自己内心的真实想法:"朕切于晨昏之恋,不能待此决矣。"①唐肃宗"切于晨昏之恋"之意就是急于向成都的太上皇表达自己的孝心,迎还太上皇。迎往太上皇就自然要返回京师,就必须光复京师。他心心念念,这是他的内心真实想法,也是他在唐玄宗传位册文和诏制命令所确定的他们父子之间政治关系下的必然决定。光复京师,唐肃宗不能再等那么久了。

事已至此,李泌也就不好再坚持自己的看法。

不过,即使是直接以有生力量攻取长安,也不可能一蹴而就。平叛战场形势的曲折反复,需要唐肃宗再耐心地熬过一段黎明前的黑暗。

不久,叛军将领安守忠率领属下李归仁、安泰清等部进攻驻扎在武功(今属陕西)的官军,即关内节度使王思礼一部。王思礼属下兵马使郭英乂初战不利,中箭而退,另一位兵马使王难得观望不出,竟然不战而退。唐朝武功守军迅速退守扶风(今属陕西),叛军先锋追击至大和关(位今陕西岐山),离凤翔仅有 50 里。唐朝廷大受震骇,凤翔全城戒严,处于高度警戒状态。有些中官及朝官为防万一,纷纷将妻儿老小送出城外以策安全,唐肃宗下令左右巡御史虞候将这些官员的名单记录在案,才制止了朝廷官员这种临危自保的状况。后来,还是郭子仪奉命率朔方军救援才击退安守忠,确保了凤翔及唐朝廷的安全。②

也就在这年的春夏之交,在河东(今山西永济)、冯翊(今陕西

---

① 以上参见《通鉴》卷 219,肃宗至德二载二月条。
② 《旧唐书》卷 110《王思礼传》。

大荔)沿黄河两岸寻求战机的朔方军,先在当地军民的大力配合、策应下,攻克河东郡,又按照郭子仪的部署向叛军守将崔乾祐驻守的潼关发动进攻,取得胜利。崔乾祐弃关城退保蒲津(今山西永济西),郭子仪乘势攻取了永丰仓(位今陕西大荔县境内)[①]。但是,当安庆绪命安守忠、李归仁自长安率众救援潼关时,唐大军与之苦战两日,吃了败仗,官军死者万余人,郭子仪属下兵马使李韶光、大将王祚战死,仆固怀恩退至渭水,因无舟楫可渡,竟抱马首浮渡,率余部奔归河东[②]。当凤翔吃紧时,唐肃宗又命郭子仪率部往凤翔救援,并于至德二载(757年)四月加郭子仪司空之位,充关内、河东副元帅,继续准备全力进攻长安。

郭子仪率众奔赴凤翔途中,在三原(今属陕西)北遭到敌将李归仁所部5000精兵的截击。郭子仪窘急之下,派仆固怀恩等人率兵埋伏于白渠留运桥,一个伏击战才挽回损失。然而,李归仁与安守忠合手在京城西的清渠,将郭子仪大军拦住,使官军在渡过西渭桥后整整7天寸步未进。到五月初六这天,安守忠突然使出疑兵计,假装后退,郭子仪因急于赶往凤翔,急令全军追击,谁知正中敌计,陷入安守忠骁骑9000人布下的一字长蛇阵,又吃了败仗,郭子仪属下判官韩液、监军孙知古被擒,军资器械丢弃殆尽。郭子仪只得退守武功(今属陕西),中外再次戒严。待郭子仪奔赴凤翔,诣阙请罪,乞降官资以正军法。唐肃宗遂将郭子仪司空之位降为左仆射[③]。

郭子仪清渠战败,不仅耽误了朔方军奔赴凤翔待命的时间,而

---

① 《旧唐书》卷120《郭子仪传》。
② 《旧唐书》卷121《仆固怀恩传》。
③ 《通鉴》卷219,肃宗至德二载四月条与五月条,并参见《旧唐书》卷120《郭子仪传》。

且尚需假以时日进行休整,加上凤翔前线吃紧,进入戒严状态,都一定程度上推迟了唐军进入决战的时间。正面战场的失利,唐肃宗需要继续等候向长安发起总攻的最佳时机。河南、河东、河北等地平叛前线不时传来所在战报,军事局势仍旧起伏不定,唐肃宗也是忧喜交加。眼下平叛大局可谓阴霾难散,曙光在远。

至德二载(757年)春天,唐肃宗为筹备收复两京的大决战,下令尽括公私马匹以助官军。门下给事中李麟署云"无马",被御史大夫崔光远弹劾后贬为地方太守①。尽管如此,唐肃宗总感觉到在总攻长安的军事部署当中,仍存在着与大方向不太吻合的内容。

这年六月,又发生了一件令朝廷议论纷纷的事情。一位名叫王去荣的军将出于私怨杀死了富平(今属陕西)县令,据律当死。唐肃宗因眼下正准备大举反攻以收复两京,正当用人之际,王去荣又善于用砲,特降敕免其死罪,令以白衣前往陕郡(今河南三门峡)军中效力。陕郡地处都畿与京师之间,此前刚刚收复,敌军必然来攻,王去荣善用砲石,自然对守御陕郡有利。砲,当时是用来发射石头的一种机械装置,在守城之中效力甚猛。李光弼守太原,就做大砲,飞巨石,一发辄毙20余人,多次击退史思明的进攻,使太原城防得以保固。

唐肃宗对王去荣的免死,首先遭到中书舍人贾至的质疑。按照唐朝国家制度,中书舍人职掌参议表章,凡诏旨制敕、玺书册命,皆起草进画,既下,则署行。若认为行下制敕有误,就奏改之。因此,对于以皇帝名义颁布的正式公文,中书舍人肩负重要职责。唐肃宗即位以来,因天下大乱,急于权变,中书舍人分押六曹之奏等

①《旧唐书》卷10《肃宗纪》。

职权不再享有，但中书舍人分署制敕之权并无改变。只是常以其他官员知中书舍人事①。贾至职为中书舍人，对王去荣免死敕书没有立即行下，遂即上表向唐肃宗进奏："去荣无状，杀本县之君，今有敕宽纵，实为欠妥。有人说陕郡初复，非其人不可守，然则其他无王去荣之处，何以能坚守？陛下若以其人有砲石之能即免殊死，今诸军技艺绝伦者，岂在少数？若都恃能犯上，将何以止之！若只舍去荣而诛其他人，则是法令不一而诱人触罪也。今惜去荣一人之材而不杀，必杀十如其材者，那损失不就更大吗？王去荣乃逆乱之人，焉有逆于此而顺于彼、乱于富平而治于陕郡、悖于县君而不悖于皇帝之理！伏惟明主顾全大局，明正典刑，则祸乱不日而定矣。"②唐肃宗见到贾至来表，未作表态，下其事交百官讨论。百官集体讨论之后，由太子太师韦见素代表众人上奏，认为王去荣擅杀县主，若加曲赦，是开一恶例："陛下为天下主，爱无亲疏，得一去荣而失万姓，何利之有！于律，杀本县令，列于十恶。而陛下宽之，王法不行，人伦道屈，臣等奉诏，不知所从。夫国以法理，军以法胜，有恩天威，慈母不能使其子。陛下厚养战士而每战少利，岂非无法邪！今陕郡虽要，不急于法也。有法则海内无忧不克，况陕郡乎！无法则陕郡亦不可守，得之何益！而去荣末技，陕郡不以之存亡，王法有无，国家乃为之轻重。此臣等所以区区愿陛下守贞观之法。"大臣的意见都认为王去荣杀县令，于律条属"十恶"之罪，理不应赦免，况法为天下大典，所以更应维护其尊严。但唐肃宗一意孤行，竟不理会大臣的建议，最终仍赦免了王去荣死罪。③

发生在总攻长安前夕的王去荣杀人案的争议，其实已经涉及

① 《新唐书》卷47《百官志二》。
② 《通鉴》卷219，肃宗至德二载六月条。
③ 《通鉴》卷219，肃宗至德二载六月条。

到唐肃宗当国期间法治状况的紊乱与隳坏。唐肃宗出于收复两京的急切心情，已经暴露出对某些军将加以姑息的内心。这与他对朔方军统帅郭子仪、李光弼等人的使用与防范心理是一车二辙，并无矛盾。

此时此刻，唐肃宗盼望收复长安的心情已经昭然于朝廷上下。

二　收复长安

望长安，行路难。当万事俱备，唐肃宗毫不迟疑发动了光复两京的总攻。多少个日日夜夜的梦想，眼看就变成现实。

至德二载（757年）盛夏过后，唐肃宗加紧了平叛战争总攻的准备与部署。这年夏天，对唐肃宗来说，有些酷热难耐。到了八月，河南一线的战斗显得仍然极为艰苦，倒是凤翔（今属陕西）前线形势出现了转机。前线传来崔光远击退来犯之敌的好消息，战报还说崔光远在骆谷得手之后乘胜攻过中渭桥，杀敌守桥之众千余人，前锋已进至长安苑门追击敌人。后来，崔光远行军司马王伯伦在战斗中被杀，判官李椿力尽被俘至洛阳（今属河南）。战场上失利，却赢得了战略上的有利地位。因为，敌军防区大大后缩。自先前屯扎武功（今属陕西）的叛军东奔后，武功境内再无敌军，而且也再不敢西侵。[①] 这不仅稳定了凤翔正面的局势，也为唐肃宗部署对收复长安发动总攻提供了更为广阔的活动空间。

正是在这一形势下，唐肃宗开始了进行收复两京的战前总动员。

---

① 《旧唐书》卷10《肃宗纪》，《通鉴》卷219，肃宗至德二载八月条。

至德二载(757年)闰八月二十三日,唐肃宗犒赏三军,准备总攻长安。他对副元帅郭子仪说:"事之成败,在此一举!"郭子仪也慷慨宣誓:"此行若不马到成功,臣当以死报国。"于是,郭子仪先率兵马进驻扶风(今属陕西)。① 不久,唐肃宗请来的4000回纥援兵也在怀仁可汗之子叶护及将军帝德等人的率领下到达凤翔。唐肃宗召见叶护,给予其极高的礼遇。宴劳赏赐,唯其所欲。广平王俶还与叶护约为兄弟以示亲近。

唐肃宗平叛大军除朔方军主力已由郭子仪率领开赴扶风,西域诸镇、南蛮、大食等部兵马全部集结凤翔,加上回纥兵共15万人,号称20万。军容严整,在九月十二日这天,举行了隆重的誓师大会。尔后,大军由天下兵马元帅、广平王俶率领,浩浩荡荡地从凤翔出发。

总攻长安开始了。唐肃宗期盼已久的收复京师长安的时机成熟了。

元帅广平王俶率大军出发这天,百官大会,致谒于朝堂之上,为广平王送行。百官群僚恭拜致礼,广平王也依次回敬答拜。言辞也都以礼行事,朝堂之上气氛庄严、肃穆。广平王在仪式结束后,一身戎装,正冠而出。当阙不乘马,步出木马门之后才翻身上马。此刻,担任元帅都虞候的老将管崇嗣还未等元帅广平王上马,就自己跃上马鞍,端坐马背之上。这一情景被御史大夫颜真卿发现,立即进状奏弹,认为管崇嗣朝堂失仪,有乖于朝官之序。唐肃宗览其表状后说:"朕儿子每出,谆谆教诫之,故不敢失礼,崇嗣老将,有足疾,姑欲优容之。卿勿复言。"②于是将颜真卿的奏状退

---

① 《通鉴》卷219,肃宗至德二载八月条及《考异》引《汾阳家传》。
② 《旧唐书》卷128《颜真卿传》。

还。颜真卿身为御史大夫,职掌法典纠举百官不法,维护朝廷尊严,唐肃宗仍以优容老将之名置之不理。虽表现得宽宏仁厚,但也有其不得已的苦衷。唐肃宗不愿意在大军出发之时将管崇嗣治罪,是免于节外生枝,影响总攻长安的大局。唐肃宗为了平叛,姑息军将的做法在这里又得到实证。

无论怎么说,以广平王东征大军出发为标志,唐肃宗部署的平叛大决战开始了。为了这一天的到来,唐肃宗苦苦熬过了一年多的时间。从此以后,前方战场的形势发生了一些重大变化。

平叛大军在扶风(今属陕西)停留了 3 天。这期间,郭子仪对回纥兵款待周详,相与修好,令叶护大为感动。他表示:"国家有急,远来相助,何以食为!"①宴筵之后,即请出发。郭子仪遂给其军中每日羊 200 只,牛 20 头,米 40 斛为食物,立即纳入战斗序列。

九月十五日,大军从扶风出发。仅隔一天,到十七日,唐平叛大军即从长安西沿终南山向城南迂回,在沣水之东的香积寺(位今陕西长安南)以北摆开了阵势。唐军以郭子仪与广平王为中军,李嗣业为前军,王思礼为后军,回纥兵马由叶护率领作为机动队伍,与敌军 10 万人展开决战。唐军在香积寺北的阵地横亘 30 里。

战斗一开始,敌人骁将李归仁出阵挑战,唐军前队进逼相应,遭到敌人突然反扑,军中大乱。正当危急关头,壮勇绝伦的唐前军主将李嗣业奋臂高呼:"今日若不拼死一战,必将一败涂地。"说着,竟卸下铠甲,光着膀子,抡起长刀,冲向敌阵。真是碰到者死,拈着者亡,霎时间已杀数十人。敌军被其英勇所震慑,唐军也鼓起士气大战,阵脚方才稳住。李嗣业乘势率领前队军卒各执长刀,列

① 《通鉴》卷 220,肃宗至德二载九月条。

阵而进,他身先士卒,所向披靡,军阵忽似铜墙铁壁压向敌人。属于王思礼部下的都知兵马使王难得,此前在武功驻扎时不救郭英乂之败,此刻也英勇异常,他冲入阵中救其裨将,被敌人射中眉心,皮肉垂下,遮住了眼睛,王难得不由分说,举手拔去箭镞,扯去皮肉,顾不得血流满面,奋战不已。正此激战之时,探马来报,说大阵之东发现敌精兵埋伏,正在向唐军后队运动,有掩袭之意。于是,朔方军左厢兵马使仆固怀恩率叶护兵马先发制人,将敌人伏兵杀得片甲不留。然后又与前队李嗣业联手,从敌人背后迂回,与大军形成夹击之势。霎时之间,疆场上战马嘶鸣,刀枪撞击,士兵呐喊声不断,纷杂交织、响成一片。这场血战一直从午时打到酉牌时分,直到夜幕降临,敌军才溃逃而去。战场上留下了6万多具尸体,有不少是掉入沟壑而死的。敌军退入长安后,喧嚣之声不止,直到深夜。

原来,经过这次香积寺之战的重创,长安敌军感到再难支撑下去,要连夜逃跑了。就在战斗刚刚停止,夜幕已经降临时,仆固怀恩看着阵前对元帅广平王道:"据目前情况分析,敌军必弃城而逃,请让我带上二百精骑追击,必可生擒李归仁、田乾真、安守忠、张通儒等人。"广平王俶道:"将军经此苦战,已很疲惫了,暂且回营休息,待明日再做打算。"仆固怀恩见元帅不同意,又进前继续说道:"李归仁、安守忠之流,乃天下骁将,骤然击败他们,是苍天助我。奈何纵其不取?若使纠集余众,复为我患,悔之莫及。兵贵神速,为何要等到明天?"[1]也许是广平王俶体恤将士,担心大战之后将士过于疲弊,有违兵家之大忌,也许是他秉承了唐肃宗驾驭兵将的旨意。总之,他坚决不允许仆固怀恩请缨出击,根本没有给他

---

① 《旧唐书》卷 121《仆固怀恩传》。

建此奇功的机会。他命令仆固怀恩回营休息,仆固怀恩心有不甘,回营之后又一连数次请求出击,都未得到广平王的批准①。次日黎明,间谍报告说,敌将安守忠、李归仁与张通儒等人已连夜逃往陕郡(今河南三门峡)方向,长安城内已无敌军。

唐军得到战报,广平王立即下令大军入城。至此,沦陷已达15个月的京师长安终于收复了,这是进入战略决战以来取得的一次巨大胜利。

当广平王率唐军进入长安时,城内的百姓扶老携幼,夹道相迎,很多人激动得热泪横流,他们呜咽着、欢呼着,相互庆祝着:"没有想到今日还能再见到唐朝的军队呀!"②他们都为从此结束朝不保夕的动荡生活而庆幸,为摆脱叛军野蛮铁蹄的蹂躏而欢庆。就连旧史中也有过这样的表达:"乘舆幸于巴蜀,储副立于朔方,曾未逾年,载收京邑,书契以来,未有克复宗社若斯之速也。"③此时此刻,似乎对于此前天子弃城出奔避寇的耻辱就可以忽略不计了。

长安城的百姓也许并不知道,刚刚赶走了叛军,这场胜利背后的交易几乎让他们又遭到灭顶之灾。原来,回纥兵马在攻克长安之后,叶护马上提出要履行唐肃宗当初的许诺,即准备大肆索掠城中的金帛、子女。稍微有些政治常识的人都会料到此举将会造成恶劣的影响。在这种情况下,广平王偾出面劝阻叶护:"今始得西京,若遽俘掠,则东京之人皆为贼固守,不可复取矣。愿至东京乃如约。"此时的广平王虽不能阻止回纥履行定约,但缓兵之计也很有意义。当时广平王对叶护讲这番话时,是拜见于马前,态度极为

---

① 《旧唐书》卷 121《仆固怀恩传》。
② 《旧唐书》卷 120《郭子仪传》。
③ 《旧唐书》卷 50《刑法志》。

恭敬。叶护见状，也听从劝告，与仆固怀恩各领兵由城南绕行，到浐水以东安营扎寨。城中百姓、三军将士及一些胡人见广平王为保长安向叶护下拜，无不感泣，由衷地赞叹："广平王真是华夷之主呀！"此事传到唐肃宗耳中，他也很高兴，曾表示说："朕不及也。"①所以，旧史中说广平王克城之后"令行禁止，民庶安堵，秋毫不犯，耆老欢迎，对之欷歔。"②并不完全是溢美之词，说他"闻贼残众犹保陕郊，即日长驱，东趋虢、洛"③则非实情。实际上，广平王大军在长安停留了3天，稍作休整，并加以镇抚、绥靖地方，然后才率大军东征。

广平王行前，宗室虢王巨被任命为西京留守，处理长安收复的善后工作。

九月甲申，即唐军进入京师长安的第二天，胜利的捷报传到凤翔，朝廷百官纷纷盛装具仪向唐肃宗道贺。唐肃宗闻讯后也落下了心中悬浮的重石。长安收复，对唐肃宗来说，接下来的一切都可以顺理成章了。他当天就迫不及待地派中使啖庭瑶入蜀，把这一捷报奏闻太上皇，同时又下令尚书左仆射裴冕前往京师祭告宗庙，宣慰百姓。他不想让长安百姓有一刻忘记他的君王身份。在唐肃宗看来，长安的金銮殿是可以稳坐了。

此刻，前线平叛的战斗仍在继续，而且十分顺利。

郭子仪已率朔方军先抵潼关，轻取华阴（今属陕西）、弘农（今河南灵宝），前锋直扑陕州（今河南三门峡）而来。长安战报传到洛阳以后，安庆绪调集洛阳兵马倾巢出动，由严庄率领西进增援，在陕州与张通儒、安守忠等汇合，叛军步骑共达15万人。

① 《通鉴》卷220，肃宗至德二载九月条。

② 《旧唐书》卷11《代宗纪》。

③ 《旧唐书》卷11《代宗纪》。

十月十五日,广平王大军抵达陕郡西南的曲沃。回纥兵马沿南山搜索潜行,郭子仪在曲沃东的新店与敌军遭遇。敌军依山布阵,占据地势之利,郭子仪初战失利。敌军居高临下,乘势步步进逼,冲击唐军。正当危急关头,早已绕到南山的回纥兵,突然从敌人背后发起攻击,尘埃起处,回纥兵的羽箭射向敌阵,羽箭的响声又夹带着风声,对敌军产生了巨大的威慑。背后突遭袭击,敌人不明虚实,更是惊慌。敌阵之中有人高呼:"回纥兵来啦!"像是听到魔鬼来到一样,敌阵之中一片混乱。在前后夹击下,敌军大败,被斩首十余万,伏尸达30余里。

新店之战的胜利,令敌人十分慌张。敌将张通儒、安守忠见大势已去,遂从陕郡弃城而逃。唐大军入城后,又命仆固怀恩分道追击。严庄逃到洛阳后,向安庆绪报告了前线兵败的消息。由于此时的安庆绪在洛阳也几乎无兵可以守战,只得于十月十六日夜仓皇逃奔河北。从洛阳出逃时,安庆绪派人杀掉了哥舒翰、程千里等,被俘唐将拘押在洛阳被杀者30余人。

安庆绪一路北上,仓皇逃窜。经新乡(今属河南)到达邺郡(今河南安阳)。此时,他属下将士散离殆尽,平日朝参者只剩下张通儒、崔乾祐等数人,全部人马只有骑士300人和疲惫不堪的步卒1000人。接连传来的战报令安庆绪坐卧不宁,尤其是严庄投降唐军的消息几乎使他无法支撑下去。军事上的失败,导致了安庆绪手下诸将也都各怀异志,发生了动摇。

邺城的安庆绪,处境已相当窘促。

十月十八日,唐朝大军进入东都洛阳。至此,两京均已收复,平叛战争取得了重大胜利。

不久,郭子仪又乘胜攻下河阳(今河南孟州市)、河内(今河南泌阳)。陈留(今河南开封东南)敌将尹子奇被杀后,也举城来降。

唐肃宗平叛,在军事上取得巨大胜利。但是,洛阳百姓却再次遭受无尽的苦难。当欢迎唐军的城中百姓还没有散尽的时候,回纥兵早已按捺不住无限的贪欲,直冲向库府收取财帛。回纥兵在洛阳市井及村坊之中索掠3日,城中父老出于无奈,自动收集锦罗绸绢万匹奉送给回纥,回纥兵才有所收敛。广平王此番也无法阻止其对安庆绪盘踞的洛阳城的剽掠,还同城中百姓一道给回纥送去金银财宝。叶护在洛阳城内以占领者的姿态理直气壮,毫无顾忌。遭受苦痛与灾难的只能是普通的老百姓。

唐肃宗得到东都收复的消息时,已从凤翔启驾到了咸阳城东的望贤宫。长安近在眼前,捷报频频传来,唐肃宗心中不免有几分欢快、几分感慨。

三　睢阳之战

睢阳之战是唐朝军民英勇抗击叛军的典型战例,但也突出暴露出唐肃宗在组织平叛过程中的种种问题。其坚守局势艰苦卓绝,结局令人浩叹,值得深思。

两京的胜利收复,使平叛战争形势发生了重大变化。唐肃宗沉浸在胜利的喜悦之中。但是,就在这年十月初九日,即洛阳收复前不到10天的时间,唐朝地方官张巡、许远孤军坚守已经10个多月的睢阳城,在敌将尹子奇的猛攻下失陷。张巡是在至德元载(756年)年底从雍丘(今河南杞县)撤围来到睢阳(今河南商丘)的。

睢阳地当要冲,屏障江淮,乃兵家必争之地。张巡在驻守雍丘之时,顽强机智,将敌军扼制于陈留无法东进。后因长安失守,形势恶化,济阴、东平、鲁郡失陷,敌将杨朝宗又以 2 万之众进攻雍丘以东 120 公里的宁陵(今属河南),企图包抄张巡后路。张巡只得从雍丘主动撤往宁陵,与睢阳太守许远联手大破杨朝宗,斩敌首万余人,尸塞汴水,河水为之不流。随后,许远先入睢阳城。

至德二载(757 年)正月,敌将尹子奇率领 13 万大军来犯,许远向张巡告急,张巡遂与许远共守睢阳。张巡督率将士,昼夜苦战,半月之中,擒获敌将 60 余人,斩首 2 万余,士气大振。许远将军务委托给张巡,自己则负责粮草等战备物资的供应。许远乃"宽厚长者,貌如其心,与巡同年生,月日后于巡,呼巡为兄",①他们上下齐心,关系融洽,共守睢阳城防。据唐人记载,张巡身高七尺余,须髯若神,读书过目成诵,撰文出口成章,操笔立就。初守睢阳,士卒万余人并城中居民数万人,张巡凡因事问其姓名,其后无不识者②。这种亲和力对于张巡防守城池,大有裨益。

从三月开始,敌将尹子奇不断发动对睢阳的进攻。张巡激励将士为国杀敌。他先率军出城作战,取得初步胜利,但因敌军源源不断地涌向睢阳,张巡只得退回城内坚守。张巡用兵不依兵法成规,而是根据形势变化,随机应变。他鼓励将士人自为战,所以常能出奇制胜。张巡体恤将士,与将士同甘共苦,又军令严整,赏罚分明,故深得人心,能以多胜少,坚守孤城。尤其是张巡还能说服一些敌将反正,为他效力死战。自五月以后,由于全国平叛局势的迅速改观,敌军更加紧了对睢阳的疯狂围攻,企图从这里打开通往江淮的道路,切断唐军的财赋供应线,扭转军事上逐渐陷于被动的局面。

① 韩愈:《张中丞传后叙》,《韩愈全集校注》第 1718 页,四川大学出版社 1996 年。
② 韩愈:《张中丞传后叙》,《韩愈全集校注》第 1718 页,四川大学出版社 1996 年。

眼见睢阳来犯的敌军不断增多,张巡从容坚守,临危不惧。有一次,他夜里击鼓整队,佯装要出城作战,敌军戒备了一晚。天亮时,张巡却令众人偃旗息鼓。敌军见状,就放心地去睡觉了。此时,张巡与南霁云、雷万春等十几位大将各率50名骑兵杀出城门,直冲敌军大营。混乱之中,这支仅500人的奇兵斩敌将50余人,杀士卒5000多人。后来,张巡还设计射中敌将尹子奇的左眼,几乎将敌军这位大将俘虏,迫使他撤围而去。到了七月,尹子奇再次率兵攻至城下。

数月的战斗,使睢阳城孤立无援,城内粮食严重短缺。本来,城内原有6万斛存粮,可供守城军民一年之用。但唐朝负责河南地区防务的虢王巨,强令许远拿出其中一半供给濮阳、济阴。谁知,济阴得粮后即投降了敌人。眼下睢阳城内战士每天只能分得一勺米,杂以树皮、茶纸为食,有的因饥饿而死,活下的1000多人也饿得有气无力,以至于连弓箭都拉不开。城中百姓已有人易子而食,折骸而爨,形势万分危机。面对敌军围困,城内将士仍顽强抵抗,毫无异志。张巡曾赋诗记录了这悲壮的一幕:

接战春来苦,孤城日渐危。合围侔月晕,分守若鱼丽。

屡厌黄尘起,时将白羽挥。裹疮犹出阵,饮血更登陴。

忠信应难敌,坚贞谅不移。无人报天子,心计欲何施?①

此刻,睢阳之南,有贺兰进明在临淮(今江苏盱眙)、许叔冀在谯郡(今安徽亳县)、尚衡在彭城(今江苏徐州)驻扎,他们皆拥兵观望,见死不救。张巡曾令其骁将南霁云冒死突出重围,向外求援。南霁云先见许叔冀,许叔冀不肯出兵,只答应拿出数千端布。南霁云复奉命去临淮求救,贺兰进明借口睢阳存亡不明,拒不出

① (宋)王谠:《唐语林》卷5,上海古籍出版社点校本,第176页。

兵。其实,贺兰进明考虑的只是他个人的利益,他一来嫉视张巡、许远声威功绩出其之上,二来担心自己出手救援后许叔冀乘机对付他。原来,贺兰进明因与朝中宰相房琯不和,他曾在唐肃宗面前告过房琯的黑状。许叔冀本来是贺兰进明的部下,在贺兰进明被授以河南节度使接替虢王巨负责河南防务时,时任灵昌太守的许叔冀被任命为都知兵马使,二人皆兼御史大夫的宪衔,地位相等,意在使其相互牵制。而且虢王巨受代之时,把他的部下统统带走,给贺兰进明留下的不过是老弱残兵数千、劣马数百匹,许叔冀自恃部下精锐,又与贺兰进明名位相等,自谓与他并驾齐驱,不愿意受贺兰进明的节制。南霁云前来临淮乞师求援,贺兰进明不敢分兵援手,就是对许叔冀心存戒惧。这种状况,最终导致睢阳城孤立无援,终至沦陷。旧史中评论说:许叔冀与贺兰进明"两相观望,坐视危亡,致河南郡邑为墟,由执政之乖经制也。"[1]就是直接把责任推到唐肃宗朝中当权者身上。从南霁云出城求援而不得这件事上看,旧史中的评论并没有冤枉那些"执政"者。

无疑,唐朝军将之间这种不协调的关系,给睢阳抵抗带来了极其恶劣的影响。这是唐肃宗时期政府军政组织内部的人事不和影响平叛战争的又一实例。

贺兰进明虽不出兵,但对南霁云几番杀出敌军重围的英勇壮举由衷地欣赏,特地为他摆下了盛宴,想挽留他在自己身边效力。南霁云见贺兰进明无意出兵相救,又设下如此丰盛的宴席,不禁百感交集。宴席之上,他慷慨陈词:"我昨日从睢阳城出发,城内将士已有近一个月未曾吃到粮食了,现在要我一人独享这些,于义不忍。就是吃,也难以下咽。大夫(指贺兰进明)手握重兵,坐视睢

---

① 《旧唐书》卷 187 下《忠义·张巡传》。

阳危机竟无分毫相救之意,岂是忠臣义士之举? 今日我没能完成主将之命,请留下一指作为见证。"说着,抽出佩刀斩断一根手指,离席而去,座中众人无不为他此举所感动。南霁云临行前,曾回身向城中佛寺塔顶射去一箭,他发誓说:"待我破敌而还,必杀贺兰进明,此矢就是见证。"①

南霁云乘雾色回到睢阳时,城内早已把战马杀光,战士们有的捕捉老鼠和鸟雀,有的已在煮食甲胄上的皮革。把能吃的都找来填了肚子。城外敌人仍在急攻,城中仍旧无援。

有人提议弃城东奔,以图生路。张巡、许远商议说:"睢阳,是江淮屏障,若弃之而去,敌人必长驱南下,江淮则必定危急,况且城中民众已饥弱不堪,亦不宜逃奔,不如坚守。"表现出视死如归、与睢阳共存亡的英雄气概。

城中食尽。无奈,他们开始吃人了。张巡再次做出表率。他先拉出自己的爱妾,当着将士们的面杀了让将士们充饥。大家见状,泪流满面,都不忍心动手,张巡则强令他们吃下。这是何等惨壮悲烈的情景呀! 接着,许远也杀了自家的奴僮。然后,又选城中妇人。当妇人也已吃尽,又选老弱的男子。据说,此番睢阳城中,前后共吃了二三万人。

最后,城里仅剩下约 400 人,仍在坚守。直到十月九日癸丑。这天,敌人攻上了睢阳城头,饥疲不堪的守军再也无法抵御敌人的强攻。张巡向西方长安的方向遥拜:"臣守孤城,已竭尽全力,如今不能保全城池,臣今生不能报效陛下,死后变成厉鬼再与贼周旋,誓报圣上恩德。"最终,睢阳城沦陷了。

---

① 韩愈:《张中丞传后叙》。屈守元、常思春:《韩愈全集校注》第 1717 页,四川大学出版社 1996 年,《新唐书》卷 192《忠义·张巡传》。

张巡、许远等人被俘。张巡对敌人大骂:"我死以忠义,尔等依附逆贼,猪狗不如,安能长久?"其凛然大义令敌将尹子奇为之折服,后张巡与南霁云、雷万春等 36 人一起遇难,英勇就义。据说,张巡死后,颜色不乱,扬扬如常。

睢阳保卫战,以孤城坚守 10 个月,大小战斗 400 余次,斩将300 人,杀敌 10 余万,取得了巨大战果。在唐肃宗组织大举收复两京之际,牵制敌将尹子奇 10 余万大军于城下,使其无法分兵。这对于唐肃宗收复长安给予了战略上的支持,对于唐军收复洛阳,也做了一定程度的配合。尹子奇大军就是在攻陷睢阳之后,才急忙掉头分兵攻向陕州(今河南三门峡市)的。更重要的是,睢阳之战扼制了叛军长驱南下江淮,确保了江淮地区的安定。这在河南汴、洛等地路阻悬隔的情况下,使江淮财赋仍能经由荆襄、汉水转道洋州、汉中运抵凤翔,以支持唐肃宗的平叛大业。张巡、许远守城之功,不可磨灭。如果不是睢阳的成功坚守,如果不是睢阳陷落之时,唐军已收复长安并向东都洛阳发动了总攻,那么,唐肃宗平叛战争的进程又将怎样,真是殊难逆料。唐宪宗元和二年(807年)时,韩愈曾无限激情地称赞张巡、许远他们:"守一城,捍天下,以千百就尽之卒,战百万日滋之师,蔽遮江淮,沮遏其势,天下之不亡,其谁之功也?"[①]

但是,对于睢阳坚守之际,城中吃人一事,当时就有人大不以为然。认为张巡守城,既已粮尽,何不另寻再生之路? 如果以人为食,怎能说是为了全人? 明末清初的王夫之也认为吃人之举为"不仁"。他说:"守孤城、绝外援,粮尽而馁,君子于此,唯一死而

---

①　韩愈:《张中丞传后叙》。屈守元、常思春:《韩愈全集校注》第 1716 页,四川大学出版社 1996 年。

志事毕矣。……无论城之存亡，无论身之生死也，所必不可者，人相食也。"①显然，前者是无视当时睢阳守战之实际情况，后者则出于礼教规范。幸而唐朝时像张澹、李纾、董南史、张建树、樊晃、朱巨川、李翰以及韩愈等名士方家，并不如此迂腐，都能看到睢阳遏阻敌势，保全江淮、使天下不亡之功。②像李翰还写了张巡的传记，强调说："食既尽而及人，乖其素志。设使巡守城初已有食人之心，损数百之众以全天下，臣犹曰功过相掩，况非其素志乎!"③韩愈在元和二年（807年）四月见到李翰的《张巡传》，又写了《张中丞传后叙》，以补其阙失④。北宋时欧阳修、宋祁编修唐史，将张巡、许远列入《忠义传》，也大加称颂："张巡、许远，可谓烈丈夫矣。以疲卒数万，婴孤墉，抗方张不制之虏，鲠其喉牙，使不得搏食东南，牵掣首尾，隆溃梁、宋间。大小数百战，虽力尽乃死，而唐全得江、淮财用，以济中兴，引利偿害，以百易万可矣。巡先死不为遽，远后死不为屈。……与夷、齐饿踣西山，孔子称仁，何以异云。"⑤给予睢阳守战极高的评价。

张巡、许远以唐中兴功臣的身份得到表彰，朝廷为之立"双庙"供享，彪炳于世，垂裕后昆。后来，尚得立图像真容于凌烟阁，到宋朝时，也仍然受到官方的赞誉。真是成败功过自有公论。

睢阳之战，确实是唐肃宗平叛之中悲壮感人的一幕。耐人寻味的是，在睢阳城沦陷的第3天，奉命替代贺兰进明的新任河南节度、采访使张镐才率援兵到达。然而，一切都已无法挽回了。张镐

---

② 《新唐书》卷192《忠义·张巡传》。

③ 《通鉴》卷220，肃宗至德二载十二月条。

④ 韩愈：《张中丞传后叙》。屈守元、常思春：《韩愈全集校注》第1716页，四川大学出版社1996年。

⑤ 《新唐书》卷192《忠义传》《赞曰》。

是在这年八月间接替贺兰进明负责河南军事的,他赴任后得知睢阳吃紧的消息,即星夜兼程,并传檄浙东、浙西、淮南、北海等地兵马及谯郡(今安徽亳县)太守闾丘晓等火速救援。谯郡南邻睢阳,距张巡较近,但闾丘晓对张镐的命令置若罔闻,致使睢阳在张镐到达时已经沦陷。张镐虽将闾丘晓杖杀,但睢阳城最终沦陷的命运仍没有改变。

睢阳沦陷后,由于唐军急攻东都洛阳,使敌军无暇南窜滋乱。敌将尹子奇也在回兵陈留后被杀。睢阳失陷后 10 天,洛阳城胜利收复。

平叛战争仍在顺利进行。唐肃宗此刻也已做好了返回京师长安的准备。

四 重返长安

既然做好了准备,唐肃宗终于兴冲冲地重返京师了。然而,在喜悦之中,他仍有一股难以排遣的隐忧。

唐肃宗是在凤翔行在得到京师长安收复的捷报。他立刻兴奋地部署了还京的诸多环节,并立即任命崔光远为京兆尹。由于平叛前线形势喜人,唐肃宗在《收复西京还京诏》中根本无法掩饰内心的喜悦,还特别宣布:"今兵马乘胜,便取东京,平卢节度兼领奚、契丹五万,又收河北,天下之事,计日可平。缘京师初收,要安百姓,又洒扫宫阙,奉迎上皇。以今月十九日还京,应缘供顿,务须减省,岂忘艰弊,当别优赏。"[1]诏书不仅传达出唐肃宗对平叛局势

---

① 《唐大诏令集》卷 123《平乱上》;并参《旧唐书》卷 10《肃宗纪》。

的乐观估计,还明确了"奉迎上皇"是此番"还京"的重要内容。更重要的是,诏书确定了还京的行程与时间。对于唐肃宗来说,此时此刻,重返京师成为他最迫切也是最重要的事务。因为,"还京"不是为了洒扫宫阙,而是通过还京表明他平叛的巨大成就。他期待太上皇回到长安后能够信守先前追认自己即位诏制(即《明皇令肃宗即位诏》)中的安排,能够"踪姑射之人,绍鼎湖之事"①,自己从此可以成为名副其实的皇帝。因此,唐肃宗为重返京师,在政治层面是做足了文章。

唐肃宗在部署还京事宜时,派往剑南成都的使者也已出发。显而易见,他急于迎还太上皇,不仅仅在于令太上皇享受他平叛胜利的成果,更重要的是想要太上皇兑现当初传位时的诺言。在唐肃宗心目中,克复长安父子回归之日,就是太上皇完全交出政柄、退处静养之时。但是,在派往成都的使者出发后,唐肃宗隐隐觉得有些放心不下。他,对太上皇能否回归自己弃守的京师感到没底。

此时,唐肃宗又想到了李泌,遂立即派骏马前往前线召回李泌。唐肃宗担心迎还太上皇会节外生枝,产生不必要的波折,需要同李泌通通气。当李泌从长安平叛前线来到凤翔,唐肃宗就迫不及待地对他讲:"朕已奉表上皇,请他东归还京,朕当还东宫复修臣子之职。"此时,我们可以明晰唐肃宗第一次派遣使者前往成都迎还太上皇的口径。唐肃宗奉表的言下之意,是要请太上皇回来复政,自己仍去做他的东宫太子。稍稍有些政治鉴别力的人都能

---

① 《唐大诏令集》卷30《明皇令肃宗即位诏》;并参《旧唐书》卷9《玄宗纪下》《通鉴》卷218,肃宗至德元载八月条。姑射之人,是指超凡脱俗的神人,语出《庄子·逍遥游》。鼎湖之事是指成仙升天。此典据《史记·封禅书》,黄帝铸造鼎器完成后,有龙垂胡髯迎接他升天。后世常以此典喻指帝王之崩与死后安葬。后人对此典甚是熟悉。唐时李白杜甫诗中多用此典。唐玄宗此处诏制中表达的是自己在回归长安后不再过问朝廷事务的意思。

发现唐肃宗此表的虚情假意与言不由衷。李泌听了,不禁暗暗吃惊,他也不再多问,只说:"皇上此表还能追赶回吗?"唐肃宗道:"奉表使者已去远了。"

"太上皇不会回京了。"李泌答道。

"为什么?"唐肃宗满脸惊讶,不解地问。

李泌只得说:"理势自然。"一切都不言自明。其实唐肃宗又何尝不清楚这理势之情!他见李泌如此说,便焦急地问:"为之奈何?"他要李泌想办法挽回。

"现在需要另向太上皇进奉一份群臣贺表,向太上皇讲明自马嵬请留分兵,灵武劝进以及今日光复京师的情况,禀知太上皇,圣上如今思恋晨昏定省,请速还京师以就孝养,这样就会让太上皇放心了。"李泌一口气说完这番话,唐肃宗心领神会,立即让李泌照此起草表章。

李泌随即草表完毕,交给皇上审读。唐肃宗读罢,为表文准确地把握他与太上皇的心理而感动,不由得双目含泪,对李泌道:"朕开始以为归还大宝,退守东宫是对太上皇的忠诚。今闻先生之言,乃明白自己的失误所在了。"当即又命宦官中使奉新的表章火速入蜀呈奏太上皇。他依旧留李泌一起饮酒,同榻而卧。[①]

奉表入蜀的第二拨使者虽然派出了,唐肃宗心里仍在担心。对他来说,平叛取得了巨大成就,是应该有底气的。但是,要改变他即位以来唐玄宗谋划的所谓"二元"政治格局,必须是在光复京师进入长安后。此番谋划将太上皇迎还,当然就有让太上皇按照承诺放弃全部权力的意味。但是,如果太上皇不从成都返京,唐肃宗即使在长安君临天下,也总有一种潜在的不安。事实上,当前往

---

① 《通鉴》卷220,肃宗至德二载九月条。

成都告捷和报告京师收复的宦官啖庭瑶从成都复命归来时，果然带回了唐玄宗的诰旨，说"当与我剑南一道自奉，不复来矣。"唐肃宗因为父皇唐玄宗的这一表态，一连几天都坐卧不宁、寝食难安。他忧惧太上皇不归，是担心仍然手握权柄的父皇在剑南形成与长安游离的对峙势力。太上皇在剑南，不仅仅是一个政治实体的存在，而且具备相当的经济实力。剑南之地经汉末三国以来多年的治理开发，在财力物力上足以支撑唐玄宗在成都形成与长安抗衡的政治中心。正如前文所说，唐玄宗自入巴蜀，就一直恃剑南以自固，他发号施令，任免将相，依然君主。即使唐玄宗回京，唐肃宗返政，父子之间必生隔阂。所以，唐玄宗最初见到唐肃宗第一次派使者前来迎还东宫的表章时，心情极为紧张，"彷徨不能食，欲不归。"①显然，在这种前提下，如果唐玄宗还京亲政，必然引起父子之间也就是皇权之间更大的矛盾冲突，甚至会引起政局更大的动荡。如果唐玄宗不返京师，留居剑南，在安史余孽仍在河北、河南地区盘踞的形势下，也极易造成中央政治的分裂从而诱发更严重的政治危机。此时此刻，唐肃宗父子均感不安，就是担心上述两种局面成为现实。因此，父子二人各有怀抱，却都不曾明言。

或许唐肃宗初次奉表的本意只是对太上皇的政治试探，目的是想让太上皇早日返京，谁知弄巧成拙。

当唐肃宗第二次派去的使者至达成都后，唐玄宗看到李泌起草的群臣贺表，态度迥变："乃大喜，命食作乐，下诰定行日。"②不仅立即确定了还京的出发时间，而且也不再要求以剑南道为奉养之地了。因为此番还京以就孝养，仍然尊奉他太上皇的身份，表明

---

① 《通鉴》卷220，肃宗至德二载九月条。
② 《通鉴》卷220，肃宗至德二载十月条。

唐肃宗君臣依旧遵循既定的政治格局:既尊太上,又尊皇帝,从而保证父子二人在此政局下暂处平安,不至于出现他们担心的上述两种局面。迎还太上皇返京如此一波三折,问题核心正在于唐肃宗迎归的是依然掌握权柄的太上皇,而不是一位可有可无的政治傀儡。至少,他尚可恃剑南自固而令唐肃宗忧惧不知所为,无可奈何。

当后来派去成都的使者复命,把太上皇前后态度的变化禀知唐肃宗时,他不禁松了一口气,他最担心的就是唐玄宗拒绝返京。唐肃宗得知唐玄宗明确态度后,召来李泌,很高兴地告诉太上皇已准备启程的事,并说:"这都是卿的功劳呀!"

李泌深谙唐肃宗父子之间存在的问题。他也清楚,此番唐玄宗虽答应返京,但问题还远远没有解决。此时的李泌见唐肃宗兴冲冲的样子,仍不能不考虑自己的去留,他希望唐肃宗也能兑现当初对他的承诺,允许他远隐深山。

其实,李泌在从前线被召回凤翔之时,就明确地提出了归隐的想法。他在李辅国要把象征权力的符契钥匙交付自己时,就向唐肃宗推辞了,唐肃宗当时也就答应由李辅国继续代替李泌掌管符契钥匙。李泌不想继续卷入政治斗争的漩涡之中,他看到平叛战争顺利进行,认为自己再无大用,对唐肃宗也已尽到义务,打算彻底超然事外,去做个世外闲人了。唐肃宗听李泌说要离去,感到不可理解,他问:"朕与先生累年同忧患,方今相同娱乐,奈何遽欲去乎?"在唐肃宗看来,长安已经收复,最艰苦的岁月已经熬过来了,正是可以享受安乐之时,李泌何必要辞去呢?李泌继续谈自己的苦衷,他说:"臣有五不可留,愿陛下听臣去,免臣于死。"

"哪些理由呢?请说来听听。"唐肃宗追问。

"臣遇陛下太早,陛下任臣太重,宠臣太深,臣功太高,迹太奇,此其所以不可留也。"李泌所说"五不可",其实大有深意。他其实已经觉察到随着长安收复而隐藏着的中枢政局的矛盾冲突已开始升级。

唐肃宗听罢,对李泌说:"且睡觉,改天再讨论此事。"想回避李泌提出的请求。李泌毫不放松,说:"陛下今日与臣同榻而卧,不能听臣之言,日后朝堂之上,接对御前,就更难说了。"唐肃宗只得说:"不曾想你对朕如此不相信,难道朕是会杀卿的人吗? 你是把朕看成勾践了吧!"

"陛下无杀臣之心,故臣求归;若有此心,臣安敢复言! 且杀臣者,非陛下也,乃'五不可'也。陛下往日待臣宠厚,臣遇事犹有不敢言者,若待天下安定,臣还敢言吗?"

"卿以朕不从卿北伐之谋乎?"

"非也。所不敢言者,乃建宁耳!"①

唐肃宗与李泌言来语去,终于把话题引到李泌心中郁结已久的问题上。唐肃宗听李泌讲到建宁王,也随口说道:"建宁,朕之爱子,性英果,艰难时有功,朕岂不知之! 但因此为小人所教,欲害其兄,图继嗣,朕以社稷大计,不得已而除之,卿不细知其故邪?"

"建宁王若有此心,广平王当怨之。广平王每与臣言其冤情,辄流涕呜咽。臣今必辞陛下去,始敢言之耳!"李泌去意已决,仍按自己的思路讲下去。唐肃宗道:"他曾深夜入室去摸过广平王,就是想加害他。"

"这都是小人谗言,建宁王何等孝友聪明,岂肯如此不明智? 且陛下当年欲用建宁为元帅时,臣请用广平,建宁王不但不恨臣,反以臣为忠,益相亲善,建宁王岂有害人之心? 陛下难道还不清楚

---

① 以上见《通鉴》卷220,肃宗至德二载九月条,并参见《邺侯外传》。

吗?"李泌仍继续说下去。唐肃宗此刻似有所醒悟。史书载其乃泣下,曰:"先生说得是呀!既往不咎,朕也不想再追究了。"

"臣所以要讲此事,也非咎既往,乃欲使陛下慎将来耳!想当年,武则天为了称制,先鸩杀长子李弘,后又杀太子李贤,真是触目惊心。李贤内怀忧惧,曾作《黄台瓜辞》云:'种瓜黄台下,瓜熟子离离。一摘使瓜好,再摘使瓜稀。三摘犹自可,四摘抱蔓归。'这本来是要感悟武则天的,现在来看,建宁之死岂不是一摘了,但愿陛下不要再摘了!"李泌看来不吐不快,一口气把话说完,直听得唐肃宗惊愕不已。① 毕竟李泌是他儿时的朋友,而且李泌绝无政治野心,对他又是忠心耿耿。唐肃宗不能不掂量一下这番话的用意。李泌的意思很明白,那就是借为建宁王鸣冤来保护广平王。因为广平王功劳越来越大,唐肃宗宠爱的张良娣也越来越嫉视他,常在皇帝面前搬弄是非。李泌苦口婆心,又征引国朝旧闻来劝诫唐肃宗,就是为免于建宁王悲剧在广平王身上重演。

随着平叛战争的胜利进行,唐朝中枢政治之中淤积的矛盾与问题逐渐地浮泛而起。李泌在迎还太上皇一事上的处理方式已透出这一征兆,李泌就建宁王之冤死的陈诉更是直接挑明了客观事实。这使得正兴冲冲地准备返京的唐肃宗,不得不正视之,一股难以排遣的隐忧涌上心头。他没有同意李泌即刻归隐的请求,而以眼下正在准备返京为由婉请李泌暂缓离去。他对李泌说:"先生忠于社稷,忧朕家事,言皆为国龟鉴,岂可暂离朕耶!"②李泌无奈,只得暂时留下。

待唐肃宗重返长安的准备已经就绪后,李泌遂坚决要求归隐。

① 《通鉴》卷220,肃宗至德二载九月条,并参见《邺侯外传》。
② (唐)李繁:《邺侯外传》。

他不愿意与唐肃宗一同返京。唐肃宗见再难以挽留,只好听任李泌归隐衡山(位今湖南境内)。唐肃宗令所在地方为李泌在山中修筑住所,并供以三品官的俸料。李泌辞驾归隐衡山,有他自己的考虑。其中,意在躲避平叛胜利后朝廷的诸多纠纷,当是重要的一环。李泌的归隐,没有对唐肃宗重返长安带来阻遏。唐肃宗仍按原定计划踏上了返京之路。

当年十月十九日癸亥,也就是李泌归隐离去的第二天,唐肃宗重返长安的队伍就从凤翔浩浩荡荡地出发了。同一天,太子太师韦见素被派往入蜀,专程迎接已答应启程的太上皇。由于迎还太上皇,给唐肃宗重返长安带来了几丝阴影。唐肃宗临行前,曾派左司郎中李巽先行陈告宗庙之礼,有司起草的祝文中把唐肃宗称为"嗣皇帝",颜真卿对任礼仪使的同僚崔器说:"上皇在蜀,可乎?"对这一称呼提出质疑。崔器感到问题非同寻常,立即奏报皇帝改正。对此,唐肃宗特降谕旨,派中使宣劳,赞赏他是深达礼体的"名儒"。长安城中李唐皇室的太庙被叛军毁坏,颜真卿曾向唐肃宗建议:"春秋时,新宫灾,鲁成公三日哭。今太庙既为盗毁,请筑坛于野,皇帝东向哭,然后遣使。"由于唐肃宗急于返回京师,他没有接受颜真卿在京郊旷野设坛致哀的建议。①

十月二十二日丙寅,到达望贤宫(今陕西咸阳东)的唐肃宗得到了东都洛阳收复的捷报。这给重返长安的唐肃宗带来更多胜利的喜悦。返京的这一天,是至德二载(757年)十月二十三日丁卯。长安百姓拥出城门相迎,欢迎的人群绵延20里不绝,他们欢呼雀跃,感动不已,人群中高呼"万岁",有的热泪滚滚②。此情此景,使

---

① 《旧唐书》卷128《颜真卿传》。
② 《通鉴》卷220,肃宗至德二载十月条。

以新君身份回到长安的唐肃宗也为之感恻。他去年随父皇仓皇出逃时还是位前途未卜的皇太子，如今人世沧桑，重返长安时已是大唐帝国的皇帝。唐肃宗此刻心情复杂，久久难以平静。他来到被毁得面目全非的太庙前，遥想起列祖列宗，感慨其身世际遇，已难抑内心千般感触，万种情怀，不禁放声痛哭。唐肃宗素服向太庙临哭三天，虽然是礼典的规定，但他的哭声中透出的不仅仅是太庙遭毁的哀伤。哭罢，唐肃宗入居大明宫。几天后，郭子仪随广平王从洛阳前线返回。唐肃宗就无限感慨地对郭子仪说："虽吾之家国，实由卿再造。"①

确实，经历一年有余的艰难平叛，应付朝廷内外、前线后方诸多变故，此刻重返长安城，端坐大唐朝堂，对唐肃宗来说，不能不生发出无限的感慨。他当时的真实心情如何，后世已难以完全明白，但在十一月壬申朔日，他在丹凤楼所颁布的诏书可以透露出一些历史信息。在这一正式公布的官方文件中，说道："安禄山叛乱，毒流四海，祸及苍生，朕志雪国仇，提戈问罪。自灵武聚一旅之众，至凤翔合百万之师，亲总元戎，扫清群孽。广平王受委元帅，能振天声；郭子仪决胜无前，克成大业，兼回纥叶护、云南子弟、诸蕃兵马，力战平凶，摧枯拉朽，势如破竹。朕入城之日，百姓等欢欣鼓舞，烟云风景，皆是祥光，里巷欢呼，唯闻相庆。朕早承圣训，尝读礼经，义切奉先，恐不克荷。今复宗庙于函洛，迎上皇于巴蜀，导鸾舆而反正，朝寝门而问安，寰宇载宁，朕愿毕矣。且复人将有主，敬当天地之心，兴岂在予，实凭社稷之祐。今两京无虞，三灵通庆，可以昭事，宜在覃恩，待上皇到日，当取处分。"②这一诏书把自己与

---

①　《旧唐书》卷120《郭子仪传》。
②　《旧唐书》卷10《肃宗纪》，并参《唐大诏令集》卷123《收复京师诏》。

唐玄宗经受的安禄山叛乱以来的遭遇尤其是一年来组织平叛的功劳与迎还太上皇的得意都一吐为快,但最终他仍不能不再次重申对太上皇的尊重。从诏书表达的"待上皇到日,当取处分"看得出来,重返长安的唐肃宗,仍然需要听从太上皇的旨意。由于太上皇还没有回到京城,唐肃宗心中仍不免存在几分的不安。

　　此刻河南、河东等地胜利的捷报倒使唐肃宗兴奋不已。立功将士及回纥兵马都得到嘉奖与优恤。太庙新修落成,九庙神主重新安置停当,唐肃宗亲往告享。所有这一切,都让唐肃宗内心感到极大的满足。只是由于太上皇的阴影罩在他的头上,使唐肃宗时刻不能无视太上皇对他皇帝权力的影响。其实这种状况也极大牵制了他用于平叛工作的精力。对此,唐肃宗一直到死都不能释怀,诚如他临终遗诏中所感叹的:"南奉圣皇,北集戎事"[1]。表现出他为了奉敬太上皇,根本无法心无旁骛地致力于平叛。

　　这一状况在太上皇重返长安以后,是否会有所改变呢? 也许唐肃宗心里也在关注着这件事。

五　迎还上皇

　　唐肃宗收复了京师长安,唐玄宗结束了流亡之旅,以太上皇身份回到自己放弃的长安。接下来,又将会面对一番怎样的场景呢?

　　由于唐肃宗迎还的态度,经过一番是归京还是留蜀的反复,唐玄宗终于在至德二载(757 年)十月二十三日率领人众从成都启程,踏上了回归长安的路程。一位四纪为天子的大唐皇帝,经历如

────────

[1]　《唐大诏令集》卷 11《肃宗遗诏》。

此天翻地覆,又要回到自己一年半之前放弃的京师,内心的凄怆是可以预见的。眼下安禄山叛贼余孽未灭,唐玄宗毅然以太上皇身份回京,从政治上说对唐肃宗是一种支持。不管怎样,长安毕竟是大唐帝国宫阙所在,唐玄宗也未必情愿做一个流亡的太上皇。再说,对唐玄宗来说,成都也非久安之处,当年七月的一天夜里,就曾发生了军人郭千仞的谋逆,幸亏有禁军将领陈玄礼护驾,剑南节度使李峘出兵平息,唐玄宗才获平安。如果他坚持留居蜀地,今后的日子还不知如何打发。

只是,回归长安之旅虽不再有当年逃亡时的仓皇与狼狈,却也不那么轻松。长安是儿子唐肃宗收复的,他正以皇帝的身份在京城等候回归的队伍。对于已经立下如此功勋且在列祖列宗的神位前告祭过的皇帝来说,唐肃宗的身份地位再不容有任何动摇。多年来父子之间微妙的关系应如何保持,唐玄宗心里考虑很多,也顾虑很多。随着回归队伍一步步接近长安,他心中的顾虑也一步步加重,权力运行的铁血无情是这位极富政治经验的太上皇十分清楚的。

十一月二十五日丙申,唐玄宗在唐肃宗特使韦见素的陪同下,率领高力士、陈玄礼及其他随行官员包括他的后宫、皇室成员到达凤翔,扈从兵马有 600 余人。闻讯后的唐肃宗派了 3000 精骑前来迎接,名为护驾,实则防范。唐玄宗一行随驾甲杖被李辅国"诏取",实际上被缴械。唐玄宗为免惹出麻烦,还指示随行人员:"临至王城,何用此物?"①遂将装备兵甲统统交付凤翔府库之中。

当唐玄宗途经马嵬时,昔日情景宛如在目,喧啸的呼声与马的

---

① (唐)郭湜:《高力士外传》,见《开元天宝遗事十种》,上海古籍出版社 1985 年版。

嘶鸣,仍犹在耳,他的心情有些沉重悲怆。唐人黄滔《马嵬》①诗中咏叹:

> 铁马嘶风一渡河,泪珠零便作惊波。
>
> 鸣泉亦感上皇意,流下陇头呜咽多。

随着离长安越来越近,唐玄宗很快将自己的心绪稳定下来。当他打算直接返回京城的时候,唐肃宗已准备好了全副仪仗前来迎接,迎接的队伍在皇帝的率领下,在咸阳城东的望贤宫摆开仪仗。十二月丙午,父子终于在望贤宫重逢。唐肃宗在望贤宫迎还太上皇的一瞬,对于大乱之后的唐朝君臣也是具有重要意义的。

这次望贤宫父子相见,一切按照君臣相见之礼典仪轨,根本看不出父子大难之后重逢的喜悦。太上皇在行宫南楼,唐肃宗脱去了象征现在身份的黄袍,换上臣子的紫袍,望楼下马,趋进而前,十分恭敬的样子,在楼下又再拜舞蹈称庆。趋礼、舞蹈都是向天子表示尊重与庆贺的礼节。唐肃宗行礼,太上皇从楼上下来,唐肃宗匍匐而行,捧着太上皇的脚,涕泗呜咽,不能自胜。太上皇也抚摸着唐肃宗,流下了几滴眼泪,然后索来黄袍,亲自为皇帝披上。唐肃宗伏地顿首,表示推辞,太上皇说:"天数、人心皆归于汝,使朕得保养余齿,汝之孝也。"唐肃宗这才答应穿上黄袍,一副勉为其难的样子。行礼之后,太上皇不肯居正殿,认为那应是天子之位。唐肃宗坚持一定要他坐,并亲自扶侍着唐玄宗登上正殿。尚食进食,唐肃宗依礼品尝后进呈给太上皇。② 这一天望贤宫的唐肃宗父子相逢,两人的举止按照国家礼典,更多的是一种做作的表演味道,倒是仪仗之外观看的父老百姓显得激动异常。这些善良的百姓发

---

① 《全唐诗》卷704。
② 《通鉴》卷220,肃宗至德二载十二月条,并参见《旧唐书》卷10《肃宗纪》。

自内心地欢呼着皇帝与太上皇的久别重逢,他们罗拜当途,表达着子民的心情。欢呼的人群给唐肃宗父子相逢的庄重带来了几分令人安慰的喜庆。

第二天(十二月丁未),太上皇一行就从望贤宫准备出发了。唐肃宗亲自为太上皇牵来坐骑,扶他上马,手扯着辔头向前而行。走了几步,太上皇劝阻了他,令唐肃宗一行也乘马。然而,唐肃宗仍旧前引,不敢居中,当驰道而行。驰道,乃是天子专用的御道。唐肃宗此番符合程式的表演,既符合国家礼制,也表明了对太上皇的尊崇。唐玄宗何尝不知此情此景下唐肃宗的良苦用心,他也因此因势利导,特意对身边的人说:"吾为天子五十年,未为贵,今为天子之父,乃贵耳!"左右皆高呼万岁。①

对此,唐人元结在上元二年(761年)秋八月所撰《大唐中兴颂》中称赞说"宗庙再安,二圣重欢"②。宋人洪迈谈道:"'事有至难,宗庙再安,二圣重欢。'既言'重欢',则知其不欢多矣。"③后来,胡三省曾有评论说:"玄宗失国得反,宜痛自刻责以谢天下,乃以为天子父之贵夸左右,是全无心肠矣。"④其实胡三省看出了唐玄宗的"心肠",但是没有考虑到唐玄宗归京之际谋求自全的处境。能做所谓的天子之父,就是能以太上皇身份与皇帝保持既定关系从而获得平安。这是唐玄宗为了支持平叛大局,在选择返京后对个人处境的重要考量,这一局面也是唐肃宗时期中央政治二元格局的特点所决定的。

就这样,唐肃宗引导着唐玄宗一行,离开了望贤宫。唐肃宗父

---

① 《通鉴》卷220,肃宗至德二载十二月条。
② 《全唐文》卷380元结《大唐中兴颂并序》。
③ (宋)洪迈:《容斋五笔》卷二《诸公论唐肃宗》。
④ 《通鉴》卷220,肃宗至德二载十二月条胡三省注。

子从长安城西北面的开远门进城,一路东行直奔大明宫而来。从开远门至丹凤门,"旗帜烛天,彩棚夹道",城中士庶百姓舞拜路侧,欢呼雀跃,皆很庆幸地互相致意,还说:"不图今日再见二圣。"①"二圣",是长安百姓对唐肃宗父子的尊称。唐肃宗父子来到含元殿,升御座,文武百官早已列班相候。太上皇坐定,左相苗晋卿率百官施礼拜贺。太上皇结束流亡,重坐龙庭,与朝廷百官相见,对众人一番慰抚,百官无不感动呜咽,令人压抑的朝拜礼仪结束后,唐玄宗又前往长乐殿拜谒九庙神主,向列祖列宗请安谢罪②。他拜谒太庙一阵恸哭之后,当天就往南内兴庆宫安顿下来。兴庆宫,是在唐玄宗登基后建设和使用的,属于唐玄宗主导的政治空间。

迎还太上皇的过程有条不紊,没有发生什么纰漏。唐肃宗感到一些轻松,唐玄宗的安顿也是按部就班。唐肃宗接下来又一连几次上表太上皇,请避位还居东宫。唐玄宗派高力士再三慰譬,唐肃宗才不再坚持上表。唐肃宗此举,类似于皇帝禅代之际的推让。这既是前代的陈规,又是本家的旧事。对于"聪明强记"③、本性"好学"④、熟读经史的唐肃宗来说,此类旧典应该是了然于胸的。

---

① 《旧唐书》卷 10《肃宗纪》。
② 《旧唐书》卷 10《肃宗纪》。并参《通鉴》卷 220,肃宗至德二载十二月条。按,长乐殿,《通鉴》本条胡三省注说,不详其所在,仅以《大明宫图》有长乐门推测该殿在长乐门内。据《旧唐书》卷 9《玄宗纪》,其谒庙请罪在"大内长安殿",神主在焉。《新唐书》卷 164《殷侑传附盈孙传》亦云:"至德时作神主长安殿,飨告如宗庙,庙成乃祔。"据徐松《唐两京城坊考》卷 1 引《长安志》云:"长安"一名"长乐",知长乐殿即是长安殿,名异而实同。又,据徐松所引《大典阁本图》云:"长安殿在金銮殿南偏西,"胡三省推测长乐殿之在长乐门内,恐有不确。
③ 《旧唐书》卷 10《肃宗纪》。
④ 《新唐书》卷 6《肃宗纪》。

这样，唐肃宗则以皇帝之尊居于大明宫。唐玄宗就以太上皇身份居住在多年生活的兴庆宫内。为了使这一切更加顺理成章，到十二月甲子日，唐玄宗又亲御宣政殿，把象征着大唐皇统法权地位的传国宝玺正式传付于唐肃宗。其实，在去年九月，唐肃宗已派韦见素从成都将宝册送呈唐肃宗，由于当时唐肃宗认为接受宝册的条件不成熟，没有正式接收，只安置在别殿供奉。如今京师收复，父皇已还，唐肃宗就不再推辞，遂于殿下涕泣而受之。唐肃宗的皇帝名分从此也就名正言顺了。

一旦权在手，便把令来行。

回归长安后，唐肃宗即着手对降敌失节、担任叛军官职的原唐朝官员进行甄别、处理。唐肃宗任命礼部尚书李岘、兵部尚书吕諲为详理使①，并委派他们与御史大夫崔器一道负责此事。接受过安禄山任命伪职的陈希烈、张垍、达奚珣等数百人被关押在京兆府与大理寺监狱之中。推审之时，"朝廷又以负罪者众，狱中不容，乃赐杨国忠宅鞫之。"②唐肃宗令在杨国忠宅第中对这些沦陷之后附伪的官员进行审讯，应该不是仅仅因为杨国忠的宅子现在空置。在此前后，唐肃宗还把诈病不受安禄山署任的汲郡（今河南汲县）人甄济从东都接到京师，特授他为秘书郎，安排在三司署衙，让那些失节者向他致拜，以此来愧其心。奉命负责审讯的御史大夫兼京兆尹李岘、兵部侍郎吕諲、户部侍郎兼御史中丞崔器、刑部侍郎兼御史中丞韩择木、大理卿严向等五人中，工作态度与执法状态也有不同。史载："器、諲多希旨深刻，而择木无所是非，独李岘力争之。"③

---

① 《旧唐书》卷50《刑法志》作"三司使"。
② 《旧唐书》卷50《刑法志》。
③ 《旧唐书》卷50《刑法志》。

崔器、吕諲向皇帝奏称："诸陷贼官，背国从伪，准律应处死。"按唐律，"背国从伪"，乃是谋叛，属于十恶不赦之罪。唐肃宗当然明白，所以也准备依律条处理。但礼部尚书李岘却持相左观点，他向唐肃宗奏报："贼陷两京，天子南巡，人皆逃生。此属皆陛下亲戚或勋旧子孙，今一概以叛法处死，恐乖仁恕之道。且河北未平，群臣陷贼者尚多，若宽之，足开自新之路；若尽诛，是坚其附贼之心也，……諲、器守文，不达大体，惟陛下图之。"①面对不同的处置意见，唐肃宗感到为难。他认为，若惩劝天下，砥砺气节，应听从吕諲、崔器之奏，按照律法处置，但李岘所言既有道理，又合乎情理，却有违律条。唐肃宗见状，遂将两种意见交付廷议，征求朝廷百官的意见。朝廷争论了几天，最终听从了李岘的意见。②但是，史书中却评论说："肃宗方用刑名，公卿但唯唯署名而已。于是河南尹达奚珣等三十九人，以为罪重，与从共弃。珣等十一人，于子城西伏诛。陈希烈、张垍、郭纳、独孤朗等七人，于大理寺狱赐自尽。达奚挚、张岯、李有孚、刘子英、冉大华二十一人，于京兆府门决重杖死。"③

看来，朝廷上下都很明白皇帝的心思，为了尽快平定河北残寇，为了服从平叛大局，法典可从权执行。于是，唐肃宗在经过朝廷众议之后，将失节附贼者分六等定罪。所谓："重者刑之于市，次赐自尽，次重杖一百，次三等流、贬。"④显然，唐肃宗此番操作就是将法律制裁与行政处罚结合起来。为此，唐肃宗特颁制书宣下以示郑重。十二月壬申，达奚珣等人被斩于长安城西南独柳树下。

① 《通鉴》卷220，肃宗至德二载十二月条。
② 《旧唐书》卷112《李峘传附李岘传》。
③ 《旧唐书》卷50《刑法志》。
④ 《通鉴》卷220，肃宗至德二载十二月条。

行刑之日,特令百官集体前往观看。陈希烈等人赐自尽于大理寺,受杖责者俱于京兆府衙门执行处罚。据史书记载,当时有人从敌占区赴京时向唐肃宗奏报了仍身陷敌手的唐朝官员的反应,说他们听到了崔器、吕諲议刑太重的消息后都很紧张。唐肃宗表示:"朕几为崔器所误。"①似乎唐肃宗为没有听从崔器的建议而暗自庆幸。《旧唐书》卷50《刑法志》记载:"后萧华拔魏州归国,尝话于朝云:'初河北官闻国家宣诏放陈希烈等胁从官一切不问,各令复位,闻者悔归国之晚,举措自失。及后闻希烈等死,皆相贺得计,无敢归者。于是河北将吏,人人益坚,大兵不解。'"也是把唐肃宗在京城对附伪人员的处置政策与平叛的局势联系在一起的。在这一过程中,执法者的立场与唐肃宗的政治需求之间存在着一些不合拍。因此在他的生前身后,这一政策有了一些调整变化。"其后三司用刑,连年不定,流贬相继。……后有毛若虚、敬羽之流,皆深酷割剥,骤求权柄,杀人以逞刑,厚敛以资国。六七年间,大狱相继,州县之内,多是贬降人。肃宗复闻三司多滥,尝悔云:'朕为三司所误,深恨之。'及弥留之际,以元载为相,乃诏天下流降人等一切放归。"②

值得一提的是,在处理的众多失节者中,唐肃宗对两个人的态度尤为特殊,其心情也颇为复杂,事情处理的结果也耐人寻味。这二人乃是唐玄宗朝宰相张说之子,一是前任大理寺卿张均,一是唐玄宗驸马张垍。据《资治通鉴》的记载,唐肃宗有意免去二人的死罪,他还曾为二人向太上皇求情。唐玄宗的态度是:"均、垍事贼,皆任权要。均仍为贼毁吾家事,罪不可赦。"唐肃宗心有不甘,叩

<hr />

① 《旧唐书》卷115《崔器传》。
② 《旧唐书》卷50《刑法志》。

头再拜："臣非张说父子，无有今日。臣不能活均、垍，使死者有知，何面目见说于九泉！"说罢，便俯伏流涕。太上皇命左右先将肃宗皇帝扶起，语气缓和地说："张垍为汝长流岭表，张均必不可活，汝更勿救。"唐肃宗只得泣而从命。言谈之际，唐玄宗还很亲切地叫起了唐肃宗的小名"阿奴"。① 此事在《旧唐书·张说传》中则是另一番情形。据载：张垍受禄山伪命，"死于贼中"。张均应处死刑，"肃宗于（张）说有旧恩，特免死，长流合浦郡"。② 《新唐书》卷125《张说传》的记载与此旧传略同，只增加了唐肃宗免张均之死时，房琯与苗晋卿出面营救的情节。这样看来，《资治通鉴》所载唐玄宗流贬张垍而不活张均之事，与两唐书记载不同，难道《资治通鉴》对张说二子处理的记载并非事实？况且，《旧唐书·刑法志》中有"大理寺卿张均引至独柳树下刑人处，免死配流合浦郡"的记载，特别是《旧唐书·肃宗纪》记载有至德二载（757年）十二月庚午制书，其中有"人臣之节，有死无二；为国之体，叛而必诛，……前大理寺卿张均特宜免死，配流合浦郡"的文字。官方文书的内容是确凿的。若张垍已死，何以能再流岭表？张均流贬合浦（今广西合浦东北），岂是必不能活？其实，驸马张垍已死，流贬而活者是前大理寺卿张均。那么，《资治通鉴》何以要取《常侍言旨》小说家言③而记录这样一个情节呢？真是让人有些费解。看来，这种记载只能让人感到唐肃宗顾念旧情、颇有仁恕宽宏之心，而终从太上皇之命或杀或贬，也算对张说父子仁尽义至。若果然如此，表明唐玄宗在正式将传国宝玺交付唐肃宗后，他在处理刑狱方面仍有裁决权力。真是虎老余威在，后来唐肃宗对兴庆宫中

① 《通鉴》卷220，肃宗至德二载十二月条《考异》。
② 《旧唐书》卷97《张说传》。
③ 《通鉴》卷220，肃宗至德二载十二月条《通鉴考异》。

的太上皇心存防范与戒备,不是没有理由的。

唐肃宗在处理降敌变节分子的同时,还专门颁布全国大赦文,对平叛有功人员实施封赏、加官晋爵。对为国杀敌、英勇献身的英烈忠臣,追赠旌表,深加优赏。凡灵武与蜀郡扈从功臣(也就是在出逃京师避寇时,无论追随他北上灵武还是追随唐玄宗前往成都者)一一晋阶赐爵,各加食邑。其中,元帅广平王升为楚王(后又晋升为成王),郭子仪、李光弼、仆固怀恩、李嗣业、王思礼等军将并加官晋爵,韦见素、高力士、李辅国、陈玄礼、裴冕及张巡、许远、颜杲卿等均获殊荣。同时进封的还有唐肃宗的儿子南阳王,升为赵王。其他的儿子虽未成年,尚在冲龄,也仍然得以加爵,像张良娣所生之子佋被封为兴王、侗为定王。张良娣本人也终于去掉了太子良娣的身份,被晋封为淑妃。赦文中赐天下大酺五日,以示庆祝。对于那些与安禄山同谋反逆的党羽及李林甫、王鉷、杨国忠子孙均不在赦免之限①。杀伐与夺,正是天子的威权。这对唐肃宗来说,也是梦寐以求的。

唐肃宗重返长安后在丹凤楼上颁布的全国大赦文,给朝野上下带来了胜利的喜悦。随着新年的日渐来临,两京收复后的唐朝廷,沉浸在一派喜庆之中。

六　乾元皇帝

重返京师后的唐肃宗,无论是处境还是心情,都明显有了改观。这时候,他的行为又有什么变化呢?

---

① 《通鉴》卷220,肃宗至德二载十二月条,《唐大诏令集》卷123《收复两京大赦》。

乾元，即是至德三载（758年）二月改元后的年号。乾元皇帝，则是唐肃宗在乾元年中所加的尊号。

至德三载（758年）春节，是唐肃宗作为大唐天子在京师长安迎来的第一个新年。由于平叛局势一派大好，给这个新年增添了一些喜庆气氛。特别是新年来临前夕，叛军高级将领史思明在范阳（今北京）归降唐朝，给京师长安新年的喜庆提供了充足的理由。

安庆绪自洛阳败退后，叛军内部出现分化，骑墙观望、首鼠两端者所在多多。自安禄山叛乱后一直在河北负责军务的史思明，对安庆绪阳奉阴违，更令安庆绪不放心。安庆绪不敢奔还范阳老巢而盘踞邺郡城（今河南安阳）收拾残局，就与史思明的这一态度有重大关系。后安庆绪派人想要暗中算计史思明，被史思明先下手为强，将奉命前往范阳执行秘密使命的阿史那承庆囚禁，安守忠等则在解除武装后被斩首。史思明与安庆绪关系恶化并公开之后，他手下将领劝其弃暗投明回归唐朝。恰巧此时李光弼也派人来范阳策反，史思明权衡利弊，遂以所统领的范阳、北平、妫川、密云、渔阳、柳城、文安、河间、上谷、博陵、勃海、饶阳、常山共13郡8万兵马奉表投降，其手下大将高秀岩也率部投降。

当史思明部将窦子昂奉表到达京师后，唐肃宗喜出望外，立即授史思明为范阳节度使，加归义王。史思明7个儿子也都被授以要职。史载："先是，（安）庆绪至相州，史思明、高秀岩等皆送款请命，肃宗各令复位，便领所管。"[1]无疑，唐肃宗已开启厚待、姑息河北降将之端绪。然后，唐肃宗又派中使李思敬与乌承恩一道前往河北宣慰，传达圣旨。河北其他州郡都闻风归降，除了安庆绪占据

---

[1] 《旧唐书》卷50《刑法志》。

的邺郡(今河南安阳)、汲郡(今年河南新乡卫辉)、魏郡(今河北邯郸临漳)等地外,河北又一次暂时地收复了。此时的安庆绪被压制在河北一个狭长的地带,已如叶上朝露,他虽改邺郡为安成府(一说为成安府),又与群臣歃血盟誓,但无法改变穷窘之状。其手下高尚、张通儒争权不和,大将蔡希德遭忌妒被杀。刚愎自用、御众无恩的崔乾祐被重用,使安庆绪内部矛盾骤然激化,已显出"土崩之兆"。[1]

此时唐肃宗竟然没有部署对安庆绪发动攻击,而是在长安城欢度新年。史思明归降后,太上皇为唐肃宗加"光天文武大圣孝感皇帝"的尊号,要等到新年来临时受册。或许唐肃宗关心的仍然是得到来自太上皇加封的尊号,关注的仍然是自己皇帝之位的稳固。

至德三载(758年)正月五日戊寅,太上皇亲御宣政殿,宣布了唐肃宗加授尊号的册文。册文所谓"奄有四海,克康兆人,光天之业也;经纶天地,戡定祸乱,文武之公也;雄图英算,大圣也;保国安亲,孝感也。"把唐肃宗"光天文武大圣孝感皇帝"的尊号做了广而告之。为唐肃宗加"光天文武大圣孝感"的尊号,是为了"上副于天,中契于神,下叶于人。"太上皇还表示,从此之后,将"超然金阙之上,终以玉京之游。"[2]在册文中,太上皇既替唐肃宗唱了功业既成的赞歌,又给唐肃宗服下安心丸。因为"玉京之游"与前此颁布的《明皇令肃宗即位诏》中"踪姑射之人,绍鼎湖之事"[3]都是表示要做神仙不再过问朝廷事务的意思。唐肃宗此刻内心当然是十分快活,但是他却要装出愧不敢当的样子。特别是徽号中有"大圣"

① 《通鉴》卷220,肃宗至德二载条与乾元元年条以及《通鉴考异》。
② 《唐大诏令集》卷7《太上皇加光天文武大圣孝感皇帝册文》。
③ 《唐大诏令集》卷30《明皇令肃宗即位诏》。

的字眼,更是上表辞让。太上皇照例也是不许。唐肃宗也就半推半就,诏示天下,说他推让"大圣"二字并非饰词,只是太上皇有令,他才不得不"承顺颜色"。"迎春之初,承奉嘉命",唐肃宗实在难抑内心的喜悦。为了报答太上皇,他也如法炮制,奉送太上皇一个"太上至道圣皇天帝"的尊号,并为此颁布了全国大赦文。① 胡三省对此甚表鄙夷,他曾评论说:"寇逆未平,九庙未复,而父子之间迭加徽称,此何为者也!"②但是,对于唐肃宗来说,这一做法并不难理解,加尊徽号乃是神化皇权的一种手段。围绕皇帝制度,国家设计有一整套有关尊号、谥号、庙号、年号等名号制度,目的是为了维护和体现皇帝的神圣和权威。这是维护皇权的需要,唐肃宗眼下很需要有这样的政治举措。因此,在这年二月初五日丁未,他又御明凤门(即丹凤门)改元,定年号为乾元,即改至德三载为乾元元年。到了乾元元年年底,他又答应了群臣为其加上"乾元大圣光天文武孝感皇帝"尊号的奏请,并于乾元二年(759年)正月初一举行大朝,在含元殿接受了这一象征着皇帝威严的神圣徽号。

应该说,在追逐权力的道路上,唐肃宗从灵武即位以来,虽然坎坷崎岖,但仍旧不断前进。在这一进程中,唐肃宗的政治地位逐步得到巩固,唐玄宗的权力一步步被压缩。在重返长安城以后,这一趋势更加明显。太上皇为唐肃宗加尊号册文中所表示的"超然金阙之上"等,其实是以正式官文书的形式兑现他当年在唐肃宗即位诏书中的诺言。从一定意义上说,唐肃宗是在乾元元年加尊号后,才真正从中央朝廷"二元"政治格局的框子中走出来,成为完全意义上乾纲独断的皇帝。唐肃宗的这一身份的制度性确认,

---

① 《唐大诏令集》卷9《乾元元年册太上皇尊号赦》。并参《通鉴》卷220,肃宗乾元元年正月条。

② 《通鉴》卷220,肃宗乾元元年正月条,胡三省注。

通过他在乾元元年册后、立储的实现中,可以得到直接证明。

如前所述,唐肃宗在即位之初,就有册后、立储的愿望。他的这一想法都因李泌的劝阻而放弃。李泌的理由其实很简单,就是因为唐玄宗仍在成都,册后之事须待太上皇之命,立储亦时机不成熟。对于帝制时代的皇帝来说,册立皇后是体现皇权独尊的必有之举,立储也是保证皇权独尊与延续的有效手段。按照古礼,天子设后,统领后宫,为天下母仪,相对皇帝君临天下而言,皇后是天下国母,号称小君。皇后既是皇帝制度的重要内容,又是皇权至上与独尊的必要补充。立储乃是选择合法的皇位继承人,皇位的世袭与家天下的皇权,不仅要求皇帝终身占有,而且要求世代承袭,确保皇权的延续。既然册后、立储都是帝制时代皇权运行的基本议程和要求,唐肃宗称帝以后册后、立储的心情可以想见。

唐肃宗册后没有在登基后立即实现,张良娣一直到至德二载(757 年)十二月十五日,才被立为淑妃,次年正月方行册礼。这已经是重返长安后的事情。此前,张良娣一直是以太子良娣的身份伴随唐肃宗参与平叛大业的。这期间的张良娣没有皇妃的头衔,身份也许有几丝的尴尬。唐肃宗无法为其正名,俨然唐肃宗也有几分的心虚。作为皇帝无法给自己的姬妾冠以皇帝妃子的名义,这使得皇帝的身份不免一些难堪。因此,唐肃宗在得以册立张良娣为淑妃后不久,在乾元元年(758 年)三月六日①就把这位和他患难与共的妻子立为皇后。到四月己酉,又为她举行了隆重的册礼。② 张皇后的父亲被追赠为尚书左仆射,母亲为义章县

---

① 《唐会要》卷 3《皇后》,《通鉴》卷 220,肃宗乾元元年三月条。
② 《新唐书》卷 6《肃宗纪》,《唐会要》卷 3《皇后》,《通鉴》卷 220,肃宗乾元元年三月条。行册礼亦见载《旧唐书》卷 10《肃宗纪》和卷 52《后妃传》,但《旧唐书》不记立后的时间。

主,姊封清河郡夫人,妹封鄜国夫人,其弟驸马都尉张清加特进、太常卿同正,封范阳郡公。唐肃宗又颁诏,令内外命妇悉往光顺门朝贺皇后[1]。唐肃宗对张皇后极尽宠重,张皇后个人的野心也随之急剧膨胀。史称:"后能牢宠,稍稍豫政事,与李辅国相助,多以私谒挠权。"[2]说明张皇后恃宠屡屡向唐肃宗提出非分之请。

这期间,被封为楚王的广平王俶被改封为成王,张皇后对他的嫉恨有增无减。她想让自己亲生儿子兴王佋为嗣君,平叛之中功名日隆的成王俶显然是最大障碍。为此,张皇后不断地向唐肃宗软磨强求,枕席之间,也少不了鼓弹舌簧,弄得唐肃宗犹豫不决,也无可奈何,所谓"帝颇不悦,无如之何"[3]。凭着生活常识和政治经验判断,成王与兴王二位皇子,一位年过而立,又系长子,平叛之中立有大功,一位仅五六岁,正值冲龄,是个乳臭未干的毛孩子,正当国家多事之秋,选择谁来为皇储,本不是件难事。唐肃宗不敢断然自决,恐怕是因为二位皇子亲王的母系出身。张皇后是兴王之母,她在天宝以来唐肃宗的政治生活中发挥过重要作用,而成王俶的母亲吴氏,不过是位早已亡故的掖庭宫人。

张皇后为自己的儿子兴王谋求继承权之举,促使唐肃宗将立储一事提上了日程。其实他心中又何尝不想早早地立太子以承基业呢?有一天,唐肃宗召见大臣李揆,询问他的意见:"成王嫡长有功,今当命嗣,卿意何如?"李揆明白这是皇上在试探自己的态度,遂拜贺道:"陛下言及于此,社稷之福,天下幸甚,臣不胜大庆。"唐肃宗见状,也很高兴,遂打定主意,李揆也从此颇承恩遇,

① 《新唐书》卷77《张皇后传》。
② 《新唐书》卷77《张皇后传》。
③ 《旧唐书》卷52《张皇后传》。

遂蒙大用,成为宰相。①

乾元元年(758年)五月十九日庚寅,唐肃宗立长子成王俶为皇太子②,即后来的唐代宗。

唐肃宗立李豫(即成王俶,后改名李豫)为皇太子的时间,两唐书记载颇有歧异。据《旧唐书》卷10《肃宗纪》载:"(乾元元年)五月壬申朔,……庚寅,立成王俶(即李豫)为皇太子。"《旧唐书》卷11《代宗纪》则云:"乾元元年……四月庚寅,立为皇太子,改名豫。"又,据《新唐书》卷6《肃宗纪》:"乾元元年……十月甲辰,立成王俶为皇太子。大赦。"《新唐书》卷6《代宗纪》载:"乾元元年……四月,立为皇太子。"仅从两唐书之肃宗、代宗本纪可知,唐肃宗立儿子成王为太子的时间有三说:四月庚寅、五月庚寅、十月甲辰。这样看,上述四月庚寅与五月庚寅必有一误。因为,同一干支纪日(庚寅)不可能出现在相邻的两月中。据陈垣先生《二十史朔闰表》,乾元元年四月壬寅朔,五月壬申朔。又据《中西回史日历》甲子表,知四月无庚寅,五月庚寅乃十九日。由此可知,《旧唐书·代宗纪》所载四月庚寅(《新唐书·代宗纪》只作"四月",无日)说有误。又参以《通鉴》卷220,肃宗乾元元年"五月……庚寅,立成王俶为皇太子",也可证四月说有误。

再看"十月甲辰"说。按,今本《唐大诏令集》卷29《立成王为皇太子德音》所署时间为"乾元元年十月",知此十月甲辰说必有

<hr>

① 《旧唐书》卷126《李揆传》。按,此谓成王为长子则可,谓"嫡长子"似不妥。《通鉴》卷220,肃宗乾元元年五月条载:"成王长,且有功,朕欲立为太子,卿意何如?"只是说"成王长,且有功",而未称嫡长,可谓谨慎,可供参考。

② 此据《旧唐书》卷10《肃宗纪》和《通鉴》卷220,肃宗乾元元年五月条。两《唐书》等旧史记载此事有些问题,考辨见下。

所据。本年十月庚子朔，甲辰即初五日。然成王为太子必不能先立于五月庚寅，又立于十月甲辰。据《唐大诏令集》卷28《册成王为皇太子文》及卷29《立成王为皇太子德音》，知十月甲辰系为太子行册命的时间。唐册太子，礼仪隆重，天子临轩册命，太子当至殿门受册，礼毕，大赦天下。估计是因有司备礼册命要择吉日，且需一定时间准备，故选立太子与行册命并不一定同时。如唐玄宗于唐隆元年六月丙午被立为太子，到"七月己巳，睿宗御承天门，皇太子诣朝堂受册"①。又如前文述唐肃宗李亨于开元二十六年六月得立为太子，也到"七月己巳，上御宣政殿，册太子。……赦天下"②，册太子赦文今俱见存。此皆系太子先立而后行册命的例证。更何况唐肃宗立成王为皇太子时，正值收复两京全力对付安史叛乱之际！又征诸《通鉴》卷220，肃宗乾元元年"十月甲辰，册太子，更名曰豫"，可为无疑。看来，《新唐书·肃宗纪》不载五月立太子而仅记十月甲辰事，是误将册命时间当成选立时间。这恐怕又是《新唐书》作者"文约字省"之失。

因此，唐肃宗立李豫（后来的唐代宗）为太子的时间，应该是乾元元年五月庚寅，十月甲辰是行册命的时间。《新唐书》之肃宗纪、代宗纪及《旧唐书·代宗纪》所载均有窜乱、讹误。《通鉴》所载此事之时间，精审可据。

唐肃宗决意五月十九日庚寅立李俶为太子，恐怕也与五月十二日癸未发生"月掩心前星"天象有关。据占者云：此主"太子忧"③，唐肃宗遂下定决心，不再犹豫。当年十月五日甲辰，唐肃宗

---

① 《旧唐书》卷8《玄宗纪上》。
② 《通鉴》卷214，玄宗开元二十六年六月条。
③ 《新唐书》卷33《天文志三》：乾元元年五月癸未，月掩心前星，占曰"太子忧"。

为皇太子举行了隆重的册礼①。李俶改名李豫。礼毕，全国大赦以覃恩泽，百官群臣及六军将士都得到恩赏。特别是乾元元年新铸了大钱，使唐肃宗有可能拿出一些实实在在的赏赐，让受赏者得到实惠。② 这在《资治通鉴》中被称颂为唐肃宗"自中兴以来"值得大书特书的喜事③。

对早就想选定接班人的唐肃宗来说，现在得以确立太子李豫的皇位继承权，表明乾元以后唐肃宗在皇权运作之议程中增加了自主性，逐渐摆脱了二元政治格局的影响，打破了太上皇对其政治上的桎梏。对这样的发展趋势，唐肃宗是满意的。然而，随着唐肃宗树立起他在国家政治体制与权力体系的中心地位，围绕着皇权而存在的各种政治势力之间的关系也越来越趋于复杂化。像后宫之中皇后与宦官和皇太子之间的政治利益，就发生了重新整合。这一新的变化引发了宫廷内外中央政治势力之间存在着的不和谐也逐渐暗中郁结，以致于因矛盾的激化与冲突升级引发了一场宫廷政变，此是后话。唐肃宗虽然没有亲眼看见后来的这一宫廷政变，但他对这一中央朝廷中政治态势的演进，不应该不有所预见。

张皇后在唐肃宗对皇太子人选业已确立的情况下，一直心有不甘，无奈两年之后，到上元元年（760 年），她年仅 8 岁的儿子兴王佋死去。为了表示安慰，唐肃宗追赠兴王为恭懿太子④。张皇后的另一个儿子定王侗，更是年幼，而且到宝应元年（762 年）也不

① 《通鉴》卷 220，肃宗乾元元年十月条。按《新唐书》卷 6《肃宗纪》载"乾元元年……十月甲辰，立成王椒为皇太子，"系时不误，谓之为"立"不当，且与同书同卷《代宗纪》载"四月立为皇太子"相抵牾。当据《通鉴》。

② 《唐大诏令集》卷 28《册成王为皇太子文》，卷 29《立成王为皇太子德音》，并参《通鉴》卷 220，肃宗乾元元年十月条。

③ 《通鉴》卷 220，肃宗乾元元年十月条。

④ 《旧唐书》卷 116，《唐大诏令集》卷 32《兴王赠恭懿太子制》《恭懿太子册文》。

幸夭折。两个儿子幼年丧命,才令张皇后绝了废立太子的念头。李豫的皇太子之位才算暂时稳定。这期间的不少纷纭争端,唐肃宗不会没有觉察,更何况还有李泌辞行前以《黄台瓜辞》为喻所敲的警钟呢?

无论如何,乾元元年(758 年)朝廷立储、册后之事的结束,给长安城中的唐肃宗的生活带来了一些新内容。令人不解的是,唐肃宗自重返长安之后,对于各种宗教及巫术十分迷信。乾元元年六月,唐肃宗又立太一神坛于南郊之东。按照中书侍郎、同中书门下平章事王玙的奏请,唐肃宗还亲自前往神坛"躬行祀事"。① 据说,太一神乃是天神之中最尊贵者,自汉武帝始行祀。唐肃宗也着意模仿,应该不乏用意。

在这期间,还曾发生过一件令唐肃宗颇为尴尬的事。

原来,唐肃宗曾感到身体不舒服,太卜以为山川为祟,宰相王玙奏请派中使宦官与女巫分行天下,遍祷名山大川来为皇帝祈福禳灾。唐肃宗答应下来,令他们乘传驿而行。众巫皆恃势烦扰州县,干求贿赂。其中有一巫盛年色美,以无赖少年数十人相随,尤为蠹弊。当她们到达黄州(今湖北黄冈)后,刺史左震不假宽纵,率人将女巫斩于驿舍,跟随的无赖少年也都无一幸免。左震以所缴获数十万钱帛的赃物一一登记,然后上奏朝廷,请代替贫民租税。中使宦官也被送归京师。对此,唐肃宗也无法怪罪他②。为唐肃宗祈福禳灾的事,只好作罢。但唐肃宗对祠祷各路神仙的热情并未因此减弱。后来,竟然发展到在宫中设内道场作法。

也许是唐肃宗重返长安后遇到了更棘手的问题,要祈求神灵,

① 《旧唐书》卷 130《王玙传》,并参《通鉴》卷 220,肃宗乾元元年六月条。
② 《通鉴》卷 220,肃宗乾元元年六月条。

请佛祖保佑,替他分忧解难吧!已加上"乾元大圣光天文武孝感皇帝"之尊号的唐肃宗,面临的麻烦究竟是什么呢?

七　谋长安策

子曰:"视其所以,观其所由,察其所安,人焉廋哉?人焉廋哉?"位居九五之尊,身处忧患之地,唐肃宗不得不苦心孤诣寻求长治久安之策。

唐肃宗称帝以后,大唐朝廷就一直处于战时体制之下。围绕平叛这一中心任务,唐肃宗在调整国家行政体制、解决财政困难等方面进行了诸多尝试,制订了一系列的政策、措施。其中,既有解燃眉之急的临时举措,又有对天宝以来国家各项制度的改作调整。这些既体现着战时体制的特点与特殊要求,又对唐肃宗身后的国家制度的运行与建构面貌带来了深刻影响。唐肃宗时常为了前线平叛战争的需要不得不改变初衷,从权而行,他对国家体制的调整也就不能不因战时局势的需要与制约而有所顾忌,有所让步,从而无法真正放开手脚,集中全力解决朝廷存在的种种问题与面临的诸多困难。

唐肃宗即位伊始,朝廷文武官员不满数十人,典制未备,尚得应付入蜀的唐玄宗,这且不论。仅国家财用匮乏一项就令唐肃宗如履薄冰。长安失守后,大片领土沦陷于叛军之手,唐肃宗所能直接控制的地方州县根本无法支撑平叛所需的庞大开支。后来,江淮财赋漕运至前线,使唐肃宗勉力渡过难关。随着平叛战争的节节胜利,所需经费开支也随之剧增。军兴之初,曾经实施的以度僧尼、卖官鬻爵求取钱物的救急措施也无法停止。同时,由于国家财用不足,唐肃宗不给百官发放俸禄。官员无俸,又乏赏赐,致使平叛之初,很多地方州县的官员或叛或逃,大大影响了唐朝平叛战争的顺利进程。唐肃宗忧心如焚,也徒呼奈何。由于朝廷明码标价出售官爵,官爵也渐渐失去了往日的价值。唐肃宗因无钱物可代用度,对前线立功将士,就只能拿官爵来充赏赐,致使官爵在人们心目中的分量更为降低。诸将出征时,朝廷皆发给空名告身,即空白官员委任状。自开府、特进、列卿、大将军下至中郎、郎将,听任其临事注名。后来,这一情况严重到听以信牒授人官爵,连空名告身都不用了。诸军因立功者多,有官衔者众,只得以职任相统摄,而不能以官爵之高下为准。郭子仪清渠之战失利,也以官爵收编溃散的士卒。这样,官爵轻而钱货重,大将军告身一通,也才能换取一醉。凡应募入军者,一切衣金紫,至有朝士之僮仆衣金紫,称大官而执贱役者。史称唐肃宗即位以来,国家名器之滥,无以复加。①

轻官爵之赏,重钱货之赐,然而,"逆贼未平,师旅淹岁,军用匮竭,常赋莫充"②,唐肃宗囊中羞涩,缺钱少货,也只能从权救弊,疲于应付。至德二载(757年)五月,朔方军兵败清渠之后,唐肃宗所颁慰喻救书,可见其当时的心情:"已令江淮转运布帛,到日议赏非遥。今关中麦秋,见将收获,六军粮备,实资于此。递须相勖,勿犯田苗;甲杖刀枪,已令支送。诚宜磨厉,大雪前耻。事平之日,卿等并口封侯。金帛珪璋,无所爱惜。故令宣慰,知朕意焉。"③唐

① 《通鉴》卷219,肃宗至德二载五月条。
② 《唐大诏令集》卷115《遣郑叔清往江淮宣慰制》。
③ 《唐大诏令集》卷115《慰喻朔方将士敕》。按,敕书贾至撰,今本《唐大诏令集》一题"至德三年三月七日",一题"至德元年三月七日",系时均当误。按,至德三载二月已改元乾元,官文书不当用旧年号。至德元年则实际为天宝十五载,此时三月唐肃宗还是皇太子在长安中,唐军尚与叛军对峙潼关。据此敕书中有云:"自寇逆乱常,殆涉三载"及"昨者,清渠之战,师徒不利",敕书当即至德二载五月唐朔方军清渠战败后不久颁布。今本此敕或即至德二载五月七日之刊误。

肃宗此刻捉襟见肘的窘况跃然纸上。

为了缓解财用紧张的态势,唐肃宗确实是苦心孤诣地寻求良策。他除了继续利用取之不尽的官爵(其实俱是空名告身)拿来出卖,或者给纳资者颁发度牒度为僧尼外,就是想法扩大税收,广开财源。唐肃宗即位之后,委任度支郎中郑叔清以本官兼御史,充江淮东西道宣抚使,派他宣慰江淮等地。郑叔清则在江淮、蜀汉等地核查富商右族资产,登记造册。根据资产总额十收其二,谓之"率贷"①。郑叔清的这一招数颇有效果,于是各地也都打起了商贾的主意:凡钱一千者均有税。征商以助军,暂时缓解了一定的财政困难。在唐肃宗委以第五琦理财重任后,更是扩大了征税的范围:所谓"吴盐、蜀麻、铜冶皆有税"②。特别是第五琦创立了盐法,更收效显著。第五琦于产盐近利之地设立监院,官为榷盐,严禁私卖。食盐专卖后,每斗由原来的十钱加价至一百一十出售③。盐铁专营之法,为后来理财大臣所沿用,对百姓生活产生了重大影响。食盐价格,关系国计民生,因专卖引发的食盐价格腾升,导致老百姓吃不起官卖食盐,只能靠走私私贩甚至淡食。到唐朝末年,食盐问题甚至引发了社会动荡。

唐肃宗在收复两京之后,曾因宗庙之器与府库之资散失民间,派人追寻检括,而下吏无良,乘便纵暴,破人家产,中饱私囊,引起民怨沸腾。唐肃宗为了稳定社会秩序,下令京兆尹兼御史大夫李岘出面安辑坊市,所派搜检使也一并停止。④看来,唐肃宗重返长安后,他作为新的大唐天子也需要得到人心,更需要安抚人心。

---

① 《新唐书》卷51《食货志一》。
② 《新唐书》卷51《食货志一》。
③ 《新唐书》卷54《食货志四》,并参《旧唐书》卷123《第五琦传》。
④ 《唐大诏令集》卷115《安辑京城百姓敕》,并参《旧唐书》卷10《肃宗纪》。

但是，此时的唐肃宗也确实财政困难。他为了平叛和用兵，不久，又同意了第五琦的奏请，铸造乾元新钱，也引起了社会骚动。

乾元元年（758年），因"经费不给"，第五琦新铸"乾元重宝"钱。此制钱径一寸，每缗重十斤，以一当十，与开元通宝钱并用，亦称"乾元十当钱"。铸钱的目的十分清楚，就是增加官府的财力。所谓"冀实三官之资，用收十倍之利。"①尽管当时十钱可收十倍之上利，对于唐肃宗此刻庞大的开支来说仍然不足。于是，唐肃宗又下令新铸大钱，"更增新郭，不变旧文，每以一钱，用当五十"，也就是说，新铸大钱仍称"乾元重宝"，钱背之外郭为重轮，币值较当十钱增加了五倍，但其径一寸二分，每缗钱重十二斤②，只比当十钱每缗重二斤。显而易见，重轮大钱"乾元重宝"给唐政府带来了更加丰厚的利润。铸造重轮大钱的目的，自然也是要解决经费不足，《行重轮钱敕》中就宣称："今国步犹阻，帑藏未充。重敛乃人困不堪，薄征则军赋未足，是以顷令改铸，务于济时。"③话虽如此，事实上，开元通宝钱与当十和当五十的乾元重宝钱并用，钱法变易，名实不符，造成物价腾踊，致使米斗钱至七千，"务于济时"却造成饿死者满道，后果极其严重。由于铸钱有利可图，京师犯禁私铸逐利者不断增加，以至于数月之间因私铸钱币被查遭杖杀者竟达八百余人。④

---

① 《新唐书》卷54《食货志四》，敕文作"乾元二年七月"，参之两《唐书》及《通鉴》，当系"元年"之刊讹。
② 《新唐书》卷54《食货志四》及《通鉴》卷221，肃宗乾元二年九月条胡注。《旧唐书》卷10《肃宗纪》作"二十二斤为贯"，《唐大诏令集》卷112《行重轮钱敕》作二十斤成贯，《通典》卷9《食货典·钱币下》作"每贯重二十斤"，今从《新唐书》和《通鉴》十二斤之数。
③ 《唐大诏令集》卷112《行重轮钱敕》。
④ 《新唐书》卷54《食货志四》。

对于改铸乾元新钱后出现的严重问题,唐肃宗也有所目睹。他一度想"仍从旧贯,渐罢新钱,又虑权衡转资艰急",特别是物价飞腾,黎人失业,令唐肃宗不能等闲视之。于是,他专门颁发诏书,下令文武百官九品以上往尚书省集议,由中书门下详择奏闻。①由于现实的需要,唐肃宗并没有实现罢新钱之举。直到上元元年(乾元三年,760 年)六月,才将重轮钱(又称重稜钱)减价流通使用,由一当五十改为一当三十,而开元通宝与乾元十当钱,皆以一当十。乾元钱法更张,官府得利,黎民遭变相刮剥。虽然暂解燃眉之急,但弊端重重,吏民不堪。一直到唐代宗即位,此钱法才告一段落。② 此法的推行者第五琦也遭贬斥,长流夷州。

在为解决财政困难千方百计寻求对策的同时,唐肃宗也不得不为官吏选补伪滥及混乱而大伤脑筋。早在他由灵武驻跸凤翔指挥平叛之时,这一问题就已很突出地暴露出来。史书上说:"初,肃宗在凤翔,丧乱之后,纲纪未立,兵吏三铨,簿籍煨烬,南曹选人,文符悉多伪滥。上以凶丑未灭,且示招怀,据到注拟,一无检括。"③这涉及唐朝政府吏部、兵部三铨选拔、任命官吏制度的一些具体细节。由于兵兴战乱,档案文簿大多无法查核,就给官吏铨选带来了许多困难。本来,按照制度规定,官员铨选要依身、言、书、判四事,据德行、才用、劳效之优劣决定留放,为之注拟。由于档案文簿不齐全,就给参选人员弄虚作假提供了方便。唐肃宗在最初一段时间,为示招怀之意图,同时也为了争取更多的人士参与平叛,就不加检括和甄别,凡参选者即予注官。这当然也体现出战时体制的一些特色。对此状况,大臣韦见素曾提醒唐肃宗:"臣典选

① 《唐大诏令集》卷 112《令百官议罢新钱诏》。
② 《新唐书》卷 54《食货志四》、《唐大诏令集》卷 112《重稜钱减价行用敕》。
③ 《旧唐书》卷 108《韦见素传》。

岁久,周知此弊。今寰区未复,员阙不多。若总无条纲,恐难持久。"唐肃宗何尝不知,他也深以为是,但迫于形势,无暇也无力加以釐革。当还京以后,选人数千人因无官阙可补,喧诉于朝。为了落实这些人的工作,不免会牵扯唐肃宗一定的精力,韦见素的担心也成为现实。

烦心的事自然不止一两件。幸而因国家仍处于战时状态,很多矛盾并没有浮泛到表面,即使如此,唐肃宗仍然在平叛同时,对国家体制有所改作。特别是鉴于天宝年间中央朝廷出现的李林甫、杨国忠等权相的局面,唐肃宗对宰相权力与权力的行使进行了一些限制和调整。

当年李林甫当政时,谏官言事皆先白宰相,事后又要向宰相汇报,基本上阻隔了言官职权的行使。御史奏事,也要在表章由台长御史大夫签署后才能进奏,对于宰相的权力与行政系统权力均缺乏限制。唐肃宗抓住这一要害,敕令改革,开谏诤之途,提高了监察官的职权,加强了对包括宰相在内的朝廷百官的有效监督。同时,"又令宰相分直政事笔,承旨,旬日而更",①则是为防止出现宰相专权。另外,唐肃宗还增加了宰相群体的人数,在他即位之初由裴冕一人为宰相,很快就有韦见素、房琯、崔涣等几位宰相,这几位自然是由唐玄宗任命,但后来像张镐、王玙、吕諲、苗晋卿、李岘、李揆、第五琦、萧华、裴遵庆、元载等人,乃均是由肃宗皇帝委任。所以,唐人杜佑曾说,宰相自"开元以来,常以二人为限,或多则三人。天宝十五年之后,天下多难,勋贤并建,故备位者众。"②宰相人选增多,每人在政事堂分值秉笔,每十日一轮替,就避免出现像

---

① 《通典》卷21《职官典·宰相》。
② 《通典》卷21《职官典·宰相》。

李林甫、杨国忠那样久秉枢衡的权相。这样一来，宰相的权力分散了，皇帝的权力就集中了，加上平叛与军事战争，临时处置之事甚多，皇帝以手敕、口敕、口宣等形式决处政事的情况也不少见。这样，唐肃宗时期皇权行使的方式在具体内容上与唐玄宗时期委政于宰相的情况发生了一些变化，这给国家中枢体制带来一定的影响。依附皇权而存在的其他权力系统如后妃、宦官权力，也随之扩大，并由此引起了内廷与外朝之间的纷争与冲突。

其实，这一情形在李泌与李辅国、张良娣身上已显露端倪，到两京收复后，这种状况有增无减。

李辅国因在马嵬分兵、灵武即位过程中立有殊勋大功，深受唐肃宗宠重。他出入帷幄、宣传诏命、掌四方文奏及宝印符契。李泌归隐衡山之后，李辅国在唐肃宗身边的地位更显突出。还京之后，更是专掌禁军、常居内宅、制敕必经其押署，然后施行，宰相、百司非时奏事，都要经过李辅国关白、承旨。李辅国居中用事，常于银台门决天下事，事无大小，李辅国口为制敕，宣付于外施行，然后奏闻皇帝。李辅国所作所为，大大便利了皇帝决策，却凌驾于外朝百司之上。不仅如此，李辅国还组织了察事厅子数十人，负责秘密侦伺，大搞特务政治。官员即使有微过，李辅国也能借此知晓，并且经常进行秘密审讯。地方州县及朝廷三司审讯的案狱，都常常要禀承李辅国之意决定。事情的轻重缓急，李辅国皆打着制敕的名义决处，莫敢违者。李辅国个人威仪甚重，宫中谓之五郎，就连山东大族出身的大臣李揆，见李辅国也行子弟之礼，谓之"五父"，唐肃宗甚至还为这位宦官娶了妻室。①

宦官李辅国势力的膨胀，引起了朝廷官员的不满。唐肃宗任

① 　上见《旧唐书》卷184《李辅国传》。

命大臣李岘为中书侍郎、同中书门下平章事,等李岘任宰相后,乘机叩头论列李辅国专权乱政之状。他指出,制敕皆应由中书出纳,不应由李辅国宣纳。李岘乃宗室宰相,所论乃祖宗旧制,唐肃宗欣赏其正直敢言,对李辅国也有所斥责,罢其所设察事。李辅国也因此辞去了判元帅府行军司马之职,请归其太子詹事本官,唐肃宗却未允准。不过,由于李岘陈奏,唐肃宗还特地颁布了一道制书。制云:"比缘军国务殷,或宣口敕处分。诸色取索及杖配囚徒,自今一切并停。如非正宣,并不得行。中外诸务,各归有司。英武军虞候及六军诸使、诸司等,比来或因论竞,悬自追摄,自今须一切经(御史)台、(京兆)府。如所由处断不平,听具状奏闻。诸律令除十恶、杀人、奸、盗、造伪外,余烦冗一切删除,仍委中书门下与法官详定闻奏。"① 制书明确了口宣敕令不再适用的范围,强调了经由政事堂的正宣的权威性。其实,这正是肯定了中书门下与各级政府机构的职责权限,在一定程度上限制与约束了李辅国以口宣制敕方式干涉行政与司法的做法。因此,李辅国对李岘怀恨在心,由此引起了朝廷之上宦官与宰相之间的人事纷争。这一人事纷争也曲折地透露出唐肃宗时期朝廷政局中权力结构的一些变化。

乾元二年(759 年)发生了凤翔马坊押官因抢掠平民被天兴县(今陕西凤翔)尉谢夷甫捕杀一事。李辅国因系飞龙厩马坊小儿出身,凤翔马坊隶属李辅国掌管,所以他出面替被杀的马坊押官鸣冤。唐肃宗诏令监察御史审核,结果,被杀的押官并无冤情,随后负责审讯的御史中丞崔伯阳等人也做出相同的结论。押官之妻不服,再次上诉。诏令侍御史毛若虚按覆。毛若虚顺附李辅国,判处县尉谢夷甫有罪,又言御史台崔伯阳等人有徇情之嫌,且不能质定

---

① 《通鉴》卷 221,肃宗乾元二年四月条,《旧唐书》卷 10《肃宗纪》。

刑狱。御史中丞崔伯阳乃是侍御史毛若虚的上司,毛若虚推翻原判,使马坊押官被杀一事变得复杂起来。崔伯阳大怒,派人召来毛若虚一顿诘责,言辞很是强硬,打算通过御史台向皇上弹劾他。毛若虚见势不妙,就急忙求见,向唐肃宗告急。唐肃宗听完陈奏,对毛若虚道:"已知,卿出去。"毛若虚奏曰:"臣出即死。"唐肃宗见事情严重,就留他在帘内。不一会儿,崔伯阳入奏,唐肃宗问他事情原委,崔伯阳说:毛若虚"附会中人,鞠狱不直"。也许是情绪过于激动,也许是对毛若虚此举太过愤懑,崔伯阳奏陈一席话,竟把唐肃宗惹得大怒,叱出之。崔伯阳及先前参与审讯的大理寺卿、刑部侍郎以凤翔府尹一批官员均被贬为县尉,监察御史孙蓥被除名,长流播州。①

　　事情发生后,宰相李岘以为被贬斥的数人咸非其罪,责罚太重,想让皇帝收回成命,遂奏云:"(毛)若虚希旨用刑,不守国法,陛下若信之重轻,是无御史台。"李岘之言,则又犯了唐肃宗大忌,认为李岘目无圣上,有朋党之私,遂将其贬往蜀州任刺史。事后,右散骑常侍韩择木进宫入对,唐肃宗情绪犹未平静。他对韩择木说:"(李岘)欲专权耶?何乃云任毛若虚是无御史台也?今贬蜀州刺史,朕自觉用法太宽。"韩择木对曰:"李岘言直,非专权,陛下宽之,只益圣德尔!"②唐肃宗贬斥了宰相李岘等人,毛若虚因附会宦官李辅国被任命为御史中丞。

　　看得出,唐肃宗对宰相的所谓"专权"是不能容忍的。对于宦官的口宣敕令,尽管也有所限制,但只要不超出他所允许的范围,仍是可以容忍的。归根到底,李辅国口宣敕令,事后还要向皇帝奏

---

①　《通鉴》卷220,肃宗乾元二年四月条,《旧唐书》卷112《李峘传附李岘传》。

②　《旧唐书》卷112《李峘传附李岘传》。并参见《通鉴》卷220,肃宗乾元二年四月条。

闻。他仍然在唐肃宗规定的范围内活动。若是一旦超出这一范围,唐肃宗也是会加以限制的。

京师收复之初,长安城中多盗贼,治安状况极差,有当街之上杀人而弃尸沟中者。李辅国请选羽林军500人以备巡检。宰相李揆认为不妥。上疏指出:"昔西汉以南北军相统摄,故周勃因南军入北军,遂安刘氏。皇朝置南北衙,文武区分,以相伺察。今以羽林代金吾警夜,忽有非常之变,将何以制之?"①李揆的意见乃是担心作为北衙六军的羽林军过多分割南衙禁军的职权会发生意外,唐肃宗也就听从李揆建议,下制罢其所请。后来,李辅国向唐肃宗提出担任宰相的要求,唐肃宗不便当面回绝,就抬出朝廷百官来应付他。唐肃宗说:"以公勋力,何官不可? 但未允朝望如何?"李辅国也是权欲熏心,遂私下暗示尚书仆射裴冕等联名上表推荐自己。唐肃宗则秘密召见宰相萧华以作部署。他问萧华道:"辅国欲带平章事,卿等有表章推荐,有这回事吗?"稍顿一顿,又说:"若卿等真的上表,就不得不答应他了。"萧华没有正面回答,出来向裴冕核实。裴冕道:"初无此事,吾臂可断,宰相不可得!"萧华接着回来向唐肃宗奏报,唐肃宗对裴冕的态度很满意,李辅国也因此没有达到做宰相的目的。② 李辅国以宦官身份担任中书令,是在唐肃宗驾崩、唐代宗即位以后的事。

唐肃宗对李辅国如此,对张皇后也是如此。对张皇后提出的各种要求,只要不超出他所允许的范围,几乎都能点头满足她。但在立储一事上,唐肃宗就没有按照张皇后的意愿确定人选。在乾元二年(759 年)二月,张皇后唆使百官上表,请求皇上为其加"翊

---

① 《旧唐书》卷 126《李揆传》。
② 《旧唐书》卷 184《李辅国传》。并参《通鉴》卷 220,肃宗上元二年八月条。

圣"的尊号,唐肃宗也没有立即答应,他召来宰相李揆谋议此事。李揆对曰:"臣从未听说后妃生加尊号。只有景龙失政,韦氏专恣,加号翊圣。今若加皇后之号,与韦氏同。陛下明圣,动遵典礼,岂可踪景龙故事哉!"唐肃宗对"景龙故事"当然是熟悉的,他闻言大惊曰:"凡才几误我家事。"恰巧,天有月食,唐肃宗以为此乃阴德不修,咎在后宫,再没有同意。①"翊圣"与唐中宗韦皇后联系起来,唐肃宗当然会想到韦氏乱政、害死中宗皇帝的"景龙故事"。往事历历如昨,他自然不情愿授人以话柄。

唐肃宗处心积虑地为长治久安寻求良策,设法化解面对的各种难题。但因平叛战争仍在继续,唐肃宗根本无法扭转战时体制的现有状况。朝廷所面临的中心任务仍是平叛,临时应变的举措也不能不服从于这一大局。这是唐肃宗在位期间理政状态留给人的深刻印象。财政困难、官员选授伪滥、司法混乱等难以得到根治与改观。宦官与后宫更因为唐肃宗登基后存在适宜的土壤,权势一步步膨胀。唐肃宗为了防范统兵将领拥兵自重,对宦官提供进一步膨胀的条件,他开启了宦官担任观军容使(全称为"观军容宣慰处置使")措置前线军事的先例。这不仅直接影响了朝廷部署的平叛战争,而且在平叛战争结束后,仍对唐帝国政治体制产生了深刻影响。由于这一时期的培育与姑息,宦官势力的急剧膨胀成为唐肃宗时期唐朝帝国国家政治体制中无法根除的痼疾,这一政治态势甚至极大地制约和影响到唐肃宗以后唐朝中央政治的发展格局。唐肃宗登基后被号称"中兴"的"盛德大业",虽"地辟天开",如"山高日升"②,但是也留下了很多的遗憾。无论是唐肃宗

---

① 《旧唐书》卷126《李揆传》,并参《旧唐书》卷10《肃宗纪》。"翊圣",《通鉴》卷221,肃宗乾元二年二月条据《实录》作"辅圣"。
② 《全唐文》卷380,元结《大唐中兴颂并序》。

情非得已还是他无能为力,都无法改变这一政治态势与身后的政局。

唐肃宗对于地方行政体制,也因天下聚兵进行了一番调整。像对州县之上的道一级官职,在乾元元年(758年)三月时,就将原来的采访使一职停置,将黜陟使改为观察处置使,掌其所管辖区域内的大纲刑宪,察官人之善恶,成为实际上高于州县之上的行政官员。另外,还一度设置了都统使,监总管诸道,或领三道、或领五道,权力很大,不久又省去了①。除各地统兵之节度使之外,防御使、团练守捉使,在地方设置十分普遍,他们虽不像节度使有旌节,却主兵事。在平叛过程中,对各地兵将的羁縻是令唐肃宗大伤其神的事。特别是随着平叛战争的推进,出现了兵骄将叛甚至兵乱不断,给唐肃宗带来更多的麻烦。

到乾元元年(758年)年底,平卢节度使王玄志死。唐肃宗派宦官充使者前往安抚将士,并考察军中合适的节度使人选。而平卢军中裨将李怀玉(后改名为李正己)杀王玄志之子推举了军将侯希逸为平卢军使。朝廷遂顺水推舟,任命侯希逸为平卢(后移镇淄青)节度使②。从此竟开唐代节度使可由军将自行废立的先例,所谓"节度使由军废立自此始"③也。此例一开,不仅影响甚巨,亦颇为恶劣,它给唐后期中央政府管辖地方节镇事务埋下了隐患和祸根。当然,这也映照出安禄山叛乱以后,唐朝中央政府在处置与地方关系时的某些历史真实。地方节帅拥兵跋扈、不奉朝廷政令之状况十分常见,不能不归咎于唐肃宗在处理此事上的姑息宽纵。就连在编纂《资治通鉴》时将唐肃宗列为正统的北宋史学

---

① 《通典》卷32《职官典一四·都督》,并参《新唐书》卷49下《百官志》。
② 《旧唐书》卷124《李正己传》与《侯希逸传》。
③ 《通鉴》卷220,肃宗乾元元年十二月条。

家司马光,也很不客气地评价说:"肃宗遭唐中衰,幸而复国,是宜正上下之礼以纲纪四方,而偷取一时之安,不思永久之患。彼命将帅,统藩维,国之大事也,乃委一介之使,徇行伍之情,无问贤不肖,惟其所欲与者则授之。自是之后,积习为常,君臣循守,以为得策,谓之姑息。乃至偏裨士卒,杀逐主帅,亦不治其罪,因以其位任授之。然则爵禄、废置、杀生、予夺皆不出于上而出于下,乱之生也,庸有极乎!且夫有国家者,赏善而诛恶,故为善者劝,为恶者惩。彼为人下而杀逐其上,恶孰大焉!乃使之拥旄秉钺,师长一方,是赏之也。赏以劝恶,恶其何所不至乎!……为天下之政,而专事姑息,其忧患可胜校乎!由是为下者常眈眈焉伺其上,苟得间则攻而族之;为上者常惴惴焉畏其下,苟得间则掩而屠之;争务先发以逞其志,非有相保养为俱利久存之计也。如是而求天下之安,其可得乎!迹其厉阶,肇于此矣。"①

司马光评价唐肃宗的"姑息"是由于"偷取一时之安",不利于求天下之久安,这固然有司马光自己的出发点,但有一点是可以认同的,那就是唐肃宗听任方镇将士拥立节帅成为唐后期地方藩镇动乱的重要原因,是不容置疑的。

在战时体制之下,由于平叛的需要,唐肃宗有充足的理由遇事从权、临机处置,甚至遇事姑纵、苟且。这样,势必使唐朝廷在一些问题的处理中随意性增大,加上唐肃宗不能对一些临时举措给予全局上的统筹,对可能产生的后果也无法做出先期评估与预先防范。只要有利于平叛,宁肯图一时之侥幸,不惜付出沉重代价。越是到后来,问题越显得严重。特别是在唐肃宗身后,唐朝政府不得不面临日益严峻的局势,这与唐肃宗在政治涡流

---

① 《通鉴》卷220,肃宗乾元元年十二月条,臣光曰。

中的游刃有余、富于术略形成强烈反差。出现这种现象,难道是唐肃宗个人的智慧机谋出了问题? 以我看不是这回事,这与安史之乱的大背景有关。说到底,还是由于平叛这一政治前提令唐肃宗不能不如此,也不得不如此。安史叛军依然盘踞河北,使他寝食难安。为了尽快消灭叛军,唐肃宗显得有些不顾一切。

应该说,唐肃宗在平叛中对国家体制所进行的一些调整是很有限的。这当然仍是由于平叛,使他无法充分对内部进行整顿。在唐肃宗当政期间,使职差遣的普遍化是很值得注意的现象。不仅在军事、财政、行政、司法等工作系统中广泛设置了使职差遣,就连内宫事务中也设立了内诸司使等临时使职。这样的举措,是在原来三省六部为主体的行政格局无法适应现实需要、诸内外使职差遣又能显示出有效、便捷、反应迅速等优势的情况下出现的。由于使职实际上并不强行归入某一国家设置制度性的机构之中,往往是由朝廷根据需要直接设置临时派遣,就连使职的名称也是因事顺时,并没有太多考虑与原来三省六部或者诸监寺等机构的衔接。因此,使职的设置与运行也较为灵活便捷,一开始就打破了原来律令体制下的政府机构的运行规则与权限边界。在平叛的战时体制下,使职不仅弥补了旧设机构职能上的阙漏,而且又担当起国家体制正常运作的职能。所以,使职所担当的差事职能并未与原来的机构形成完全对应的关系,更不是简单地替代原来的机构来行使职权。实际上,使职设置的普遍化与某些使职的固定化,开始是基于中央朝廷的急需,慢慢地也实现了对国家旧属机构的职能重组与整合。只是在唐肃宗时期,仅仅是注意了使职的有效、灵活,而没有注意其替代旧有机构的职能对国家体制造成的冲击,从而使这种缺乏制度理性与自觉的重组与整合,不能处于有序状态与可控状态。像崔器官任大司农①，但重归长安后"累奉使，后十余年，竟不至本曹司"。即身任部门长官，"有权位而不见曹司"②的情况很普遍。

可以说，唐肃宗在平叛当中，要寻求长治久安的良策，还要经历一番摸索，还有很长的路要走。问题的关键在于，平叛战争还在继续，唐肃宗根本无法从容不迫地去探索。这或许注定了唐肃宗无法在安定祥和之中度过他的帝王生涯。

后来发生的事情确实也证明了这一点。

---

① 《旧唐书》卷115《崔器传》不载其任此职务。这一忽略，是否提示对崔器任本官而不入衙任事的实际？
② （唐）钟辂：《前定录》，崔器条。四库全书本。

第九篇　无尽的梦魇

一　再遭困厄

历史真会与人开玩笑。由于史思明再度反叛，唐肃宗在长安经历了当年唐玄宗在安禄山叛乱后几乎相同的一幕。

在唐肃宗的皇帝生涯中，乾元元年（758 年）可称得上最轻松的一年。不时出现的景云、灵芝之类的祥瑞①，大大烘托了这一气氛。种种迹象表明，这一年似乎有取得平叛最后胜利的希望。

史思明归降唐朝廷之后，安庆绪只成釜鱼之游。唐朝廷上下已着手医治战争的创伤，那些在平叛之中战死或遭屠戮的忠义之士，也开始得到善后处理。流落失散的亲属家人也开始回归故里，重建家园。大乱大痛之后，各人的感受各有不同，但都刻骨铭心。颜真卿的侄子颜泉明往洛阳寻访其父颜杲卿的尸骨，棺敛归葬，兄弟颜季明却尸骨不全，散落在河北的亲属也因时局与各种条件所限不能尽赎归乡。颜真卿有感于国难家痛，奋笔写下了著名的《祭侄赠赞善大夫季明文》（俗称《祭侄文稿》，现藏于台北故宫博物院）。祭文中，颜真卿发出了对兄弟颜杲卿与侄子颜季明在安禄山叛乱后"父陷子死，巢倾卵覆。天不悔祸，谁为荼毒。念尔遭

---

① 《册府元龟》卷 25《帝王部·符瑞四》。

残,百身何赎"的哀叹,更表达了白发人面对黑发人之丧的怆痛,留下了一份反映当时人心态风貌的宝贵记录,他书写的这篇文稿真迹也成为号称"天下第二行书"的书法精品。

然而,乾元元年这年的轻松只是暂时的、表面的。朝廷陆续得到的关于史思明的动向,令唐肃宗深感不安。

史思明归降之后,唐肃宗除了给他加官晋爵外,似乎没有找到更有效的羁縻手段。随着史思明贪欲的无限膨胀,他也很难安于现状。以河南节度使身份负责河南、淮南军事的宰臣张镐,在得知史思明请降时,就提醒过朝廷。他给唐肃宗发来手书密表,陈说利害:"思明凶竖,因逆窃位,兵强则众附,势夺则人离。包藏不测,禽兽无异,可以计取,难以义招。伏望不以威权假之"。由于唐肃宗太想要荡平叛乱,不希望节外生枝,心意已决,表入不省,根本没有把这一建议当回事。不仅同意了史思明归降的请求,宠以厚位,还以张镐"不切事机",罢其相位,逐出朝廷,派往荆州(今属湖北)任职。①

不过,对于投降后仍然回归范阳的史思明,唐肃宗也非仅仅是得过且过,他是有所戒备的。不时被派往范阳的中使均肩负着观察范阳动态的责任,只是唐肃宗得到的仍是史思明"忠悫可信"的消息,一定程度上产生了松懈思想。在史思明投降约半年之后,发生了范阳节度副使乌承恩父子被杀一事,范阳局势陡然之间紧张起来。

乌承恩本是史思明的亲信,任命他为范阳节度副使,据说是李光弼向唐肃宗提出的建议,目的即在于防范史思明。大约在乾元元年(758年)六月,乌承恩曾入京朝会,唐肃宗派中使李思敬与之

---

① 《旧唐书》卷111《张镐传》。

同返范阳宣慰。据说,乌承恩秘密携带了赐给阿史那承庆的铁券,意在让他联手对付史思明。同时,乌承恩还怀挟有李光弼的令牌及史思明死党的名单。对此事真伪,有人表示过怀疑①。史思明却乘机大做文章,他不仅借机除掉了乌承恩,还榜杀了乌承恩父子,并在之后上表朝廷,责问朝廷何以要加害于他?并说,此事人证、物证俱全,李光弼就是首谋,应诛之以谢河北。史思明扬言,若朝廷不能主持公道,他将举兵太原,自行讨诛。唐肃宗看到表章,连忙派人加以宣慰:"此非朝廷与光弼之意,皆承恩所为,杀之甚善。"②唐肃宗没有在朝廷是否有意部署对付史思明一事的真伪上纠缠不清,希望借乌承恩父子之死安抚史思明,息事宁人。但事情并不是这样简单,史思明明显是在杀掉乌承恩后想要解除河东太原方向对自己的威胁。史思明决计与朝廷反目,使河北局势顿时变得复杂严峻起来。

乌承恩被杀时,其弟乌承玼逃奔太原,幸免于难。经李光弼表荐,唐肃宗封他为昌化郡王,充石岭军(今山西忻州)使,成为李光弼的部下。看来,朝廷在乌承恩父子被杀后并没有打算追究史思明,也没有打算在乌承恩被杀后深究此事。史思明却不依不饶,唐肃宗不得不有所部署。乾元元年(758年)七八月间,唐肃宗连续召郭子仪、李光弼二人入朝,商讨军机。郭、李也分别被授以中书令、侍中,同时入朝的关内节度使王思礼加兵部尚书衔。在此前后,吐火罗叶护乌利多及九国首领来朝,助国讨贼,唐肃宗令其赴朔方行营效力。回纥也以骨啜特勒及帝德率骁骑3000前来,唐肃宗命令朔方左武锋使仆固怀恩领之。③

① 《通鉴》卷220,肃宗乾元元年六月条,胡注。
② 《通鉴》卷220,肃宗乾元元年六月条。
③ 《通鉴》卷220,肃宗乾元元年八月条,《旧唐书》卷10《肃宗纪》。

不久,唐朝发动了对盘踞在邺城(今河南安阳)安庆绪的大举进攻。这一进攻部署无疑与郭子仪、李光弼等入朝有关,细节今已不可知详。主攻方向有朔方郭子仪、淮西鲁炅、兴平李奂、滑濮许叔冀、镇西(安西)北庭李嗣业、郑蔡季广琛、河南崔光远七节度使及平卢兵马使董秦,步骑共 20 万。河东李光弼与关内、泽潞王思礼二节度使率所部策应,共围邺城①。一切部署停当,在乾元元年(758 年)九月二十一日庚寅,平叛大军出发。唐肃宗借口郭子仪、李光弼皆元勋功臣,难相统属,竟不置元帅,委派了拥有开府仪同三司身份的亲信宦官鱼朝恩担任观军容宣慰处置使。这虽然是唐玄宗时期以宦官任监军之余韵,但观军容使的设置,实由此而始。这实际上是把前线的军事指挥权架空后委托给宦官执掌,唐肃宗的用意很明显,他是要分割郭李等功臣的平叛之功,并使其相互挟制,以便于从中制衡。这是唐肃宗一贯奉行的对待功臣宿将的策略。观军容使的设置,为以后平叛战争的进程留下了隐患。

当年十月,郭子仪率朔方军自杏园(今河南汲县内)渡过黄河,在获嘉(今属河南)击败叛军安太清部,进围卫州(即汲郡,今河南汲县)。此时,鲁炅、季广琛、崔光远等部兵马也分别渡过黄河,与李嗣业一起配合郭子仪会师卫州。安庆绪闻讯后,从邺郡发精兵 7 万,分三路大军来援。结果被郭子仪以计诱到埋伏圈内,被弓箭射得无法招架,只得败退。安庆绪之弟安庆和被俘虏,卫州被郭子仪占领。郭子仪一面遣使向唐肃宗告捷,一面乘胜追击,并与前来的王思礼、许叔冀部以及河东兵马会师,在邺郡城西的愁思

---

① 《通鉴》卷 220,肃宗乾元元年九月条。按,《旧唐书》卷 10《肃宗纪》不载有崔光远。据《通鉴考异》云,《唐实录》也不载,但是《汾阳家传》和《旧唐书·郭子仪传》均载有崔光远。今从《通鉴》。

冈,再次打败安庆绪,歼敌 3 万余人,逼得安庆绪退守邺城,成为孤军。

郭子仪兵不稍暇,立即大军合围。安庆绪见大军兵临城下,窘急不安。无奈之中,只得派手下薛嵩往范阳向史思明求救,并表示要把大燕皇帝的位子让给他。史思明见有机可图,也想趁机扩张自己的势力,便答应安庆绪所请,发 13 万大军出范阳增援。狡猾的史思明没有全线出动,而是先派部将李归仁率兵万人屯驻于邺城以北 60 里的滏阳(今属河北),遥为声威,并不急于投入战斗。

显然,史思明是在观望,寻求时机。到十一月间,史思明利用崔光远攻破魏州(今河北大名北)后接管的空隙,率精兵南下,于十二月间攻取了魏州城。

史思明在乾元二年(759 年)正月初一筑坛于魏州城北,自称大圣燕王,以周贽为行军司马。他坐拥魏州,仍按兵不动,坐观形势发展。此时唐军方面,李光弼曾建议由他与朔方军合围魏州,使史思明不敢轻举妄动,待攻破邺城,史思明也就不足为虑。观军容使鱼朝恩认为取旨在攻邺城,不能对史思明用兵,遂没有听从李光弼之计。

唐九节度大军兵临邺城,从冬至春,打得十分艰苦。唐镇西北庭节度使战死军中,诸军粮草供应困难。郭子仪设计筑垒穿堑,引漳水灌邺城,安庆绪在城中食尽粮绝,"一鼠直钱四千,淘墙及马矢以食马",日子也不好过①。只因唐军没有元帅,临阵缺乏统一指挥,竟一直不能有所建树。围城大军士气受到影响,他们都感到疲惫不堪。

就在这时,史思明率大军从魏州扑来。他命令诸将离城 50 里

---

① 《通鉴》卷 221,肃宗乾元二年二月条。

安营扎寨，每营击鼓 300 面，广造声势，每营又各选精骑 500，每天来邺郡城下滋扰，抢掠人马牛车等辎重，官军出战则退归本营。唐官军粮道也被史思明设计拦截，致使官军军需供应发生更大困难，"诸军乏食，人思自溃"。就这样，史思明利用城内安庆绪的固守，反倒占据了战场主动。他见时机已到，遂引兵直抵城下与唐大军决战。在三月壬申，史思明亲率精兵 5 万人与唐大军 60 万在安阳河(洹水)北摆下战场。李光弼、王思礼、许叔冀、鲁炅的前军因有轻敌之意，被史思明一阵猛攻，双方互有死伤，鲁炅身中流矢，前军失利。郭子仪的后队尚未投入战斗之时，忽然狂风大作，沙砾纷起，天昏地暗，咫尺之间不辨敌我，两军各自溃退。由于唐军没有统一号令，一退而不可收拾，竟全线溃败，兵甲辎重，弃积于路。郭子仪大军退守河阳(河南孟州市)后，战马万匹仅存 3000，甲仗 10 万遗弃殆尽。只有李光弼、王思礼能在纷乱之中收整队伍，全军以归。唐各路节度使大军溃退之际，还趁机剽掠沿途地方州县，洛阳城中百姓，纷纷奔散山谷，以避兵灾。各地唐朝留守官吏也在兵败之后弃城南窜。

唐朝大军溃败邺城，使安庆绪绝路逢生，也给唐肃宗的平叛战争带来了新的、更大的困难。

史思明在唐大军南溃时，也撤往邺城西北 200 余里的沙河，待情况明朗，他就收整兵马，还屯军于邺城之南。既不南追唐军，又不与城中的安庆绪相通消息，只是每日犒赏三军。这一切，令安庆绪无计可施。安庆绪一度想以传位称臣换取平安无事，谁知史思明志不在小，他步步为营、巧设连环计，诱使安庆绪出城，自投于所设圈套之中。待安庆绪来到史思明大营，史思明责其杀父夺位之罪，以给安禄山讨逆之名堂而皇之将安庆绪及其死党诛杀。随后，老奸巨猾的史思明又勒兵入邺城，收编了安庆绪的余部力量。因顾虑后方局势,特留下儿子史朝义驻守邺城,然后回到范阳大本营。

乾元二年(759年)四月,史思明自称大燕皇帝,改元顺天,立其妻辛氏为皇后,加其祖考为皇帝,立宗庙社稷。以子史朝义为怀王,周贽为相,李归仁为将,置官设职,改范阳为燕京、洛阳为周京、长安为秦京,以范阳衙门楼为听政楼,范阳节度使府衙大厅为紫微殿,并改州为郡,铸"顺天得一"钱。史思明同时在范阳为安禄山举行了葬礼,并为之加谥号曰"光烈皇帝",安庆绪之谥为"进刺王"。①

显而易见,史思明复叛之后,不仅取安庆绪而代之,而且他的立国规模仍然是承继了安禄山的国号"燕",并企图与唐朝中央政府分庭抗礼。这样,元凶为安姓变成了史姓为祸首,历史上常称其为"安史",叛乱也就被称为"安史之乱"。

史思明重叛唐朝廷并称帝燕京范阳,使唐肃宗在乾元元年(758年)取得的平叛战争的大好形势急转直下。乾元二年(759年)九月,史思明经数月的观望与休整,决定率兵南下。他以儿子史朝清留守范阳,以四路大军南下,分别由濮阳(今属河南)、黎阳(今河南浚县)、白皋、胡良(今河南滑县)南渡黄河,会攻汴州(今河南开封)。唐肃宗的平叛形势再度恶化。

唐军在安阳河之战大败之后,朝廷借机对九节度使进行了重大人事调整。当年三月,郭子仪被任命为东畿、山南东道、河东(《旧唐书·郭子仪传》作"河南")诸道行营元帅,权知东都留守。观军容使鱼朝恩对郭子仪不满,借大军兵败之机,在唐肃宗面前飞短流长、百般诋毁。七月时,唐肃宗召郭子仪入朝,由河东节度使

---

① 《安禄山事迹》卷下,《通鉴》卷221,肃宗乾元二年三月条。

李光弼接替他出任朔方节度使,负责陕东军务。朝廷本来任命李光弼为兵马元帅,但他坚持要朝廷选一位亲王为元帅,自任副元帅。结果,唐肃宗答应其要求,委任次子李系(后为越王)为天下兵马元帅,李光弼为副帅,兼知节度行营事①。可以看出,唐肃宗在九节度大军兵败邺城之后改变了不设统帅的做法,但兵马元帅的人选仍不是拥兵大将,而是一位没有多少政治资本的亲王。任命李光弼担任副元帅之际,郭子仪却被征调入京。同时,还将朔方节度使分置出邠、宁等九州节度使,李光弼原任的河东节度使、太原留守则由唐肃宗的亲信大臣、关内泽潞节度使王思礼代任。显然,此举依然暗含限制郭子仪、李光弼及朔方军的意图。李光弼出任朔方节度使后,甚至发生了朔方将领策划兵入东都驱逐李光弼、请归郭子仪的事。唐肃宗的安排,让李光弼确实需要费一些气力才能够立稳脚跟。

当史思明兵分四路大举南攻之际,在河南主持军务的已不是郭子仪,而是李光弼。正在沿黄河巡视的李光弼得知史思明渡河的战报,立即赶赴汴州。他向驻守汴州的汴滑节度使许叔冀交代:"你能守此城十五日,我则将兵来救。"许叔冀答应下来。李光弼回到东都,许叔冀与史思明交战失利,竟然率众投降了。当初,河南节度使张镐也曾密表唐肃宗,认为许叔冀狡猾多诈、临难必变,建议征入宿卫,唐肃宗没有采纳,还为此错怪张镐。许叔冀率众投降,使李光弼的防线陷于危机之中。史思明乘胜西攻郑州,同时派兵向江淮进犯,并诱以金帛之利。

李光弼分析形势,以为史思明正当气焰嚣张,不宜与之速战,主张放弃洛阳。从当时的情形看,李光弼在洛阳只有朔方军2万

---

① 《旧唐书》卷110《李光弼传》,《唐大诏令集》卷36《赵王系天下兵马元帅制》。

多人,实在难以坚守偌大城池。若是坚守,则东自汜水(今河南荥阳、巩义市之间)、崿岭(今河南登封)、龙门(今河南洛阳南)一线皆须驻兵,他力不从心。不过,对于东都留守韦陟提出的留兵于陕(今河南三门峡)、退保潼关的方案,李光弼也不同意。他说:"两敌相当,贵进忌退。今无故弃五百里地,则贼势益张矣。不若移军河阳,北连泽潞,利则进取,不利则退守,表里相应,使贼不敢西侵,此猿臂之势也。"①李光弼虽自谦他不如韦陟明辨朝廷之礼制,但这一方案其实也并非完全出于军事上的考虑。有当年封常清、高仙芝退守潼关而遭诛戮的前车之鉴,李光弼是决不会再覆蹈前辙的。

李光弼说服众人之后,立即部署退守河阳(今河南孟州市)。他向东都留守、河南府尹及留司官、坊市居人发出了撤退命令。由东都留守韦陟率城内官员向西撤,河南府尹李若幽率洛阳吏民出城,李光弼则率战士将粮油、铁器等战略物资运至河阳三城,实施了洛阳坚壁清野的空城计划,所谓"出城避寇,空其城"②。李光弼迫于无奈,主动放弃了东都。后来,韦陟、李若幽将官衙移治于陕州(今河南三门峡市)。

乾元二年(759年)九月十七日庚寅,史思明兵入洛阳。这是洛阳继天宝十四载(755年)十一月后的第二次沦陷。史思明见洛阳是一座空城,没有捞到什么,又担心是善于守城的李光弼的诱敌之计,竟不敢进入宫城,便率兵退驻洛阳东北方向的白马寺,在河阳南筑月城与李光弼相峙。

河南诸州相继沦陷,唐肃宗感到事态严重,再次面临危难,他

---

① 《通鉴》卷221,肃宗乾元二年九月条。
② 《旧唐书》卷110《李光弼传》。

也像当年的父皇唐玄宗一样,于当年十月丁酉做出了御驾亲征史思明的决定。亲征制书下达后,朝廷群臣以为不便,上表谏阻。不到 10 天(乙巳),前方传来李光弼奏破贼于城下的捷报,唐肃宗也就有了改变初衷的理由,遂放弃亲征。①

　　其实,从这年十月开始,由于史思明发动了对河阳的大规模进攻,李光弼的处境极其艰难。李光弼面对史思明的猛烈攻势,头脑冷静。他据守城池,凭借黄河与叛军对抗,决计以小胜求大胜,耐心抗击。在河阳城下,他的裨将白孝德单骑逞勇,斩史思明骁将刘龙仙于马下。不久,李光弼又设计迫降了史思明麾下大将高庭晖、李日越等人,一定程度上挫伤了史思明的士气。李光弼还设计诱引史思明良马千匹渡河到河阳城,气得史思明暴跳如雷,派去渡河作战的战船又被李光弼的炮石所阻,使其攻势受挫。不过,这并不能从根本上扭转李光弼河阳之战的困境。特别是李光弼数万守城兵马,起初仅备有 10 天粮草,史思明还曾派人袭击河清(今河南孟津北),想断李光弼大军的粮道,使李光弼守战之际困难重重。

　　从十月中旬开始,史思明又率大军猛攻河阳。他依仗兵力优势,从河阳三面蜂拥而至。史思明车载攻城器具,先填平了李光弼预先挖掘的战壕,又冲开了护卫用的栅栏。一时之间,河阳城面临失守的危机。李光弼明白,若是河阳失守,陕州必定危机,关中必再摇动,整个战局必将再次陷入当年安禄山兵临潼关之时的危险局面。因此,河阳之战,只能成功,不许失败。他临危不惧,在北城沉着指挥,分兵据守敌人兵力最为集中的东南和西北两处。守城兵力明显不足,李光弼严明军纪,约令全体将士,以旗为号,旗进人

---

① 《旧唐书》卷 10《肃宗纪》,并参《通鉴》卷 221,肃宗乾元二年十月条。

进,违者斩首。此时的李光弼,要决一死战。李光弼自己将短刀置于靴子里,对部下表示:"此番死战,万一不利,我以国之三公,必不可死于敌手,诸君前死于敌,我则自刭于后,非只诸将独死!愿奋勇决战!"在李光弼的亲临督战之下,将士们人人发奋,个个争先,处必死之地,竟以少胜多,杀退了敌军。敌人大将徐瑾玉、李秦授被活捉,周贽率数位随从逃遁,安太清退保怀州(今河南沁阳)。史思明见状,只得撤退①。李光弼侥幸得胜,保住了河阳(今河南孟州市),从而基本上牵制了史思明西攻的行动,并打破了史思明在河南稳固下来的如意算盘。

不久,史思明一度派李归仁率铁骑5000进犯陕州(今河南三门峡),被神策军兵马使卫伯玉击溃于礓子阪,李归仁部在永宁、莎栅(今河南洛宁西北)之间屡遭重创。此时,唐朝又调发镇西(安西)、北庭兵马进驻陕州,加强防御。这样一来,在河阳、怀州一带,零星的战斗虽然还时有发生,但经过河阳保卫战以后,一直到上元元年(760年)春夏之交,史思明与河南前线的唐军基本上处于相持状态。

史思明因李光弼坚守河阳,掣肘其侧翼,要想大举西攻也不免有后顾之忧。无奈之下,史思明遂于上元元年(760年)四月率兵进驻洛阳,另做打算。

正面战场局势基本得到控制,唐肃宗稍稍可以松口气。但是,史思明的复叛与再次占领洛阳,给他造成了巨大的心理压力。唐肃宗在长安城内,感到心绪不宁。此外,在长安宫城之内,酿发了一场重大变故,给唐肃宗的平叛与帝王生涯增加了新的曲折。

---

① 《通鉴》卷221,肃宗乾元二年十月条,《旧唐书》卷110《李光弼传》。

二　父子成仇

　　重返兴庆宫的太上皇，突然有一天被迁居太极宫。叛军史思明也在准备大举西攻之际遭到儿子史朝义的算计。于是在唐肃宗平叛后期，唐廷与叛军最高权力中心，都发生了父子之间戏剧性的一幕。

　　唐肃宗迎还太上皇唐玄宗之后，仍旧让他居住于兴庆宫中。从后来的史实推测，对于回归长安后的太上皇的活动，唐肃宗进行了严密的监控。不过，在很长一段时间，唐玄宗在南内兴庆宫仍可自由活动。

　　按照各种文献的记录，这时候唐肃宗父子之间也时通音讯。唐肃宗时常从夹城之中由大明宫往兴庆宫请安，唐玄宗也偶尔会去大明宫看一看。在唐玄宗身边，仍旧是追随他多年的老臣，像龙武大将军陈玄礼、内侍监高力士等人。唐肃宗还特意让玉真公主、如仙媛和一些往日宫中的内侍、梨园弟子等侍奉左右以取悦太上皇。太上皇在兴庆宫中，也不时前往临着坊曲大道的长庆楼上，徘徊观览，眼望楼下，感慨良多。城中父老从楼下经过者，往往会看到太上皇的颜容，不时也会表达对这位太上皇的瞻仰，高呼"万岁"。不知是愧对天下臣民还是对自己处境的无奈，唐玄宗还会在楼下设酒食赏赐这些仍旧没有忘记他的善良的百姓①。

　　不过，回到长安的兴庆宫之后，唐玄宗的日常生活起居貌似还得到尊崇，但是他的政治权力却因唐肃宗的掣肘而大受削弱，这也

---

① 《通鉴》卷221，肃宗上元元年六月条。

在一定程度上影响了他的生活状态。或者,我们从唐玄宗日常的生活状态也可以推测出他此时的政治生活状态。

乾元元年(758年)冬十月,唐玄宗还曾一度前往过华清宫,十一月时就匆匆而还,而没有像天宝时期那样在华清宫停留,如此不尽兴,原因无他,实因"从官嫔御,多非旧人"①。而且,唐玄宗往返华清宫,唐肃宗都亲自到城东灞上迎送。唐玄宗返回时,唐肃宗还"自控上皇马辔百余步,诰止之,乃已",②这种表现出礼敬有加的尽心尽意,貌似是唐肃宗尽其臣子之孝,实则是意存防范,注意对太上皇的防控。

面对兴庆宫和华清宫熟悉的一草一木,不禁会勾起唐玄宗对往事的追忆。眼下大乱未定,硝烟仍起,唐玄宗也是感慨万千。据说,他曾在夜阑人静之时,登上兴庆宫勤政务本楼,凭栏南望,烟月满目,伤人感时,无限浩叹,因自歌"庭中奇树已堪攀,塞外征人殊未还"。③ 歌罢,听到远处隐约传来吟唱之声,唐玄宗预料是梨园弟子,遂令高力士次日访求,果然是往日梨园旧人失散者。故人聚散,又勾起他对杨贵妃的思念。宋人乐史著《杨太真外传》,对唐玄宗此时的心情有细致的描述,用"四顾凄凉,不觉流涕""凄怆不已"等词语来表述其情状。

唐玄宗对于杨贵妃的思念,固然有常人应有的思念情感,但对于一位已经成为太上皇的君王来说,还包含着另一层寓意。至少,对于唐肃宗来说,十分留意和在意这一层寓意。据说,唐玄宗曾动过改葬杨贵妃的念头,唐肃宗所宠信的宦官李辅国等不从。大臣李揆为此向唐肃宗陈奏其中利害:"龙武将士以杨国忠反,故诛

① (宋)乐史:《杨太真外传》卷下,《开元天宝遗事十种》本,上海古籍出版社。
② 《旧唐书》卷10《肃宗纪》。
③ (宋)乐史:《杨太真外传》卷下。

之。今改葬故妃,恐龙武将士疑惧。"李揆只提及改葬会引发龙武将士的顾虑,而隐去了皇上与李辅国等人马嵬兵变的阴谋,这是提醒唐肃宗,若是以礼改葬杨贵妃,将会释放朝廷对马嵬之事态度发生改变的信号,那将是对现有政治格局不利的。唐肃宗听了,自然也明白此举会带来隐忧,于是也就搁置了太上皇的这一想法。唐玄宗饶是情由所寄,也不能一意孤行,他也只得密令近侍,暗中把杨贵妃改葬他处。据传闻,杨贵妃死于马嵬初葬时,以紫褥裹之,待此番移葬之时,肌肤已消释,玉殒香散,只有锦香囊犹在胸前。近侍归来将香囊献给太上皇,唐玄宗置之怀袖,又令画工绘贵妃像,置之别殿,朝夕视之而歔欷不已。① 唐玄宗改葬杨贵妃而不能如愿,反映出此时此刻他已身不由己。他在南内兴庆宫,耿耿不乐,"每自吟太白《傀儡》诗曰'刻木牵丝作老翁,鸡皮鹤发与真同。须臾弄(一作"舞")罢浑(一作"寂")无事,还似人生一世(一作"梦")中'。"②权力丧失后的怅惘之态,跃然纸上。

即使如此,唐肃宗仍丝毫没有放松对兴庆宫的戒备。尤其是河北、河南战事频仍,平叛大局仍旧没有最终完成,对于在即位之初就打出平叛靖乱旗号的唐肃宗来讲,很难说不有几分的尴尬与难堪。宦官李辅国对太上皇的活动就极为留意,他严密监视,随时报告,甚至"常阴候其隙而间之"③。李辅国曾对唐肃宗说:"上皇居兴庆宫,日与外人交通,陈玄礼、高力士谋不利于陛下。今六军将士尽灵武勋臣,皆反仄不安,臣晓谕不能解,不敢不以闻。"④李辅国此番言辞,仍是拿最让唐肃宗敏感的事情来刺激他。李辅

---

① 以上俱见(宋)乐史:《杨太真外传》卷下。
② (唐)郑处海:《明皇杂录·补遗》,并参见(宋)乐史:《杨太真外传》卷下。
③ 《旧唐书》卷184《李辅国传》。
④ 《通鉴》卷221,肃宗上元元年六月条。

国所论与李揆所述,其实都涉及唐肃宗登基前后之隐情,唐肃宗心里当然明白。李辅国用六军将士来影响唐肃宗,用意当然也很明显。

对于兴庆宫的动静,唐肃宗开始只是注意防范,并未见采取什么实际的强硬措施。但是随着后来事态的推进,这一情况有些变化。到上元元年(760年)六月,唐玄宗在兴庆宫召郭英乂等人"上楼赐宴",另有"剑南奏事官过楼下拜舞,上皇命玉真公主、如仙媛为之作主人",①引起了唐肃宗的高度警觉。郭英乂乃是唐玄宗时期河陇名将郭知运之子,唐肃宗即位之后,特以将门之子加以重用。乾元三年(上元元年,760年)四月,郭英乂以右羽林大将军之职充任陕州刺史、陕西节度使、潼关防御使等②。此时,在河南平叛前线,河阳(今河南孟州市)的李光弼与洛阳的史思明处于相持状态,军情紧急。郭英乂是担任陕州(今河南三门峡)以西至潼关一线军事防御的军政长官,他的身份与处境十分微妙,其地位也十分重要。当年安禄山大军兵临潼关时潼关战场成为唐朝中枢政治斗争的晴雨表,唐肃宗是亲历者。而今太上皇唐玄宗宴请前线军将,同时又有大后方剑南节度使的奏事官,唐肃宗岂能坐视不顾!再联想到天宝五载(746年)李林甫罗织韦坚、柳勣之狱构陷太子李亨,就是借口地方军将皇甫惟明、王忠嗣与皇太子李亨交往而大做文章,事情虽已过去十几年,唐肃宗仍刻骨铭心,他又岂能忘却!如此接下来发生的事情也就顺理成章了。于是,在上元元年(760年)七月丁未,就发生了逼迁太上皇由南内兴庆宫迁往西内太极宫事件。将太上皇安置在太极宫,就是由临近坊曲的南内兴庆宫

---

① 《通鉴》卷221,肃宗上元元年六月条。
② 《旧唐书》卷10《肃宗纪》,《旧唐书》卷117《郭英乂传》。

转移到深宫之内,其很重要的考虑就是阻断唐玄宗与外界的联络。所谓"逼迁",不是唐玄宗主动或者乐意迁居太极宫,是唐肃宗没有与太上皇商量,且是听任此举采取了强制手段才达到目的。这在后来的表述中,逼迁是一种罪过:"擅逼迁圣皇,其罪甚大"①。

据史书记载,动手逼迁太上皇前一天,唐玄宗兴庆宫中300匹厩马被李辅国借口索取,仅剩下10匹②。这不仅透露出逼迁一事早有预谋,而且布置周密。迁人之前先迁马,显然是防止逼迁过程出现意外与非常。现存各书记载逼迁太上皇一事,都说是宦官李辅国擅自主张,系其"矫诏"或"矫敕"所为,与唐肃宗毫无关系。《资治通鉴》还在记载李辅国向唐肃宗汇报兴庆宫动向时,唐肃宗有这样的表述:"上泣曰:'圣皇慈仁,岂容有此!'(辅国)对曰:'上皇固无此意,其如群小何!陛下为天下主,当为社稷大计,消乱于未萌,岂得徇匹夫之孝!且兴庆宫与阊阖相参,垣墉浅露,非至尊所宜居。大内深严,奉迎居之,与彼何殊,又得杜绝小人荧惑圣听。如此,上皇享万岁之安,陛下有三朝之乐,庸何伤乎!'上不听。……辅国又令六军将士号哭叩头,请迎上皇居西内,上泣不应。"更是把唐肃宗洗刷得干干净净。暂不论《资治通鉴》所载用意何在,仅从李辅国之言"消乱于未萌",就可明了逼迁太上皇是"为社稷大计",事关唐肃宗政治之安危,而且李辅国"又令六军将士号哭叩头"提出要求,则不排除李辅国是借用六军将士的力量。再从唐玄宗对高力士所说"吾儿为辅国所惑,不得终孝矣"③一语,可知在太上皇的心目中,唐肃宗已有所为,不然何以称其为李辅国所惑?至于是否为李辅国所惑,不言自明,唐肃宗至少在逼迁事发

① 《通鉴》卷222,肃宗宝应元年四月条。
② 《通鉴》卷221,肃宗上元元年六月条,又参《高力士外传》。
③ 《通鉴》卷221,肃宗上元元年六月条。

前是了解李辅国的谋划的。但是，即使按照《通鉴》的记载，唐肃宗此刻除了"泣不应"外，也并未采取制止或相应补救措施。而且，在李辅国逼迁太上皇的当天清晨，唐玄宗曾离开南内兴庆宫到北内大明宫，唐肃宗借口身体有病，只是派人传话，告诉太上皇自己"两日来疹病，不复亲起拜伏，伏愿且留吃饭。"饭罢，又派人传话："且归南内"，①竟然没有同来到大明宫的太上皇见面。

逼迁一事，就是在太上皇一行返回南内时发生的。在太上皇欲原路由夹城返回兴庆宫时，突发变故。忽然传来一阵戛戛声，唐玄宗惊觉地回头一看，只见李辅国已领铁骑数百人逼近马前。李辅国不由分说，便来牵太上皇乘坐的马匹，高力士大吃一惊，情知有变，忙挺身而出，下马争持，曰："纵有他变，须存礼仪，何得惊御！"高力士在紧急关头是企图利用朝廷礼仪之威严保障太上皇的安全。李辅国也不在乎，大声呵斥道："老翁大不解事，且去！"说罢，竟一刀将高力士的一位随从砍了。李辅国此举，显然是杀鸡儆猴。高力士不顾个人安危，仍手持太上皇坐骑的辔头，站护在马前。② 这番情景，就连久经风雨的唐玄宗都几乎从马背上惊落。李辅国道："皇帝以兴庆宫湫隘，迎上皇迁居大内。"③寥寥数语，事情的原委和因果表达地清清楚楚。无奈，唐玄宗只得听从摆布，前往西内安置。自从迁居太极宫，唐玄宗就再没有返回过南内兴庆宫。如此推想，唐肃宗留太上皇一行在大明宫中吃早饭，想必隐藏着阴谋，至于如何谋划，已不得而知。

唐玄宗到达西内，仍心有余悸。他对高力士讲："微将军，阿

---

① （唐）郭湜《高力士外传》。

② （唐）郭湜:《高力士外传》。

③ 《通鉴》卷221,肃宗上元元年七月条。

瞒已为兵死鬼矣。"①当日酉时,有年老宫婢数十人带着一些随身衣物来到西内,见到太上皇,又是一阵号泣②。

李辅国在逼迁完事后,与六军大将素服见唐肃宗,名为请罪,实则邀功。唐肃宗则谓之曰:"南宫、西内,亦复何殊!卿等恐小人荧惑,防微杜渐,以安社稷,何所惧也!"③几乎是明坦心迹,肯定了李辅国与六军将士的所作所为。这一幕很容易使人联想到马嵬兵变逼死杨贵妃之后,禁军将领陈玄礼等"免胄释甲,顿首请罪,上(唐玄宗)慰劳之"④的一幕。这里,唐肃宗所谓"防微杜渐,以安社稷",说穿了,就是担心太上皇复辟,再掌朝纲。这时的太上皇,虽已 76 岁,但身体健朗,一直是宴乐聚饮,还可骑马,未显龙钟老态。而唐肃宗则身体多病,仅此一端,唐肃宗就不能不有所防备。

唐玄宗迁居西内之后,失去了往日在兴庆宫中的自由,遂每日"看扫除庭院,艾蒳草木"⑤,打发时光。不久,身边旧部陈玄礼被勒令致仕,高力士被削职除名,长流距京师 3000 里外的巫州(今湖南怀化市黔城镇)⑥。随着亲信离去,"旧宫人皆不得留左右"⑦,唐玄宗在与外界隔绝的西内之中,完全成为唐肃宗控制的孤家寡人。刚刚被征还入朝任刑部尚书的颜真卿首先率群僚上表,请问太上皇起居,随即被贬为蓬州(今四川南充)长史。唐玄宗精神郁

---

① 曾慥:《类说》卷 21,参《次柳氏旧闻·补遗》。
② (唐)郭湜:《高力士外传》。
③ 《通鉴》卷 221,肃宗上元元年七月条。
④ 《通鉴》卷 218,肃宗至德元载六月条。
⑤ 《通鉴》卷 221,肃宗上元元年七月条。
⑥ 高力士流放巫州时作诗《感巫州荠菜》:两京作斤卖,五溪无人采。夷夏虽有殊,气味都不改。
⑦ 《通鉴》卷 221,肃宗上元元年七月条。

闷,了无生趣,从此不食荤腥,进而发展为辟谷。也有人推测,被迁居太极宫的太上皇之所以辟谷,是软禁后被断粮绝食的一种表达。若是如此,那么逼迁西内则是将唐玄宗置于死地了。此事只是推测,并无文字记载。后来的事实是,风云一生的唐玄宗在迁居太极宫后,随着政治生命的终结,心境百无聊赖,身体也迅速垮掉了。

据说,唐肃宗起初也曾前来问安,后因自己有病,只派人问候起居。① 不过,从后来的事情推测,似乎唐玄宗被迁往西内后,唐肃宗再也没有看望过近乎幽禁的太上皇。第二年(上元二年,761年)五月端午,山人李唐朝见唐肃宗时,正碰上他怀抱着年幼的小公主。唐肃宗说:"朕念之,卿勿怪也。"李唐并不觉得奇怪,他对皇帝说:"太上皇思见陛下,亦如陛下之念公主也。"唐肃宗闻言,泫然泣下,但终未能往西内看望太上皇②。但《资治通鉴》卷222载,上元二年(761年)冬至过后,"上朝上皇于西内"。同一书中这种令人捉摸不定的记载,反映出唐肃宗在此事上的心情颇有些微妙与复杂。权力的倾轧,使唐肃宗父子之间难以享有寻常人家的天伦之乐。唐玄宗谓之不得"终孝",倒显出这位太上皇的明智,只是令闻者感到几分的苦涩而已。

京师长安发生上述变故之际,唐军在河南前线仍与叛军相持。这一局面维持到上元二年(761年)二月。由于李光弼不得已率众攻取洛阳,使战局发生突变。在史思明与唐军相持之际,为了突破善守城池的李光弼的守备,便设计要其出城作战。史思明派间谍去唐军中散布说:"洛阳守军都是幽燕之人,久戍于此,早思归乡,现今上下离心,若出击必可破之。"消息果然传到观军容使鱼朝恩

---

① 《通鉴》卷221,肃宗上元元年七月条。

② 《通鉴》卷222,上元二年五月条。

耳中，他竟不辨真假，认为情况属实，为建奇功，便奏报唐肃宗。唐肃宗更是喜出望外，遂下令李光弼等进取洛阳。李光弼则冷静分析形势，他认为："贼锋尚锐，未可轻进，"主张静待时机①。朔方将仆固怀恩恃勇刚愎，附会鱼朝恩，认为洛阳可取。朝廷见前线军将意见分歧，为尽快取得平叛成功的唐肃宗更不甘心采纳李光弼固守的建议。于是，唐肃宗派出敦促李光弼出战洛阳的中使不绝于途。这一幕，与天宝十五载（756年）六月潼关之战时唐玄宗连续派中使敦促坚守的哥舒翰出关决战"项背相望，翰不得已"②如出一辙。李光弼无奈，如同当年哥舒翰出潼关作战时的情况一样，只得在明知其不可为而为之的心境下奉命出战。李光弼出战的结局与哥舒翰出战的结局也是一样。李光弼兵进邙山，被早就坐等时机的史思明一战即溃，他与仆固怀恩退往闻喜（今属山西），鱼朝恩与郑陈节度使奔还陕州，神策军节度使李抱玉弃河阳三城而逃。河阳、怀州转眼落入敌手。

史思明在邙山得手后，便想乘胜西入潼关，攻取长安。他命儿子史朝义为先锋，率兵由北道直扑陕州，自己亲率大军殿后，由南道推进。河南局势骤然恶化，唐朝廷上下一片惊慌。

唐肃宗担心安禄山西攻情景重现，忙调兵进驻陕州阻击，增加正面防御兵力。史思明取胜李光弼后，挥师西进，督促诸军甚急，志在必得。上元二年（761年）三月，进攻陕州的史朝义在姜子岭（即礓子阪）吃了败仗，随后的几次进攻也均受阻，此时已兵进永宁（今河南洛宁西北）的史思明认为史朝义畏敌胆怯，难成大事，想治其沮军之罪，这引起了史朝义及其亲信将领的恐惧。

① 《通鉴》卷222，肃宗上元二年二月条。
② 《通鉴》卷218，肃宗至德元载六月条。

同时,史朝义也知道史思明喜欢皇后辛氏之子史朝清,已有立史朝清的想法。兵败之际,致使史朝义与亲信不得不寻求自保之策。

显然,由于战场军事形势的影响,史思明西攻军事上的失利,诱发出严重的内部危机。这一危机直接引发了史思明伪燕政权内部的一场政变。史朝义直接对史思明下了杀手。

史朝义与亲信骆悦、蔡文景等经过密谋,于上元二年(761年)三月戊戌深夜,前往史思明驻扎的洛宁鹿桥驿,首先将史思明囚禁。然后,他们班师回洛阳。归途之中,史朝义在福昌(今河南洛宁东北)把史思明的大臣周贽杀掉,当到达柳泉驿时,骆悦担心节外生枝,就直接用一条帛绫把史思明勒死,然后将尸体裹起,用骆驼运回洛阳。后来,史思明被埋葬于范阳城南良乡(今北京)的东北岗上。在其哀册文中,却宣称史思明死于洛阳,并称史朝义"孝乃因心"云云,显然均系事后粉饰之辞①。

史朝义在史思明乘胜大举西攻之际发动政变,使战争形势再次出现转机。唐军在陕州前线的压力因史朝义退兵而缓解,长安又因为叛军的内讧度过了一场危机。

唐肃宗的平叛局势真是瞬息万变。

史朝义回到洛阳,也即位称帝,改元显圣。不过,史朝义称帝后,因往范阳(今北京)清算史朝清及皇后辛氏,又引发了范阳城数月的内乱和自相残杀。自春至夏,范阳城内死者数千人。后来,史朝义命李怀仙出任燕京留守、范阳尹,又经过一番诛戮与镇压,才抚定内乱。叛军经过这一番折腾,取代史思明的史朝义因此元

---

① 袁进京:《唐史思明玉册试释》,载于炳文编《跋涉集》,北京图书馆出版社 1998 年版,第 256 页。

气大伤。他手下将领握兵自重，不听调令，洛阳城危机四伏。史朝义处境变得越来越艰难，这给唐肃宗再次组织平叛带来了有利条件。

由于史朝义仍旧控制河北，且拥有数十万兵马，唐肃宗要取得平叛的最后胜利，也并非轻而易举。何况，平叛还不仅仅只是军事上的较量，唐肃宗依旧要在国家重建和全面光复的道路上艰难探索和跋涉。

三 一病不起

兵革未靖，生民多艰。平叛未果，内地兵变屡起，危机重重。唐肃宗已是心力交瘁。

乾元三年（760年），唐肃宗面临极其严峻的平叛考验。这一年，天下闹饥荒，物价腾踊，米斗至一千五百文。初夏以来，天象又屡有异变，彗星屡现天际。这给唐肃宗带来了更大的压力。为此，他特别在闰四月十九日己卯，御明凤门，大赦天下，改元上元。连续两个月的阴雨连绵，使物价更加踊贵，饿死者委骸于路途之上，以至出现了人相食的惨剧①。

形势的严峻还不止于此。河南平叛正面战场的情况前文已有涉及，这里且不详说。因朝廷举措不当，内地也屡屡发生兵变。这给唐肃宗的平叛带来更多的困难和挑战。

早在乾元二年（759年）八月，正当史思明大举南攻洛阳之际，襄州、荆州（今属于湖北）一带发生了康楚元的叛乱，朝廷只得分

① 《旧唐书》卷10《肃宗纪》，《唐大诏令集》卷4《改元上元赦》。

兵招讨。年底，刚刚平定荆襄康楚元叛乱，乾元三年(760年)四月又发生了襄州军乱，节度使被杀，部将据州城而叛。特别是上元元年(760年)年底，发生了淮西节度副使刘展拥兵作乱，更令唐肃宗大伤其神。

在刘展作乱一事上，唐肃宗听信监军使、内左常侍邢延恩之言，先授以刘展江淮都统，又密令淮南东道节度使邓景山及江淮都统李峘在他赴任途中伺机对付他。此举激发兵变，刘展发兵进入淮西，连接攻占扬州、润州、昇州等地。唐肃宗又听从邢延恩之奏请，敕令田神功率所部平卢兵马进讨刘展。邓景山与邢延恩为图早收平叛之功效，竟然以淮南金帛子女为条件贿赂田神功。结果，虽然平定了刘展之乱，江淮地区仍遭劫掠，所谓"安史之乱，乱兵不及江淮，至是，其民始罹荼毒矣"①。

唐肃宗也因此身心遭受严重创痛与伤害。多年动荡不安的生活，加上青年时代所受巨大精神刺激，本来身体状况不佳的唐肃宗，当此内忧外患，已持续达6年之久的安史之乱仍没有看到几缕平叛胜利的曙光，内地不断发生的兵变与荼毒，更是让他忧急交加。唐肃宗心力交瘁，苦苦支撑。上元二年(761年)初春，已传出唐肃宗病倒的消息。皇后张氏为表示其对待皇帝的纯诚与忠心，曾刺血写佛经祈福，以祈祷唐肃宗能够康复。到了这年的初冬，唐肃宗身体状况仍没有好转，百官因此于佛寺举行法会，施斋众僧，希望能得到佛祖慈悲，为皇上消灾祈福②。唐肃宗晚年对于佛法的依赖，从这里也可以得到佐证。然而，精通三明的高僧大德只能熟诵经文，不能平叛靖乱。形势难有好转，唐肃宗病情也不见

---

① 《通鉴》卷222，肃宗上元二年正月条。

② 《旧唐书》卷10《肃宗纪》。

康复。

上元二年(761年)三月底,京城又发生政治风波。金吾将军邢济告变,奏称地方军将朱融挟方术左道联络左武卫将军窦如玢等,谋奉嗣岐王珍作乱。这一拥立的政治事件虽然没有引起朝廷太多的波澜,但是关键是事涉拥立,当事人又是宗室岐王,便不可等闲视之。史书云,岐王珍"仪表伟如,颇类玄宗"①。相貌类唐玄宗,成为拥戴作乱的理由,这更值得注意。当此之际,唐肃宗对拥立亲王之谋自然不会无动于衷。四月初一,唐肃宗下令将嗣岐王珍废为庶人,涉事有关人员均被处置,窦如玢、崔昌等伏诛,驸马都尉杨洄、薛履谦赐自尽;左散骑常侍张镐因买过嗣岐王的宅院,双方有经济上的往来,也被牵连,贬为外州上佐②。一场可能出现的宫廷政变被扼杀,反映出在太上皇被迁居西内之后,是不是有人在军将和亲王中借用太上皇做文章,也未可知,但是提示出此刻在唐肃宗的最高权力层中,仍不无隐患。

不久,剑南又传来兵变的消息。曾随从太上皇在蜀地、扈卫有功的现任梓州(今四川三台)刺史段子璋反了。他突袭遂州(今四川遂宁),杀死虢王巨,又打败东川节度使李奂,占领绵州(今四川绵阳),自称梁王,改元黄龙,改绵州为龙安府,署置百官,然后又攻陷剑州(今四川剑阁)。一时之间,天府之国兵乱顿起。直到上元二年(761年)五月,差不多用了一个月,段子璋才由剑南西川节度使崔光远与李奂联手剿灭。

刚刚稳定了剑川,江淮局势又出现骚动。这年秋天,因闹饥荒,江淮一带出现人吃人的惨状。刘展之乱后,江淮诸州官府仓储

---

① 《旧唐书》卷95《睿宗诸子传·惠文太子范传附》。
② 《通鉴》卷222,上元二年三月、四月,并参见《旧唐书》卷10《肃宗纪》。《旧唐书》卷95《本传》载"珍赐死"。

368

用度数目不清、散失严重。江淮支度租庸使奏请中央进行查验核实,结果引起楚州(今江苏淮安)将吏的骚动,牙将高干称刺史李藏用谋反而擅杀,时任江淮都统的崔圆偏听偏信,把持不同意见的人杀死。江淮乃国家财赋供应地,屡生动荡,对国家财赋供应和政局影响很大。

不久,唐肃宗委任元载出任江淮转运使,代替刘晏专掌财利。元载掌权后,"以江、淮虽经兵荒,其民比诸道犹有资产,乃按籍举八年租调之违负及逋逃者,计其大数而征之;择豪吏为县令而督之,不问负之有无,资之高下,察民有粟帛者发徒围之,籍其所有而中分之,甚者什取八九,谓之'白著'。有不服者,严刑以威之。民有蓄谷十斛者,则重足以待命,或相聚山泽为群盗,州县不能制。"①元载实行的"白著",是近乎疯狂的掠夺,使江淮百姓不堪其苦,为了自己的生存不惜为盗自保。这样一来,更加重了江淮地区社会政治的危机。

上元二年(761 年)九月三日,唐肃宗在病困之中迎来了他 51 岁的生日。这一天,是唐朝的天成地平节。唐肃宗在宫内设立了道场,令宫人扮作佛菩萨,武士扮成金刚力士,命百官顶礼膜拜,祈望借佛法之力助他渡过苦厄。折腾一番,各地动荡的局势仍无改观,他又突发奇想,在九月二十一日颁布了一道制书,宣称自己德薄,不堪用"乾元大圣光天文武孝感"之尊号,以免招损,从此只称皇帝。其年号也只称"元年",去"上元"之号,"惟在纪年,更无润色",并决定从十一月即建子月为一年岁首,月皆以所建之数加建丑、建寅为数,大赦天下。② 于是,上元二年(761 年)十一月初一,

---

① 《通鉴》卷 222,肃宗宝应元年正月条。
② 《旧唐书》卷 10《肃宗纪》,《唐大诏令集》卷 4《去上元年号赦》。

就成为唐肃宗所制新纪年的元年岁首。这一天,他在长安按照以往新年元旦的惯例接受了百官的朝贺。唐肃宗或许是希望用这一提前过新年的做法达到除旧布新的目的,实现所希望看到的局势的良好转机。不幸的是,严酷的现实证明这种近乎荒唐的改作是徒劳的。到次年四月,才又改回以正月(建寅月)为一年的岁首。不过,那时的唐肃宗也已快要走到了他一生生命的终点,此是后话。

可叹的是,改帝号、改年号与大赦,都要动用相当大的国家公共资源,甚至影响政府的行政运作。这就很难不对前线的平叛与各地的行政改作造成制约,当时朝廷上下并未见有人对此提出异议。

到上元二年(761年)年底,即实际上唐肃宗所谓的"元年"初,接任去世的河东节度使、太原尹王思礼出掌河东的老将管崇嗣,委事左右,失于宽缓,短短的数月之间将太原仓储积米消耗殆尽,库存者唯陈腐烂米万余石,唐肃宗遂又任命邓景山接替老迈的管崇嗣。邓景山赴任太原,"以镇抚纪纲为己任,检覆军吏隐没者"。他的整顿之举引起众将忧惧。由于邓景山操之过急,激起军中众怒,被手下杀死。唐肃宗却以为邓景山"统驭失所"[1],根本不去追究乱事者,还派了使者去慰谕,并顺遂军中意愿任命了都知兵马使、代州(今山西代县)刺史辛云京为河东节度使。从唐肃宗处理邓景山之死一事可以看出,他对河东兵马的姑息之态暴露无遗。

好不容易稳住了太原的军队,唐朝驻扎在绛州(今山西新绛)负责平叛的各路大军又因军粮供应不足引起骚乱。在上元二年

---

① 《旧唐书》卷110《邓景山传》。

（761 年）八月，以朔方、镇西、北庭、兴平、陈郑等道节度使行营都统兼河中节度使的李国贞（李若幽）被乱军杀死。其实，李国贞赴任绛州后，曾就军粮供应不足屡屡奏闻朝廷，由于全国性大饥荒，朝廷也无法给予及时解决，部将王元振遂鼓动朔方军等作乱。同时，屯驻翼城（今属山西）的镇西北庭行营兵马也杀死节度使荔非元礼，推举白孝德为帅。朝廷也只得遂其所愿。此时，朝廷最担心的是绛州诸军与太原军队相呼应，给史朝义的叛军以可乘之机。唐肃宗在病榻之上，更是忧心忡忡。

由于河中、绛州、太原一带位于范阳右翼，处于平叛前线，唐肃宗不敢有丝毫大意。为了能控制局势，免于出现意外，他想到了赋闲在家的老臣郭子仪。从当时的情况看，后进将帅都无人能及得上郭子仪的威望，李光弼此时也已奉命出镇临淮（今江苏盱眙），另有安排。郭子仪复出，无疑是最佳方案。也正因势非得已，遂用郭子仪为朔方、河中、北庭、潞、仪、泽、沁等州节度行营兼兴平、定国等军副元帅，充本管观察处置使，进封汾阳郡王，出镇绛州（今山西新绛）。上元三年（762 年）三月（"元年建辰月"），郭子仪将要赴任之时，唐肃宗病情加重，群臣百官都无法与皇帝见面。郭子仪受命于危难之际，深知责任重大，也害怕再遭诽谤与疑忌。他见皇帝病重，更是小心翼翼，因此要求与唐肃宗面辞。郭子仪提出："老臣受命，将死于外，不见陛下，目不瞑矣。"唐肃宗又何尝不知郭子仪之内心所思所想，遂把他召至自己病榻之旁，向他面授机宜，明确告诉郭子仪："河东之事，一以委卿"①，即付以郭子仪全权措置河东军务的权力。郭子仪闻言感奋，呜咽流涕。为了便于郭子仪往绛州开展工作，除赐其本人御马、银器、杂彩外，别赐绢 4 万

---

① 《旧唐书》卷 120《郭子仪传》。

匹、布 5 万端、米 6 万石以犒赏三军,为郭子仪此番前往前线表示朝廷的全力支持。看得出,重病缠身的唐肃宗对郭子仪寄予厚望,并仍旧以平叛为其中心工作。郭子仪前往绛州,果然使三军将士俯首听令。

在前线,史朝义与唐军的战斗仍在继续。唐朝各地,仍旧兵变不已。西北地区因边镇兵马内调参加平叛,防务空虚。党项等少数民族兵马乘机滋扰,劫掠边城,并一度攻到梁州(今陕西汉中)、奉天(今陕西乾县)等地。内忧外患、烦心耗神的事情一桩接着一桩,一件连着一件,千端万绪,让唐肃宗倍感折磨,忧心如焚。他的病情也一天重似一天。

唐肃宗改去上元年号后的这一年春天,一直是在病榻上熬过来的。在此前后的天象,似乎仍预示着兵革难消。据记载:"肃宗元年建子月癸巳乙夜,月掩昴而晕,色白,有白气自北贯之。昴,胡也。白气,兵丧。"到"建辰月丙戌,月有黄白冠,连晕,围东井、五诸侯、两河及舆鬼。东井,京师分也。"①为了表示对天文异变的反应,唐肃宗诏令行郊天大礼,祷告上苍,履行大赦,释放天下州县囚徒,申理冤讼,放还左降官及流人等②。同时,他又调整宰相班子,中书侍郎、平章事萧华被免去相职,担任礼部尚书。负责财政事务的元载以户部侍郎加平章事,成为宰相。

不知事出偶然,还是地方官刻意奉迎,到上元三年(762 年)建巳月(四月)三日壬子,唐朝廷突然得到楚州(今江苏淮安)刺史崔侁发来的表章。奏表中报告了一件今天看来不无怪诞的事情,他说:"楚州寺尼真如者,恍惚上升,见天帝。帝授以十三宝,曰:'中

---

① 《新唐书》卷 32《天文志二》。
② 《旧唐书》卷 10 和《新唐书》卷 6 之《肃宗纪》。

国有灾,宜以第二宝镇之。'"①同时,崔侁还把当地发现的十三枚定国宝玉的名称、形状等特征详细说明,不由人不信的是,这十三枚宝玉被隆重地进献到了朝廷。②朝廷群臣上表向皇帝庆贺这瑞应之兆。楚州之安宜县,也因获定国宝而敕令更名为宝应县③。

宝符瑞祥之征,并没有给唐肃宗带来多少吉祥。楚州进献镇国宝玉后的第二天,即建巳月初五日甲寅,传来了78岁的太上皇在西内太极宫神龙殿内驾崩的消息。

对于唐玄宗之死,是否另有曲折,今天已不可确知。只是小说家们无意中留下了关于太上皇死前心态的一些记载,从中可以得到一种暗示。据宋朝初年乐史所撰《杨太真外传》卷下载:自从太上皇移居西内,"悲悼妃子(杨贵妃),无日无之。遂辟谷服气,张皇后进樱桃蔗浆,圣皇并不食。常玩一紫玉笛……圣皇语侍儿宫爱曰:'吾奉上帝所命,为元始孔昇真人。此期可再会妃子耳。笛非尔所宝,可送大收(大收,代宗小字)'。即令具汤沐。'我若就枕,慎勿惊我。'宫爱闻睡中有声,骇而视之,已崩矣。"似乎在提示人们唐玄宗

---

① 《旧唐书》卷10《肃宗纪》。楚州刺史崔侁献定国宝玉十三枚,其十三宝:"一曰玄黄天符,如笏,长八寸,阔三寸,上圆下方,近圆有孔,黄玉也。二曰玉鸡,毛文悉备,白玉也。三曰谷璧,白玉也,径可五六寸,其文粟粒无雕镌之迹。四曰西王母白环,二枚,白玉也,径六七寸。五曰碧色宝,圆而有光。六曰如意宝珠,形圆如鸡卵,光如月。七曰红靺鞨,大如巨栗,赤如樱桃。八曰琅玕珠,二枚,长一寸二分。九曰玉玦,形如玉环,四分缺一。十曰玉印,大如半手,斜长,理如鹿形,陷入印中,以印物则鹿形著焉。十一曰皇后采桑钩,长五六寸,细如箸,屈其末,似真金,又似银。十二曰雷公石斧,长四寸,阔二寸,无孔,细致如青玉。(十三阙)凡十三宝置于日中,皆白气连天。"参见《通鉴》卷222,肃宗宝应元年四月条胡注引《唐会要》。《册府元龟》卷25《帝王部·符瑞四》载十三宝,然不载五、九之名,顺序与此亦不同。唐人《唐宝记》与《旧唐书》记载也有不同。

② 唐(佚名)《唐宝记》中记载,宝物真如得见其事在"肃宗元年,建子月十八日夜,""以建巳月十三日达京。时肃宗寝疾方甚"。

③ 《新唐书》卷41《地理志五》,《金华子杂编》卷下。

是在卧榻上突然暴死的,用宫人惊骇来表明唐玄宗之死有非正常死亡的味道。尽管人之临终各有际遇,阴阳两隔的瞬间的动静并不都是一样,但从当时的情形推想,唐肃宗已病入膏肓,却从未放松过对太上皇的戒备,此刻指示对西内采取突然行动,并非没有可能。唐肃宗一生都在为稳固自己的权位而努力,值此命若游丝之际,岂不担心身死之后,太上皇会重掌朝纲!虽然太上皇已是 78 岁高龄,但唐肃宗的病体更加糟糕,显然已没有继续支撑下去的希望了。若是唐玄宗一旦复辟,政治格局将会呈现何种面貌,唐肃宗恐怕是不敢想象的。多年朝廷政治的风风雨雨,他怎会不清楚政治斗争的铁血无情,若是唐玄宗先于唐肃宗辞世,会使唐肃宗省去许多后顾之忧,不然的话,恐怕仅此一端,就会死不瞑目。当然,对于唐肃宗在太上皇之死一事上的所作所为、所思所想,也只是一种推测。后世根据史书记载所能了解的事实是:太上皇死于西内神龙殿的次日,即迁坐于太极殿。由于唐肃宗病重,实在无法亲临治丧,只在内殿发哀,而群臣则发哀于太极殿。由于太上皇之死的刺激,唐肃宗的病情也进一步恶化,所谓"上自仲春寝疾,闻上皇登遐,哀慕,疾转剧"①。

唐肃宗自知大病不起,而国家处于多事之秋,"残寇犹虞,中原多垒,军国大务,理须参决",遂于当月十六日乙丑颁诏,令皇太子李豫权当监国之任,同时又因上天降宝,得自楚州,遂改元年为宝应元年,建巳月为四月,仍旧以正月一日为每年岁首②。唐肃宗大病之中,已经在着手安排后事了③。

---

① 《通鉴》卷 222,肃宗宝应元年四月条。

② 《唐大诏令集》卷 30《肃宗命皇太子监国制》。

③ 唐(佚名)《唐宝记》载,唐肃宗得宝后,立即找来时任皇太子的儿子唐代宗,对他说:"汝自楚王为皇太子,今上天赐宝,获于楚州。天许汝也,宜保爱之。"传奇小说所载之事情真伪容有可疑,这大约反映出时人记录的唐肃宗一种心境。

由于唐肃宗以皇太子李豫监国的这一安排，竟又引发了一场宫廷政变。围绕着皇位继承，中枢政治集团在国家平叛大局中依旧展开着权力角逐，使唐肃宗安排权力交接的过程，显得曲折起伏。不幸的是，对于将要发生在身边的这一幕的承转启合，病榻之上的唐肃宗再也无能为力了。被现实拖得身心交瘁的唐肃宗，已快要到达他生命旅程的终点了。

四　皇帝登遐

唐肃宗病危之际，宫廷内外围绕最高权力的归属，展开了激烈的角逐。这一幕的发生，既非朝夕之事，且又影响深远。

唐肃宗病重以来，朝廷上下都普遍感到潜在的政治危机。朝廷官员几乎难以同皇上相见，前述奉命前往河中地区镇抚平叛兵马的老将郭子仪行前坚决请求得皇上召见之事，说明即使像郭子仪这样的老臣对朝廷政治态势的发展也心中没底。不停地涌动着的政治斗争的暗流，随着唐肃宗的病危已渐渐而成波涛汹涌之势，只是一时还未有突然爆发的机会。

宝应元年(762年)四月十六日乙丑，唐肃宗命皇太子李豫监国①，

---

① 关于唐肃宗命皇太子监国的时间，据《旧唐书》卷10《肃宗纪》和《新唐书》卷6《肃宗纪》，《太平御览》卷112《皇王部三七·肃宗宣皇帝》引同。这一时间，诸书记载颇有歧异。按，《通鉴》卷222，肃宗宝应元年四月"甲子，制改元"，太子监国事载此前。甲子，则为十五日。又按《唐大诏令集》卷30《肃宗命皇太子监国制》载，太子监国与改元宝应为同时颁布，其中放免囚徒以"四月十五日昧爽以前"为限，亦当是十五日。《新唐书·代宗纪》则记载："元年建巳月，肃宗寝疾，乃诏皇太子监国。而楚州献定国宝十有三，因曰'楚者，太子之所封，今天降宝于楚，宜以建元。'乃以元年为宝应元年。"监国又在改元前。如此，则监国时间又当提前。今从两《唐书·肃宗纪》。

一下子将宫廷上下淤结的矛盾激发出来,酿成了一场宫廷政变。

首先对太子监国一事做出强烈反应的是后宫张皇后。唐肃宗即位以来的近些年来,就太子人选的确立,张皇后一直在暗中努力,她企图让自己的亲生儿子获得皇位继承权。只是张皇后所生的几个儿子,虽然得以封为亲王,但都先后"夭折"。因而,无论在选择太子李豫之时还是在选立之后,张皇后都对太子李豫看不顺眼,她与太子李豫之间的矛盾由来已久。李豫从任广平王时,对于唐肃宗宠爱的张氏就忍让三分,身居东宫太子,也尽量不与张皇后发生正面冲突。但张皇后并未就此罢手,更没有对皇太子李豫坐视不顾,她深知皇太子表面不动声色,内心却对自己另有看法。

自唐肃宗病重以来,张皇后就一直寻求机会能在皇帝晏驾之后给自己找条退路。这一时期,往日与张皇后互为表里、政治上互相利用的宦官李辅国,与张皇后也不像从前那样默契、投机了。李辅国手握禁军,势倾朝野。任内射生使的另一位宦官程元振也依附于李辅国,加上宦官在国家军政大事处理中的特殊地位,往往可以假借君命、口含天宪,李辅国仗恃皇帝的庇护,似乎不再需要背靠张皇后这棵大树了。往日在马嵬兵变、灵武分兵及唐肃宗即位之初鼎力合作的政治盟友,由于政治形势与环境的变化而出现了龌龊不和。

唐肃宗制令皇太子监国,即暂代天子之权。这样的形势已很明朗,一旦唐肃宗登遐归西,皇太子李豫即位就会顺理成章。李辅国、程元振等宦官,当然不会轻易抛开皇太子另谋出路,因为宦官本来就是依附于皇帝而生存的。而张皇后则与他们不同,由于往日对太子的态度,她不能不考虑皇太子一旦即位后自己的处境。显然,唐肃宗重病不起,引发了宫廷内外一场隐伏已久的政治较量。对于张皇后来说,因皇帝病危有了一种大厦将倾的末路之感。

不过，她仍旧挣扎着投石问路。张皇后首先向太子发出了试探的信号。据史书记载，唐肃宗病重期间，"太子往来侍疾，躬尝药膳，衣不解带者久之"，[①]极尽其臣子之孝。张皇后就在召太子前来侍疾时，乘机向他游说。她说："李辅国久典禁兵，制敕皆从之出，擅逼迁圣皇，其罪甚大，所忌者吾与太子。今主上弥留，辅国阴与程元振谋作乱，不可不诛。"[②]直接向太子公开了她与李辅国之间的不和，试图劝说太子与她联手除去李辅国。太子李豫何尝不知其心思，不过，他没有买张皇后的账，而是惺惺作态，泪流满面地说："陛下疾甚危，二人皆陛下勋旧之臣，一旦不告而诛之，必致震惊，恐不能堪也。"[③]借口事须万全，回绝了张皇后。张皇后见太子不肯合作，不无失望地对太子说："这样的话，太子暂且请归，我再慢慢考虑一下。"太子一走，张皇后立即找来唐肃宗的次子越王系。越王系，曾在李光弼接替郭子仪主持河南军务时，被委任为天下兵马元帅，但并不出京师直接统帅安抚诸军。唐肃宗在史思明攻陷东都洛阳后表示要御驾亲征，经大臣谏阻，越王（时为赵王）也曾主动请缨，但没有得到批准。越王系的天下兵马元帅身份基本属于遥领，挂名而已。但唐肃宗次子的身份，貌似也使他拥有了几分政治资本与根基。

张皇后召来越王系，对他说："皇太子仁惠，不足以图平祸难。"接着，又将她计谋诛杀李辅国的打算和盘托出，又问越王："汝能行此事乎？"越王被这突如其来的喜悦搞得惊喜若狂，毫不犹豫地答应下来，表示愿意与张皇后一起干[④]。史书上在讲此事

① 《旧唐书》卷11《代宗纪》。
② 《通鉴》卷222，肃宗宝应元年四月条。
③ 《通鉴》卷222，肃宗宝应元年四月条。
④ 《旧唐书》卷116《越王系传》。

因果时这样说:"宝应元年四月,肃宗大渐,所幸张皇后无子,后惧上(指李豫)功高难制,阴引越王系宫中,将图废立。"①或说:"肃宗大渐,后与内官朱光辉、马英俊、啖廷瑶、陈仙甫等谋立越王系。"②或谓"后知太子难与共事",乃召越王与之共谋③。或说"张皇后与太子有怨,恐不附己,引越王入宫,欲令监国"④,或说"时皇后张氏有宠,无子,虑宫车晏驾,失权势,结少子越王系密构异谋,将图废立"⑤,等等。史书所载细节虽各有侧重,无论是密谋"废立"还是打算让其"监国",张皇后与越王密谋的目的都在于对付皇太子李豫,其核心在于废立,即在唐肃宗登遐后另选可与之共事的皇位继承人。

果然,越王系为利欲所诱,与张皇后一道开始了密谋策划。他们准备废掉太子,另立储君。张皇后与越王系指令其心腹宦官、时任内谒者监的段恒俊和知内侍省事朱光辉等,从内侍宦官中挑选200多名武勇之士,然后全副武装,待命于长生殿后。一切准备停当,时间也所剩不多。

显然,张皇后所能够依靠的力量也就是宫中的亲信。她的密谋之计策是打算用宫廷政变的方式,搞突然袭击来对付皇太子。这样,她也只能找借口把太子召入宫中,即在长生殿解决问题。宝应元年(762年)四月十六日乙丑,张皇后以唐肃宗的名义,矫诏召

---

① 《旧唐书》卷11《代宗纪》。《太平御览》卷112《皇王部三七·肃宗宣皇帝》引《唐书》同。

② 《旧唐书》卷52《肃宗张皇后传》。

③ 《旧唐书》卷116《越王系传》。

④ 《旧唐书》卷184《程元振传》。

⑤ 《册府元龟》卷11《帝王部·继统三》。这里所说越王系"少子",可以理解为较皇太子李豫为少。但说张皇后"无子",是因为张皇后所生均夭亡,此时已无亲生之子。

太子入内侍疾①。这一天,恰巧是唐肃宗降制令太子监国的同一天。从这一时间节点来看,宫廷围绕着皇位继承权的角逐并非一朝一夕,但正是由于太子监国一事直接导致了宫廷政变成为现实。

在张皇后密谋策划之时,内射生使程元振等也没有丝毫松懈。对于张皇后与越王等人的动向,程元振掌握得一清二楚,他暗中向李辅国做了详细汇报。史言:"李辅国久掌禁兵,素与皇后嫌隙,又闻元振言有自得色,乃与元振定策",②他马上命程元振率手下禁军埋伏于玄武门之西的凌霄门。这里是太子入宫见张皇后的必经之地。李辅国从程元振的自得之中心领神会,再说他们掌握有禁军,此番较量,已是有十成胜算,关键要掌握住皇太子这张牌。太子既是法定皇位继承人,又是唐肃宗业已降制书指定的监国之人,拥立太子当然名正言顺,又很稳妥、有利,更可获取最大政治利益。因此,李辅国对这一安排也尤为精细。

局面已经明朗,形势更是千钧一发。

当太子李豫因张皇后之谋"应诏"驾到,程元振却途中抢先拦住他说:"宫中有变,请太子殿下留步,暂且回宫。"太子回答:"恐怕是讹传吧!一定没有这回事。即使有变,今父皇病重,召我入宫,我怎可畏死而不应召呢?"这一番表态滴水不漏。程元振上前一步,极力劝阻道:"太子殿下,社稷事大,千万不可因小失大,今日宫中是万万不能去的。"随后,不由分说,命禁军簇拥着太子到玄武门外的飞龙厩,并派甲卒严密防守③。飞龙厩一带,已是程元

---

① 《旧唐书》卷 116《越王系传》。并参《通鉴》卷 222,宝应元年四月;《旧唐书》卷 11《代宗纪》;《册府元龟》卷 11《帝王部・继统三》。《太平御览》卷 112《皇王部三七・肃宗宣皇帝》引《唐书》同。

② 《册府元龟》卷 11《帝王部・继统三》。

③ 《旧唐书》卷 116《越王系传》,《通鉴》卷 222,肃宗宝应元年四月条。

振控制的范围。此举虽是保护皇太子人身安全,却无疑是李辅国、程元振为此番宫廷政治较量牢牢掌握住的重要砝码。

有了皇太子作砝码,李辅国、程元振感觉胜券在握,于是更加肆无忌惮。当天夜里,李辅国、程元振勒兵入宫,会于三殿前,将越王系以及段恒俊、朱光辉与其他同谋者百余人一网打尽。然后,又打着太子的旗号,前往唐肃宗所在长生殿。当时,张皇后正在肃宗皇帝病榻之旁。来人毫无顾忌,逼迫张皇后下殿,硬是把她从唐肃宗身边拉走,然后把她幽禁于别殿,同时被幽禁的侍者还有十几人。

这一幕确实惊心动魄。事变之中,后宫宫人及宦官侍者皆惊骇逃散,大内之中一派混乱。事变折腾了一夜,直到天亮时才稍稍平息下来。唐肃宗遭此变故,更惊吓不小,事隔一天,到四月十八日丁卯,大病之中的唐肃宗一命呜呼,终年52岁。

对于唐肃宗之死,我们宁愿相信唐肃宗死于病重。事变之时宫中形势混乱,张皇后能够在其病榻之侧被李辅国、程元振派人强行拖走囚禁,对于大病之中的唐肃宗会不会有非常之策,现在也很难推测。唐肃宗之后的唐朝皇帝时常遭遇到宦官拥立与宫廷事变的情况,让我们不得不对唐肃宗死前的这一幕生发出无限的感叹。毕竟,已经着手拥立皇太子的宦官李辅国、程元振等人,此时此刻在此事上均不许出丝毫意外。

皇帝大行,国遭大丧。程元振等见完全控制了内外局势,遂放下心来,"始迎太子于九仙门,见群臣,行监国之礼"①。同时,还宣告了自太上皇晏驾以来,宫中多故,唐肃宗不见群臣之事。表明自皇太子监国以后,将一切走上正轨。皇太子李豫在李辅国等人的

---

① 《册府元龟》卷11《帝王部·继统三》。

簇拥下,一身素服。他在叙事之际,不禁泣啼哭拜,一副哀痛不已的样子①。

次日,即宝应元年(762年)四月十九日戊辰,在西内太极宫两仪殿为刚刚登遐的唐肃宗发丧。此刻,太上皇的灵柩也在西内太极殿内安厝。唐肃宗父子二人先后不到半个月即各自撒手人寰,永别这人世纷争,难道真的是一种偶然与巧合吗? 这总令人怀疑太上皇之死与唐肃宗的不久于人世有关,因事关宫闱隐秘,现已无从得到确证了。为唐肃宗发丧于西内,大概是因为太上皇灵柩安放在此的缘故。

皇帝登遐,口眼永闭,万事皆休。但对于唐肃宗"在位七年"②的帝王生涯,乍然永诀,不免留下许多的惆怅与遗憾。为唐肃宗发丧的同时所宣布的唐肃宗遗诏③,较为扼要却直白地叙述了这一情景。《遗诏》中云:"朕幸以凉德,继承宗祀。在长乐问安之日,属元凶间衅之初。南奉圣皇,北集戎事。赖将相同德,社稷降灵,爰发五原,成师一旅,丕图克振,华夏乂宁。旰昃之心,每勤思于兆庶;晨昏之礼,尝不匮于庭闱。而天祸上延,神心未悔;正当金革,罹此凶灾,遂遘膏肓,惟兹大渐。及兹理命,获著誓言;庶安国以保人,岂嘉生而恶死! 审以大计,属于公卿。"遗诏中还表达出对群臣的无限期望。言辞之间,虽不无真情流露,但其忧心如焚的矫饰

① 《通鉴》卷222,肃宗宝应元年四月条。
② 《册府元龟》卷1《帝王部·帝系》。
③ 《通鉴》卷222,肃宗宝应元年四月条。按,《旧唐书》卷10《肃宗纪》及《太平御览》卷112《皇王部三七》均作"丁卯,宣遗诏。是日,上崩于长生殿",则较《通鉴》所载戊辰日早一天,且遗诏又系唐肃宗崩前颁布。《唐大诏令集》卷11载此作"宝应元年四月十八日"。推测唐肃宗遗诏当即四月十八日丁卯草拟已定,但是从当时的形势看,对外宣布遗诏以《通鉴》所载的时间十九日更接近真实。今从之。

亦昭然若揭。尤其是其中"南奉圣皇、北集戎事"一语,的确概述了唐肃宗帝王生涯中的两大主题。虽病入膏肓,但天降此祸,非人力所及,唐肃宗在遗诏中郑重做了政治交代:"皇太子豫,仁孝元良,聪明齐圣,佐成大业,能事神祇。朕既弥留,可守宗社,宜令所司,当日具礼,于枢前即皇帝位。应缘朕丧事制度,并准圣皇遗诏。其诸道节度使、都督、刺史等,并不须赴哀。又为兵革未宁,邮驿艰弊,一切不须专使奉慰。朕执丧在疚,不食荤膻,所设馈奠,皆须如在。有违本意,神亦不歆。其祭祀之礼,一切不得宰杀。且国储非广,虚费稍多,宫掖之间,须有厘革。所有三宫内人,宜量事减省。及至德已来籍没家口,非切要者,并与放出。诸王院内,亦宜准此。其文武官僚,合须褒赏,天下百姓,宜在优矜。每当变易之时,皆下惟新之命,并委皇帝节级处分。呜呼!股肱勋臣,敬保元子,事居送往,谅在于兹。宣示万邦,宜从朕意。"①

遗诏再次强调了皇太子李豫承继大统的合法性,并按祖宗传统令皇太子枢前即位。这一法律文件对于发动宫廷政变后拥立太子的李辅国、程元振来说,无疑是尚方宝剑,他们可以借此在新君即位后更稳固地控制局势。还需要注意的是,遗诏中所谓"朕丧事制度,并准圣皇遗诏"一语,唐肃宗用遗诏的形式,再次向天下显示出自己对唐玄宗的政治尊崇,依旧表达出隐约可见的"二元政治格局"的遗留。唐肃宗"在位七年"的坚韧与无奈,与他相伴始终。

遗诏宣达内外,皇太子李豫表现出历史上诸多皇帝承继大统时的寻常一幕。所谓皇太子"擗踊尽哀,群臣劝进。太子益哀号,

---

① 《全唐文》卷43,《肃宗》遗诏。《唐大诏令集》卷11《肃宗遗诏》,文字略有异同。

群臣又陈顾命大旨:祖宗洪业,未宜以情自私"①。在一番推让之后,皇太子李豫在四月二十日己巳,即皇帝位于唐肃宗灵柩之前。"初,有司陈御座于殿之中间,帝号泣,逊不敢当,哀感左右。有司乃徙坐于殿之左个,然后从之。百辟卿士洎南北军仗卫万余人,咸呼万岁。"②登基的新君,就是历史上的唐代宗。

唐代宗即位的第二天,即四月二十一日庚午,群臣又上表,请其听政。唐代宗没有答应,而是"以侍中苗晋卿摄冢宰,于太极殿钟楼之东,张幄视事,瑾官以听。"③这是他循用了唐肃宗为太上皇守丧之时的先例。

有意思的是,唐肃宗为太上皇守丧发哀后,也是诏令侍中苗晋卿摄知冢宰。即由苗晋卿在皇帝治丧期间,摄知国政,总理百官,而皇帝居谅闇之中,遇事不言。当时苗晋卿引古论今,力陈以冢宰摄政之不妥,坚持要唐肃宗亲临视事。他首先向唐肃宗陈述冢宰之制虽见诸文字,却于事无证,况且一时之事,礼不相沿。他又从当时形势分析:"今残寇犹虞,日殷万务,皆缘兵马屯守讨袭,善算良谋,立胜擒敌。陛下若行古之道,居丧不言,苍生何依,百事皆废,"接着,又从唐太宗、高宗及玄宗在位时"皆有国丧、视事不辍"的成例来说明,君临天下,不应徇其常情,更何况太上皇有遗诏,令皇帝宜三日而听政,所以,苗晋卿奏论:"陛下遵太宗故事,则无冢宰;遵大行皇帝(即太上皇唐玄宗)遗诏,便合听朝。……伏惟陛下知理国之重,顺人心之切,以义断恩,从宜无改。"苗晋卿在上表推辞冢宰时,还提出自己难胜重任:"今朝臣一命已上,皆言臣心

①　《册府元龟》卷11《帝王部·继统三》。
②　《册府元龟》卷11《帝王部·继统三》。
③　《册府元龟》卷11《帝王部·继统三》。

昏貌杇,加以疾病,事有急速,断在须臾,凡圣不同,岂合受诏! 陛下发哀已五日矣,愿准遗诏听政,则四夷万国,无任悲幸。"苗晋卿上表言辞合情入理,态度明确,当时已处于弥留状态的唐肃宗,也只能同意其奏请。①

如今,即位的新君唐代宗李豫已年届 37 岁,堂堂壮年天子,苗晋卿又岂能出任冢宰! 因此,苗晋卿又如法炮制,再次上表恳辞此职。值得注意的是,苗晋卿前后的两次上表都为同一目的,却因为对象不同,用词及陈述也发生了一些变化。像他给唐代宗的表章中就说:"伏奉今月二十一日恩敕,令臣摄冢宰。臣以昔者天子居丧之时,百官听于冢宰,盖君幼小御极,事殷理众(情理当然),然沿革不一,今古异宜",则与给唐肃宗的表疏论述不同。不过,他的态度一如既往:"昨二十日,陛下即位,是承先帝遗顾之言,亦前代不易之典。……以一日之内,万务在中,须达宸聪,始成国政。今百僚万姓及僧道耆寿,相顾聚言,以臣老且无能,愚岂测圣! 况久无居摄,臣不敢奉诏。特乞陛下遵遗命,三日而听政。"②苗晋卿上表之后,唐代宗不予批答。待宰相及文武百官表三上,乃从之③。

又据记载,四月十六日夜政变之始,皇太子前往飞龙厩时,天有紫云显现,且云中有三白鹤回翔,又有喜鹊鸣叫。皇太子将要即位前的夜间,设仪仗宿卫,云雾四合,不辨咫尺,天将拂晓,朝呼万岁之声,天地清朗,黄气抱日。他即位当天,又有庆云显于天际。④这显然是为了说明唐代宗承继大宝是顺乎天意。然而,时值国丧,唐玄宗、唐肃宗父子两人先后停丧西内,如此符瑞之兆,岂非是与

① 《旧唐书》卷 113《苗晋卿传》。
② 《册府元龟》卷 11《帝王部·继统三》。《旧唐书》卷 113《苗晋卿传》载略文。
③ 《册府元龟》卷 11《帝王部·继统三》。
④ 《册府元龟》卷 25《帝王部·符瑞四》。

这种气氛太不相称！看来,为了政治的需要,唐代宗也学会了粉饰与虚辞。经过一番周折,唐代宗终于开始亲政了,只是在具体临朝决政的形式上与往常有所变通。

唐肃宗死后,结束了他与唐玄宗之间因权力而产生的猜忌,使唐代宗得以专心致力于最后的平叛工作。从苗晋卿两次辞让摄冢宰一事的上表以及唐肃宗遗诏等来看,荡平叛乱的史朝义残贼余孽仍旧是当时朝廷君臣关注的工作重点之一。

无疑,唐代宗接过了唐肃宗平叛的大旗,并在驾驭前线军将与借兵回纥等问题上继承了唐肃宗的平叛策略。这位"少属乱离、老于军旅"①的壮年天子,亲政以后倒显示出想要有所作为的一番气象。

五 归祔山陵

唐肃宗一命归西,抱憾终天。未能亲见荡平叛乱,不免留下无尽的遗憾。

唐代宗亲政以后,发布的第一道诏书就是委任奉节郡王李适为天下兵马元帅。所谓"国之大事,戎马为先"②。这一天,是宝应元年(762年)四月二十五日甲戌。奉节郡王李适是唐代宗的长子、唐肃宗长孙,后由亲王立为太子,这就是历史上的唐德宗。

看得出,在唐肃宗死后,唐代宗确实把平叛当成了重要工作。在他部署平叛的过程中,对朝廷上下、宫廷内外的人事关系也进行

---

① 《旧唐书》卷11《代宗纪》,史臣曰。
② 《旧唐书》卷11《代宗纪》。

了调整。他在这年五月,于丹凤楼颁布的大赦制书已透出这一意图。其中可注意的内容是:唐玄宗时被废黜为庶人的王皇后、太子瑛、鄂王瑶、光王琚等均恢复了封号,因擅兵被废为庶人的永王璘等也予以昭雪①。在宫廷政变中被幽禁的张皇后以及越王系等人均被处死,并废为庶人。唐肃宗身后,继位的唐代宗对待皇室成员境遇的巨大反差,很值得去认真思索。若联系到王皇后、三庶人、永王璘等被废时的深刻政治背景,似乎可以领悟出唐代宗的良苦用心。他在试图通过对皇室成员的平反昭雪来梳理唐玄宗、唐肃宗时期淤结的政治遗留问题,从而寻求开拓进取的途径。假如唐代宗能够沿着这一思路顺利地进行下去,再利用唐肃宗平叛时期图谋中兴的余荫,未尝不能获得一个有所突破、有所振作、全面中兴的良机。但是,由于内政头绪繁杂,兼以外患交困,特别是宦官势力过于膨胀,致使唐代宗的努力在刚刚闪现出一丝希望之光后即销声匿迹。这或许也是唐肃宗身后大唐帝国的悲剧之一。

宦官势力的膨胀,在唐代宗刚刚亲政之初就引起了一些敏感问题。李辅国恃功自傲,曾对唐代宗讲:"大家但内里坐,外事听老奴处置"②,气焰嚣张,不可一世。唐代宗因此也很不痛快,但不得不表面仍加尊崇,暗中又利用程元振来对付他,后来将李辅国暗杀于家中。

唐代宗为父皇唐肃宗治丧期间,任命老臣裴冕充山陵使。裴冕也曾因李辅国炙手可热,持表请李辅国的亲信、中书舍人刘烜充山陵使判官。结果,在陵寝修建过程中,因与程元振意见不合,裴冕被贬为地方刺史。

---

① 《旧唐书》卷11《代宗纪》,《唐大诏令集》卷2《代宗即位赦》。
② 《旧唐书》卷184《李辅国传》。

唐肃宗死后,朝廷曾为其谥号进行过磋商研究。最后,为他加了一个"文明武德大圣大宣孝皇帝"的美谥。"肃宗"乃是祔庙后加予的庙号。按照古代流行谥法,皇帝的谥号也是对其一生功过的评价,遵照帝谥用法,经纬天地曰文、保民耆艾曰明、克定祸乱曰武、圣善同文曰宣、慈惠爱亲曰孝①。唐肃宗的谥号显然有溢美之嫌,唐肃宗未能最终平定祸乱,怎可称"武",父子隔阂如此,一生都怀戒备,又怎可称"孝"?旧史史家却述其一生,大唱赞歌:"号令朔方,旬日而车徒云合;旋师右辅,期月而关陇砥平,故两都再复于銮舆,九庙复歆于黍稷。观其迎上皇于蜀道,陈拜庆于望贤,父子于是感伤,行路为之陨涕",并以此来证其得"孝宣之谥,谁曰不然!"②虽然收复长安和洛阳并无虚词,但是显然也是惑于事之表象,未见本质。

显然,唐肃宗身后的形势并不乐观。自他病危之际出现的所谓"阋墙构灾,凌长成祸,阃闱作孽、阉寺滔天、职为乱阶,潜置巫蛊,将以窃弄,覆我邦家"之宫廷局势并未改观。唐代宗即位后,对此局面有清醒认识。况且两宫停丧待葬,史朝义又犹在挣扎,宫廷内外局面又很微妙,唐代宗自称"如蹈春冰、如集乔木"③,其惴惴不安、小心惶恐之态,已可毕见。史书上对唐肃宗死后当年的情况还有这样的记载:"是岁,江东大疫,死者过半。吐蕃陷我临、洮、成、渭等州。"④为了能集中力量扫平史朝义残余,唐代宗一直到第二年三月才腾出手来,为父祖两宫皇帝举行了安葬仪式。此时,平叛大业终于算是大功告成了,尽管内外形势仍危机四伏。

① 参见(汉)蔡邕《独断》卷下,帝谥。汉魏丛书本,吉林大学出版社 1992 年影印本。
② 《旧唐书》卷 10《肃宗纪》,史臣曰。
③ 《册府元龟》卷 88《帝王部·赦宥七》
④ 《旧唐书》卷 11《代宗纪》。

为了这一葬礼,宝应二年(763年)三月间,唐代宗从初一到月终晦日整整废朝一个月,"百僚素服诣延英门通名起居",①朝廷上下举哀服丧。这是两宫皇帝"归祔山陵"②应有的葬仪规格。

三月十八日辛酉,唐玄宗被安葬于泰陵(位今陕西蒲城金粟山)。据说这是唐玄宗自己生前看中的风水宝地,这里与唐睿宗的桥陵相邻。死后的唐玄宗被加上了"至道大圣大明孝皇帝"的美谥,历史上因此也称之为"唐明皇"。十天以后,即三月二十七日庚午,唐肃宗宣皇帝也被安葬于属于自己的陵寝——建陵(位于今陕西礼泉武将山)。唐帝陵自太宗营建昭陵(位今陕西礼泉九嵕山)后,例"因山为陵",但唐肃宗建陵陵制规模已明显不如以往唐帝陵之宏伟。唐初以来,帝陵有以功臣宿将陪葬之制,但唐玄宗泰陵只有后来死去的高力士陪葬,唐肃宗的建陵也只有老将郭子仪陪伴其阴阳两世③,这显然已是唐帝陵以功臣宿将陪葬的流风余韵了④。

就在唐肃宗死后到安葬期间,被委任为天下兵马元帅的李适已奉命出征,与前线诸将组织了对史朝义的最后决战。

在宝应元年(762年)十月,平叛大军出发。根据部署,副元帅仆固怀恩与助唐平叛的回纥兵为前锋,陕西节度使郭英乂、神策观军容使鱼朝恩为后军,从渑池(今属河南)出击。潞泽节度使李抱玉从河阳(今河南孟州市)方向发起攻击。李光弼率河南诸道兵马从陈留(今河南开封东南)方向共同会攻洛阳。元帅李适坐镇陕州(今河南三门峡)。

唐大军合围洛阳,史朝义纠集精兵10余万在城北的昭觉寺布

---

① 《旧唐书》卷11《代宗纪》。
② 《旧唐书》卷11《代宗纪》。
③ 《旧唐书》卷11《代宗纪》。
④ 拙撰:《唐帝陵陪葬墓盛衰原因试探》,载《烟台师院学报》1990年第4期。

阵,准备决战。结果,因唐军协同配合,力战之下将其击败。接着在石榴园、老君庙又连败叛军,俘虏2万余人,歼敌6万余人。吃了败仗的史朝义仅率数百骑仓皇东逃。仆固怀恩的先锋部队攻下河阳、洛阳,又派万名步骑尾随追击史朝义。在郑州,唐军再战皆捷,史朝义退往汴州(今河南开封),被其属下陈留节度使张献诚拒之城外,只得北上濮州渡过黄河。张献诚随即投降,仆固怀恩率兵攻下滑州(今河南滑县)后进入卫州(今河南汲县)继续追击,屡败史朝义及其所部。很快,驻守邺郡(今河南安阳)的节度使薛嵩以相(今河南安阳)、卫、洺(今河北永年东)、邢(今河北邢台)四州向唐军潞泽节度使李抱玉投降,恒阳节度使张忠志(李宝臣)以赵(今河北赵县)、恒(今河北正定)、深(今河北深县)、定(今河北定县)、易(今河北易县)五州向唐朝河东节度使辛云京缴械。不久,唐朝政府又分别向二位降将授以节钺,委任为节度使。

史朝义在唐大军威逼之下,一路从贝州(今河北清河)败奔莫州(今河北任丘北)。在这里,史朝义纠集余部与唐军多次交锋,相持40多天。

转眼到了宝应二年(763年)正月。史朝义属下田承嗣劝他亲往幽州范阳发兵回援,表示自己可以留守莫州待援。当史朝义突围北上求援的次日,田承嗣就举城投降了唐军,并把史朝义阖门家眷百余口送往唐军大营。

史朝义往范阳求援,恰似穷鸟入怀。他到达范阳时,范阳节度使李怀仙已向唐军投诚,守城将领根本不让他进城。当此之时,史朝义自知大势已去,所率5000人马也纷纷逃匿,他一度想奔往奚、契丹之地以求自保,但在到达平州石城县(今河北丰润东)东北的温泉栅时,被李怀仙派兵追上,末路穷途之中只得一人出逃。在逃入一片树林之中,史朝义绝望地自缢而死。很快,李怀仙就将史朝义首级送到京师。叛军元凶授首,大功告成,仆固怀恩与诸道兵马皆凯旋班师。

以史朝义的死为标志,历时八年之久的安史之乱总算平定了。唐代宗完成了唐肃宗未竟之事,总算可以告慰祖宗,松口气了。举国上下的吏民百姓似乎一夜之间忘却了兵灾战火的苦痛,为这来之不易的胜利而欢呼。杜甫在梓州(今四川三台)听到这一喜讯后所作《闻官军收河南河北》一诗,就是极好的题照:

> 剑外忽传收蓟北,初闻涕泪满衣裳。
>
> 却看妻子愁何在,漫卷诗书喜欲狂。
>
> 白日放歌须纵酒,青春作伴好还乡。
>
> 即从巴峡穿巫峡,便下襄阳向洛阳。

百姓的欢呼雀跃,轻易使人忽视唐朝为这一平叛所付出的沉重代价。别的不说,仅仅在史朝义退出洛阳后,收复洛阳的回纥兵就大肆掳掠、杀人万计,城中大火十几天不灭。朔方兵、神策军也以洛阳等地久陷敌手,属于敌占区,同样推波助澜,纵兵抢掠达3个月才停止。平叛大军所过之处,邑落为墟,比屋荡尽。时正值隆冬,百姓饥寒交加,有的竟以纸为衣,聊御风寒①。令人为之心酸动容。

容易被太平日子感动的天下吏民,忍耐了这巨大的灾难,并齐声高呼万岁,共同感戴大唐皇帝给他们带来了福音。唐肃宗当然再也听不到,也看不见了。朝廷之上却仍有大臣为此而浩叹,唐代宗即位后被征还入朝的大臣颜真卿,就在给皇帝的一道奏疏中讲:"又今相州败散,东都陷没,先帝由此忧勤,至于损寿。臣每思之,痛切心骨。"②若是唐肃宗一人之遗憾,倒也罢了。把天下百姓遭

---

① 《通鉴》卷222,肃宗宝应元年十月条。

② 《旧唐书》卷128《颜真卿传》。

受的许多苦难与付出的高昂代价一笔抹杀，也显得轻松，只是大唐帝国在经历这场八年的平叛之后，该奔向何方？

对此，唐肃宗生前并不曾给天下臣民一个明确的答案。此时，业已死去的唐肃宗更是无法交代了。他马嵬分兵、灵武登基均是在安禄山叛乱之后，他在位7年当中，全力以赴平叛，解决战时体制下诸多政治、军事、经济和朝廷上下许多棘手的问题，还要与太上皇周旋。他的所作所为、功过得失，还需要在身后帝国的发展过程中去品味、验证。对于唐肃宗来说，不能亲眼看到取得平叛的最后胜利，也许是一个遗憾，但他也没有见到平叛胜利后仍旧百孔千疮的大唐帝国，说不定又是一种解脱。连续几年出现的饥馑灾疫，水火兵戈，使全国各地州县处于极端贫困。平叛战争还没有结束，浙东台州（今浙江临海）等地就爆发了袁晁起义，江南一带州县大大小小的地方动乱①，无疑加重了唐肃宗身后朝廷的压力。

平叛胜利之后，平叛大军几乎还没有凯旋回朝，吐蕃大军就攻向关中，渡过渭水，直入长安。唐代宗仓皇出逃陕州（今河南三门峡市）。这一事件，更使唐代宗政治统治困难重重、雪上加霜。若再加上河北安史余部降将的不驯，像仆固怀恩等平叛将领的挟私以至于最后也走上反叛之路，更让唐代宗时期的唐朝廷顾此失彼、狼狈不堪。

善良的平民百姓欢庆平叛胜利的热情还没有消退，天下臣民振臂高呼万岁的声音仍犹在耳，唐代宗就不得不在父皇唐肃宗留给他的这个摊子上，开始他作为大唐皇帝新一轮的跋涉了。

---

① 有关详情，请参见宁可师《唐代宗初年的江南农民起义》，载《历史研究》1961年第3期。并可见《宁可史学论集》，中国社会科学出版社，1999年。

结束语　一场惊梦

大唐的中兴,对唐肃宗来说,只是一盘没有下完的棋。兴复之路,还要走下去,只是换了主人。

唐肃宗从一位太平盛世的皇子,伴着大唐帝国步入其辉煌。当他登上皇位,已是安禄山与唐帝国分庭抗礼之时。尔后的平叛,称得上艰苦卓绝。在整个安史之乱的八个年头,唐肃宗顽强支撑危局,做了七年的大唐皇帝,尽管他登基后太上皇唐玄宗仍然不情愿放弃权力,但唐肃宗身处平叛前线,他举起平叛的旗帜,对于天下臣民拥有不可动摇的号召力,唐肃宗重建一个以平叛靖乱为中心任务的中央政府和政治核心,在当时给唐朝军民树立了胜利的信心、带来了胜利的希望。他也因为高举平叛大旗,获得了巨大的政治威望,收获了天下人心。

然而,也许没有谁一开始就会预料到这场叛乱竟会延续八年之久。这八年,对于当时天下臣民、对于大唐帝国都像一场噩梦,一场漫长的噩梦。八年之中,不仅唐肃宗命赴黄泉,唐朝皇帝换了祖孙三代,叛军元凶也变了安史两姓父子四人。冥冥之中,就像大唐帝国不得不遭遇的一场顽疴,也似乎叛乱者与平叛者在较着什么劲。我不太情愿用唐玄宗个人所谓昏庸和惑于内宠等原因归咎这一巨大政治动荡。只是这场被历史上称为安史之乱的大事变,使大唐帝国四海震荡,千万人惨遭屠戮,且又旷日持久,使人无法不想到唐肃宗称帝后大唐帝国是带着怎样的一种沉疴痼疾。

由于唐朝天宝末年在国家体制中淤积难解的症结，使唐肃宗在组织平叛过程中，不得不尝试理顺朝廷内外的各种关系，这实际上也就分散了唐肃宗的精力，使他无法倾注全力致力于平叛。尤其是朝廷中枢政局的几番动荡，对整个平叛战局影响直接且重大。加上安史叛军内部也同样错综复杂，使得平叛战争一波三折，屡有反复。最终在人心思唐、天不祚燕的形势下，以唐朝的胜利结束了这场大事变。

然而，噩梦惊醒，不仅唐肃宗与唐玄宗同入黄土，那曾艳极一时的盛唐繁华也随之成为飘零的明日黄花、过眼烟云。诗人杜甫在《忆昔》中描绘的小邑万家、仓廪丰实、男耕女织的太平之世，也真的成为对往昔的无限怀恋，再难余韵重温了。唐肃宗身后的帝国，创伤累累、百事待举、人口流失、土地荒芜，人吃人的惨剧也时有发生。天灾人祸，饥荒瘟疫，肆虐着已经萧条的城市和乡村。郭子仪曾向唐代宗描述过河南都畿一带满目疮痍、人烟断绝的凄凉惨状，令人不忍卒闻①。两京失守后，唐朝廷为了平定叛乱，河西、陇右、安西、北庭等地边兵不得不相继东调，导致西北边防削弱，吐蕃、党项等乘机屡屡内扰。昔日长安大明宫朝会"九天阊阖开宫殿，万国衣冠拜冕旒"的盛景也成为永恒记忆，似乎四夷宾服、八方来朝的时代也一去不复返了。河西、陇右地区的沦陷、东北平卢镇的南迁，使唐朝自天宝以来形成的边疆全面防御圈逐渐被压缩，由此而改变的边疆民族形势，给唐朝的国防及内政都带来了许多新问题。安史之乱刚刚平息后的唐代宗广德元年（763年），吐蕃攻入长安一事，就说明了这一形势是何等的严峻。

---

① 《旧唐书》卷120《郭子仪传》。

应该看到,唐肃宗在平叛的同时,还在战时体制的特殊情况下努力对国家政治中的一些问题进行过调整,像对国家中枢政治机制(如宰相制度)和财赋供应与征派(如税制、漕运)等方面均尝试了改作,这给痛定思痛的唐王朝带来一些活力,偶尔也能看到充满希望的新气象,从而使大唐帝国在困厄之中能延续国祚,顿挫之后仍得以维持生存。只是安史之乱给唐王朝的冲击过于猛烈,唐肃宗的调整与改作又不能从根本上进行彻底,从而唐肃宗之后的继承者都无法摆脱这一困境,无法消弭安史之乱中遗留的种种祸患,甚至有些遗祸越演越烈,使大唐帝国一步步丧失自新图强的机制,最终走上灭亡。其中,诸多遗祸中,则以宦官势力的崛起和急剧膨胀与藩镇拥兵将帅的跋扈最为严重。

唐肃宗在平叛当中,为了控制军队,有意识地重用宦官当监军、典掌禁军。此举被继承下来成为后世惯例,发展到后来,在唐德宗李适时,以宦官典掌禁军(神策军)成为制度。宦官得以刑余之人,口含天宪,权掌枢密机要,干预朝政、进退朝臣,甚至左右皇帝废立,这给唐朝后期中枢政局带来更加严重的隐患。宦官势力的迅速崛起显然应从唐肃宗重用李辅国开始,这是以安史之乱为重要契机的。唐肃宗对地方军将的姑息又与他严格控制军队交映成趣。为了平叛的需要,唐肃宗经常置国法于不顾,听任士卒拥立节帅。到唐代宗平定叛乱之后,一仍其姑息之策,务求安抚河北降将,将河朔地区分授投降的安史部将。最终导致安史降将拥兵自重,虽称藩臣,实非王臣,遂成一方割据势力。显然,地方藩将跋扈不臣、尾大不掉也可以由唐肃宗之时求其端绪。到唐朝后期,藩镇林立,各专一方,"祸乱继起,兵革不息,民坠涂炭,无所控诉"①,唐

---

① 《通鉴》卷220,肃宗乾元元年,臣光曰。

帝国也一步步走向衰落。大唐帝国最终就是直接由曾任宣武镇节度使的朱温送入了历史坟墓,尽管大唐帝国覆亡的原因十分复杂,但这一直接原因却值得人们深思。

不言而喻,是安史之乱把大唐帝国拖向了永劫不复的深渊。

也必须看到,唐肃宗努力过,进取过,得意过,失意过,也成功过,失败过。唐肃宗身后的大唐帝国又继续维持了将近一个半世纪,这与他勉力平叛的再造之功密不可分。他的后继者也在继续努力着、进取着,并出现了唐德宗建中改制新政、唐顺宗永贞"革新"、唐宪宗元和中兴、唐宣宗"大中之政"等新气象。但是,唐肃宗最终是带着无尽的遗恨与未遂的心愿,永远地沉睡在这场始所未料的乱世惊梦中。

大唐国运兴衰已成历史,或许,这一结局,倒成全了唐肃宗这位盛世中成长起来的乱世天子。不然,梦醒之后,他又将如何? 又能如何呢?

附　　录

一　唐肃宗大事年表

景云二年（711）　**1岁**

九月　三日乙亥,生于长安,即位后此日为天成地平节。初名嗣升。父李隆基,即唐玄宗,时以太子监国;母杨氏,后追谥为元献皇后。太子妃王氏鞠养。

延和元年（712）　**2岁**

八月　其父唐玄宗李隆基即位,尊唐睿宗为太上皇。

九月　册为陕王。

先天二年（713）　**3岁**

七月　唐玄宗诛太平公主及其党羽。太上皇彻底归政唐玄宗。

十二月　改元开元。

开元三年（715）　**5岁**

正月　次兄李嗣谦(李瑛)被册立为太子。

开元四年（716）　**6岁**

正月　拜安西大都护、安抚河西四镇诸蕃部落大使,不出阁。唐遂开亲王遥领节度使之例。

六月　太上皇唐睿宗驾崩,后葬于桥陵。

唐玄宗委任贺知章等侍读左右。

开元十年（722） **12 岁**

　　因武惠妃得宠,王皇后不平。唐玄宗动废后之念,姜皎泄密,杖流。

开元十二年（724） **14 岁**

　　七月　唐玄宗王皇后被废为庶人,王守一赐死。

开元十三年（725） **15 岁**

　　三月　改爵为忠王,名曰浚,诸王名字均从"水"。

　　十一月　唐玄宗东封泰山,行封禅大典。

　　唐玄宗设十王宅,令诸王分院居,命高力士诏掖庭令,为选吴氏为妻,后即追谥章敬皇后。

开元十四年（726） **16 岁**

　　十二月　十三日,长子李俶生于东都上阳宫,后爵广平王,改名李豫,即历史上的唐代宗。生三日,为之行洗儿礼。

开元十五年（727） **17 岁**

　　五月　领朔方节度大使、单于大都护。

　　唐玄宗欲立武惠妃为后,不果。然宫中礼秩,一同皇后。

开元十八年（730） **20 岁**

　　六月　领河北道行军元帅,统十八总管讨奚、契丹;实不出征,仅为遥统。

　　九月　兼河东道元帅,不行。

开元二十年（732） **22 岁**

　　五月　宗室信安王破两蕃后献俘于洛阳。

　　六月　丁丑,以忠王爵因遥统军功,进位司徒。

开元二十一年（733） **23 岁**

　　四月　加开府仪同三司。

开元二十二年（734） **24 岁**

夏　随父皇及诸兄弟在宫苑中收麦。

开元二十三年（735） **25 岁**

七月（一作二月）　改名李玙,皇太子、诸王以下名字均从"玉"。

开元二十四年（736） **26 岁**

年底　蔚州刺史王元琰贪污案,张九龄等被罢相,李林甫成为中书令。

开元二十五年（737） **27 岁**

四月　唐玄宗废太子瑛、鄂王瑶、光王据为庶人,赐死。

十二月　武惠妃病死。

开元二十六年（738） **28 岁**

六月　立为皇太子,三日,颁制书。

七月　行册礼,二日,颁册文;十二日,册韦氏为太子妃。

开元二十七年（739） **29 岁**

九月　改名为绍。

天宝元年（742） **32 岁**

正月　改元天宝。安禄山为平卢节度使等。

天宝二年（743） **33 岁**

三月　韦坚引浐水成广运潭、通漕至长安望春楼。

天宝三载（744） **34 岁**

正月　改年为载。

二月　更名为亨。

三月　加安禄山范阳节度使、河北采访使等。

天宝四载（745） **35 岁**

正月　为父皇唐玄宗上贺表。

五月　李林甫使京兆府法曹吉温推鞫兵部胥吏。

八月　册太真杨玉环为贵妃。

唐立《石台孝经碑》,以皇太子题碑额"大唐开元天宝圣文神武皇帝注孝经台"16个篆字。碑今存。

天宝五载(746)　36岁

正月　十五日夜游长安,与韦坚、皇甫惟明相见。李林甫兴狱究治,贬韦坚与皇甫惟明。

七月　再贬韦坚。太子与韦妃离婚。

十二月　左骁卫兵曹柳勣告变,事涉东宫,李林甫再加罗织,太子与杜良娣离婚。

天宝六载(747)　37岁

加安禄山御史大夫,入朝觐见,不拜太子。

唐玄宗命王忠嗣攻取石堡城,济阳别驾魏林告变;事涉东宫;李林甫又屈成杨矜慎兄弟一案。

唐玄宗为王忠嗣案定性,开脱太子。

天宝七载(748)　38岁

六月　赐安禄山实封、铁券,柳城郡开国公。

天宝八载(749)　39岁

五月　李林甫奏停折冲府上下鱼书,府兵制名存实亡。

此年前后,续娶张去逸之女张氏为良娣。

天宝九载(750)　40岁

五月　安禄山晋爵东平郡王,开节度使封王之例。

十月　唐玄宗赐杨钊名"国忠"。

天宝十载(751)　41岁

二月　安禄山又兼河东节度使。

十一月　杨国忠领剑南节度使。

张良娣生一子,即后来的兴王佋。

天宝十一载(752) 42岁

五月 杨国忠因邢、王案与李林甫交怨。

十一月 李林甫病死,杨国忠继之为右相。

冬 高力士为入朝的安禄山、哥舒翰设宴。

天宝十二载(753) 43岁

二月 褫夺李林甫官爵。

八月 哥舒翰晋封西平郡王。

天宝十三载(754) 44岁

正月 安禄山入朝,太子奏言安禄山必反。

天宝十四载(755) 45岁

十一月 九日,安禄山反于范阳。随唐玄宗由华清宫返回长安。

十二月 唐玄宗下诏亲征,并令太子监国。十三日,东都洛阳沦陷。十八日,斩封常清、高仙芝于潼关。杨贵妃衔土请命,劝唐玄宗放弃亲征。哥舒翰以太子先锋兵马元帅身份出镇潼关。

天宝十五载(756) 46岁

正月 安禄山在洛阳称大燕雄武皇帝,年号圣武。

三月 哥舒翰因事请诛安思顺,太子与宰相围绕潼关战局展开较量。

四月 郭子仪、李光弼率朔方军在河北作战,颜真卿在平原坚守。

六月 九日,潼关战败。十三日,随唐玄宗由长安西奔逃亡。率后队于十四日到达马嵬。以李辅国联络陈玄礼,发动政变,杀死政敌、宰相杨国忠,并逼唐玄宗赐死杨贵妃。尔后,分兵北上,唐玄宗前往剑南。长安沦陷。

七月　九日,朔方军将迎往灵武。十二日甲子,在灵武城南门楼举行登基仪式。改元至德。尊唐玄宗为太上皇。署置百官,以平叛为旗帜。即日奏事于上皇。十五日,唐玄宗颁《命三王制》,二十八日,唐玄宗抵达成都。

八月　十二日,灵武使者抵达成都。十六日丁酉,唐玄宗颁诏,令唐肃宗即位,十八日己亥,又临轩行册命,颁(肃宗)即位册文。

九月　韦见素、房琯等奉上皇之命携宝册谒见于顺化。置宝册于别殿。广平王为天下兵马元帅,李泌为侍谋军国、元帅府行军长史。借兵回纥。

十月　抵彭原。房琯败绩于陈涛斜。

十二月　永王擅兵。

李泌劝阻其册后、立储。

至德二载(757)　47 岁

正月　安庆绪、严庄谋杀安禄山于洛阳。建宁王被赐死。

二月　进驻凤翔组织平叛,未纳李泌先取范阳之策。永王败死,家属送至成都。

四月　加郭子仪司空,充关内、河东副元帅。

五月　郭子仪清渠战败,降职为左仆射。

闰八月　犒赏三军,准备总攻长安。

九月　十二日,大军誓师出发,经香积寺之战,光复长安,捷报成都,表示要重返东宫。

十月　九日,坚守10 个多月的睢阳城失陷,张巡、许远殉国。十八日,收复洛阳。听从李泌建议,表请太上皇归京以就孝养。李泌归隐衡山。十九日,由凤翔出发,二十二日,到达望贤宫,次日,进城入居大明宫。此日,太上皇由成都启程返长安。

十二月 丙午,亲迎太上皇于望贤宫,施臣子之礼。次日,导引太上皇回京,居于南内兴庆宫。甲子,始受传国宝玺。令处理降敌从伪者。史思明降,被封为归义王、范阳节度使。

至德三载（758） 48 岁

正月 五日,太上皇为之授玉册,加尊号曰"光天文武大圣孝感皇帝";为唐玄宗加尊"太上至道圣皇天帝"。

二月 五日,改元乾元,以载为年。

三月 立张良娣（淑妃）为皇后。

四月 为张皇后行册礼。

五月 立长子广平王（成王）为太子。

六月 立太一神坛,躬行祀事。史思明杀乌承恩,复叛。

七月 铸乾元重宝（乾元十当钱）。召郭子仪及李光弼人朝,商议军机。

九月 命九节度使大军围攻邺城,以宦官鱼朝恩为观军容使。开宦官监军之例。

十月 为皇太子行册礼;并更太子名为豫。

年底 群臣上尊号"乾元大圣光天文武孝感皇帝"。以侯希逸为平卢节度使。

乾元二年（759） 49 岁

正月 史思明自称大圣燕王,救援安庆绪。

二月 张皇后讽群臣为己加"诩圣"尊号,止之。

三月 唐大军败于安阳河,史思明诱杀安庆绪。

四月 史思明于范阳称大燕皇帝,改元顺天,为安禄山举行葬礼。

九月　李光弼放弃洛阳,东都再次沦陷。

十月　下制亲征史思明,群臣谏止。李光弼在河阳与史思明对峙,一直到次年春夏之交。太上皇往华清宫,下月即返。

乾元三年(760)　50岁

正月　祀九宫贵神。

闰四月　改元上元。

六月　李辅国告兴庆宫动静。

七月　李辅国出面逼迁太上皇往西内太极宫安置。

是年　天下饥馑、物价踊贵、人相食。淮西刘展拥兵作乱。

上元二年(761)　51岁

正月　史思明改元应天。病,张皇后刺血写佛经,为皇帝祈福。

二月　督促李光弼出兵收复洛阳,战败。

三月　史朝义杀其父史思明,即位,改元显圣。

四月　嗣岐王珍谋逆,被金吾将告发,废为庶人(赐死)。梓州刺史段子璋反。

五月　李光弼以河南副元帅,都统诸道行营出镇临淮。

七月　制《玉灵芝诗》。

九月　生日时设内道场。制去尊号,唯称皇帝,去上元年号,但称元年,并以建子月为岁首。

十一月(建子月)　初一,依新年例大朝,受贺。

是年　河东兵乱,绛州兵乱。

宝应元年(762)　52岁

三月(建辰月)　启用郭子仪,晋汾阳郡王,出镇绛州。

病榻之上召见,委以河东之事。天象屡有异变,令行郊天大礼。

四月(建巳月)　三日,楚州献定国宝玉十三枚。五日,太上皇唐玄宗驾崩于西内神龙殿。六日,迁坐于太极殿。内殿发哀。十六日乙丑,诏令太子权当监国,改元年为宝应元年,仍以正月为一年岁首。张皇后矫诏召太子入内侍疾,李辅国、程元振拥太子发动政变。十八日丁卯,崩于寝殿。十九日戊辰,在西内两仪殿为其发丧。宣遗诏,令太子柩前即位。加谥"文明武德大圣大宣孝皇帝"。

宝应二年(763)　停丧西内

正月　史朝义授首,安史之乱平定。

三月　唐代宗废朝一个月,为两宫皇帝发丧,归祔山陵。十八日,葬唐玄宗于泰陵。二十七日,葬建陵。

二　主要征引文献

1．刘昫等:《旧唐书》,中华书局点校本(以下凡同此版本者,不另注明)。

2．欧阳修、宋祁:《新唐书》。

3．司马迁:《史记》。

4．班固:《汉书》。

5．李延寿:《南史》。

6．沈约:《宋书》。

7．司马光:《资治通鉴》《通鉴考异》及胡三省注。

8．王溥:《唐会要》,中华书局出版。

9．王钦若等:《册府元龟》。

10．李昉等：《太平御览》。

11．李昉等：《太平广记》。

12．吕祖谦：《宋文鉴》，四部丛刊本。

13．郑贤：《古今人物论》，台北广文书局，1974 年。

14．欧阳询：《艺文类聚》。

15．徐坚等：《初学记》。

16．杜佑：《通典》。

17．唐玄宗撰、李林甫等注：《唐六典》。

18．长孙无忌等：《唐律疏议》。

19．宋敏求：《唐大诏令集》，商务印书馆排印本。

20．董诰等：《全唐文》，上海古籍出版社影印本。

21．康熙敕修：《全唐诗》，上海古籍出版社影印本。

22．张鷟：《朝野佥载》。

23．张读：《宣室志》。

24．钟辂：《前定录》，四库全书本。

25．姚汝能：《安禄山事迹》，上海古籍出版社点校本。

26．李繁：《邺侯外传》，宛委山堂《说郛》本。

27．段安节：《乐府杂录》，丛书集成本。

28．李德裕：《次柳氏旧闻》。

29．郑处诲：《明皇杂录》。

30．郭湜：《高力士外传》。

31．陈鸿：《长恨歌传》。

32．王仁裕：《开元天宝遗事》。

33．乐史：《杨太真外传》（均据《开元天宝遗事十种》，上海古籍出版社点校本）。

34．刘崇远：《金华子杂编》，四库全书本。

35．王谠:《唐语林》,上海古籍出版社点校本。

36．洪迈:《容斋随笔》,笔记小说大观本。

37．瞿蜕园等:《李白集校注》,上海古籍出版社,1980 年。

38．钱谦益:《钱注杜诗》,上海古籍出版社,2009 年。

39．白居易:《白氏长庆集》,吉林出版集团股份有限公司,2005 年。

40．屈守元、常思春:《韩愈全集校注》,四川大学出版社,1996 年。

41．司马光:《涑水纪闻》。

42．徐松:《唐两京城坊考》。

43．范祖禹:《唐鉴》,上海古籍出版社影印本。

44．蔡邕:《独断》,吉林大学影印《汉魏丛书本》。

45．谭其骧:《中国历史地图集》第五册,中国地图出版社,1982 年。

46．周绍良:《唐代墓志汇编》,上海古籍出版社,1992 年。

47．王夫之:《读通鉴论》。

48．陈寅恪:《唐代政治史述论稿》,上海古籍出版社,1982 年。

49．岑仲勉:《唐史馀沈》。

50．张亮采:《中国风俗史》,东方出版社,1996 年。

51．史念海:《论我国历史上东西对立的局面和南北对立的局面》,《中国历史地理论丛》1992 年第一辑。

52．荣新江:《安禄山的种族与宗教信仰》,《北京大学百年国学文粹·史学卷》,北京大学出版社,1998 年。

53．林伟洲:《灵武自立前肃宗史料辨伪》,成功大学教务处出版组,1999 年。

54．宁可:《唐代宗初年江南农民起义》,《历史研究》1961 年第 3 期。同见《宁可史学论集》,中国社会科学出版社,1999 年。

55．刘屹:《老子母碑考论》,《首都师范大学学报》1998 年第 4 期。

56．袁进京:《唐史思明玉册试释》,于炳文编《跋涉集》,北京图书馆出版社,1998 年。

57．吴宗国:《隋唐五代简史》,福建人民出版社,1998 年。

58．拙撰:(1)《马嵬之变发微》,《扬州师院学报(社会科学版)》1995 年第 3 期;(2)《潼关战局与天宝中枢政局之关系发覆》,《烟台师范学院学报(哲学社会科学版)》1994 年第 4 期;(3)《唐肃宗立储时间考异》,《烟台师范学院学报(哲学社会科学版)》1998 年第 1 期;(4)《唐肃宗时期中央政治的二元格局》,《中国史研究》1996 年第 4 期;(5)《唐玄宗"传位"史实辨析》,《人文杂志》1998 年第 2 期;(6)《唐帝陵陪葬墓盛衰原因试探》,《烟台师范学院学报(哲学社会科学版)》1990 年第 4 期。

校　后　记

　　拿到本书校样的时候,恰逢乙巳蛇年新春正月。乙巳春节是中国春节申遗成功的首年。这个春节期间,大事频发。"DeepSeek""哪吒2"的震撼来袭,让人工智能再次成为国人广泛讨论的话题,给人们生活带来了巨大冲击。国际上美国总统特朗普再次就任,国际地缘政治争端变数增大。我内心也因此充满着激荡。

　　本书最初写成于1999年秋,是我使用电脑之前最后一部完全手写的书稿,2000年5月由三秦出版社收入"隋唐历史人物"丛书。书成之后曾写后记交代,认为"唐肃宗没有像历史上唐宗宋祖、秦皇汉武那样的名声,又遭遇一场乱世,这给人一种错觉,以为他只是生活在父亲唐玄宗的阴影之中,几乎没有人去正视他在唐朝历史上的地位。"不过,"对于唐肃宗的评说,我没有关注于价值评断,甚至没想用太多的字句去直叙其功过是非,只是按自己掌握的有关材料依照一位封建帝王应有的生活场景来摹写,间或夹杂一些对人物、史事的评论,却依旧没有刻意去求得人物好坏或史事对错的解答。"本书初衷即在尝试对唐肃宗一生进行别开生面的勾摹,力图还原其皇帝应有的历史形象。关注点在于他是一位如何成长起来的皇子,如何展示其自我风格的帝王,如何在那个特殊时期担负起不寻常使命的君主……因此,对于皇帝来说本属雕虫小技的诗赋辞章、琴棋书画等方面,本书未尝刻意着墨。如果因而会对唐肃宗形象的摹写产生不良效果,则请读者鉴谅。在我看来,

"唐肃宗"的内涵即在于他是大唐帝国的皇帝。这也是为何我一直有将《唐肃宗传》纳入人民出版社"帝王传记"丛书的心念。也正是如此,本书写作分为九篇。起初还想每篇分写五个小节以应"九五"之数,为免获削足适履之讥,也就罢了。

本书原稿写作的时间较长,在考虑唐肃宗及其时代已有一些思路的时候,在1997年太原召开的武则天研讨会上,得到我同门师兄、时任三秦出版社编辑贾云先生的认可,于是决意以传记的形式表达。现在出版25年后复又修订,个人的工作环境、生活面貌与思想状态等均发生了很大变化。这无疑为重新审视唐玄宗之后唐肃宗的时代,对理解唐肃宗的动荡颠沛更加提供了越来越多直接的生活体验。的确,唐肃宗可能是一位很难一句话定评的皇帝。作为一代盛世之后的继承人,接过的却是一个乱世的盘子。在盛世光环与中兴使命之间、在他与唐玄宗之间,形成了如此强烈的反差。唐肃宗即位在大乱之中,平叛靖乱、中兴唐室是他获得唐朝皇帝法统地位的必然选择,也是他的朝廷正义合法的刚性需求。但是他的一生经历、他的行为举止、他的所思所想,又在这一过程中显得极为纠结复杂甚至矛盾。他所作所为的结果与所求所愿的人生表达,与唐朝国家的命运、大唐帝国的前途、天下百姓的需求以及与历史发展进程的关联,又未必尽如所望,更远非如后人所评骘。作为皇帝,唐肃宗个人的忧喜悲欢、取舍得失、未必能随心所欲,也未必能言而由衷、进退由己、杀伐由心,更不会随波逐流。然而,他七年皇帝生涯,确实是一直致力于平定安史之乱。简单说来,在作为唐朝皇将要面临的大考中,他无论如何都没有办法回避安史之乱带给唐帝国生存发展的这道必答题,没有办法超出唐朝国家制度所能确认的皇帝的存在状态与行为形态。所不同的是,唐肃宗还必须要完成如下附加题。那就是:在盛世之后,面对一个天下大乱的局面,他需要成为一位怎样的皇帝才可以被承认?如何做这个皇帝,才能成为朝廷归心的最高统治者?才可以对自己、对国家、对江山社稷、对历史有所交代?安史之乱在国人读史的经验中恐怕是最有知名度的重大事件之一,恩师牛致功先生为此还专门撰写过《安禄山史思明评传》一书。客观的历史真实是,唐肃宗身后,因为安史之乱的平定,唐朝又延续了近一个半世纪。唐祚存续,尽管不能完全归功于唐肃宗为平定叛乱和为唐帝国中兴重建所做的努力,但是他这种努力之功和带给后世的影响与输出的治国经验,应给予客观叙述且不容抹杀。对安史之乱平定后唐朝历史发展的评说,是一个大课题。唐肃宗把一个从盛世走向大乱的帝国,又重新在乱世当中纳入奔向中兴的轨道,无论如何都是他作为唐朝皇帝的第一人生主题与考题。

知人论世。毕竟历史是一种记录,历史研究就是对历史记录的一种认知。直观的历史场景由一个个人的活动勾连起来,人在社会历史中的存在状态值得探究索解。然而,每一个人在同时代中的所作所为,总是被人为细加区分出若干样态。这一区分,往往会碍于研究者的认知,存在诸多的缺陷偏差。我同样也不例外。因碍于读书功力与工作环境等,我对历史文献理解和当时制度建构、设计、运行与治理等认知多所局限,不免会影响到本书的写作。个人的视角往往难与人共情,甚至存在谬误也未可知。越是时间推移,我对一些问题的想法和思考就越觉心中忐忑。

但是,无论历史还是历史人物抑或是历史事件,留给后世的启迪,总是永不枯竭且不停止。无论多么聪明与智慧的人,也需要从历史中吸取经验,增长才智,步入坦途,顺利前行。然而,也并不是所有的历史场景都能在那种悲喜剧的转换中避开它不应该有的样子。避坑落井的尴尬,往往难免。这就是为什么安史之乱后,后世依然会层出军阀混战、天下大乱,但仍然会有不穷于乱中求治,仍然会有对天下大同的期盼……芸芸众生对美好生活的呼唤与呐喊,在历史洪流中总会留下不绝的回响;历史悲喜剧的氍氀,仍然会不停在重复编织与铺陈。本书没有刻意追求对人物的评价褒贬,更多专注于对唐肃宗历经天下大乱追求中兴过程的历史叙事,力求得出符合历史逻辑的解释。希望这样的叙事,能够让自己从中感受到一点历史的真实。

"历史是最好的教科书"。我对唐肃宗如此写法与思路,与25年前没有根本区别。这大约是我的一种努力与告白。

本书写成,还多多感念受益于1985年读研之后跟随牛致功师和赵文润师学习"隋唐人物研究"和"资治通鉴与隋唐史研究"等课程,受益于1998年读博之后跟随宁可师学习"历史认识论"等课程。更受益于阎守诚师、吴宗国师合著《唐玄宗》(初版于三秦出版社,2022年山西人民出版社以《盛唐之子:唐玄宗的成败》重新出版)示范于前,才有附其骥尾于后。然致之千里,则非敢奢求。

本书能够收入人民出版社"帝王传记"丛书,我内心十分感谢人民出版社鲁静编审的无私鼓励和刘松弢编辑的亲自操持。我跟这套丛书结缘,最迟是在大学三四年级。1985年3月21日,正是我在1984年3月刚刚读完牛致功先生的《李渊建唐史略》对唐朝政治人物产生强烈兴趣之际,我在泉城新华书店购得复旦大学教授赵克尧、许道勋著《唐太宗传》(人民出版社1984年版),并在封底写下了"振圣帝之长策,慕英皇之遗风。创一代之帝业,垂百世之威名"几句话。此前读到责任编辑张秀平先生写的《唐太宗评介》(《人民日报》1985年2月1日第五版)一文,对这套书的印象更深,心中充满了仰慕。更直接与这套丛书打交道,正值1999年底世纪之交,因为牛致功师的《唐高祖传》收入人民出版社"帝王传记"丛书出版,恩师命在首都师大读书的我去出版社取样书分送京内友人。当时接待我的责任编辑陈鹏鸣先生,早已成为人民社的领导。《唐肃宗传》侧列"帝王传记"丛书,能够与恩师的《唐高祖传》并列,年近花甲的我,内心仍然是有点小小波澜与丝丝激动。去年(2024年)8月24日回西安看望恩师牛先生,本来想把这些情况禀告,但碍于他的身体健康情况,话到嘴边却未能如愿。尽管牛先生对我们这些学生的任何一点点进步都会关心鼓励,期望我们"年轻人超过自己",但如今,恩师邃归道山,此刻越发感慨系之。

原后记之末,有"1999年秋之深夜于北京花园村首都师大博士生宿舍,时窗外车声隆隆"一语,老友刘玉峰兄对"车声隆隆"4字甚有谬赞,想是他作为首都师大校史上第一位博士后,常来我们学舍巡游,感同身受,然窃亦心有戚戚焉。原后记所表达感谢的牛致功师、赵文润师和魏全瑞先生、冯慧福先生、江建中先生、荣新江先生、刘屹先生等师友,今天依然要表示感谢。因为他们曾以不同方式提供过帮助与支持,真正帮助提携了我的写作。时至今日,需要感谢的名单更长,恕不再一一罗列。

最后,再次感谢刘松弢编辑做本书的责任编辑,感谢人民出版社接纳本书,感谢听我唠唠叨叨的读者。还用那句话以表拳拳之心与殷殷之情:如果耐心的读者能在阅读本书时有所会意,我真会流出那"快乐之泪"(冰心《假如我是个作家》)了。

2025年2月24日(正月二十七日)凌晨,任士英记于京西复兴门外木樨地南里德风堂。落笔时,问DeepSeek知本日北京市天气无明显异常、空气质量为优(PM2.5仅11)。

责任编辑：刘松弢

图书在版编目（CIP）数据

唐肃宗传 ／ 任士英著. -- 北京 ：人民出版社，
2025. 2. -- ISBN 978‐7‐01‐027084‐5

Ⅰ. K827＝422

中国国家版本馆 CIP 数据核字第 20251W5D86 号

唐肃宗传
TANGSUZONG ZHUAN

任士英　著

人民出版社 出版发行
（100706　北京市东城区隆福寺街 99 号）

北京新华印刷有限公司印刷　新华书店经销
2025 年 2 月第 1 版　2025 年 2 月北京第 1 次印刷
开本：850 毫米×1168 毫米 1/32　印张：13.125
字数：306 千字

ISBN 978‐7‐01‐027084‐5　定价：79.00 元

邮购地址 100706　北京市东城区隆福寺街 99 号
人民东方图书销售中心　电话（010）65250042　65289539